Walter-Jörg Langbein
Magische Welten

Walter-Jörg Langbein

MAGISCHE WELTEN

MOEWIG

Bildnachweis:

S. 25, 26, 27, 28, 55, 56, 57, 58, 85, 86, 87, 88, 150, 151, 152, 175 o., 176, 178, 205, 206, 207, 298, 323, 324 o. (Fortean Picture Library)

S. 149, 175 u., 177, 271, 272 o., 295, 296, 324 u., 325 (Walter-Jörg Langbein)

S. 208 o. (Ulrich Magin)

S. 270 (John Tenniel)

S. 272 u., 297 (G. Doré)

S. 326 o. (Yvonne Schneider)

Inhalt

Teil 3
Rätsel Traum 251

Teil 1

Übernatürliche Kräfte

Vom grenzenlosen Geist

Seitdem es Menschen gibt, wurden Grenzen überwunden. Irgendwann in grauer Vorzeit mag sich ein Höhlenmensch überlegt haben, ob es denn jenseits des nächsten Berges weitere Artgenossen gibt. Eines Tages beschloß er wohl, sich diese Frage selbst zu beantworten. Er verließ seine Höhle und machte sich auf, eine Grenze zu überschreiten.

Heute ist unser Planet Erde erforscht, vom Süd- zum Nordpol ist kein Neuland mehr zu erwarten. Forschungsboote tauchten in die Tiefen der Meere, überwanden die Grenze zwischen Land und Meer. Eine weitere Grenze verlor an Bedeutung: jene zwischen Erde und All. Menschen drangen in den Weltraum vor, landeten auf dem Mond und werden in absehbarer Zeit zum Mars fliegen. Von Menschen gebaute Raumsonden haben inzwischen auch schon die Grenzen unseres Sonnensystems weit hinter sich gelassen.

Gibt es also für den Menschen von heute keine Grenzen mehr, die es zu überwinden gilt? Gewiß, Grenzen geographischer Natur sind für uns, an der Schwelle zum dritten Jahrtausend, faktisch alle gefallen. Es existieren aber noch Hürden, die schwerer zu beseitigen sind als etwa Grenzen zwischen Ländern: Wir finden sie in unserem Denken.

Dieses Kapitel will solche Gedankengrenzen einreißen – so viele wie möglich: Der Geist kennt keine Grenzen!

Gedankenübertragung überwindet die Grenzen zwischen Pflanze, Tier und Mensch. Pflanzen fühlen, wenn der Mensch auch nur daran denkt, ihnen zu schaden. Tiere sind zu unglaublichen Leistungen fähig – weil sie über ein enormes Potential übersinnlicher Kräfte verfügen. Selbst die Grenze zwischen heute und morgen ist durchlässig geworden: Hellsehen ist möglich, besteht den wissenschaftlichen Test im Forschungslabor.

Werden weitere »Grenzen« in unserem Denken fallen – zwischen gedachter und realer Welt? Zwischen Körper und Geist? Zwischen Diesseits und Jenseits?

»Dieses Kapitel versteht die Wirklichkeit, die Gesamtheit der Schöpfung, als eine Einheit. Gedankenübertragung zwischen Mensch und Pflanze, zwischen Mensch und Tier, zwischen Mensch und Mensch ist möglich. Tier und Mensch verfügen über übersinnliche Kräfte, können in die Zukunft blicken. Der menschliche Geist ist eine erstaunliche Kraft, kann Materie, reale Objekte, bewegen, kann töten, aber auch gesund machen.

Eine Grenze aber wird wohl nie fallen – die Grenze zwischen Mensch und Tier. Nur der Mensch kann sich mit der Frage auseinandersetzen, ob es ein Leben nach dem Tod gibt oder nicht. Und: Der Mensch darf und kann auf ein Leben nach dem Tod hoffen. Nur der Mensch kann glauben. Im Glauben findet er Gewißheit. Er bedarf des »Beweises« im wissenschaftlichen Sinne nicht.

Gedankenübertragung zwischen Mensch und Pflanze

Der amerikanische Geistliche Charles Webster Leadbeater (1847–1934) gründete 1916 mit J. I. Wedgwood zusammen die »Liberalkatholische Kirche«, weil er der Ansicht war, daß sich die großen Kirchen viel zuwenig mit den Kräften des menschlichen Geistes auseinandersetzten. Er sah den Menschen als Schöpfung Gottes an und war davon überzeugt, daß auch in der Theologie die übersinnlichen Möglichkeiten des menschlichen Geistes als Teil der Einheit Körper-Geist-Seele verstanden werden müssen. Langjährige Studien brachten Leadbeater zur Überzeugung, daß es Menschen möglich ist, auf der Geist-Geist-Ebene miteinander zu kommunizieren. Die Forschung hat Leadbeater bestätigt. Freilich sieht es ganz so aus, als ob Gedankenübertragung nicht nur zwischen Menschen, sondern zwischen allen Lebensformen möglich ist. Zu dieser bahnbrechenden Erkenntnis kommen auch die Sachbuchautoren Peter Tompkins und Christopher Bird (*Das geheime Leben der Pflanzen*, Stuttgart 1973).

Die sensationellen Erkenntnisse des Cleve Backster

Cleve Backster ist einer der führenden Experten der USA in Sachen Lügendetektoren. Im Frühjahr 1966, am 2. Februar, hatte er wieder einmal die ganze Nacht hindurch experimentiert. Jetzt fühlte er sich müde und ausgelaugt, wollte sich für ein paar Stunden aufs Ohr legen. Gähnend blinzelte er in die ersten morgendlichen Sonnenstrahlen, die durch das Fenster seines Labors drangen. Schon stand er in Hut und Mantel in der Tür, wollte gehen, da kam ihm ein Gedanke, den er am liebsten gleich wieder vergessen hätte: Sollte es möglich sein, daß nicht nur mit Hilfe moderner Elektronik menschliche Gedanken registriert werden können? Sollten dazu auch biologische Organismen in der Lage sein – etwa Pflanzen? Und wenn Pflanzen Gedanken wie auch immer wahrnehmen können, müßte es nicht möglich sein, diese Fähigkeit irgendwie nachzuweisen? Und war er als Experte für Lügendetektoren nicht der ideale Fachmann, geradezu dazu berufen, diese Möglichkeit zu erforschen?

Backster legte Hut und Mantel wieder ab, wandte sich seinen Pflanzen zu, die sein Büro am New Yorker Times Square in ein kleines Paradies verwandelten. Besonders angetan war er von einer Dracaena, einem palmenartigen Gewächs. Sollte es möglich sein, daß so eine Pflanze menschliche Gedanken spürt? Und wenn ja, würde sich das mit Hilfe eines Lügendetektors nachweisen, ja messen lassen?

Pflanzen am Lügendetektor

Empfindet ein Mensch ein heftiges Gefühl, dann verändert sich der Widerstand seiner Haut gegenüber elektrischem Strom. Dieser Vorgang wird beim Lügendetektor genutzt. Ein Mensch im Polizeiverhör, der einen Mord begangen hat, mag nach außen hin noch so beherrscht und gelassen wirken, seine Gedanken wirken sich konkret auf seinen Organismus aus und verändern die Leitfähigkeit der Haut gegenüber schwachen elektrischen Strömen. Das weist der Lügendetektor nach und bringt die unsichtbaren Reaktionen zu Papier.

Cleve Backster entschloß sich aus reiner Experimentierfreude zu einem Versuch. Er schloß seine Dracaena-Pflanze an einen seiner Lügendetektoren an. Er goß die Pflanze, das Wasser wurde aufgenommen, damit verbesserte sich die Stromleitfähigkeit der Pflanzenblätter. Mehr Feuchtigkeit, dachte der Fachmann, bedeutet positive Veränderung der Leitfähigkeit. Das Ergebnis fiel vollkommen anders aus als erwartet: Es wurde eine schlechtere, geringere Leitfähigkeit angezeigt. Der Lügendetektor hatte aber eine weitere Reaktion der Pflanze festgestellt, wie Backster verwundert eingestehen mußte. Sie hatte ganz ähnlich wie ein Mensch reagiert, der kurzzeitig gefühlsmäßig erregt ist.

Das konnte aber eigentlich gar nicht sein: Eine Pflanze ist eine Pflanze, kein Mensch. Wie kann sie dann einem Lügendetektor Signale vermitteln, die ganz jenen gleichen, die ein Mensch erzeugt, der kurzzeitig erregt ist? Backster entschloß sich zu weiteren Versuchen. Wiederholte Male hatte er im Versuch Menschen, die an Lügendetektoren angeschlossen waren, erschreckt und ihre Reaktion vom Detektor in Form von Zickzacklinien optisch sichtbar machen lassen. Ähnlich wollte er jetzt mit seiner Pflanze verfahren. Wie aber konnte er einer Pflanze einen Schreck einjagen? Wie konnte er eine Pflanze in Streß versetzen – wenn das überhaupt möglich war? Er schloß die Dracaena an einen Lügendetektor an.

Auf seinem Schreibtisch stand noch dampfend eine Tasse mit heißem Kaffee, den Backster bei seinen nächtlichen Arbeiten in großen Mengen zu trinken pflegte. Er holte die Tasse herbei und tunkte eines der Blätter der Pflanze in die heiße Flüssigkeit. Backster ließ während des ihm selbst merkwürdig vorkommenden Vorgangs den Lügendetektor nicht aus den Augen. Es wurde eine äußerst geringe Reaktion vermeldet.

Gab es eine andere Möglichkeit, die Pflanze in Streß zu versetzen, überlegte Backster. Wie wäre es mit Feuer, mit Hitze? Backster traute seinen Augen nicht. Im selben Augenblick, als er an das Verbrennen eines Blattes dachte, schlug der Lügendetektor aus. Er zeigte eine Reaktion, die der eines ängstlichen Menschen entsprach.

Backster wiederholte den Vorgang. Er kontrollierte bewußt seine Gedanken und beobachtete dabei den Ausschlag des Lügendetektors. »Ich gehe jetzt ins Nebenzimmer, da liegen Streichhölzer. Ich

werde mir Streichhölzer holen und ein Blatt der Pflanze ansengen.«
Der Detektor schlug aus. Backster holte die Zündhölzchen. Der
Detektor schlug noch stärker aus. Wuchs die Angst der Pflanze vor
Schmerzen? Als er dann seinen Gedanken in die Tat umsetzte, als
er ein brennendes Streichholz nah an eines der Blätter hielt, gab es
wieder eine Reaktion, die diesmal freilich relativ mäßig ausfiel.

So müde er war, der Lügendetektor-Experte erkannte, was er
entdeckt hatte. Pflanzen zeigen am Lügendetektor ganz ähnliche
Reaktionen wie Menschen, die Angst empfinden. Waren also Pflanzen wie Menschen zu Empfindungen gefühlsmäßiger Art in der
Lage? Seine Versuchspflanze hatte aber, und das erschien Backster
geradezu sensationell, schon reagiert, sobald er auch nur daran
dachte, eines ihrer Blätter zu versengen. Konnten also Pflanzen
Gedanken lesen?

Backsters Müdigkeit war schlagartig verflogen. Er fühlte sich
frisch und war voller Tatendrang. Noch am gleichen Tag führte er
zahlreiche weitere Versuche durch, dann folgten Wochen und Monate voller Versuche, er arbeitete mit den unterschiedlichsten
Pflanzen und Früchten. Die Ergebnisse fielen alle gleich aus: Es
konnte für Cleve Backster keinen Zweifel daran geben, daß Pflanzen dazu in der Lage waren, Empfindungen zu hegen, Gedanken zu
lesen, zu spüren.

Pflanzen können Gedanken lesen, obwohl sie dazu eigentlich gar
nicht in der Lage sind. Verfügen sie doch über nichts, was sich auch
nur annähernd mit einem Gehirn oder einem menschlichen Nervensystem vergleichen läßt. Aber Backster ließ das Motto »Es kann
nicht sein, was nicht sein darf« nicht gelten. Er empfand sich als
Wissenschaftler, der nach Wissen sucht. Er war bereit dazu, seinen
Wissenshorizont zu erweitern, akzeptierte Erkenntnisse, auch wenn
sie seinen bisherigen Überzeugungen vollkommen widersprachen,
auch wenn sie im Widerspruch zum Bild standen, das sich »die
Wissenschaft« von Pflanzen gemacht hatte.

Mit 25 Pflanzenarten experimentierte Backster, auch mit Früchten, mit Bananen, Lattich, Löwenzahn, mit Orangen, Zwiebeln,
zahlreichen Grünpflanzen und Blumen. Sie alle, das bewiesen zahllose Lügendetektortests, spüren, ja lesen Gedanken. Sie reagieren
darauf, wenn ein Mensch den Plan faßt, ihnen Schaden zuzufügen.

Sie nehmen Bedrohung wahr, lange bevor sie in die Tat umgesetzt wird, sobald ein potentieller Peiniger nur daran denkt. Sie registrieren die bösen Gedanken, auch wenn sie dann wieder fallengelassen werden.

Pflanzen steuern einen Modellzug mit Gedankenkraft

Pierre Paul Sauvin aus dem amerikanischen Städtchen West Patterson in New Jersey experimentierte wie Cleve Backster mit Lügendetektoren und Pflanzen. Auch er kam zum Resultat, daß Pflanzen die Gedanken der Menschen wahrnehmen können. Sauvin wollte die Öffentlichkeit auf das erstaunliche Phänomen aufmerksam machen. Er überlegte sich aber, ob es nicht möglich sei, einen beeindruckenderen Beweis zu erbringen. Gewiß, es ließ sich mit Lügendetektoren nachweisen, daß Pflanzen in der Tat dazu in der Lage sind, Gedanken zu registrieren. Sonderlich beeindruckend ist es aber für einen Laien nicht, wenn ein Mensch einen Gedanken hegt und ein an eine Pflanze angeschlossener Lügendetektor stärkere Zacken ausdruckt.

Sauvin dachte sich eine Versuchsanordnung aus, die er rund einhundert Technikern und Wissenschaftlern vorführte. Was er da aufbaute, erinnerte die Herren freilich zunächst mehr an das Spielzimmer eines Kindes als an ein wissenschaftliches Labor. Da gab es ein komplexes System von Schienen einer Spielzeugeisenbahn. Es gab eine Vielzahl von Geleisen, von Haupt- und Nebenstrecken, die alle mit zahlreichen Weichen zu einer beeindruckenden Spielzeugeisenbahnlandschaft zusammengestellt worden waren. Ein Schienensegment war besonders markiert. Sobald ein Zug darüber fuhr, schlug ein Hebel um und löste eine weitere Reaktion aus. Sauvin hatte sich selbst an einen Stromgeber angeschlossen. Sobald der Zug über die markierte Stelle fuhr, würde ihm ein schmerzhafter Stromschlag verabreicht werden.

Vor der besagten Stelle hatte er eine Weiche eingebaut. Der Zug konnte also die markierte Stelle überfahren und Sauvin Schmerzen zufügen. Wurde die Weiche umgestellt, fuhr der Zug einen anderen Weg, ihm wurde der Schmerz erspart. Diese Weiche nun hatte der

Experimentator an einen Lügendetektor angeschlossen. Und dieses Gerät war wiederum mit einer Pflanze, einem Philodendron mit prachtvollen, üppigen großen Blättern, verbunden.

Wenn die Pflanze nun auf einen Gedanken reagierte, dann wurde das vom Lügendetektor registriert – aber nicht nur das. Das Meßgerät gab dann die festgestellte Reaktion an die Weiche weiter, stellte sie um.

Sauvin erklärte nun in kurzen Worten, wie sein Versuch aussah. »Ich setze den Zug in Bewegung, er fährt los. Wenn er sich dem markierten Schienenstück nähert, löst das bei mir Angst aus, denn ich weiß ja, daß mir gleich ein unangenehmer Stromschlag verabreicht wird. Ich behaupte nun, daß die Pflanze das wahrnimmt. Sie spürt meinen Gedanken – und reagiert darauf. Sie schaltet via Lügendetektor die Weiche um, der drohende Schmerz wird mir erspart.«

Mit seinen Ausführungen löste der Experimentator Kopfschütteln bei den Zeugen seines Versuchs aus. Manche machten hämische Bemerkungen, einige schimpften über den »dummen Unfug«, wollten schon vor Beginn des Experiments wieder gehen.

Dann zuckelte der Zug los, drehte seine Runden, näherte sich schließlich dem markierten Schienenstück. Der Detektor reagierte. Er zeichnete die Impulse auf, die er von der Pflanze übermittelt bekam. Wäre ein Mensch an den Detektor angeschlossen gewesen, dann hätte jeder Experte deutlich erkannt, daß er in zunehmendem Maße unter Streß litt. Aber es war ja »nur« eine Pflanze, die da auf die Angstgefühle eines Menschen reagierte. Je näher der Zug an die markierte Gleisstelle kam, desto heftiger schlug der Detektor aus, desto größer wurden die Zacken, die er auf Papier ausdruckte.

Der Zug fuhr weiter, kam der kritischen Stelle immer näher und näher. Und dann geschah Unglaubliches: Ein deutliches Klicken war zu vernehmen, die Weiche war umgestellt worden, der Zug fuhr nicht über die markierte Stelle, Sauvin war Schmerz erspart worden – von der Pflanze?

Sauvin ließ den Zug weiterfahren, wieder drehte er seine Runden, immer wieder geschah das scheinbar Undenkbare: Immer wieder wurde der Zug von der Pflanze umgelenkt, immer wieder blieben dem menschlichen Experimentator Schmerzen erspart. Immer wieder bewies die Pflanze, daß sie die Angstgefühle eines Menschen wahrnahm und darauf reagierte. Es konnte keinen Zweifel mehr geben: Pflanzen sind dazu in der Lage, Gedanken zu lesen.

Pflanzen sprechen mit Pflanzen

Pflanzen können aber nicht nur die Gedanken von Menschen wahrnehmen und darauf reagieren. Sie kommunizieren ganz offensichtlich auch untereinander. Es gibt allem Anschein nach auch Gedankenübertragung zwischen Pflanzen. Das haben Forscher der Universität von Washington, Gordon H. Orlans und David P. Rhodes, eindeutig festgestellt – zum Beispiel bei Weiden, Erlen und Ahornen. Die wissenschaftliche Studie wurde von der »National Science Foundation« unterstützt.

So sah das wissenschaftliche Experiment aus: Orlans und Rhodes setzten einem Ahorn etwa 700 Raupen und andere Insektenarten ins Geäst. Der Baum reagierte sofort. Es lief ein Abwehrprogramm an, das in den Erbanlagen des Baumes gespeichert war. Er erkannte sofort die drohende Gefahr und produzierte Substanzen, die den Blättern einen Geschmack verleihen, der den Schädlingen höchst zuwider ist. Das Blattwerk mundet den Tierchen dann gar nicht mehr. Und es ist ihnen alles andere als bekömmlich. Besondere Eiweißstoffe entstehen in den Blättern, die die Raupen nicht mehr verdauen können. Folge: Bei den Raupen entsteht Eiweißmangel, sie sterben – und die Gefahr ist beendet.

Die Natur hat also auf dem Weg der natürlichen Evolution einen Weg gefunden, um sich zu schützen. Konkreter: Es gibt einen Schutzmechanismus, der die Ahornbäume vor Schäden durch Raupen bewahrt. Die Wissenschaftler stellten aber Erstaunliches fest: Der experimentell mit Schädlingen versehene Ahornbaum sandte die Botschaft von seiner Bedrohung an die Artgenossen weiter. Auch die umstehenden Bäume setzten ihr Schutzprogramm in Gang, auch sie produzierten jene Substanz, die zum Tod der Raupen führt, obwohl die anderen Bäume selbst noch gar nicht direkt gefährdet waren.

Sorgsam überprüften die Wissenschaftler, wie denn die Botschaft

vom Baum zu den Bäumen übermittelt worden war. Die anderen
Bäume, die die Nachricht aufnahmen, waren zu weit vom direkt
bedrohten Baum entfernt, als daß etwa Wurzelkontakt hätte bestehen können. Duftstoffe konnten ebenso als Überträger der Nachricht ausgeschlossen werden. Es herrschte absolute Windstille. In-
sektenflug kam ebenfalls nicht in Frage. Es gab keinen Zweifel:
Bäume können Artgenossen vor Bedrohung durch Schädlinge warnen, können sie dazu veranlassen, Abwehrmechanismen in Gang zu
setzen – und zwar sofort. Kaum hatte Baum Nummer 1 die Gefahr
erkannt, leitete er auch schon die erforderlichen Gegenmaßnahmen
ein und veranlaßte seine Kollegen, genauso zu verfahren. Die Reaktion in den anderen Bäumen erfolgte ohne Verzögerung, umgehend, sofort.

Der Gedankenaustausch wurde einwandfrei zwischen Ahornen,
aber auch zwischen Sitkaweiden und Erlen nachgewiesen.

Miteinander kommunizieren können auch Akazien in Afrika. Sie
warnen sich untereinander vor ihren schlimmsten Feinden, den Giraffen. Wenn eines der langhalsigen Tiere vom Blattwerk einer Akazie frißt, gerät der Baum förmlich in Panik. So schnell wie möglich
produziert er giftige und vor allem gräßliche Bitterstoffe, die den
Giraffen den Appetit verderben sollen. Gleichzeitig signalisiert die
Akazie aber an Artgenossen: Produziert ebenfalls Bitterstoffe.
Wenn eine Giraffe dann von der ersten Akazie abläßt, weil ihr die
Blätter nicht mehr munden, um sich dem nächsten Baum zuzuwen-
den, muß sie meist feststellen, daß der seine Blätter auch schon mit
den ekelhaften Geschmacksstoffen ungenießbar gemacht hat.

Der Forscher Ed Wagner, der weit über die Grenzen des US-
Bundesstaates Oregon als Baumfachmann ersten Ranges bekannt
ist, behauptete im Herbst 1996 auf einer internationalen Tagung
von Baumwissenschaftlern, die in Osnabrück abgehalten wurde:
»Wenn ein Baum gefällt wird oder die Rinde geschält wurde, sendet
er Wellensignale aus, Warnsignale, auf die die Bäume der Umgebung reagieren. Sie bilden alle schlagartig mehr Früchte als sonst.
Es ist, als ob ihnen die Nachricht vom Tod oder von der ernsten
Erkrankung eines Baumkollegen übermittelt worden wäre, als seien
sie nun bemüht, alles dafür zu tun, daß an seiner Stelle bald ein
neuer Baum wächst.« Die Erkenntnisse über die Kommunikation

zwischen Bäumen sorgten weltweit für Aufsehen, wurden in zahlreichen Zeitungsartikeln erörtert. »Jetzt erforscht: Bäume können sprechen« überschrieb beispielsweise das »Hamburger Abendblatt« (11. September 1996) einen umfangreichen Artikel.

Faisal-al-Saad ist Professor für Biologie an der renommierten König-Faisal-Universität in Saudi-Arabien. Jahrelang experimentierte er mit Pflanzen und kam zu dem Schluß, daß sie über eine Art Nervensystem verfügen und Gedanken lesen können. Es gelang dem Wissenschaftler sogar, im Experiment nachzuweisen, daß sie eine Art Gedächtnis besitzen.

Versuchsperson A nähert sich einer Dattelpalme, die an einen Lügendetektor angeschlossen ist. Der Mensch konzentriert sich auf die Pflanze und denkt daran, eine Säge herbeizuholen, um damit den Baum zu fällen. Kaum ist das gedacht, reagiert die Pflanze schon, und zwar ohne Zeitverzögerung. Sie hat den Gedanken des Menschen als Bedrohung empfunden und reagiert mit Streß. Person A bleibt in der Nähe der Palme, die Streßreaktion des Baumes hält an. Sie entfernt sich – und die Reaktion läßt nach, ebbt schließlich ab. Tage später erscheint Person A erneut, wiederholt den Versuch, denkt wieder daran, mit einer Motorsäge dem Baum zu Leibe zu rücken. Wieder nimmt die Palme den Gedanken wahr, wieder reagiert sie in der Weise, die bereits von Cleve Backster nachgewiesen wurde.

Person B tritt an die Palme heran. Sie schenkt ihr wohlwollende Gedanken, die ebenfalls zu Ausschlägen auf dem Lügendetektor führen. Sie unterscheiden sich aber deutlich von den negativen Streßreaktionen. Person B denkt darüber nach, was sie der Palme Gutes tun könne. Sie will die Palme gießen, auf Schädlinge untersuchen: Positive Anzeichen werden vom Lügendetektor registriert. Person B gießt die Palme, entfernt sich wieder. Person A tritt an den Baum, lenkt die Gedanken gezielt und bewußt nicht in Richtung »Baumabsägen«. Und doch zeigt der Lügendetektor negative Streßsignale. Person A entfernt sich, Person B erscheint, und es erfolgt durch den Detektor der Nachweis, daß sich die Palme wohl fühlt. Wäre ein Mensch und keine Pflanze angeschlossen, würde man den Ausdruck des Detektors wie folgt deuten: Der Mensch war eben noch negativem Streß unterworfen, sein Gefühlsleben ist jetzt aber ausgeglichen.

Was können uns Pflanzen mitteilen?

Pflanzen können über ein Nervensystem Gedanken wahrnehmen und untereinander kommunizieren. Sie sind dazu in der Lage, sich gegenseitig vor Gefahren zu warnen, können anderen Pflanzen dazu raten, Vorsichtsmaßnahmen zu ergreifen. Sie spüren die Gedanken von Menschen, können zwischen positiven und negativen Empfindungen unterscheiden.

Pflanzenforscher Martin Monestier aus Frankreich: »Pflanzen spüren Gedanken, sie haben so etwas wie eine Seele.« In seiner Broschüre, die vor Jahren in Paris erschien, rät er: »Wenn Sie wollen, daß Ihre Zimmerpflanzen gedeihen, dann schenken Sie ihnen positive Gedanken, reden Sie mit ihnen, teilen Sie ihnen mit, daß Sie sie schätzen, ja lieben. Sie werden positiv darauf reagieren, schneller und besser gedeihen, sie werden weniger anfällig für Parasiten sein, sie werden sich sichtlich wohler fühlen.«

Baum- und Pflanzenexperte Klaus Schröder vom Grünflächenamt der Stadt Osnabrück: »Kleinpflanzen sind kommunikativ. Wenn ihnen gut zugesprochen wird, gedeihen sie besser als bei böser Ansprache.« Positive Worte und Gedanken werden auch von Tomaten geschätzt und belohnt: Die Pflanzen bringen weit üppigere Früchte hervor. Schröder weiter: »Pflanzen sind Lebewesen, die Informationen verbreiten, und nicht nur hölzernes Material!«

Rund dreißig Jahre sind seit den bahnbrechenden Experimenten Cleve Backsters verstrichen. So eindeutig die Ergebnisse auf dem Gebiet der Forschung in Sachen »Pflanzen und Gedanken« sind, die Wissenschaft weigert sich bisher immer noch nachdrücklich, die gewonnenen Erkenntnisse in ihr Weltbild einzubeziehen. Dabei könnte doch wirtschaftlicher Nutzen aus dem Wissen um die Pflanzen gezogen werden.

Während in uralten Kulturen, etwa bei den Germanen, aber auch bei den Anhängern der geheimen jüdischen Lehre Kabbala die Schöpfung als eine Einheit, bestehend aus Pflanzen, Tieren und Menschen gesehen wurde, empfindet sich der Mensch des ausgehenden 20. Jahrhunderts nach wie vor als Krone der Schöpfung, der verächtlich auf Pflanzen und Tiere herabblickt. Tiere werden in nicht artgerechten Lagern gehalten. Im Vordergrund steht der

Profit. Das gilt auch für die Pflanzenwelt: Der Mensch von heute ist mehr denn je kommerziell orientiert. Bäume stellen allenfalls einen wirtschaftlichen Faktor dar, werden industriemäßig angepflanzt, etwa um edle Hölzer zu gewinnen.

Das wirtschaftliche Interesse sollte uns dazu veranlassen, uns mit der Gedankenkraft von Bäumen auseinanderzusetzen. Das könnte Vorteile bringen. Man könnte in Plantagen einzelne Pflanzen an Lügendetektoren anschließen und würde so frühzeitig darüber in Kenntnis gesetzt werden, wenn eine Bedrohung durch Parasiten-befall vorliegt. Der Mensch könnte dann rechtzeitig eingreifen, wirtschaftlichen Schaden abwenden.

Immer wieder brechen weltweit schlimmste Feuerkatastrophen in Wäldern aus, etwa in den waldreichen Staaten der USA. Denkbar wäre die Schaffung eines Frühwarnsystems. Bäume könnten frühzeitig auf einen soeben ausgebrochenen noch ungefährlichen Brand hinweisen, der dann noch rechtzeitig im Keim erstickt würde, bevor er sich zu einem kaum noch zu bändigenden Waldbrand katastrophalen Ausma-ßes ausdehnt. Katastrophen würden so verhindert, wirtschaftliche Schäden unvorstellbaren Ausmaßes mit entsetzlichen Auswirkungen auch auf die Gesamtökologie unseres blauen Planeten wären zu ver-meiden. Man müßte nur endlich Erkenntnisse über die Gedanken der Pflanzen akzeptieren, die schon seit Jahrzehnten vorliegen, aber bisher leider zu keinerlei Konsequenzen geführt haben.

Die technischen Voraussetzungen sind längst gegeben. Lügende-tektoren sind inzwischen preiswert herzustellen. Dank modernster Elektronik sind sie auch klein und handlich geworden – Massenpro-dukte und keine teuren Einzelapparate mehr wie vor rund dreißig Jahren, als Cleve Backster seine ersten Experimente durchführte.

Es ist an der Zeit, daß endlich gehandelt wird.

Gedankenübertragung zwischen Mensch und Tier

Pflanzen können per Gedankenübertragung melden, wenn sie in Gefahr geraten. Dazu sind auch Tiere in der Lage.

So berichtete die Zeitschrift »Journal« im Oktober 1904 über die telepathische Botschaft, die Sir Henry Rider Haggard vom Hund seiner Tochter übermittelt bekam. Er empfing sie im Schlaf, als Traum.

Abschied

In der Nacht vom 7. Juli wachte Mrs. Haggard auf, weil ihr Gatte im Schlaf so jämmerlich seufzte. Sie nahm an, daß er von einem schlimmen Alptraum heimgesucht wurde, und weckte ihn auf. Er war ganz verstört und erzählte, von der Intensität seines Traums regelrecht erschüttert: »Ich sah unseren guten alten Bob zwischen dem Schilf eines alten Gewässers. Er lag auf der Seite. Er schien sich angestrengt darum zu bemühen, den Kopf zu heben, mit mir zu sprechen. Als ihm das nicht gelang, übermittelte er mir auf andere, undefinierbare Art Kenntnis davon, daß er im Sterben liege.«

Die Haggards standen mitten in der Nacht auf, suchten nach ihrem Hund. Als sie feststellen mußten, daß er nicht zu Hause war, waren sie mehr als besorgt. Wie war der Traum des Mannes entstanden? Hatte er unbewußt wahrgenommen, daß ihr Hund nicht zu Hause war? Hatte das Gehirn des schlafenden Mannes aus der allgemeinen Angst um den Hund des Hauses Phantasiebilder entstehen lassen, die sich in einem konkreten Traum äußerten?

Derlei theoretische Abwägungen kamen den Haggards nicht in den Sinn. Sie starteten sofort eine Suchaktion, in die auch die hilfsbereiten Nachbarsleute mit einbezogen wurden. Man schwärmte aus, suchte die nähere Umgebung ab, doch leider ohne Erfolg. Es dauerte mehrere Tage, bis man Gewißheit hatte. Der tote Hund wurde im seichten Wasser eines Flusses treibend gefunden. Man rekonstruierte das Geschehen: Das Tier hatte beim nächtlichen Nachhauseweg eine Eisenbahnbrücke unweit des Anwesens benutzt, um einen Fluß zu überqueren. Dabei war er von einem Zug erfaßt und schwer verletzt in den Fluß geschleudert worden. Auf der Eisenbahnbrücke fand sich das blutverschmierte Halsband des Hundes.

Die Haggards forschten weiter, fanden schließlich heraus, wann der Zug, der ihren Hund getötet hatte, über die Brücke gefahren

21

war. Es war just und exakt zu jener Zeit, als Mr. Haggard die Hilferufe per Gedankenübertragung empfangen hatte. Für die Wissenschaftler der »Society for Psychical Research«, die den Fall sorgsam und kritisch recherchierten, gab es keinerlei Zweifel: Ein sterbendes Tier hatte sich auf dem Wege der Gedankenübertragung von seinem Herrchen verabschiedet.

Die Wissenschaftler fanden in ihrem großen Archiv weitere Fälle von Gedankenübertragung, weitere Hinweise auf die grenzenlose Kraft des Geistes. Prominentestes Beispiel: König Georg VI. von England. Der Monarch war geradezu abgöttisch seinen Hunden zugetan. »Jack of Sondringham« aber war sein Lieblingstier. So war der König sehr besorgt, als er wegen einer zunächst relativ harmlosen Erkrankung das Bett hüten mußte, und ärgerte sich darüber, daß er seine Hunde nicht persönlich versorgen konnte.

»Jack of Sondringham« spürte die Krankheit seines Herren. Kummervoll verkroch er sich in eine Ecke seines Zwingers. Man mag eine natürliche Erklärung vermuten: Die Diener, die mit der Versorgung der Tiere betraut wurden, wußten natürlich von der Erkrankung des Königs. Sie waren deshalb in Sorge, was sich bei der Fütterung der Tiere auf die Hunde übertragen haben mag. Gerade Hunde sind ja sehr sensibel, nehmen wahr, wenn Menschen besorgt oder bedrückt sind. Von Gedankenübertragung mußte also zunächst nicht unbedingt ausgegangen werden.

Plötzlich aber jaulte »Jack of Sondringham« erbärmlich auf, er sprang auf und warf sich wieder zu Boden. Exakt in diesem Augenblick war König Georg VI. im fernen Palast verstorben. Das treue Tier hatte auf telepathischem Wege den Tod seines Herrchens gespürt.

Hilferuf per Gedankenübertragung

Erfreulicher verlief eine Gedankenübertragung zwischen dem Kater »Dicker Sebastian« und seinem Frauchen, Christiane Rüdding. Die Wochenzeitschrift »Das Neue Zeitalter« (33/1983, S. 11) berichtete über den Fall.

Christiane Rüdding hatte einen Alptraum. Sie fühlte sich in einen tiefen Abgrund stürzen, sah Wände an sich vorbeisausen, fürchtete gleich am Boden zerschmettert zu werden. Dann bekam sie keine Luft mehr, etwas schnürte ihr den Hals zu, etwas unglaublich Starkes. Endlich wachte sie auf. Sie freute sich, in ihrem warmen Bett zu liegen. Da hörte sie ein leises Klopfen an der Haustür. Die 38jährige Cheflayouterin stand auf, ging an die Tür. Draußen stand der Nachbar. Er müsse wegen eines dringenden Notfalls telefonieren. Arglos ließ Christiane Rüdding den Mann eintreten. Kaum war der »hilfesuchende Nachbar« im Haus, stürzte er sich auch schon auf die junge Frau. Er packte sie, würgte sie, versuchte, sie zu vergewaltigen. Vom Schmerz der brutalen Behandlung wurde ihr schwarz vor Augen, und sie fiel in Ohnmacht. Winzige Farbblitze durchzuckten das Nichts.

Plötzlich tauchte explosionsartig etwas Grelles aus dem Nichts auf, ein feuriger Ball rollte kometenhaft auf sie zu. Eben noch war er nur ein kleines Pünktchen, schon wuchs er zum riesigen Ball, explodierte feuersprühend. Zwei große Punkte bildeten sich, zwei glühende Augen, angsteinflößend und doch irgendwie bekannt und vertraut. Dann folgte ein ohrenbetäubendes Klirren. Wieder Ruhe. Und Sekunden später ein gellender Schrei.

Langsam wurde es hell um Christiane Rüdding. Der Schmerz kehrte zurück. Ihr kam es so vor, als liege ein glühendes Halsband um ihren Nacken. Sie wußte nicht, wie lange es dauerte, bis sie die Situation wieder erfassen konnte. War da nicht eben noch ein Kerl, der sie zu vergewaltigen drohte? Er war weg. Doch nein! Schrie er da nicht gellend?

Christiane Rüdding raffte sich auf. Vor ihr lag der Kerl, er zappelte wild umher, schlug mit Armen und Beinen um sich, warf etwas Schwarzweißes von sich und floh entsetzt. Das Blut floß ihm über die Hände, mit denen er das Gesicht bedeckte. Christiane Rüdding wurde erneut schwindelig. Sie mußte sich an die Wand lehnen. Erst jetzt erfaßte sie die Situation wieder ganz.

Das Schwarzweiße, das der Eindringling wegschleuderte, war ihr geliebter Kater, der »Dicke Sebastian«. Ihr Kater! Jetzt wußte sie, daß es die Augen des Katers gewesen waren, die sie in ihrer Todesangst gesehen hatte. Aber der Kater schlief doch in den lauen Sommernächten im Garten auf seinem Sessel, außer Hörweite.

Erst am folgenden Tag klärte sich der Fall ganz: Der »Dicke Sebastian« hatte im Garten geschlafen. Er mußte die Angst seines Frauchens gespürt, mit aller Kraft ein nur angelehntes Fenster aufgedrückt haben, dann auf den großen Tisch gesprungen sein. Dabei stürzte eine große Porzellanvase zu Boden und zerbrach. Das Klirren hatte Christiane Rüdding gehört.

Noch heute ist sie davon überzeugt: Sie hat ihren Kater mit Gedankenkraft gerufen. In ihrer Todesangst muß ihr »sechster Sinn« erweckt worden sein. »Anders kann ich mir dieses deutliche Bild nicht erklären, das ich, der Ohnmacht nahe, sah. Diese vertrauten Augen meines Katers.« Auch den Traum, der sie weckte, hält Frau Rüdding für eine Form außersinnlicher Wahrnehmung. »Der Kerl hat an der Tür geklopft. Wie komme ich dazu, gerade in diesem Augenblick von einem fürchterlichen Alptraum gequält zu werden? Ich sollte auf die drohende Gefahr hingewiesen werden!« – »Sicher«, meint die attraktive Rothaarige im Gespräch mit dem Autor, »Träume vom Fallen, Stürzen in einen Abgrund sind so selten nicht. Und dieses schlimme Gefühl, die Angst vor dem Ersticken? Sekunden oder bestenfalls Minuten, bevor jemand versuchte, mich zu erwürgen?«

Katerchen »Dicker Sebastian« hat seine Gewohnheit aufgegeben, in lauen Sommernächten auf »seinem« Sessel zu liegen. Seit jener Nacht postierte er sich, sobald Frauchen zu Bett ging, direkt in der Tür zu ihrem Schlafzimmer. Er wurde auch umbenannt: Aus dem »Dicken Sebastian« wurde »Sebastian der Starke«. Diesen Namen trug er ohne Zweifel mit Fug und Recht. Hat er sich doch heldenhaft verhalten, seinem Frauchen geholfen, einen ungleich größeren Gegner todesmutig attackiert und in die Flucht geschlagen.

Hunde befolgen Gedankenbefehle

Stolze Eltern neigen dazu, schon die gelallten Laute eines Babys als den Versuch sprachlicher Mitteilungen zu interpretieren. Bei Hundebesitzern ist die Neigung oft groß, den eigenen Vierbeiner als besonders intelligent anzusehen. »Waldi versteht jedes Wort ... und

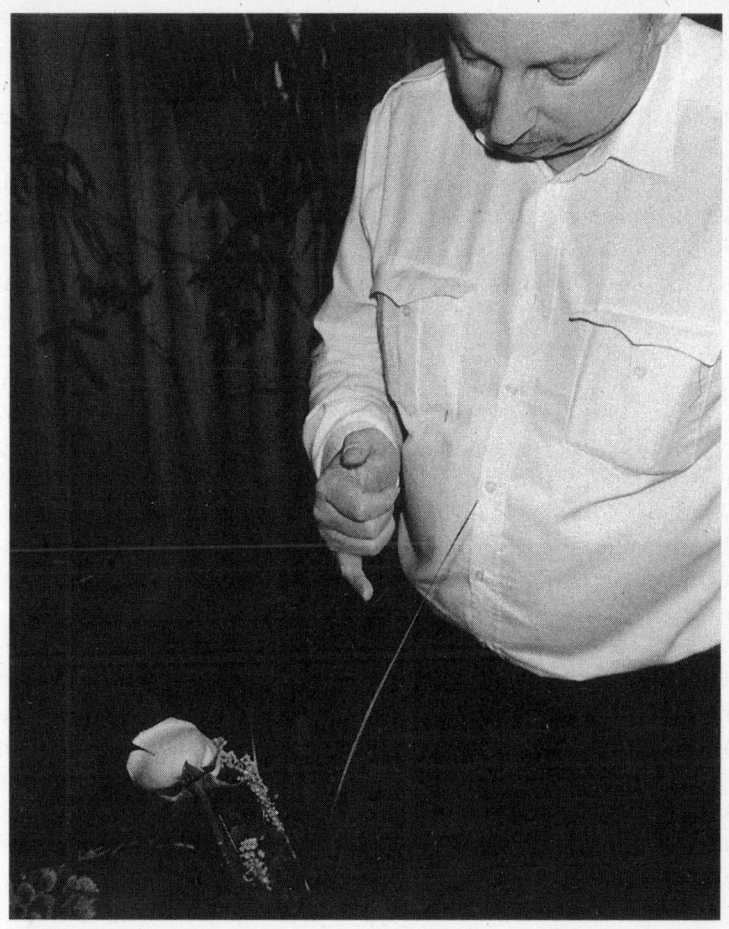

Gibt es eine geistige Verbindung zwischen Mensch und Pflanze? Hier bewegt das Medium Leonhard Hochenegg mit der Kraft seiner Gedanken eine Pflanze.

Morocco, das Pferd des schottischen Schaustellers Banks, konnte zählen, rechnen und tanzen. Der alte Stich zeigt eine Vorführung in London im Jahre 1595.

Der amerikanische Parapsychologe Helmut Schmidt entwarf eine Maschine, um Hellseher zu testen.

Die berühmte russische Sensitive Nina Kulagina starb im April 1990. Sie konnte mit Gedankenkraft Gegenstände wie etwa Eisenkugeln bewegen. Bei diesem Experiment bannt sie ihre Gedanken auf einen Negativfilm.

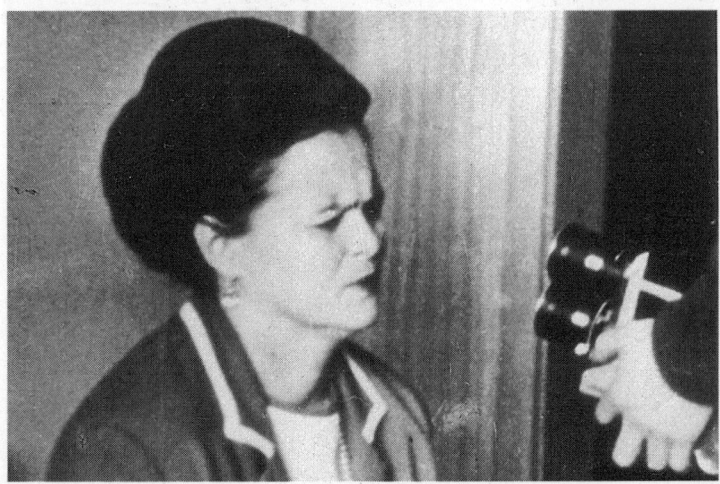

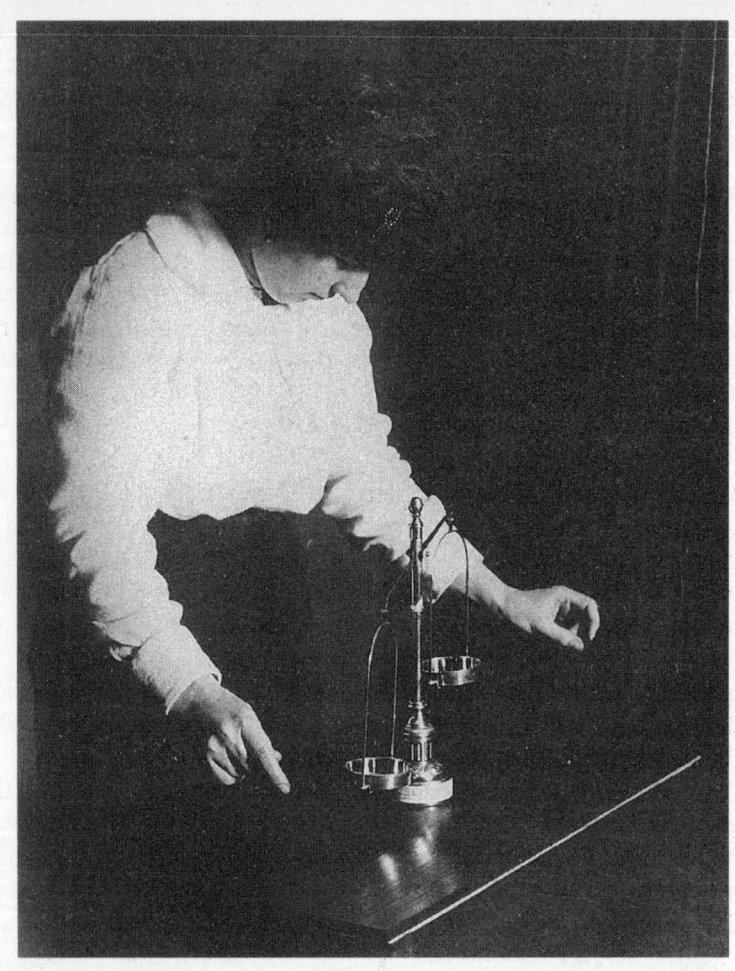

Der deutsche Parapsychologe Baron von Schrenk-Notzing teste viele Medien, darunter auch Stanislava Tomczyk, deren geheimnisvolle Kräfte eine Waage zum Schwingen brachten.

er liest sogar meine Gedanken!« mag mancher Hundefreund denken. Oft lassen sich aber vermeintlich übersinnliche Begabungen recht natürlich erklären. Wenn etwa Herrchen seinen Spazierstock ergreift, weiß Waldi, daß ein Gang ins Freie ansteht, und saust freudig kläffend an die Tür.

Derlei Vorfälle waren auch einem der großen Parapsychologen Rußlands, dem Neurologen und Psychiater Wladimir Bechterew (1857–1927), wohlvertraut. Im Rahmen seiner umfangreichen wissenschaftlichen Experimente kam der Gelehrte aber zum Ergebnis, daß Hunde sehr wohl dazu in der Lage sind, die Gedanken von Menschen zu lesen und zu verstehen. (Wladimir Bechterew: »Versuche über die unmittelbare Einwirkung auf das Verhalten von Tieren, verfaßt 1924, nachgedruckt in Hans Bender: *Parapsychologie*, Darmstadt 1974)

Bereits in den zwanziger Jahren unseres Jahrhunderts führte er Versuche durch, bei denen unter sorgsam überwachten Laborbedingungen Hunden auf dem Wege der Gedankenübertragung konkrete Befehle übermittelt wurden. Er hatte einen großen Stab von wissenschaftlichen Mitarbeitern, arbeitete aber oft selbst mit und fungierte dabei nicht selten als Sender von Gedanken.

Er wußte, daß Hunde auf unscheinbare Zeichen reagieren können, ja manchmal sogar Augenbewegungen wahrnehmen. Während der Versuche wurde nicht gesprochen, der Gedanken-Sender hielt die Augen geschlossen. Dann wurden Gedankenbefehle erteilt.

Etwa so: »Hund A soll sich von seinem Sofa erheben, den Raum verlassen. Im Nachbarzimmer soll er auf den Tisch springen und von den dort liegenden zehn Büchern das Lexikon mit dem roten Einband ins Maul nehmen, vom Tisch springen, zurückkommen und das Buch in die Ecke unter den Lehnstuhl legen.«

Oder: »Hund B soll aufhören zu fressen, das Zimmer verlassen, die Treppe hinaufsausen, in die Dachkammer gehen. Dort wird er Mitarbeiter X auf seinem Lehnstuhl sitzend antreffen. Hund B soll den Menschen dazu veranlassen, aufzustehen. Er soll das auf der Sitzfläche des Stuhls liegende Taschentuch ergreifen, die Kammer verlassen, die Treppe heruntersausen, den Raum wieder betreten und das Taschentuch Person Y vor die Füße legen.«

Oder: »Hund C soll in den Garten rennen, dort den Eimer

umstoßen, den gelben Ball – nicht den blauen, roten oder grünen – mit der Schnauze aufnehmen, er soll sich ans Gartentor begeben und den Menschen Z dazu veranlassen, den Ball in die Hand zu nehmen!«

Sämtliche gedanklich erteilten Befehle wurden präzise bis ins letzte Detail ausgeführt. Für Bechterew gab es keinen Zweifel: »Die Aufgaben waren in keiner Weise vorher trainiert worden. Den Hunden wurden gedanklich Befehle erteilt, sie wurden zu Dingen veranlaßt, die zuvor noch niemals von ihnen abverlangt worden waren. Alle Befehle wurden genau ausgeführt. Keine Frage: Die Hunde haben Geistbefehle empfangen und ausgeführt.«

Eine »natürliche« Erklärung für die Versuchserfolge Bechterews gibt es nicht: Sie belegen eindeutig die Existenz von Gedankenübertragung. Für den Wissenschaftler freilich war das Übersinnliche keineswegs unnatürlich. Er ging davon aus, daß alles Existierende, gleichgültig ob »tote Materie«, ob Pflanze oder ob Lebewesen, Mensch oder Tier, daß alles aus einem Urstoff besteht und daß alles beseelt war. »Geist« und Materie sah er nicht als Gegensätze, sondern als verschiedene Seinsweisen. Das Unsichtbare, scheinbar Übernatürliche, gehörte für ihn genauso zur Realität wie die greifbare Materie und mußte seiner Überzeugung nach erforscht werden.

Doktrinen jeglicher Art, die die Welt des Übersinnlichen ausschlossen, lehnte er strikt ab. Gedankenübertragung – für heutige Parapsychologen ein wichtiger Aspekt des Übersinnlichen – sah Bechterew als einen Teil der Gesamtrealität an. Für ihn war das Phänomen real, er weigerte sich, die Existenz von »Übersinnlichem« zu leugnen, nur weil dafür in der extrem materialistischen Welt vieler seiner Zeitgenossen kein Platz war.

Im studierten Zoologen Wladimir Durow fand Bechterew einen wichtigen und verläßlichen Mitarbeiter. Der Mann galt als einer der besten Tierdompteure seiner Zeit. Er war mit Sicherheit einer der ungewöhnlichsten. Seine Tierliebe verbot es ihm, Tieren mit Gewalt etwas beizubringen. Er verabscheute Kollegen, die mit grausamen Tricks Tiere zu »Kunststücken« veranlaßten. Er sah es als unverzeihliche Barbarei an, wenn Bären auf heiße Eisenplatten gesetzt wurden, um sie dazu zu bringen, auf den Hinterpfoten zu »tanzen«. Derlei sadistische Methoden verabscheute Durow zutiefst.

Und gerade er war es, der die erstaunlichsten Leistungen bei Tieren erreichte, die seine Berufskollegen für unmöglich hielten. Das Geheimnis seines Erfolgs verschwieg er keineswegs: »Meine Erfolge beruhen nicht zuletzt in meinem Wissen, daß man telepathisch, also auf dem Wege der Gedankenübertragung, mit Tieren kommunizieren kann. Während andere Zirkusartisten ihren Tieren oft durch langes Training Tricks beizubringen versuchen, bringe ich sie mit Hilfe der Gedankenkraft dazu, oft kuriose Kunststücke vorzuführen, spielerisch und ohne Druck oder gar Gewalt!«

Für den wahren Humanisten war das Tier ein Partner, mit dem er arbeitete, und zwar nur so lange, wie seine vierbeinigen Kollegen auch freudig mitmachten. Er wäre niemals auf den Gedanken gekommen, ihren Willen zu brechen. Dazu respektierte er »Bruder Tier« viel zu sehr.

Zahllose Experimente wurden durchgeführt und protokollarisch festgehalten. Viele der Unterlagen sind inzwischen verschwunden, viele Aufzeichnungen aber auch noch erhalten. Die meisten Experimente fanden unter wissenschaftlichen Bedingungen am »Leningrader Institut für Hirnforschung« statt, das später in »Bechterew-Institut« umbenannt wurde.

Ein konkretes Beispiel sei genannt: Wladimir Durow bekam von Bechterew einen Zettel ausgehändigt, auf dem eine Aufgabe für den Hund Mars notiert stand. Durow hatte den Zettel still zu lesen und via Gedankenübertragung seinem Hund zu übermitteln. Die Gedankenübertragung erfolgte nach einem oft praktizierten Ritual. Durow faßte Mars bei der Schnauze, starrte ihm für einige Sekunden in die Augen. Der Vierbeiner marschierte in ein Nebenzimmer, von einem von mehreren Tischen holte er ein bestimmtes Buch, ein Telefonbuch, herunter, trug es mit der Schnauze herbei und händigte es seinem Herrn aus.

Gewiß kann einem lernwilligen Hund ein solcher Trick durch langes Training beigebracht werden. Dann ist das Tier dazu in der Lage, auf einen – wie auch immer – übermittelten Befehl hin einen ganz bestimmten Trick auszuführen, also beispielsweise ein Buch zu apportieren. Ein solcher Trick hat dann nicht das geringste mit Gedankenübertragung zu tun.

Bechterew und Durow übermittelten aber Hunden im Verlauf

von fast sechs Jahren zahllose Befehle per Gedankenübertragung, sie veranlaßten Hunde dazu, nie einstudierte und immer wieder neue Dinge zu tun, Befehle auszuführen, die per Gedankenübertragung erteilt wurden.

Die russischen Wissenschaftler staunten. Sie waren einem materiellen Weltbild verpflichtet, in dem für das, was da in den Labors tagtäglich geschah, kein Platz war. Gedankenübertragung durfte es nicht geben, konnte es nicht geben. Also wurde nach natürlichen Erklärungen gesucht. Man ging davon aus – das taten zum Beispiel die Wissenschaftler des »Leningrader Instituts für Hirnforschung« –, daß elektromagnetische Wellen oder Strahlen als Übermittler für die Befehle an die Hunde dienten. Es mußten doch irgendwelche bekannten Kräfte ausfindig zu machen sein, die die so oft demonstrierte Befehlsübermittlung erklärten.

Elektromagnetische Strahlen oder Wellen schieden als Erklärung aus, wie im Experiment rasch geklärt werden konnte. Die Übertragung von Gedanken funktionierte nämlich auch dann noch, wenn Maßnahmen zur Abschirmung eingesetzt wurden. Elektromagnetische Wellen oder Strahlen können bekanntlich keine Metallwände durchdringen. Die Befehlsübermittlung Mensch-Hund hätte also nicht funktionieren dürfen, wenn »Gedankensender« Mensch und »Gedankenempfänger« Hund durch eine Metallwand getrennt waren. Und doch klappte die Gedankenübertragung.

Militärs quälen Tiere

Am 17. Mai 1976 hielt ich einen Vortrag auf der Weltkonferenz der »Ancient Astronaut Society«, die im jugoslawischen Crikvenica an der Adriaküste abgehalten wurde. Ich hatte dabei Gelegenheit, mit einem Rekordastronauten der UdSSR ein längeres Gespräch zu führen. Im Rahmen der interessanten Unterhaltung erhielt ich konkrete Hinweise auf geheime russische Versuche zum Bereich »Übersinnliches«.

Der Astronaut erklärte mir, daß man zwischen politisch orientierter öffentlicher Wissenschaft und den Experimenten der programmatischen Militärs unterscheiden müsse.

»Die öffentliche Wissenschaft, die ihre Ergebnisse publik macht, hat ein vordergründiges Interesse. Sie befolgt vorgegebene Richtlinien. Gedankenübertragung darf es nicht geben, wird als abergläubischer Mumpitz abgetan. Man spricht davon, daß im angeblich so dekadenten Westen dem übersinnlichen Humbug Tür und Tor geöffnet würden. Es sei als Zeichen des Verfalls anzusehen, wenn westliche Wissenschaftler Gedankenübertragung akzeptieren. Das sei ein schlagender Beweis dafür, daß es mit dem Westen, mit der westlichen Wissenschaft, bergab gehe. Wissenschaftler veröffentlichen Resultate nur dann, wenn sie dazu geeignet sind, Gedankenübertragung zu widerlegen, als nicht existentes Hirngespinst dokumentieren.«

Auf der anderen Seite stünden die Militärs. Denen seien politische Doktrinen gleichgültig, sie strebten nach Ergebnissen, die militärtechnisch ausgewertet werden konnten, die dem Osten einen Vorsprung gegenüber dem Westen verschafften. »Und wenn das mit Hilfe von Gedankenübertragung möglich ist, dann setzt man sie ein, ungeachtet der Tatsache, daß es amtlichen Verlautbarungen zufolge so etwas gar nicht geben kann.«

So führte die russische Marine, wie mir der Rekordastronaut versicherte, grausame Tierversuche durch, die die Verwendbarkeit von Gedankenübertragung in der Übermittlung von Befehlen überprüfen sollten. Einige der verschiedenen Experimente wurden inzwischen, nachdem der unsinnige »Eiserne Vorhang« gefallen war, auch zugegeben. Keinen Zweifel kann es aber daran geben, daß noch eine Vielzahl von Aufzeichnungen über geheime Tests in den Archiven der Militärbehörden schlummern.

Die Offiziere der russischen Marine waren sehr stolz auf die U-Boote ihrer Flotte. Zum Teil waren sie mit atomaren Sprengköpfen versehen. Sollte einmal der große Krieg ausbrechen, sollte einmal der Westen die UdSSR angegriffen und vielleicht mit Atomwaffen vernichtet haben, dann wollte man noch dazu in der Lage sein, wiederum mit atomaren Waffen nun auch die USA von der Landkarte zu tilgen. Für diesen Zweck waren U-Boote ideal geeignet. Sie hatten aber einen wesentlichen Nachteil: Waren sie einmal abgetaucht, dann war die Kommunikation zwischen der Kommandozentrale im sicheren Atombunker und den Giganten der Tiefsee unterbrochen. Wie wollte man dann noch Befehle erteilen? Wie sollte man den Kommandanten eines getauchten U-Boots wissen lassen, auf welche Städte Atomraketen abzufeuern waren?

Also setzte man auf Gedankenübertragung. Und führte grausame Tierversuche durch, mit Katzen, aber auch mit Hunden. Eduard K. Naumanow (geboren 1932) führte zum Beispiel Experimente mit Hasen durch, deren Grausamkeit nicht gerechtfertigt werden kann. Ähnliche Versuche wurden auch mit Hunden durchgeführt. Ziel: Der Nachweis, daß Gedankenübertragung dazu in der Lage ist, die Verbindung zu einem getauchten U-Boot herzustellen. Mit eiskalter Exaktheit wurde der jeweilige Verlauf solcher Experimente festgehalten. Und höchste Präzision, speziell was den exakten Ablauf der Versuche angeht, war unbedingt erforderlich, um eine unbezweifelbare Interpretation zu ermöglichen.

Hundemutter A kam in den unterirdischen Atombunker B, ihre Welpen wurden an Bord des U-Bootes C gebracht, bestens versorgt, am Leben erhalten, damit sie dann im Rahmen eines Tests getötet werden konnten. Das U-Boot tauchte ab, bis es per Funk nicht mehr zu erreichen war. Der weitere Verlauf war programmiert. Im Verlauf mehrerer Stunden wurde nun ein Hundebaby nach dem anderen getötet. Im Bunker B wußte man nicht, wann das geschehen würde.

Die Hundewelpen starben in unregelmäßigen Abständen. Exakt wurde notiert, wann wieder eines der Tierchen getötet wurde. Gleichzeitig wurde im Atombunker das Muttertier beobachtet. Man hatte ihr Elektroden direkt ins Hirn eingepflanzt und zeichnete die Hirnströme pedantisch auf. Und siehe da: Immer wieder gab es extreme Ausschläge, reagierte das Hirn des Muttertieres auf etwas. Worauf?

Später verglich man die Aufzeichnungen. Man stellte fest: Immer wenn einer der Welpen getötet wurde, exakt zur selben Sekunde, empfing das Muttertier Signale. Für die Forscher gab es keinen Zweifel: Die sterbenden Tiere hatten auf dem Wege von Gedankenübertragung ihre Qualen der Mutter gemeldet, die Schmerz und Tod ihrer Kinder registrierte, deren Gehirn nachweisliche Signale empfing.

Der Rekordkosmonaut versicherte mir: »Es gab eine Vielzahl

ähnlicher Versuche. Man tötete an Bord eines U-Boots Hundekinder und stellte fest, daß die Mutter davon ohne Zeitverlust ›erfuhr‹. Man nahm das Muttertier an Bord, tötete die Kinder im Atombunker. Das Resultat war das gleiche. Es bestand Gedankenübertragung zwischen den Tieren, gleichgültig, wie groß die Distanz dazwischen war. In anderen Versuchsanordnungen wurden die Tiere aber nicht schnell getötet, sondern planmäßig gefoltert. Man stellte dann fest: Hundebaby 1 an Bord des U-Boots von 0.01 bis 0.05 Uhr mit Elektroschocks behandelt. Das Gehirn der Hundemutter empfängt von 0.01 bis 0.05 Uhr Signale. Um 0.06 Uhr wird dem Hundebaby ein schmerzlinderndes Medikament verabreicht. Die im Gehirn der Mutter ankommenden, nachweisbaren Signale lassen abrupt nach, hören auf. Um 1.03 Uhr wird wieder begonnen, im U-Boot das Hundebaby mit Elektroschocks zu behandeln. Wieder sind im Hirn der Mutter entsprechende Signale auszumachen. Die Behandlung wird fortgesetzt, die Signale im Hirn des Muttertiers kommen weiter an, bleiben meßbar. Um 1.06 Uhr wurde dem Baby ein Bein abgeschnitten, die Signale im Hirn der Mutter verstärken sich. Um 1.11 Uhr wird dem Baby ein Auge ausgestochen, die Signale bei der Mutter nehmen an Stärke zu. Um 1.20 Uhr wird das Hundebaby getötet. Die Signale im Hirn der Mutter erreichen ein Maximum an Intensität. Kurz darauf: Keine Signale sind mehr nachweisbar.«

Auch der russische Rekordkosmonaut wußte nicht, ob und inwieweit die entsetzlichen Versuche zu praktischen Ergebnissen auf dem Gebiet der Kommunikationstechnik geführt haben. »Entsprechende Unterlagen, so sie es gibt, unterliegen strengster Geheimhaltung!«

1960 wurden in Leningrad erstmals entsprechende Experimente russischer Militärexperten eingestanden. Vor einem kleinen Kreis ausgewählter Kollegen verkündete Dr. Leonid Wassiliew, korrespondierendes Mitglied der sowjetischen Akademie für Medizin und Ordinarius für Psychologie der Universität Leningrad, Träger des Leninpreises, er habe konkrete Belege dafür erhalten, daß amerikanische Wissenschaftler damals ähnliche Experimente durchführten, im Zusammenhang mit Gedankenübertragung zwischen Militärbasen und abgetauchten U-Booten.

»Es ist notwendig, daß wir unsere Vorurteile gegen die Parapsychologie abschütteln. Wir müssen uns in die Forschung auf diesem lebenswichtigen Gebiet stürzen.« Gleichzeitig gab er nicht ohne Stolz bekannt, daß sowjetische Wissenschaftler »schon vor einem Vierteljahrhundert«, also etwa 1935, solche Versuche durchgeführt hätten.

Die Botschaft wurde gehört und verstanden. Bereits ein Jahr später leitete Wassiliew ein »Speziallaboratorium für Parapsychologie« an der Universität Leningrad. 1963 erließ der Kreml eine Verfügung, die der Parapsychologie »absolute Priorität« einräumte. 1967 wurde in mindestens zwanzig Zentren im Gebiet der UdSSR das »Übersinnliche« erforscht. Den Wissenschaftlern standen erstaunliche finanzielle Mittel zur Verfügung, die für das Jahr 1967 allein auf 13 Millionen Rubel, damals 13 Millionen Dollar, geschätzt wurden.

Solche Experimente gab es nicht nur in der UdSSR. Ohne Zweifel forschte man damals auch im Westen auf gleichem Gebiet, handelte dabei gewiß nicht weniger unmenschlich, nicht weniger skrupellos. Es ist aber sehr interessant, daß in der UdSSR einerseits Gedankenübertragung als abergläubischer Mumpitz abgetan, andererseits die Existenz des Übersinnlichen nicht nur erforscht, sondern eindeutig bewiesen worden ist (A. Gregory: »Zur gegenwärtigen Lage der sowjetischen Parapsychologie«, in *Zeitschrift für Parapsychologie und Grenzgebiete der Psychologie*, Band 17 Nr. 2/3, Bern 1975).

Hilfe für Gelähmte

Grausame Experimente mit Tieren verleihen dem Begriff »human« im Sinne von »menschlich« einen äußerst negativen Beigeschmack. Dabei sind gerade für »Gedankenübertragung mit Tieren« im besten Sinne des Wortes menschliche Anwendungsmöglichkeiten denkbar.

Weltweit gibt es Zigtausende Menschen, die infolge Krankheit oder Unfall ein wahrhaft tristes Dasein fristen müssen. Sie sind vollkommen gelähmt und nicht einmal dazu in der Lage, bescheidenste Handgriffe zu erledigen. Es hat sich nun gezeigt, daß es der Psyche solcher Menschen sehr zuträglich ist, wenn man ihnen speziell trainierte Tiere, etwa bestimmte Affenarten, zugesellt. Die possierlichen Tiere schenken den Menschen, ohne die geringste Gegenleistung zu erwarten, ihre Zuneigung und Liebe. Sie verrichten Handreichungen für sie, reichen Nahrung oder bringen eine Zeitung herbei, erweisen sich als hilfreiche Geister.

Eine große Schwierigkeit ist das Übermitteln von Befehlen – wenn etwa in besonders schlimmen Fällen nicht nur eine körperliche Lähmung, sondern auch Stummheit vorliegt. Warum versucht man nicht, solchen Menschen mit Gedankenübertragung zu helfen? Sie könnten per Gedankenübertragung mit ihren vierbeinigen Helfern kommunizieren.

Die körperliche Bewegungsunfähigkeit wird oft nicht als am schlimmsten empfunden, sondern die fehlende geistige Betätigung solcher Menschen, die bis ans Lebensende gelähmt sein müssen. Gedanken-Kontaktaufnahme mit Tieren würde geistige Bewegung in den tristen Alltag der beklagenswerten Menschen bringen. Darf man eine solche Chance ungenutzt vergeben? Doch wohl kaum!

Pferde und der 6. Sinn

Die vehemente Ablehnung von Gedankenübertragung bei sowjetischen Wissenschaftlern findet bei westlichen Kollegen schon seit Jahrhunderten ihre Entsprechung. Das beweist, daß Wissenschaft keineswegs immer unvoreingenommen Wissen schaffen möchte, sondern sich nur zu oft durch Vorurteile selbst behindert. Es liegen Forschungsergebnisse vor, die seit nunmehr fast einhundert Jahren von der Welt der Wissenschaft bestenfalls nicht beachtet, meist aber lächerlich gemacht werden.

Erstaunliche Leistungen von Pferden

Anno 1900 erklärte Wilhelm von Osten (1838–1909) der erstaunten Öffentlichkeit, Pferde seien intelligent, man müsse ihre Gaben fördern und ausbilden. Die Reaktion der Wissenschaft, so sie überhaupt auf den »alten Spinner« einging, war vernichtend. Das kränkte von Osten zutiefst, stachelte ihn aber erst recht dazu an, verstärkt mit Pferden zu arbeiten. (John Michell und Robert Rickard: *Das rechnende Pferd von Elberfeld*, Düsseldorf, Wien 1983 S. 244).

Zunächst brachte er den Huftieren das Zählen bei. So ging er vor: Er stellte einen hölzernen Kegel vor das »Schultier«, nannte laut die Zahl »eins«, holte einen zweiten Kegel dazu, zählte laut »zwei« und so weiter. Hengst Hans schien besonders aufnahmefähig zu sein, was ihm den Namen »der kluge Hans« einbrachte. Bald konnte er anscheinend rechnen. Schrieb Lehrer von Osten die Aufgabe »4 plus 2« an eine große Tafel, klopfte Hans korrekt die Antwort 6.

In der Welt der Wissenschaft war die Resonanz zunächst zwiespältig, dann aber ablehnend.

Die Wohlgewogenen hatten eine einfache, natürliche Erklärung parat: Von Osten stellt eine Aufgabe, kennt die Antwort. Hans, alles andere als intelligent, weiß, was man von ihm erwartet. Er muß mit dem Huf klopfen. Also fängt das Pferd an ... klopf, klopf ... klopf. Sobald die richtige Antwort gegeben ist, erwartet sein »Lehrer«, daß die Klopferei aufhört. Das vermittelt er unbewußt durch unsichtbare Signale, Veränderung der Körperhaltung etwa, dem Tier. Brav hört Hans zu klopfen auf. Dabei weiß er gar nicht, daß er nach Ansicht seines Herrchens eine Rechenaufgabe gelöst hat. Von Intelligenz dürfe und könne nicht gesprochen werden: Kein Tier sei zu intelligentem Verhalten in der Lage, geschweige denn zum Rechnen.

Übelgesinnte unterstellten dem grundehrlichen von Osten Betrug. Er habe Hans und andere Pferde abgerichtet, ziehe eine billige Zirkusshow ab. Das alles sei so durchsichtig, daß man sich als seriöser Wissenschaftler nicht weiter mit dem primitiven Humbug auseinandersetzen müsse.

Wohlwollende wie übelgesinnte Kritiker hatten freilich etwas gemeinsam: Sie lehnten von Ostens Hypothese von »intelligenten Pferden« ab, ohne sich selbst einmal vor Ort umzusehen. Professor Claparéde sah sich die Darbietungen des »klugen Hans« an – und veröffentlichte seine Beobachtungen in den »Archives de Psychologie de Genève«. Der Wissenschaftler war davon überzeugt, daß der Hengst nicht nur zählen konnte, sondern auch über ein ausgezeichnetes Gedächtnis verfügte und dazu in der Lage war, teilweise komplizierte Rechenaufgaben zu lösen.

Erst jetzt sah sich die Welt der Wissenschaft dazu veranlaßt, öffentlich Stellung zu nehmen. Wie immer, wenn man vor einer scheinbar unlösbaren Aufgabe zu stehen meint, wurde eine »Kommission« ins Leben gerufen. Sie bestand aus erlauchten Gelehrten, Professoren der Psychologie, der Physiologie und der Zoologie, aus Tierärzten, Offizieren der Kavallerie, Zirkusdirektoren und Tierdompteuren.

Die Herren resignierten, waren bitter enttäuscht: Sie fanden nicht die Spur eines Hinweises auf einen Betrug von Ostens, konnten aber auch bei genauester Beobachtung nicht das kleinste Zeichen oder Signal erkennen, das von Osten unbewußt gab. Wenig befriedigend das Resümee der Kommission: »Wir stehen vor einem Rätsel, Betrug ist ausgeschlossen!«

Trotzdem verkündete der Berliner Psychologe Oskar Pfungst anno 1908: Das dumme Pferd kann nicht rechnen, nimmt aber unbewußte Signale wahr, die sich der Aufmerksamkeit des menschlichen Beobachters entziehen. Der gelehrte Herr übersah dabei aber eine ganz entscheidende Tatsache: Hans konnte auch dann richtige Rechenergebnisse klopfen, wenn sein »Herrchen« gar nicht zugegen war. Just dieser Sachverhalt war es auch, der den Lyriker, Dramatiker und Nobelpreisträger für Literatur 1911, Maurice Materlinck (1862–1949), in höchstes Erstaunen versetzte.

Materlinck experimentierte selbst mit Hans und anderen Pferden von Ostens. Dabei ging er so vor: Er beschriftete drei Karten mit Zahlen, mischte sie und legte sie den Pferden so vor, daß sie nur die Rückseiten der Karten sehen konnten. Und die Pferde? Sie klopften exakt die Zahl, die auf der jeweiligen Karte stand. Materlinck machte seine eigenen Experimente publik und erntete nur Spott und Hohn. Er solle lieber bei seinen Leisten bleiben, das Denken solle er doch den Pferden überlassen, die hätten größere Köpfe. Aber nein, das war ja auch nicht möglich: Pferde konnten ja nicht denken, weil sie nicht denken können durften.

Dabei übersahen die Kritiker, daß der experimentierfreudige Poet geradezu Sensationelles entdeckt hatte. Er legte Pferden beschriftete Tafeln vor, zeigte ihnen aber die Rückseite. Wie konnten dann die Tiere die jeweils richtige Zahl klopfen?

Sie kannten den Dichter nicht, waren nicht auf ihn eingespielt. Sie konnten also nicht unbewußte Körpersignale erkennen und in Klopfen umsetzen, dazu hätten sie Materlinck erst nach und nach kennenlernen müssen. Wie aber übermittelte er ihnen dann, wann sie aufhören mußten zu klopfen? Es gibt eigentlich nur eine Antwort: Die Pferde müssen die Gedanken des Experimentators gelesen und verstanden haben – und entsprechend gaben sie Zeichen.

Es wird noch kurioser. Die Pferde vollführten auch dann die richtige Menge an Klopfgeräuschen, wenn Materlinck die Zahlenkarten so mischte und ablegte, daß weder er noch die Pferde die aufgeschriebenen Zahlen sehen konnten. War also nicht nur Gedankenlesen im Spiel, sondern auch Hellsehen?

Wilhelm von Osten litt entsetzlich unter der Häme, mit der man ihn übergoß, aber auch unter dem stillschweigenden Übergehen, unter der Art und Weise, wie gebildete Menschen so taten, als gebe es ihn gar nicht. Verbittert starb er 1909 und vermachte seine Pferde, von denen er bis zuletzt glaubte, daß sie intelligent seien, dem Elberfelder Geschäftsmann Karl Krall. Der kaufte noch zwei weitere Pferde hinzu, nämlich die Araberhengste Mohammed und Zarif, und experimentierte weiter.

Krall begnügte sich nicht mehr mit kleinen Zahlen wie sein Vorgänger. Er brachte den Pferden den Unterschied zwischen Einerstellen, die mit dem einen, und Zehnerstellen, die mit dem anderen Huf geklopft werden mußten, bei. Von nun an waren die Tiere dazu in der Lage, wirklich große Rechenaufgaben zu lösen, jedenfalls klopften sie die richtigen Antworten.

Auch Krall bekam zu hören, er gebe den Tieren unbewußt Zeichen. Daß das zumindest bei Pferd Berto nicht der Fall sein konnte, registrierten seine Kritiker nicht. Berto war nicht nur vollkommen blind, konnte also wirklich keine wie auch immer gearteten Zeichen oder Signale sehen, er hatte zudem auch noch keinerlei Geruchssinn.

Maurice Materlinck war auch von Karl Kralls rechnenden Pferden mehr als beeindruckt. Er besuchte ihn am 4. September 1913 und schrieb später: »Krall spricht lange und ruhig mit den Tieren, so wie das ein Vater mit seinen Kindern tun würde. Man hat das Gefühl, daß sie ihm zuhören und alles verstehen, was er sagt. Und wenn er das Gefühl hat, daß sie nicht begreifen, was er vorträgt, dann wiederholt er seine Worte, umschreibt sie immer wieder mit der Ruhe und Geduld einer Mutter.«

Karl Krall begnügte sich nicht mit Rechenaufgaben. Er brachte seinen Pferden ein Klopfsystem bei, bestimmte Klopfzeichen entsprachen bestimmten Buchstaben. Von nun an, davon war er überzeugt, konnten sie schreiben.

Wieder durfte Materlinck allein mit Pferd Mohammed experimentieren. Er nannte ein Wort – »Weidenhof« –, und das brave Pferd klopfte die Buchstaben »W-E-I-D-E-N-H-O-Z«. Materlinck rief Karl Krall zurück in den Stall. Der war ob des erstaunlichen Erfolgs überhaupt nicht begeistert. »Nicht ein Z muß am Ende des Wortes stehen! Bitte korrigiere!« Brav klopfte Mohammed jetzt ein F.

1914 veröffentlichte die seriöse Zeitschrift »Nature«, der noch nie in der Geschichte ihrer Existenz auch nur die geringste Neigung zu unwissenschaftlichem Mumpitz nachgesagt werden konnte, einen ausführlichen Artikel von Dr. S. von Maday. Schlußsentenz: »Es gibt keine natürliche Erklärung für die Vorführungen der Pferde.«

Wirklich nicht?

Eine »Erklärung« jedenfalls bietet sich an: Die Pferde waren nicht intelligent. Sie konnten nicht rechnen oder gar schreiben. Sie nahmen aber gedankenlesend Signale auf, erfuhren so auf übersinnlichem Wege, wie oft sie Klopfzeichen zu geben hatten.

Wenige Monate später mußten die Experimente mit den Pferden eingestellt werden, weil der Erste Weltkrieg ausbrach.

Kralls Pferde, ob nun intelligent oder nicht, bezahlten die Dummheit der Menschen mit dem Leben. Sie kamen alle im Krieg um. Mir will scheinen: Manchmal sind Pferde wirklich intelligenter als Menschen. Sie führen keinen Krieg. (Eleonore von Thun-Hohenstein: *Herr ist dumm,* Wien 1983)

Wunderpferd Lady: Superpferd mit 6. Sinn

Man mag darüber streiten, ob bei von Ostens und Kralls Pferden alle übersinnlich begabt waren – im Fall von Wunderpferd Lady kann es daran keinen Zweifel geben. Das Pferd konnte hellsehen!

(Frank Edwards: »The Mare Solved The Mystery«, in: Frank Edwards: *Strangest Of All,* New York 1962, S. 44)

Anno 1925 erwarben die Fondas aus dem schönen, ländlichen Richmond in Virginia, USA, auf dem Jahrmarkt ein Fohlen. Sie schlossen den kleinen Vierbeiner rasch ins Herz, bauten ihm einen eher primitiven Stall. Tagsüber war Lady auf der Weide, abends bekam sie ihren Hafer.

Sehr zum Erstaunen der Fondas mußten sie Lady nie rufen, das Pferd kam immer angetrottet, wenn es gefüttert werden sollte. Nun mag man einwenden, daß das nichts mit übersinnlichen Fähigkeiten des Pferdes zu tun haben müsse. Tiere sind wie Menschen Gewohnheitstiere. Wenn sie tagtäglich zu einer bestimmten Zeit gefüttert werden, dann stellen sie sich rasch zu eben dieser Zeit an der Futterstelle ein und warten darauf, daß sie verköstigt werden. Sie verfügen nämlich über eine erstaunlich gutgehende »innere Uhr«. Bei Lady war das anders: Die Fondas konnten zu jeder beliebigen Uhrzeit ihr Pferdchen herbeizitieren – einfach indem sie an es dachten.

Damit nicht genug. Mr. Fonda hatte den Eindruck, daß sich Lady ihm mitteilen wolle. Nun ist es ein gar nicht so seltenes Phänomen, daß so mancher stolze Hundebesitzer im Kläffen seines Vierbeiners seinen eigenen Namen, im Miauen der Katze Worte wie »Mamma« zu erkennen meint. Tatsächlich ist damit kein Beweis für die Fähigkeit von Tieren, intelligente Laute zu Worten zu formen, erbracht, sondern für die rege Phantasie der Tierbesitzer.

Mr. Fonda grübelte darüber nach, wie er es Lady ermöglichen könne, zu kommunizieren. Schließlich hatte er eine Idee, die er rasch in die Tat umsetzte. Er baute so etwas wie eine riesengroße Schreibmaschine. Da gab es 26 blecherne, mit jeweils einem Buchstaben des Alphabets versehene Scheiben, groß genug, daß Lady mit der Schnauze einzelne Buchstaben antippen konnte. Und das tat Lady dann auch: Sie formte einzelne, sinnvolle Worte.

Was befähigte sie dazu? Wurde ihr durch Gedankenkraft signalisiert, welche Buchstabenscheiben zu drücken waren? Daß Übersinnliches im Spiele war, zu dieser Überzeugung kamen bald Louisa Ella Rhine (geboren 1891) und ihr Gatte, Professor Dr. Joseph Banks Rhine (geboren 1895), Mitbegründer und langjähriger Direktor des »Parapsychological Laboratory« der »Duke University« von Durham, North Carolina. Die beiden Wissenschaftler setzten sich intensiv mit Lady auseinander, und das über einen längeren Zeitraum hinweg, nämlich von 1927 bis 1929 und von 1952 bis 1953.

Lady als Hellseher:
Die Suche nach dem vermißten Kind

Im Herbst des Jahres 1955 machten sich die Mitglieder der Familie Weitcamp aus dem Städtchen Crane, Indiana, größte Sorgen: Am 11. Oktober war der dreijährige Ronnie Weitcamp spurlos verschwunden. Die Polizei wurde hinzugezogen, Familienangehörige und Nachbarn schwärmten aus, suchten, befragten Zeugen. Schon Stunden, nachdem das Kind vermißt worden war, lief eine der größten Polizeiaktionen des Staates Indiana überhaupt an. Mehr als 1500 Menschen suchten nach dem Kind.

Die Zeit drängte. Man mußte den kleinen Burschen rasch finden, stand doch eine eisige Nacht bevor. Es gab keinen Zweifel: Das Kind würde die Nacht im Freien nicht überleben, es würde erfrieren.

1500 Menschen gingen planmäßig vor, systematisch wurde der Ort selbst abgesucht, dann nahm man sich die angrenzenden Wiesen und Felder vor, wandte sich dem Wald zu. Ohne Erfolg. Das Telefon der Weitcamps wurde überwacht. Ob das Kind entführt worden war? Würden sich Kidnapper melden, Lösegeldforderungen stellen? Fast hoffte man schon auf eine Entführung: Vielleicht befand sich der kleine Bub ja in den Händen von Kriminellen – und nicht irgendwo draußen in der eisigen Kälte.

Tag und Nacht wurde gesucht, ohne Erfolg. Man fand nicht die kleinste Spur. Elf Tage später wurde die Aktion ergebnislos eingestellt. Da erinnerte sich Frank Edwards, der die Eltern für einen lokalen Fernsehsender interviewt hatte, an kuriose Meldungen über ein angebliches Wunderpferd namens »Lady«. Er hatte von dem Tier im Zusammenhang mit einem vermißten Kind gelesen. Die Polizei von Norfolk County, Bundesstaat Massachusetts, und der zuständige Staatsanwalt waren verzweifelt. Nach vier Monaten hatte man keine Spur von dem vermißten vierjährigen Buben Danny

Matson gefunden. Man entschloß sich zu einem ungewöhnlichen Schritt und befragte das »Wunderpferd« Lady. Und Lady, so hieß es im Bericht, habe seine »Schreibmaschine« benützt und zahlreiche konkrete Anhaltspunkte zusammenbuchstabiert, die sich als richtig erwiesen. Sie führten die Polizeibeamten präzise an die richtige Stelle. Sie fanden den Leichnam des kleinen Kindes.

Frank Edwards informierte die Weitcamps. Die Eltern waren sich rasch einig. Auch sie würden das angeblich hellseherisch veranlagte Pferd befragen. Frank Edwards war mit dabei, notierte sämtliche Fragen, die dem Pferd gestellt wurden, und die Antworten des Tiers, die es mit seiner Schreibmaschine gab.

Einige Fragen und Antworten aus dem ausführlichen Protokoll seien zitiert.

> **Frage:** Weißt du, warum wir hier sind?
> **Antwort:** B-O-Y. (Knabe, Junge)
> **Frage:** Weißt du, wie der Junge heißt?
> **Antwort:** R-O-N-E. (Zunächst mutet diese Antwort sinnlos an. Der verschwundene Bub wurde aber Ronnie genannt. R-O-N-E könnte als Kurzform für Ronnie angesehen werden.)
> **Frage:** Lebt er noch oder ist er tot?
> **Antwort:** D-E-A-D. (Tot.)
> **Frage:** Wurde er entführt?
> **Antwort:** N-O. (Nein.)
> **Frage:** Wo wird man ihn finden?
> **Antwort:** H-O-L-E. (Loch, Grube.)

Durch langwieriges Abfragen versuchte man, die Entfernung des Leichenfundorts vom elterlichen Haus einzukreisen.

> **Frage:** Ist das weiter als eine Viertelmeile von seinem Zuhause entfernt?
> **Antwort:** Y-E-S. (Ja.)
> **Frage:** Ist es weiter als eine ganze Meile von seinem Zuhause entfernt?
> **Antwort:** N-O. (Nein.)
> **Frage:** Was ist in seiner Nähe?
> **Antwort:** E-L-M. (Ulme.)

Frage: Wie sieht der Boden aus?
Antwort: S-A-N-D. (Sand.)
Frage: Wann wird man ihn finden?
Antwort: D-E-C-E-M-B-E-R. (Dezember.)

Die Eltern reagierten entsetzt auf die Antworten des Pferdes und zogen es vor, nicht daran zu glauben. Sie wußten, daß ihr Kind in der freien Natur nicht überlebt haben konnte. Also setzten sie ihre ganze Hoffnung auf eine Entführung. Am 24. Oktober 1955 wurde ein Beitrag von Frank Edwards über den verschwundenen Buben im Fernsehen ausgestrahlt. Würden sich jetzt endlich die Entführer melden? Waren es vielleicht gar keine Kriminellen, sondern ein Elternpaar oder eine Frau mit unerfülltem Kinderwunsch? Würden sich nach der Sendung Zeugen melden, würde endlich ein entscheidender Hinweis kommen?

Die Fernsehsendung löste eine Welle des Mitgefühls aus, brachte aber keinerlei Hinweise auf den Verbleib von Ronnie. Und dann kam der 4. Dezember. Es sollte der traurigste Tag im Leben der Weitcamps werden.

Zwei Teenager fanden die Leiche des Buben. Er war in einem unbeaufsichtigten Moment von zu Hause wegmarschiert, hatte sich verirrt, war in einen lochähnlichen tiefen Hohlweg gestürzt und an Unterkühlung gestorben. Der Leichnam des Kindes lag auf sandigem Boden. Keine zehn Meter davon entfernt ragte eine Ulme in den grauen Winterhimmel. Auf tragische Weise hatte sich alles als richtig erwiesen, was Wunderpferd Lady vorhergesagt hatte. Die Weitcamps machten sich schlimmste Vorwürfe. Hätte ihr Kind noch rechtzeitig gefunden werden können, wenn sie gleich am ersten Tag Wunderpferd Lady konsultiert hätten?

Tauben beweisen: Tiere haben den 6. Sinn

Dr. Peter Schattschneider ist Privatdozent am Institut für angewandte Physik der Technischen Universität Wien. Der Wissenschaftler hat sich intensiv mit Theorien beschäftigt, die die Wirklichkeit möglichst allumfassend erklären können sollen. Dabei stieß er rasch auf einen Gegensatz: zwischen Phänomenen, die sich in das System der klassischen Wissenschaften einordnen lassen und solchen, die den herkömmlichen Erklärungsmodellen zu widersprechen scheinen. Er schreibt (Viktor Farkas: *Unerklärliche Phänomene jenseits des Begreifens,* Frankfurt 1988, S. 11): »Für die Naturwissenschaft sind unerklärte Erscheinungen auf welchem Gebiet auch immer unerwünscht – ist doch ihr erklärtes Ziel das endgültige Verständnis der Natur, und dazu gehört nach naturwissenschaftlich rationalem Weltverständnis schlicht alles.«

Übersinnliche Phänomene sind, geht man von den herkömmlichen Erklärungsmodellen der Schulwissenschaft aus, unerklärbar. Gleichzeitig begreifen wir Menschen an der Schwelle zum dritten Jahrtausend immer mehr, daß sie höchst real sind. Der wirklich wissenschaftlich arbeitende Mensch, der Wissen schaffen möchte, darf Übersinnliches nicht ausgrenzen. Will er die Welt in ihrer Vielfalt umfassend beschreiben, dann muß er das scheinbar Unbegreifliche auch dann akzeptieren, wenn es in sein vorgefaßtes Weltbild nicht paßt.

Dr. Schattschneider: »Zugleich aber bedarf die Naturwissenschaft ständig des Unverstandenen gleichsam als Antrieb: Wäre alles erklärt, hätte sie ausgedient.« Als Physiker hat er eine negative Erfahrung gemacht. Seine Kollegen stehen meist dem Unverstandenen alles andere als neugierig gegenüber. Statt zu sagen »Das ist phantastisch. Dieser Sache müssen wir nachgehen!« bagatellisieren sie in aller Regel das Unverstandene, in notorischen Fällen leugnen sie es sogar.

Übersinnliche Kräfte werden von vielen Wissenschaftlern gern bagatellisiert oder gar geleugnet. Und speziell wenn es um die Frage geht, ob Tiere über übersinnliche Fähigkeiten verfügen könnten, werden oft unsinnigste »Erklärungen« akzeptiert, solange das scheinbar Rätselhafte nur irgendwie erklärbar gemacht wird.

Woran mag es liegen, daß hochgebildete Wissenschaftler auf keinen Fall akzeptieren wollen, daß Tiere über den 6. Sinn verfügen könnten? Liegt es vielleicht daran, daß das Bild vom Menschen als »Krone der Schöpfung« angekratzt werden könnte, wenn es sich herausstellen sollte, daß Tiere alles andere als dumm sind, sondern über erstaunliche übersinnliche Fähigkeiten verfügen?

Unglaubliche Leistungen

1979 erlebte die Familie Simpson aus Selah, Washington, einen harmonischen Urlaub im heißen Süden Arizonas. Getrübt wurde die Freude freilich, als sich der vierbeinige Liebling der Familie, Nick, eine fünfjährige Schäferhündin, bei einem Ausflug am Urlaubsort verlief und trotz intensivster Suchaktionen nicht wieder gefunden werden konnte. Nach zwei Wochen gaben die Simpsons auf und traten die Heimreise an. Sie hatten sich schon damit abgefunden, Nick nie wiederzusehen. Dann geschah ein Wunder: Nach vier Monaten saß Nick, übel zugerichtet, aus vielen, teilweise schlimmen Wunden blutend, wieder vor der Haustür. Sie hatte immerhin eine Strecke von dreitausend Kilometern zurückgelegt, hatte den Grand Canyon überwunden, sich einige hundert Kilometer durch glutheiße Wüste geschlagen, sich durch Schneestürme gekämpft. Sie hatte in den Staaten Nevada und Oregon 3500 Meter hohe Bergketten überwunden. (John Mitchel und Robert Rickard: *Das rechnende Pferd von Elberfeld,* Düsseldorf, Wien 1983, S. 244)

Nicht minder beeindruckend war die Leistung von Hund Skippy. Der Frechdachs büchste im Sommer 1955 aus, tauchte einige Monate später wieder auf. Frank Edwards, einer der führenden Erforscher unerklärbar erscheinender Phänomene wies nach (Frank Edwards: *Strange World,* New York 1963, S. 210): Das Tier war bis nach Fort Dodge, Iowa, gekommen, war dort von einer tierlieben Familie aufgenommen worden, bei der es einige Zeit lebte, und hatte sich dann wieder auf den Heimweg gemacht. Insgesamt hatte es eine Strecke von mindestens 2000 Kilometern zurückgelegt.

Solche und ähnliche Geschichten sind seit Jahrzehnten bekannt. Eine »natürliche« Erklärung für das Heimfindungsvermögen der Tiere gibt es nicht. Man fabuliert von einer ans Wundersame grenzenden Fähigkeit der Vierbeiner, sich zurückgelegte Wege sorgsam einzuprägen. Oder man unterstellt einen wirklich phänomenalen Orientierungssinn – nur um übersinnliche Fähigkeiten nicht mit ins Kalkül einbeziehen zu müssen. Es kann nicht bestritten werden: Übersinnliche Fähigkeiten sind nachweisbar, so etwa im Fall des Kätzchens Li-Ping. Frank Edwards hat ihn sorgsam recherchiert und beschrieben (*Strange World,* New York 1963, S. 211): Vivian

Allgood aus Sandusky, Ohio, war Krankenschwester von Beruf. Im Frühjahr des Jahres 1955 bekam sie ein Angebot, das sie nicht ausschlagen konnte. In Orlando bot sich ihr ein Posten mit viel Eigenverantwortung und wesentlich höherem Gehalt.

Familiäre Bindungen hatte die junge Frau nicht, trotzdem zögerte sie zunächst, den neuen Job anzunehmen. Doch dann erklärte sich ihre Schwester dazu bereit, ihr Kätzchen Li-Ping aufzunehmen. Sie wollte dem Tierchen die weite Reise nicht zumuten, durfte in ihrer neuen Wohnung wohl auch kein Tier halten. Also zog Vivian Allgood schweren Herzens um – nach Orlando in Florida.

Fünf Wochen später machte sie einen abendlichen Spaziergang – und wen sah sie da? Li-Ping, humpelnd, verletzt. Erst meinte sie ihren Augen nicht trauen zu können. Gaukelte ihr die Phantasie ein Trugbild vor? Ließ sie die Sehnsucht nach ihrem geliebten Stubentiger in einem fremden Kätzchen Li-Ping erkennen? Sie rief den Namen ihres Kätzchens, und Li-Ping stürmte, trotz arger Verletzungen, herbei. Es gab keinen Zweifel: Frau Allgood erkannte ihre Katze an verschiedenen Merkmalen einwandfrei. Sie konnte zum Beispiel nicht miauen, nur ein eigentümliches Krächzen hervorbringen. 2300 Kilometer hatte Li-Ping zurückgelegt.

Eine »natürliche« Erklärung gibt es nicht. Li-Ping hatte den weiten Weg zu Frauchen zurückgelegt, obwohl sie ja gar nicht wissen konnte, wohin es entschwunden war.

Gewiß, Tiere mögen einen unglaublichen Geruchssinn haben, erschnüffeln können, wohin Herrchen oder Frauchen gegangen ist. Das mag bei kleinen Wegstrecken funktionieren, etwa beim nachmittäglichen Spaziergang. Im Fall der Li-Ping aber scheiden derlei »Erklärungen« vollkommen aus: Vivian Allgood hatte 2300 Kilometer zurückgelegt, im Auto und im Flugzeug. Dabei konnte sie keine wie auch immer geartete Duftspur hinterlassen, der ihr Kätzchen zu folgen in der Lage gewesen wäre.

Was also ließ Li-Ping zielstrebig ihr Frauchen finden? Was leitete das Tier über die unglaubliche Entfernung von 2300 Kilometern zielsicher in die Arme von Vivian Allgood? Es kann nur der sechste Sinn gewesen sein.

Tierbesitzer neigen dazu, ihren vierbeinigen Lieblingen schier unglaubliche Fähigkeiten zuzuschreiben. So mögen legendenähnliche Erzählungen entstehen, in denen von unglaublichen Leistungen von Hunden und Katzen die Rede ist. Trotzdem steht ohne Zweifel fest: Es gibt unzählige Fälle, in denen Katzen und Hunde zielstrebig riesige Entfernungen zurückgelegt haben, um wieder mit Herrchen und Frauchen vereint zu werden. Auch die Wissenschaft hat sich des Phänomens angenommen und vergeblich versucht, natürliche Erklärungen zu finden. So haben Dr. Presch und Dr. Lindenbaum in Deutschland Katzen unterschiedlich weit von ihren Heimatorten in ein Labyrinth mit 24 Ausgängen gesetzt. Sie benutzten alle immer sofort den in die richtige Richtung weisenden Ausgang. Fast identische Resultate ergaben die Versuche von Dr. Bastian Schmidt, die er bereits 1936 publik machte. Der Wissenschaftler ließ Hunde in geschlossenen Wagen kreuz und quer durch die Landschaft fahren, schließlich in ihnen völlig unbekannten Gefilden aussetzen. Zunächst wirkten sie etwas verstört, machten sich aber dann in die richtige Richtung auf den Weg.

Resigniert stellte Dr. Maurice Burton fest: »Manche Geschichten sind so phantastisch, daß wir phantastische Theorien zu ihrer Erklärung heranziehen müssen.« Phantastische Theorien werden aber schon seit mehr als hundert Jahren ausgeklammert, wenn nach einer Erklärung für den Orientierungssinn von Tieren gesucht wird.

Der 6. Sinn und die Evolution

Schon Charles Darwin (1809–1882), der Vater der Evolutionstheorie, war bemüht, scheinbar Unerklärliches in das Schema konservativen Denkens zu pressen. Er war der Ansicht, daß die Entwicklung der Arten von einem einzigen »Motor« angetrieben wird: von der natürlichen Auslese.

Nach Darwin merzt die Natur ganz unmütterlich schwache Kreaturen aus, die starken überleben. So setzen sich jene Erbanlagen durch, die ein Überleben der Art am besten gewährleisten. Diese These ist durchaus einleuchtend.

Ein Beispiel mag das belegen. Nehmen wir einmal an, von 10 000 Schmetterlingen haben 100 durch Zufall auf ihren Flügeln Farbpigmente, die vage an Augen erinnern. Vögel wollen nun die Schmetterlinge verzehren. Sie erschrecken beim Anflug auf ihre Beute bei jenen Exemplaren, die so etwas wie Augen auf den Flügeln haben. Also fressen sie mehr Schmetterlinge ohne Augenmuster. Das wiederum hat zur Folge, daß die Insekten mit den »Augen« größere Überlebenschancen haben, daß die Erbinformation »Augen auf den Flügeln bieten längeres Leben« häufiger vererbt wird. Also werden immer mehr Schmetterlinge mit dem ursprünglich zufälligen Muster geboren, wobei solche Exemplare, die besonders echt wirkende Augenbilder tragen, besonders gute Chancen haben sich zu vermehren. Folge: Eines Tages haben alle Schmetterlinge das Augenmuster auf den Flügeln.

Warum aber sollte dieses Auswahlverfahren der Natur nicht auch dazu führen, daß Tiere, die mit noch geringen übersinnlichen Fähigkeiten ausgestattet sind, besser überleben als ihre Artgenossen ohne diese zusätzliche Begabung? Gerade Darwins Evolutionstheorie kann als Erklärung dafür herangezogen werden, warum bei Tieren Übersinnliches, als Überlebensfaktor bedeutsam, gefördert wurde: Die »Exemplare« mit übersinnlichen Fähigkeiten mieden mehr Gefahren als jene ohne, überlebten länger, zeugten mehr Nachfahren und vererbten ihre Gene häufiger als ihre unbedarfteren Kollegen.

Charles Darwin aber lehnte die Möglichkeit, Tiere könnten übersinnlich begabt sein, ab. Und er versuchte zu beweisen, daß es für angeblich wundersame Fähigkeiten ganz natürliche Erklärungen gibt. Er experimentierte mit Tauben. 1873 erschien in der weltweit angesehenen Wissenschaftszeitung »Nature«, die allem Übersinnlichen abhold ist, eine Erklärung für das erstaunliche Vermögen von Tauben, über weite Strecken wieder nach Hause zu finden.

So finden Tauben nach Hause – mit dem 6. Sinn

Darwin ging davon aus, daß sich die Vögel bei der Anreise zum unbekannten Abflugort jede Richtungsänderung genau einprägen. Sobald man sie dann fliegen läßt, rekonstruieren sie in Gedanken die zurückgelegte Route und finden dann wieder zurück zum heimatlichen Schlag.

So vernünftig dieser Gedanke auch anmutet: Er ist nachweislich falsch, auch wenn er noch in unseren Tagen gern wiederholt wird. Während Darwin noch keine Ahnung hatte, mit welchem Organ Tauben Richtungsänderungen erkennen, wissen wir heute, daß sie dazu ein eigenes Organ benötigen. Es ist in den Bogengängen des Mittelohrs zu finden.

Wissenschaftler, von der Richtigkeit des darwinschen Gedankengangs überzeugt, glaubten, sie könnten des Meisters Vermutung ganz einfach beweisen. Man mußte nur das Organ zerstören, das die Tiere benötigen, um Richtungsänderungen zu erkennen. Waren sie erst einmal der Fähigkeit beraubt, solche Änderungen wahrzunehmen, würden sie auch nicht mehr zurückfinden können.

Das tierquälerische Experiment mißlang, wie Maurice Ricard in seinem fundamentalen Werk über das Geheimnis des Orientierungssinns beschreibt (Maurice Ricard: *The Mystery of Migration*, London 1969, S. 192). Die verstümmelten Tauben fanden ohne Organ zum Erkennen von Richtungsänderungen genauso zielstrebig ans Ziel wie jene, bei denen der schmerzhafte Eingriff nicht vorgenommen worden war.

Damit war Darwin eindeutig widerlegt. Also wurde nach anderen natürlichen Erklärungen gesucht. Weil Tauben, so lautet nun einmal die vorgefaßte Meinung, keine übersinnlichen Fähigkeiten besitzen dürfen, müssen sie mit einem anderen, natürlichen Sinn ausgestattet sein. Man machte den Geruchssinn verantwortlich. Angeblich prägen sich die Vögel beim Transport vom heimatlichen Schlag in die Fremde sehr genau und in der richtigen Reihenfolge die wahrgenommenen Gerüche und Düfte ein. Sie speichern sozusagen eine Duftkarte, an der sie sich für den Heimflug orientieren.

Es hätte keiner Experimente bedurft, um auch diese Erklärung als falsch zu erkennen. So wissen Brieftaubenhalter sehr wohl, daß ihre gefiederten Freunde auch wieder nach Hause finden, wenn sie die ganze Strecke mit dem Wind fliegen müssen. Wenn sie von Süd nach Nord transportiert werden, sich die Gerüche einprägen, dann von Nord nach Süd zurückfliegen wollen, wären sie völlig orientierungslos, wenn beim Rückweg der Wind von Nord nach Süd weht. Sie bekommen dann also gar nicht die Düfte in die Nase, die sie angeblich leiten.

51

Wissenschaftler aber wollten beweisen, daß sie recht hatten: Sie nahmen wieder bestenfalls unangenehme Eingriffe vor, verstopften den Tauben die Nasenöffnungen oder durchtrennten gar ihre Geruchsnerven. Die Tiere fanden ohne Probleme zurück nach Hause. Wieder war eine in der Theorie durchaus vernünftig klingende Erklärung widerlegt. G. V. T. Matthews machte bereits 1968 auf diesen eindeutigen Sachverhalt aufmerksam (G. V. T. Matthews: *Bird Navigation,* Cambridge 1968) – und dennoch hat die als falsch erkannte These noch heute Anhänger in der Welt der Vogelkundler.

Immer wieder wurde mit armen Tauben experimentiert: Sie bekamen Kontaktlinsen aufgezwungen, die ihr Sehvermögen nicht verbessern, sondern extrem verschlechtern mußten. Es sollte nämlich bewiesen werden, daß sich die Tiere nach Sonne, Mond und Sternen orientierten. Aber auch mit künstlich extrem herabgesetzter Sehkraft fanden die gefiederten Opfer der Wissenschaft nach Hause.

Es mutet schon mehr als kurios an, welche erstaunlichen Fähigkeiten man den Tauben zubilligte, nur um ihnen übersinnliche Kräfte absprechen zu können. Die behauptete Orientierung an der Sonne hätte meisterhafte Leistungen der Rechenkunst vorausgesetzt, von einem immensen Zeitgefühl einmal abgesehen.

Nicht sehr viele Menschen des ausgehenden zweiten Jahrtausends können, wenn sie darüber nachdenken, am Tage eine grobe Orientierung mit Hilfe der Sonne vornehmen. Sie überlegen sich, daß die Sonne frühmorgens im Osten auf- und abends im Westen untergeht. Wenn dann die Uhrzeit bekannt ist, können manche Zeitgenossen in etwa die Himmelsrichtungen angeben. Sind Tauben zu ähnlichen Leistungen in der Lage?

Zunächst einmal: Damit sie, an Punkt A ausgesetzt, zielstrebig bei B ankommen, müßte ihre »Sonnenorientierung« viel präziser sein, als wir uns das vorstellen können.

Sie müßten zu rechnerischen Meisterleistungen fähig sein, ständig während des Fluges die Weiterbewegung der Sonne einkalkulieren, sie müßten »berechnen«, wie unser Zentralgestirn in welcher Zeit scheinbar weiterläuft, danach die Flugrichtung immer wieder neu bestimmen. Nach G. T. V. Matthews können sie die Sonnenhöhe zu ihrer Flugbahn, die sie aus der Beobachtung ihrer Bewegung einschätzen, in Beziehung setzen.

Überlegungen wie folgende wären dann der Taube »täglich Brot«: »Ich wurde von meinem Haus in Richtung Südosten gefahren. Um 8 Uhr morgens wurde ich freigelassen und bin losgeflogen. Jetzt ist es 9 Uhr 21 Minuten. Zu dieser Zeit hätte die Sonne zu Hause die Himmelsposition x. Jetzt hat sie aber die Position y. Sie steht scheinbar zu hoch und zu östlich am Himmel. Aus der Differenz zwischen tatsächlicher Sonnenposition und der Position, die sie hätte, wäre ich jetzt zu Hause, kann ich nun meine präzise Position in Relation zum heimatlichen Schlag berechnen und dann die erforderliche Flugrichtung festlegen, die mich nach Hause bringt.«

Derlei Berechnungen müßten ständig neu angestellt werden – von Tauben, die zwar als äußerst friedfertig, aber ganz und gar nicht als intelligent gelten.

Wieder gab es Experimente, die die Richtigkeit der Orientierung-an-der-Sonne-These beweisen sollten: In aufwendigen Versuchsreihen wurde die »innere Uhr« der Tauben völlig durcheinandergebracht. Man sperrte die Vögel über einen längeren Zeitraum ein. Tagsüber verdunkelte man ihr Gefängnis, des Nachts beleuchtete man es künstlich. Zufrieden stellten die Wissenschaftler fest, daß ihre Gefangenen zeitlich völlig desorientiert waren. Jetzt hätten die Tauben nicht mehr nach Hause finden können dürfen, würden sie einen eingebauten Sonnenkompaß benützen. Sie fanden aber dennoch ans Ziel. Sie waren, trotz völliger zeitlicher Desorientierung, genauso schnell am Ziel wie ihre Kollegen, deren Zeitgefühl man nicht durcheinandergebracht hatte, wie Klaus Schmidt-König ausführt (Klaus Schmidt-König: *Avian Orientation and Navigation,* London 1979).

Es ist schon bemerkenswert, mit welcher Vehemenz experimentiert, immer wieder geradezu verzweifelt nach neuen natürlichen Erklärungsmustern gesucht wird, nur um Tieren keine übersinnlichen Fähigkeiten zubilligen zu müssen. So wurde besonders in den siebziger Jahren unseres Jahrhunderts in der wissenschaftlichen Literatur häufig von einer Orientierung mit Hilfe des Erdmagnetismus ausgegangen. Dabei wurde geflissentlich übersehen, daß diese These bereits fünfzig Jahre zuvor widerlegt worden war. Man setzte nämlich Tauben starken Magnetfeldern aus, die das vergleichsweise schwache Erdmagnetfeld aufhoben. So befestigte man Stabmagneten an Kopf und Rücken von Tauben. Sie fanden aber trotzdem nach Hause.

So heiß nach wie vor in der Welt der Wissenschaft ein natürlicher Orientierungssinn der Tauben diskutiert wird, längst ist bewiesen worden, daß sie nur mit der Kraft des Übersinnlichen zum Schlag zurückfinden können.

Erinnern wir uns an Kätzchen Li-Ping. Sein Frauchen hatte an einem dem Tierchen unbekannten Ort, 2300 Kilometer von der Heimat entfernt, eine neue Arbeitsstelle angenommen. Das Tier fand sein Frauchen, legte 2300 Kilometer zurück. Kein natürlicher Orientierungssinn kann ihm dabei geholfen haben: Li-Ping wußte ja gar nicht, wohin Frauchen entschwunden war. Wie konnte sie dann ihre Besitzerin ausfindig machen, wenn nicht übersinnliche Fähigkeiten vorlagen, die ihre Pfoten in die richtige Richtung lenkten?

Vergleichbares geschah im Ersten, später auch im Zweiten Weltkrieg. Tauben wurden als Überbringer von Nachrichten benutzt. Und zwar wurden »mobile Taubenschläge« eingesetzt – zum Beispiel in Nordafrika, in Birma, in Tunesien und Algerien. Das geschah nicht aus Freude am Experiment. Der Krieg machte es erforderlich.

Die Vorgehensweise läßt sich wie folgt schematisieren: Schnelle Truppen und militärische Nachhut befinden sich in Städtchen A. Mobile Einsatzkommandos kämpfen sich vor. Sie nehmen unzählige Brieftauben mit. Zwei Tage später sollen die Tauben wichtige Nachrichten der militärischen Nachhut zutragen. Die Tauben starten. Wohin fliegen sie? Geht man von einem wie auch immer gearteten natürlichen Heimfindevermögen aus, müßten sie ins Städtchen A zurückkehren. Nun hat sich aber die militärische Nachhut weiterbewegt, liegt inzwischen im Städtchen B. Und die Tauben fliegen trotzdem gezielt B an.

Nüchtern betrachtet gibt es nur eine einzige annehmbare Erklärung: Die Tauben müssen über übersinnliche Fähigkeiten verfügen. Dagegen sträuben sich noch viele Wissenschaftler. Sie lehnen Übersinnliches ab und vergessen dabei, daß alle denkbaren »natürlichen« Erklärungen inzwischen widerlegt wurden.

Kann der Geist Materie beeinflussen? Der Italiener Nicola Cutolo bewegt eine Kompaßnadel, ohne das Gerät zu berühren.

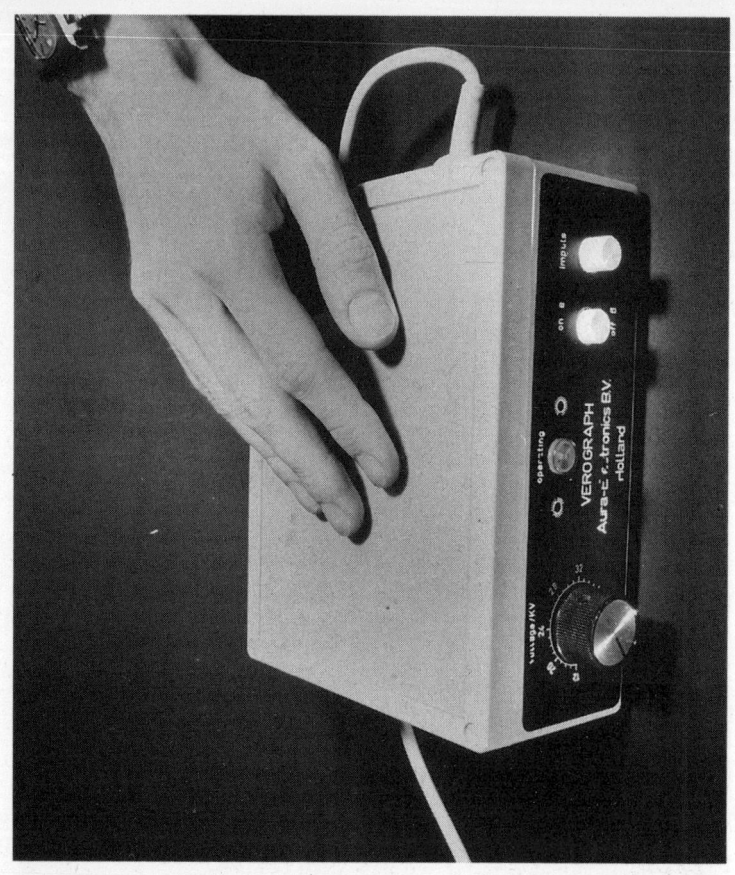

Ein Meßgerät dient dazu, die menschliche Aura zu fotografieren – sogenannte Kirlian-Fotographien.

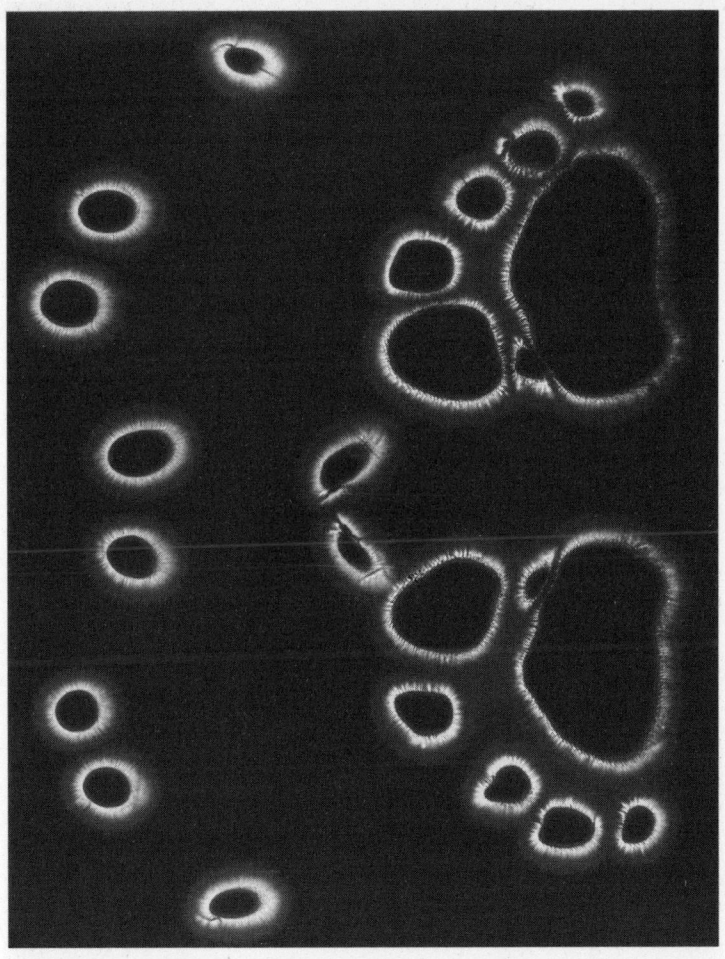

Kirlian-Foto von Fingern und Zehen. Erfahrene Heilpraktiker stellen nach solchen Aurabildern Diagnosen.

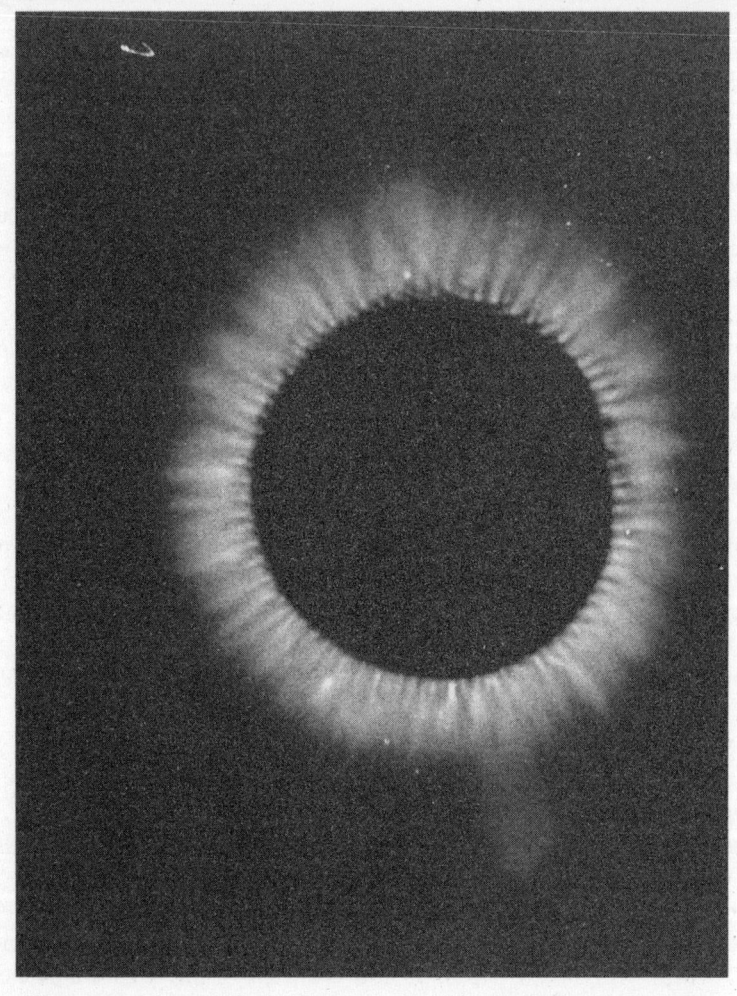

Ob ein Mensch gesund oder krank ist, zeigt die Kirlianfotografie anhand der abgestrahlten Energie.

Hellsehen im Labor

Im Herbst 1996 machte der Wissenschaftspublizist Dr. Harald Wiesendanger auf einen erschütternden Fall von Gedankenübertragung aufmerksam. Die angesehene Monatszeitschrift *PARA* veröffentlichte seinen Bericht unter der Schlagzeile »Telepathie. Im Tod vereint« auf der Titelseite der Septemberausgabe.

Der vierjährigen Jennifer Dawson war Schlimmes widerfahren. Bei einem Unfall im Swimmingpool wäre sie beinahe ertrunken. Sie konnte zwar noch im letzten Augenblick gerettet werden, blieb aber gelähmt, fast vollkommen unfähig sich zu bewegen und der Sprache beraubt. Ein Jahr lang, so berichten ihre Großeltern, in deren Haus in Huntingdon Beach sie aufopfernd gepflegt wurde, konnte sie durch Zeichensprache kommunizieren, zum Beispiel mitteilen, wenn sie sich unwohl fühlte. Auch wenn sie offensichtlich von schlimmen Schmerzen gepeinigt wurde, kam kein Laut über ihre Lippen.

Einige Monate nach Jennifers schlimmem Unglück widerfuhr ihrer Mutter ein Unfall: Dianne Bordeaux stürzte aus einem fahrenden Auto, erlitt schwerste Schädelverletzungen und erwachte nie mehr aus tiefem Koma. Sie vegetierte in der Intensivstation eines örtlichen Krankenhauses dahin, mußte künstlich ernährt und beatmet werden. Schließlich gaben die Ärzte auf, erklärten die Frau für hirntot. Die medizinischen Geräte, die sie am Sterben hinderten, wurden abgeschaltet.

Im gleichen Augenblick begann ihre kleine Tochter zu stöhnen und zu schluchzen. Das Kind, das jahrelang keinen Laut von sich gegeben hatte, schrie auf, exakt in jenem Augenblick, als ihre Mutter – Kilometer entfernt – starb. Die Schwester der Verstorbenen berichtete darüber in einem Interview mit der Lokalzeitung *Orange County Register*. Sie ist davon überzeugt, daß Mutter und Tochter »für einen Moment eins wurden« – im Augenblick des Todes, als Dianne Bordeaux starb.

Daß man nicht von einem Zufall sprechen darf, davon ist auch die amerikanische Parapsychologin Cassandra Eason überzeugt. Die Wissenschaftlerin geht davon aus, daß Mütter und Kinder übersinnlich miteinander verbunden sind. Besonders in Augenblicken von Gefahr und größter Not sei das der Fall.

Ist Gedankenübertragung also ein Phänomen, das besonders in Streßsituationen auftritt? Bäume »warnen« einander vor Gefahren. Wenn sie von Schädlingen bedroht sind, veranlassen sie ihre Kollegen über oft größere Entfernungen hinweg, Schutzmaßnahmen zu ergreifen. Cleve Backster zeigte auf, daß Pflanzen den in Gedanken gefaßten Entschluß, ihnen Schaden zuzufügen, spüren. Paul Sauvin brachte sich im Experiment in Gefahr: Eine Modelleisenbahn würde einen Mechanismus auslösen, der ihm einen Stromschlag versetzen sollte. Eine Pflanze erkannte Sauvins Angst und stellte eine Weiche um, ersparte ihm Schmerz. Sir Henry Haggards Hund verabschiedete sich im Moment des Todes auf telepathischem Wege von seinem Herrchen. Jack of Sondringham, Lieblingshund von König Georg VI., bekam ohne Zeitverzögerung von unsichtbaren Kräften mitgeteilt, daß sein blaublütiges Herrchen gerade starb. Russische Wissenschaftler beweisen: Tötet man Hunde- oder Hasenbabys, dann spüren das ihre Mütter über enorme Distanzen hinweg. Wunderpferd Lady muß auf übersinnlichem Wege gespürt haben, daß Kinder starben. Kater Sebastian spürte die »übersinnlichen« Hilferufe seines Frauchens und stand ihm tapfer bei. Jennifer Dawson spürte genau, wie ihre Kilometer entfernte Mutter starb.

Ist Gedankenübertragung also ein Phänomen, das ausschließlich in starken Streßsituationen auftritt? Selbst das Heimfindevermögen von Tieren mag von Streß gefördert werden: Sie werden an unbekannten Orten ausgesetzt (Tauben) oder von Herrchen und Frauchen getrennt. Es wäre aber falsch, würde man davon ausgehen, daß Gedankenübertragung nur in starken Streßsituationen auftritt. Das haben nüchterne Experimente in Forschungslabors hinlänglich bewiesen.

Wer sich intensiv mit den Phänomenen und Erscheinungen der Welt des Übersinnlichen auseinandersetzt, dem wird von seiten der Vertreter der etablierten Wissenschaft sehr häufig ein bestimmtes Argument vorgetragen. Populärwissenschaftler schleuderten es mir in so mancher Talkshow in Funk und Fernsehen entgegen, wenn ich beklagte, daß sich zu wenige Wissenschaftler mit Übersinnlichem auseinandersetzen.

»Wir sind Wissenschaftler!« heißt es dann. »Und wissenschaftlich untersucht werden können nur Vorgänge, die sich wiederholt unter

Laborbedingungen beurteilen lassen! Das ist aber bei übersinnlichen Kräften nicht möglich.«

Dieses populäre Argument ist falsch und wird auch dadurch nicht wahrer, daß es immer wieder neu vorgetragen wird. Übersinnliche Kräfte wurden schon längst unter strengen Laborbedingungen untersucht und verifiziert. Dabei zeigte sich, daß übersinnliche Phänomene keineswegs an Streßsituationen gebunden sind, sondern beliebig in ruhiger Atmosphäre wiederholt werden können. Es zeigte sich, daß es das Phänomen des Hellsehens gibt.

Können wir alle hellsehen?

Es hat auch heute noch den Anschein, als ob die wissenschaftliche Kompetenz von Gelehrten rasch angezweifelt wird, sobald sie sich unvoreingenommen mit parapsychologischen Phänomenen auseinandersetzen. Scheuen manche Wissenschaftler davor zurück, sich mit dem Übersinnlichen auseinanderzusetzen, weil sie im Kollegenkreis auf keinen Fall als vermeintliche Scharlatane schief angesehen werden wollen?

Über allen Zweifel erhaben ist Charles Richet (1850–1935). 1913 wurde er mit dem Nobelpreis geehrt. Der Direktor des »Institut Métaphysique International« setzte sich intensiv mit übersinnlichen Phänomenen auseinander. 1923 erschien sein grundlegendes Werk *Grundriß der Parapsychologie und Parapsychophysik* (Stuttgart, Berlin, Leipzig).

Richet überlegte zunächst, welcher übersinnlicher Phänomene er sich annehmen wolle. Auf alle Fälle mußten wissenschaftliche Untersuchungen unter exakt überprüfbaren Laborbedingungen möglich sein. Außerdem, forderte er, dürfe es keine »natürlichen« Erklärungen für die zu untersuchenden Phänomene geben. So beschloß er, wissenschaftlich zu überprüfen, ob Hellsehen möglich sei und wenn ja, ob es kontrolliert immer wieder nachvollziehbar erforscht werden könne.

Zahlreiche Versuchsanordnungen wurden von Richet ausgetüftelt. So schrieb er auf einen Satz von 36 Karten die Zahlen 1 bis 36. Testbeobachter A mußte blind Karten ziehen, Testpersonen vorhersagen, welche Karten gewählt werden würden. Richet kam zu verblüffenden Ergebnissen. Anscheinend ist das Phänomen des Hellsehens weit verbreitet. Es schlummert als Anlage letztlich in jedem Menschen, wird aber nur selten geweckt.

Richet errechnete die statistische Wahrscheinlichkeit von Zufallstreffern. Die Erfolge seiner Probanden waren unterschiedlich. Manche lieferten so präzise Vorhersagen, daß deren statistische Wahrscheinlichkeit bei 1 zu 30 000 000 lag. Nach langen Jahren des Forschens formulierte der Gelehrte: »Aus den Tatsachen ist eine klare Schlußfolgerung zu ziehen. Die Zukunftsschau ist eine bewiesene Wahrheit. Sie stellt zwar eine merkwürdige, paradoxe und anscheinend absurde Tatsache dar, die wir aber unbedingt zugeben müssen. Es gibt Vorahnungen. Wenn wir über alle Dinge der Gegenwart ein vollkommenes Wissen hätten, sollten wir auch vollkommen alles wissen können, was morgen geschieht. Unser Unwissen über das Zukünftige ist in unserem Unwissen über das Heute begründet.«

Eugène Osty (1874–1938) war der Nachfolger von Richet als Direktor des »Institut Métaphysique International«. Er hatte den verantwortungsvollen Posten in den Jahren 1924 bis 1938 inne. Bei Amtsantritt fand der Wissenschaftler, der mehr als 100 Abhandlungen und Bücher zu übersinnlichen Phänomenen schrieb, Unterlagen Richets vor. Er war einerseits von den Resultaten, über die da berichtet wurde, fasziniert. Andererseits war er ein eher skeptisch eingestellter Mensch. Er wolle sich auf keinen Fall damit begnügen, in den Unterlagen seines Vorgängers zu stöbern, erklärte er einmal Journalisten. Er wolle eigene Versuche durchführen und herausfinden, ob sich die Experimente wiederholen ließen, außerdem neue Versuche durchführen, um zu sehen, ob sie die Erkenntnisse Richets bestätigten. Zwölf Jahre lang experimentierte er mit zahllosen Testpersonen. Sein Resümee: »Meine wissenschaftlichen Experimente mit einer großen Zahl von Versuchspersonen haben mir die absolute Gewißheit gegeben, daß es Menschen gibt, die dazu in der Lage sind, die Zukunft anderer Menschen vorherzusehen.«

Fast noch intensiver als am »Institut Métaphysique International« wurde an der »Duke University« von Durham, North Carolina, USA, in Sachen Parapsychologie geforscht. Große Verdienste erwarben sich Dr. Joseph Banks Rhine und Louisa Ella Rhine, die allein in den Jahren von 1930 bis 1935 Zigtausende Versuche leiteten. Es kam dem Forscherehepaar darauf an, zu überprüfen, ob denn übersinnliche Phänomene nur selten, bei einzelnen, wenigen Menschen auftreten, oder ob beispielsweise jeder Mensch hellseherisch in die Zukunft blicken kann. Außerdem war ihnen klar, daß eine statistische Auswertung von Testresultaten um so leichter möglich ist, je größer die Zahl der vorgenommenen Versuche ist. Je mehr Experimente durchgeführt werden, desto klarere Aussagen sind darüber möglich, ob die erzielten Treffer nur dem Zufall zu verdanken sind oder ob von echter hellseherischer Begabung gesprochen werden kann.

So wurden im Laufe der Jahre 85 000 Experimente durchgeführt, stets unter streng wissenschaftlichen, gleichbleibenden Bedingungen. Es wurden so viele Testpersonen wie nur möglich in die Untersuchungen einbezogen, die vorher nicht auf besondere Sensitivität hin überprüft worden waren.

Die Protokolle der schier endlosen Testreihen bieten eher trockene Lektüre, Zahlen reihen sich an Zahlen, Statistiken an Statistiken. Sie haben den trockenen Charme alter Telefonbücher – und sind doch erstaunlich aussagekräftig. Bei 100 Einzelexperimenten hatte man zuvor eine statistische Zufallstrefferquote von 20 errechnet, die tatsächlich erzielten positiven Resultate lagen zum Teil bei 28. Louisa Ella Rhine, nicht ohne Stolz: »Die Wahrscheinlichkeit, daß das dem Zufall zu verdanken war, war astronomisch gering, lag bei 1 zu Zigmillionen!«

Ähnlich intensiv experimentierte der Forscher Joseph Gaither Pratt (geboren 1910) in den Jahren von 1933 bis 1964 am »Parapsychological Laboratory« der Duke-Universität. In einem Interview erklärte der angesehene Wissenschaftler: »Mir geht es weniger darum, einzelne Spitzenleute ausfindig zu machen, die Rekorde etwa in Sachen Hellsehen aufstellen. Mich interessiert viel mehr die Frage: Können wir alle hellsehen?«

Sein Ideal: Er wollte so viele Menschen wie nur möglich in parapsychologischen Labors testen lassen. Immer war er bemüht, Experimente mit möglichst vielen Menschen durchzuführen. So ließ er einmal 300 zufällig ausgesuchte Testpersonen 60 000 Experimente absolvieren und kam zu den gleichen Ergebnissen wie Dr. Joseph Banks und Louisa Ella Rhine (Joseph Gaither Pratt: *Parapsychology Today,* New York 1964 und *Parapsychology,* New York 1966).

Was die zahlreichen Tests so entsetzlich mühsam machte: Sie erforderten schier unendliche Geduld. Das lag an der simplen Gestaltung der Tests. Zigtausendemal mußten Karten gemischt, mußten Karten gezogen, Vorhersagen notiert und mit den erzielten Ergebnissen verglichen werden.

Helmut Schmidt testet Hellseher

Helmut Schmidt (1928 geboren), ein deutsch-amerikanischer Physiker, ärgerte sich über die auf Dauer langweiligen Prozeduren. In den sechziger und siebziger Jahren unseres Jahrhunderts modernisierte er das praktische Handwerkszeug des Parapsychologen. Im beginnenden Computerzeitalter, meinte der Forscher, sei man doch schon lange nicht mehr auf Pappkarten mit Zahlen, Buchstaben oder Symbolen angewiesen. Es müsse doch weitaus geeignetere Möglichkeiten geben, Hellseh-Phänomen zu erforschen.

Er wollte Maschinen entwickeln, die von außen auf keinen Fall manipuliert werden können und die langwierige Prozesse wie das Notieren von Vorhersagen, das Mischen und Ziehen von Karten und schließlich das zeitaufwendige Vergleichen der Vorhersagen mit den tatsächlich eingetroffenen Resultaten überflüssig machen.

Er konzipierte und entwickelte Apparate, die selbst eingefleischte Skeptiker beeindruckten. Denn jetzt waren betrügerische Eingriffe absolut unmöglich, kamen die Experimentatoren zu eindeutig zu interpretierenden Resultaten.

Eine ganze Reihe der schmidtschen Maschinen funktionieren wie folgt: In einem Behälter, der abgeschlossen und von außen in keiner Weise manipuliert werden kann, befindet sich eine kleine Menge des radioaktiven Isotops Strontium 90. Die Atome von Strontium 90 zerfallen, geben dabei Elektronen ab. Es ist nicht berechenbar, wie viele Elektronen in einem bestimmten Zeitabschnitt frei werden. In einer Sekunde können es viele, in der nächsten verhältnismäßig wenige sein.

Die ausgestoßenen Elektronen werden einem Geigerzähler zugeführt, der jeden Treffer meldet, ein Signal aussendet. Dieses Signal nun wird in eine einfache Apparatur geleitet. Die Apparatur wiederum erinnert etwas an modernen Weihnachtsschmuck. Da leuchten nacheinander Lämpchen auf. Welches Lämpchen erstrahlt, bestimmt der Zufall. Oder genauer gesagt: Ein Elektron wird vom Geigerzähler registriert, ein Signal in die Lämpchenapparatur geschickt, dann leuchtet ein Lämpchen auf. Welches Lämpchen nun eingeschaltet wird, das bestimmt das Elektron, also der Zufall. Von außen kann in keiner Weise Einfluß auf den Apparat genommen werden.

Damit hat Schmidt den Parapsychologen ein ideales Werkzeug zur Erforschung eines übersinnlichen Ereignisses in die Hand gegeben. Testpersonen müssen nun vorhersagen, welches Lämpchen als nächstes aufleuchten wird. Sie geben ihre Prognose in einen Computer ein, der sie dokumentarisch registriert – und der dann automatisch festhält, ob denn das prognostizierte Resultat auch tatsächlich erzielt wurde.

Der Vorteil der schmidtschen Maschinen, von denen der findige Tüftler zahlreiche Variationen herstellte, liegt auf der Hand: Ohne überflüssigen Zeitaufwand können beliebig viele Tests durchgeführt werden. Zeitaufwendiges Notieren von Vorhersagen und Ergebnissen ist überflüssig.

Ob erzielte Ergebnisse nur der zu erwartenden statistischen Trefferquote entsprechen oder darüber hinausgehen, läßt sich leicht überprüfen. Beispiel: Bei fünf Lämpchen liegt die zu erwartende Trefferquote bei einem Fünftel. Bei einem einzigen Test, bei einer einzigen Vorhersage ist das Ergebnis statistisch so gut wie unbrauchbar. Je größer die Zahl der Vorhersagen ist, desto relevanter ist die Auswertung. Bei 10 000 Vorhersagen müßten nach der Statistik 2000 korrekt ausfallen, je höher die Trefferquote ist, desto weniger darf von Zufallserfolgen gesprochen werden.

Helmut Schmidt überzeugte selbst Berufsskeptiker wie Ray Hyman, der bei fast allen Tests in Sachen Übersinnliches Betrug und Manipulation mutmaßt, sobald die erzielten Resultate nicht in sein Weltbild passen. Ray Hyman glaubt nämlich nicht an Übersinnliches, was ihn freilich schon als ernstzunehmenden Kritiker disqualifiziert. Es geht nämlich in der Parapsychologie nicht um Fragen des Glaubens, dafür sind Geistliche zuständig, sondern um Wissen. Es sieht aber ganz so aus, als ob Ray Hyman nach dem Motto verfährt: »Es kann nicht sein, was meinem Glauben nach nicht sein darf!« Und wenn dann Testergebnisse dem Glauben Hymans widersprechen, lehnt er sie ab, so das irgendwie möglich ist. Wo Betrug und Manipulation möglich sind, geht er in der Regel davon aus, daß auch tatsächlich getrickst wurde, nach dem unwissenschaftlichen Motto: »Weil es die Möglichkeit gibt, Geldscheine zu fälschen, muß alles Geld falsch sein.« Diese Haltung ist in Kreisen der Skeptiker, die der Welt der übersinnlichen Phänomene einen Glaubenskrieg erklärt haben, weit verbreitet. Das ist nicht nur in den USA so, sondern auch in Deutschland.

Ray Hyman mußte, was Schmidts Versuche angeht, zugeben: »Seine Arbeit macht viele am Phänomen Hellsehen geübte Kritiken hinfällig. Ich bin davon überzeugt, daß er ernsthaft, ehrlich und so wissenschaftlich wie möglich ans Werk ging. Er war der anspruchsvollste Parapsychologe, dem ich je begegnet bin.«

Dr. Elfi Wenzel schreibt in ihrer Abhandlung *Parapsychologische Phänomene in der Medizin* (*PARA,* September 1996): »Wir haben gesehen, daß unsere Wirklichkeit ein geschlossenes System ist, in dem jeder Teil mit dem anderen in Verbindung treten kann.«

Pflanzen, Tiere und wir Menschen sind Bestandteile dieses geschlossenen Systems. In der Tat hat sich erwiesen, daß Pflanzen, Tiere und Menschen miteinander in Verbindung treten können. Sollte uns diese Erkenntnis nicht zum Umdenken veranlassen? Sollten wir nicht endlich unsere Welt als eine Einheit verstehen, als eine umfassendere Wirklichkeit, in der ein Eingreifen in Teilbereiche Auswirkungen auf das Ganze hat? Unser Umgang mit Pflanze, Tier und Mensch bringt Konsequenzen mit sich – für unser gesamtes Leben.

Hellsehen ist im Labortest mit Erfolg bewiesen worden. Massenversuchsreihen haben eindeutig ergeben, daß letztlich in jedem Menschen bis zu einem gewissen Grade zum Beispiel die Fähigkeit schlummert, Zukünftiges vorherzusagen. So wie auf dem Gebiet des Sports unterschiedliche Leistungen erzielt werden, vom Hobbyathleten bis zum Weltrekordler, so werden auch in Sachen Hellsehen Durchschnittsleistungen und Rekorde erzielt.

Einige der Rekordhalter aus der Welt des Übersinnlichen sollen nun vorgestellt werden. Sie können mit Gedankenkraft Gegenstände bewegen, aber auch töten.

Geist bewegt Materie – Gedanken können töten

Nelja Michailowa und die
pulsierende Energie der Gedanken

Atemlose Spannung herrscht. Moskauer und Leningrader Wissenschaftler haben plötzlich jede Unterhaltung vergessen. Nur noch das leise Surren mehrerer Kameras und das Summen eines Stereotonbandgeräts sind zu hören. Und ein leises Geräusch, ein unscheinbares, gleichbleibendes Kratzen.

Dreißig Zentimeter von der Hausfrau Nelja Michailowa entfernt rutscht eine Streichholzschachtel wie von Geisterhand bewegt über den kleinen runden Tisch. In einer geradezu als anmutig zu bezeichnenden Bewegung kommt die Schachtel zum Halten, hebt sich wie von selbst, kippt hoch und entleert sich, die Streichhölzer purzeln über den Tisch.

Dr. Pawel Naumow, Psychologe aus Moskau: »Ein Betrug ist ausgeschlossen, die Streichholzschachtel wurde vor Beginn des Versuchs genauestens überprüft, man achtete besonders auf Fäden, Drähte und verborgene Magnete.«

Tatsächlich waren strengste Maßnahmen getroffen worden, um wirklich jeden Betrug auszuschließen. Nelja Michailowa wurde von einem Arzt gründlich, ja intim untersucht, sogar geröntgt. Keinerlei verbotene Hilfsmittel waren an ihrem Körper entdeckt worden.

Nun richtet die Leningraderin ihre braunen Augen auf einen vor ihr auf dem Tisch liegenden Kompaß. Langsam streckt sie ihre Hände aus und bewegt sie kreisend, wie beschwörend über dem Gerät. Meßgeräte zeigen an, daß sich ihr Puls extrem erhöht, ja geradezu gesundheitsgefährdende Werte erreicht ... 250 ... 255. Der Kompaß spielt im wahrsten Sinne des Wortes verrückt. Erst zittert die Nadel nur kaum merklich, dann immer stärker, plötzlich dreht sie sich wie ein wildgewordener Sekundenzeiger, immer schneller werdend. Schließlich scheinen sich die Bewegungen auf den ganzen Kompaß zu übertragen, das Gehäuse zittert, vibriert, zuckt hin und her, vollzieht einen »Tanz« auf der glatten Tischoberfläche. Er dreht sich im Kreis, zieht das Lederarmband, an dem er befestigt ist, wie unnützen Ballast hinter sich her.

Schweißperlen bilden sich auf der faltendurchfurchten Stirn von Nelja Michailowa, sie verengt die Augen, ihre Mundwinkel zittern leise. Ein weiteres Objekt auf dem Tisch bewegt sich. Einige der anwesenden Journalisten stehen jetzt dichtgedrängt um den Tisch, sie achten nicht auf die leisen Ermahnungen der Wissenschaftler, die größere Zurückhaltung, mehr Distanz fordern. Nelja Michailowa scheint sie überhaupt nicht zu bemerken. Sie konzentriert sich auf eine metallene Schreibfeder. Der Kompaß kommt zur Ruhe, die Feder beginnt plötzlich zu leben, sie zittert wie ein eben erwachendes Insekt und scheint fliehen zu wollen, will vom Tisch huschen, »überlegt« es sich anders.

Die Anstrengung zeichnet sich jetzt deutlicher auf dem Gesicht Neljas ab. Schweißperlen tropfen von ihrer Stirn, fließen über ihre von der enormen geistigen Anstrengung geröteten Wangen. Ihre Mundwinkel zittern unkontrolliert, und die Schreibfeder bewegt sich wie von selbst, nur getrieben von den geistigen Kräften einer übersinnlichen, überaus attraktiven Frau. Die Michailowa greift, ohne hinzusehen, ohne den Blick vom Tisch zu wenden, nach einer Tasse Tee, läßt die Feder weiter tanzen, sich ruckartig hin- und herbewegen. Die Streichhölzer gesellen sich nun dazu, auch sie erscheinen wie lebendige kleine Tiere, beginnen zu kriechen, auf den Rand des Tisches zu, sie stürzen sich, eines nach dem anderen, über den Rand des Tisches, fallen zu Boden.

Nelja Michailowa scheint alles zu dirigieren, ihre Hände bewegen sich immer in einem Abstand von etwa fünfzehn Zentimetern über dem Tisch. Man ist versucht, an Tricks zu »glauben«. Aber die sorgsamen Kontrollen schließen das aus. Fäden, Drähte sind ebensowenig im Spiel wie verborgene Magneten.

Schließlich wendet sich Nelja Michailowa einem weiteren Versuchsaufbau zu, einem auf den ersten Blick unscheinbar wirkenden Kästchen. Es sieht bei näherem Hinsehen wie ein Miniaturtreibhaus aus, viereckig, ein kleiner Würfel. Die Wände bestehen aus durchsichtigem Glas. Im Inneren befinden sich kleine Gegenstände aus Kunststoff, Metall, Holz. Auch sie »gehorchen« unausgesprochenen Befehlen, folgen den Anweisungen der Hände der

Michailowa. Sie wandern im Inneren des geschlossenen Gehäuses hin und her.

Die Frau mit den starken Gedankenkräften wirkt angestrengt. Ob die Wände des Kästchens hemmen? Ob es besonderer Anstrengung bedarf, sie zu durchdringen? Plötzlich sinkt sie erschöpft zurück, die Objekte verharren und bleiben liegen. Nelja ist total erschöpft. Messungen ergeben, daß sie während des Versuchs ein Kilo abgenommen hat. Noch Tage werden ihre Hände, Arme und Beine schmerzen. Und Stunden werden nach dem Versuch vergehen, bis sie wieder sehen kann. Auch zu sprechen ist sie lange nicht in der Lage.

Seltsam: Eben stand die Frau mit den unheimlichen Fähigkeiten noch im Zentrum des Interesses, der Aufmerksamkeit aller. Jetzt wenden sich die Forscher den Ton- und Filmaufnahmen zu. Sie besprechen, wie die Werte, die von mehreren Meßgeräten aufgezeichnet worden sind, zu deuten sind.

Zweifelsfrei steht fest, daß sich um Nelja Michailowa so etwas wie ein Magnetfeld gebildet hat. Dr. Genadlj Sergejew steht vor einem Rätsel. Der Wissenschaftler vom »Uktomshij-Physiologischen-Institut Leningrad«, es handelt sich dabei um ein dem Militär unterstelltes Labor, war für die speziellen Messungen verantwortlich. Starke Magnetfelder konnten speziell um den Kopf Neljas festgestellt werden, die Detektoren zeigten aber auch an, daß sich ein pulsierendes Kraftfeld aufgebaut hatte, in Richtung ihres Blicks konzentriert.

Wurde erstmals eine bislang nicht erkannte Kraft nachgewiesen, die für die Bewegung der Objekte verantwortlich ist? Die russischen Wissenschaftler haben striktes Redeverbot auferlegt bekommen. Sie dürfen keine Auskünfte über die geheimnisvolle Kraft geben.

Es ist nicht bekannt, inwieweit diese geheimnisvolle Kraft inzwischen erforscht wurde. Angeblich liegen Publikationen militärischer Wissenschaftler darüber vor, obliegen aber strengster Geheimhaltung.

Nelja Michailowa, auf die Frage, wie sie denn die Gegenstände, ohne sie zu berühren, bewege: »Ich tue das gar nicht selbst. Ich konzentriere mich, baue Kraft auf, konzentriere diese Kraft, lenke sie auf Dinge, die ich bewegen will. Irgendwie macht sich die Energie selbständig, ich kann nur versuchen, sie zu bändigen. Das ist mir bisher immer gelungen.«

Alla Winogradowa und die »lebendigen« Zigaretten

Sie sitzt, regungslos und scheinbar unbeteiligt, vor einem großen Plastikwürfel. Was auf den ersten Blick wie ein harmloses Spiel aussieht, ist in Wirklichkeit härteste geistige Arbeit. Alla Winogradowa verfügt über erstaunliche Fähigkeiten. Sie kann mit Gedankenkraft Gegenstände bewegen.

Die Russin, eine blonde, eher unscheinbare Person, starrt konzentriert in den Plastikwürfel mit dünnen Metallkanten. Er hat Seitenlängen von je 60 Zentimetern. Im Hintergrund flüstert der Physiker Viktor Adamenko vom »Institut für Allgemeine Physiologie in Moskau« erklärend: »Wir haben schon mit mehreren Frauen mit übersinnlichen Kräften experimentiert, die mit Gedankenkraft Objekte bewegen können. Kritiker meldeten sich zu Wort. Sie erhoben Vorwürfe, unterstellten Betrug. Einmal hieß es, daß nur angeblich Gedankenkräfte die Objekte bewegten. In Wirklichkeit hingen sie an dünnen Fäden, würden wie Marionetten von Puppenspielern manipuliert. Oder es hieß, metallische Gegenstände würden mit Hilfe von versteckten Magneten bewegt, nicht mit Gedankenkraft.«

Solche Einwände sollten nun ausgeschlossen werden. Die Moskauer Wissenschaftler entwickelten eine betrugssichere Methode. Die Gegenstände, die mit der Kraft des Übersinnlichen bewegt werden sollen, befinden sich in einem geschlossenen, durchsichtigen Plastikwürfel. Fäden können nicht gezogen werden. Manipulationen mit Magneten sind ebenso ausgeschlossen. Sie würden sofort auffallen.

Die Winogradowa sitzt etwa einen halben Meter vom Würfel entfernt. Es fällt ihr zunächst schwer, sich zu konzentrieren. Sie beklagt sich über die kritisch-ablehnende Haltung mancher der anwesenden Wissenschaftler und Journalisten im Tagungsraum der Moskauer Presseagentur Nowosti. Jetzt schließt sie die Augen, verdrängt die zweifelnden Gesichter und Gedanken. Im Zentrum ihres Denkens »kreist« der Plastikwürfel, dreht sich in einem leeren schwarzen Raum um die eigene Achse. Im Zentrum des Würfels macht sie einen glühenden Punkt aus, der Licht ausstrahlt. Ein Strahl trifft Alla Winogradowas Stirn, sie meint ihn deutlich, körperlich zu spüren.

Sie hat Kontakt zum Würfel hergestellt, versucht ihn gefühlsmäßig abzutasten, ohne ihn dabei freilich körperlich zu berühren. Sie verwandelt sich in Gedanken in eine Fliege, die in das Innere des Würfels vorgedrungen ist. Sie erkundet ihn. Wie aus einem Flugzeug, das über einer geheimnisvollen Landschaft dahinschwebt, sieht sie tief unter sich, am Boden des Würfels, längliche, dünne Hülsen liegen. Sie nimmt Kontakt auf, erfaßt, daß es sich um einzeln verpackte Zigaretten handelt, die in verschraubten Behältnissen liegen. Sie versetzt sich gedanklich in das Innere der Zigaretten. Spätestens jetzt hat sie die Kontrollinstrumente an ihrem Körper vollkommen vergessen. Sie spürt nicht mehr die Kontakte auf ihrer nackten Haut.

In diesem Augenblick registrieren die beobachtenden Wissenschaftler, die an diversen Monitoren sitzen, ein leichtes Ansteigen des Herzschlags und der Pulssequenz bei ihrer Testperson. Die Zigaretten zittern sanft, als sei Leben in sie geraten. Sie vibrieren, ihre Enden führen einen kuriosen Tanz auf, winden sich hin und her, die Hülsen scheinen sich in lebende Würmer verwandelt zu haben. Gleichzeitig steigt der Puls der Winogradowa weiter, ebenso ihr Herzrhythmus. Ruckartig bewegt sich eine der Hülsen, von unsichtbaren Kräften geschoben. Sie wandert von der Mitte des Würfels an den Rand, gleitet eine Seite entlang, verharrt kurz an der ersten Ecke, überwindet das Hindernis scheinbar mühelos. Jetzt kriecht sie die Wand senkrecht hinauf, rutscht wieder ab, liegt für Sekundenbruchteile am Boden des Würfels.

Einige der Journalisten sind näher getreten, sie können kaum glauben, was sich da vor ihren Augen abspielt. Die Hülse dreht sich, erst langsam, dann immer schneller werdend, um die eigene Achse. Das verschraubte Deckelchen bewegt sich, fällt ab. Die Zigarette kommt zum Vorschein. Einem Miniaturzeppelin vergleichbar schiebt sie sich aus dem »Hangar«.

Alla Winogradowa nähert sich dem Würfel. Sie spreizt die Finger, bewegt die Hände. Der Abstand zwischen der Zigarette und den Händen der Frau beträgt, durch die Wand des durchsichtigen Würfels getrennt, etwa drei Zentimeter. Ruckartig rutscht die Hülse auf ebener Fläche an den Rand des Würfels, hin und her vibrierend. Ist die Zigarette vielleicht, wie auch immer, präpariert worden? Ein amerikanischer Journalist redet auf den Versuchsleiter ein. Kurz wird der Deckel des Würfels angehoben, der Journalist wirft eine englische Zigarette hinein. Wieder beginnt das »Spiel«: Bewegung kommt in den Glimmstengel, er rutscht hin und her, wie von Geisterhand bewegt.

Während des erstaunlichen Vorgangs lief eine Kamera. Zeitlupenaufnahmen wurden gedreht, die jetzt vorgeführt werden. Was dem trägen menschlichen Auge entgangen ist, wird jetzt sichtbar. Die Bewegung der mit der Kraft des Übersinnlichen verschobenen, bewegten Objekte erfolgte nicht fließend. In der Zeitlupe wird deutlich erkennbar: Sie springen sozusagen, hopsen.

Wieder wendet sich Alla Winogradowa dem Würfel zu. Sie konzentriert sich auf eine Schachtel Streichhölzer im Inneren des durchsichtigen Kubus. Wie beschwörend bewegt sie die Hände, stets in Höhe der Hölzchen. Plötzlich gibt es so etwas wie eine Explosion, die Hülle platzt auf, die Streichhölzer wirbeln durch die Luft, in alle Richtungen. Sie treffen mit Wucht an der Innenseite des Plastikwürfels auf, ein klackendes, fast hämmerndes Geräusch wird wahrgenommen. Ein Tacktacktack, in schneller Reihenfolge, vergleichbar mit den Schüssen eines leisen Maschinengewehrs.

Wieder wird der Vorgang gefilmt, wieder werden Zeitlupenaufnahmen vorgeführt. Zunächst einmal vibrieren die Hölzchen in der Hülle, kaum sichtbar. Sie platzt auf, das Vibrieren verstärkt sich, sie bewegen sich erst Bruchteile von Millimetern, dann immer mehr. Dann gibt es heftige Zuckungen, schon schießen die Hölzchen durch den Raum des Würfels, wie Miniaturspeere, von unsichtbaren, wütenden kleinen Kriegern geschleudert.

In der ihr eigenen Bescheidenheit bedauert Alla Winogradowa, noch keine Macht über das einzelne Streichholz zu besitzen, wenn sie gleichzeitig mit der Kraft des Übersinnlichen so viele Teilchen bewegen muß. »Das wird sich aber eines Tages noch ändern!« strahlt sie. Und in der Tat haben sich ihre Fähigkeiten bereits merklich entwickelt. Als sie 1969 zum ersten Mal ihre übersinnliche Kraft dazu benützte, Dinge in Bewegung zu versetzen ohne sie zu berühren, war sie nicht dazu imstande, die Bewegungsabläufe genauer, gezielter zu steuern. Befanden sich Bleistifte, Kugelschreiber, Radiergummis und Tintenfäßchen auf ihrem Schreibtisch, so wußte sie nur, daß sie irgendwie mit ihren psychischen Kräften auf die Gegenstände einwirken konnte. Sie vermochte aber nicht, sich wirklich gewollt auf ein bestimmtes Objekt zu konzentrieren.

Mit Hilfe ihres Mannes verbesserte sie durch oftmaliges konzentriertes Üben ihre Fähigkeiten so, daß sie größere einzelne Gegenstände zu kontrollieren vermochte. Sie kann sie in eine bestimmte Richtung bewegen, sie anhalten, wieder zurückbewegen. Das bezeugen auch Fachjournalisten, die von den Russen in einige ihrer parapsychologischen Experimente eingeweiht wurden.

Auch Militärs zeigen seit Jahren großes Interesse an der Winogradowa. Geheimen Dokumenten zufolge sind sie besonders von einer unheimlichen Fähigkeit der übersinnlich begabten Frau fasziniert: Sie kann nicht nur Objekte mit Gedankenkraft bewegen, sie ist auch dazu in der Lage, ein menschliches Herz zum Stillstand zu bringen. Sie kann mit Gedanken töten.

Nina Kulagina – Gedanken können töten

Die Journalisten Henry Gris und William Dick bereisten für die US-Zeitschrift »National Enquirer«, die zu den auflagenstärksten Blättern der USA zählt, die UdSSR. Sie genossen den Ruf seriöser Berichterstatter. Und besonders hochrangige Militärs wußten es zu schätzen, daß man auf die Verschwiegenheit der beiden Männer zählen konnte. Vertrauliche Mitteilungen wurden von ihnen wie gewünscht behandelt – eben vertraulich.

Schließlich konnten Gris und Dick dem prominenten Nachrichtensprecher Valentin Sorin helfen. Der Moskauer Fernsehmann hatte sich vergeblich um bestimmte Interviewpartner aus den USA bemüht. Er erhielt Absage nach Absage, als Journalist aus der UdSSR war er wohl vielen prominenten Amerikanern suspekt. Gris und Dick erledigten einige Telefonate, und schon standen dem Russen die gewünschten Gesprächspartner zur Verfügung. Als die beiden US-Journalisten die UdSSR bereisten, half ihnen nun Valentin Sorin. Vitamin B – B wie »Beziehungen« – scheint eben schon immer weltweit von Nutzen zu sein.

Valentin Sorin telefonierte, und bislang verschlossene Türen taten sich auf. Zunächst bot man den beiden Reportern das »Übliche« an. Sie erkundigten sich nach Nina Kulagina und bekamen zu hören, daß es sich bei der Dame um ein durchaus bemerkenswertes Medium handle, es gebe aber im großen Reiche eine ganze Reihe von Menschen, die in vergleichbarem Maße übersinnlich veranlagt und begabt seien.

Heikel wurde die Angelegenheit, als Henry Gris und William Dick nach dem sogenannten Todestest fragten. Ausweichende Antworten schreckten sie nicht ab, sie ließen sich nicht schnell abwimmeln. So kamen sie schließlich an phantastisches, brisantes Material.

Gespannte Atmosphäre herrscht im Leningrader Laboratorium der sowjetischen Parapsychologen. Es ist der 10. März 1970, ein naßkalter Morgen. In einem streng bewachten Laboratorium konzentriert sich Nina Kulagina auf die geheimnisvolle Kraft in ihrem Inneren. Noch weiß sie nicht, was sie bewirken soll.

Dr. Sergeji Saritschew, Leiter des Versuchs, läßt das schlagende Herz eines Frosches in den kahlen Raum tragen. In kurzen, sachlichen Worten beschreibt er den geplanten Test. »Vor Ihnen befindet sich in einem Glasgefäß das schlagende Herz eines Frosches. Bekanntlich pulsieren Froschherzen noch Stunden, nachdem man sie aus dem Körper des Tieres entfernt hat. Dieses Herz wurde soeben operativ entnommen, es ist noch frisch und schlägt. Das würde jetzt noch Stunden so weitergehen.«

Nina Kulaginas Aufgabe: Sie soll das Herz durch ihre Gedankenkraft so schnell wie möglich zum Stillstand bringen. Dr. Saritschew: »Bitte nähern Sie sich dem Gefäß mit dem Froschherzen nicht zu sehr, halten Sie einen Mindestabstand von 80 Zentimetern. Und berühren Sie das Glas nicht!«

Das Froschherz ist an einem Kardiogramm befestigt. Jede, auch die kleinste Veränderung in der Blutpumpe des Frosches wird registriert und ausgedruckt.

Der Versuch beginnt: Nina Kulagina überwindet ihre Scheu, ein Herz mit Gedankenkraft zu stoppen. Sie möchte eigentlich ihre besonderen Kräfte nicht für negative Ziele verwenden. Sie beruhigt sich: Das Tier ist ja schon tot, nur das Herz schlägt noch.

Erste und zweite Minute des Versuchs. Nina Kulagina: »Der

Herzschlag verläuft normal, ich sehe das Pulsieren des Organs, versuche es zu spüren, zu fühlen. Ich konzentriere mich darauf.«

Dritte Minute: »Ich versuche, den Herzschlag zu verlangsamen. Es soll langsamer arbeiten, immer langsamer.«

Tatsächlich nimmt die Frequenz des Herzschlags ab. Eine unsichtbare Kraft – daran kann es keinen Zweifel geben – wirkt.

Nina Kulagina wirkt sichtlich angestrengt. Vierte Minute: »Es geht langsamer, langsamer. Jetzt versuche ich es anzuhalten, zum Stillstand zu bringen.« Fünfte Minute: Der Versuch droht zu scheitern. Das Kardiogramm weist einen langsam wieder zunehmenden Herzschlag aus. Es ist, als ob zunächst eine unsichtbare Kraft das Herz langsam zum Stillstand bringen wollte, die nun nachläßt, während sich das Herz wieder etwas erholt.

Nina Kulagina lehnt sich kurz, sichtbar erschöpft, zurück. Sie unternimmt einen zweiten Versuch. Sie beugt sich weit vor. Ihr Kopf ist noch etwa 80 Zentimeter vom Versuchsobjekt entfernt.

Sechste und siebente Minute: Durch starke Konzentration versucht die Kulagina wieder, erst das Herz »langsamer werden zu lassen«. Das gelingt ihr erneut, was das Kardiogramm deutlich beweist.

Von der achten bis zur dreißigsten Minute sinkt der Herzrhythmus stetig, der Stillstand erfolgt, abrupt, in der dreißigsten Minute.

Dr. Sergeji Saritschew ist begeistert. Er spricht von einem »Triumph der Parapsychologie«. Kritiker melden sich zu Wort: Man könne nicht beweisen, daß das Froschherz aufhörte zu schlagen, weil die Kulagina mit Gedankenkraft darauf einwirkte. Es könne zufällig viel früher als sonst üblich zum Stillstand gekommen sein. Um von wissenschaftlichem Beweis zu sprechen, müsse sich die Dame für weitere Tests zur Verfügung stellen. Schließlich sei der Versuch ohne Bedeutung, ohne Belang. Wenn sie wirklich übersinnliche Kräfte besitze, müsse sie ein fremdes schlagendes Menschenherz mit Gedankenkraft anhalten.

Würde die Kulagina einen Menschen töten – nur mit Gedankenkraft? Die Menschen, die ihr nahestanden, erklärten: Dazu ist Nina nie und nimmer bereit. Aber Parapsychologe Genadij Sergejew ließ nicht locker. Er erklärte sich bereit, als Testobjekt zur Verfügung zu stehen. »Manipulieren Sie mein Herz mit Ihren angeblichen Kräften, bringen Sie es zum Stillstand oder zur Explosion, lösen Sie einen Infarkt aus, wenn Sie können, oder ich werde Sie den Rest meines langen Lebens eine Lügnerin, Betrügerin und Schwindlerin nennen!«

Nina Kulagina stimmt nach kurzem Zögern zu. Sie fordert aber: Ein Arzt muß dabeisein. Schließlich sitzen sich Nina Kulagina und Genadij Sergejew gegenüber. Beide sind von je einem Team begleitet. Die Stimmung ist gereizt. Die Mitglieder der beiden Gruppen reden nicht miteinander. Die Kulagina und der Psychologe sind beide an je ein EKG angeschlossen. Ihre Herzrhythmen werden aufgenommen. Die Kulagina biegt sich leicht nach vorne. Mit starrem Blick fixiert sie ihr Gegenüber. Man sieht ihr deutlich die Anstrengung der Konzentration an, ihr Herzschlag beschleunigt sich rapide, fängt an zu galoppieren. »Das hat nichts zu sagen«, murmelt ein Arzt. »Die hohen Werte können durch die Aufregung ausgelöst worden sein. Sie mag Angst vor einer Blamage haben.« Ihr Herzschlag nimmt weiter zu.

Jetzt erst erkennen die Ärzte, wie unaufmerksam sie gewesen sind. Sie haben nur auf das EKG der Kulagina geachtet, Genadij Sergejew gar nicht mehr so recht beachtet. Jetzt stellen sie entsetzt fest, daß sein Herz extrem schnell rast, weit schneller als das der Kulagina. Das Herz des eingefleischten Skeptikers beschleunigt stärker und stärker. »Versuch abbrechen!« ruft ein Arzt. »Aufhören, oder der Mann hier stirbt vor unseren Augen!«

Genadij Sergejew keucht: »Weitermachen, noch ist nichts bewiesen!«

Fünf Minuten später: Alle anwesenden Ärzte sind in heller Aufregung. Sie verlangen den sofortigen Abbruch des Versuchs.

Henry Gris stellt schaudernd fest: »Der skeptische Psychologe hatte seine beißende Ironie abgelegt. Hätte die Kulagina nicht das entsetzliche Experiment abgebrochen, der Mann wäre getötet worden – vor den Augen von zahlreichen Wissenschaftlern und Ärzten.«

Am 17. Mai 1976 sprach ich am Rande eines Weltkongresses der »Ancient Astronaut Society« in Crikvenica, Jugoslawien, mit einem prominenten Rekordkosmonauten. Der Mann bestätigte die Todesexperimente, die unter anderem auch mit Nina Kulagina durchgeführt wurden. Der Kosmonaut: »Amtlich wurde die Existenz von Übersinnlichem abgelehnt, hinter den Kulissen aber überlegte man fieberhaft, wie man die Gedankenkraft als Waffe einsetzen könnte. Es wurden Überlegungen angestellt, die in Richtung Attentat zielten. Würde man ins Ausland geflohene Regimekritiker mit Gedankenkraft töten können, vielleicht gar über weite Entfernungen?«

Bereits im vergangenen Jahrhundert hat der amerikanische Forscher und Schriftsteller Prentice Mulford (1843–1891) erkannt, daß die übersinnlichen Kräfte für gute wie auch für schlechte Zwecke eingesetzt werden können: »Die spirituelle Macht können wir verwenden, um schön, gesund und stark zu sein. Und wir können uns durch die gleiche Kraft häßlich, krank, schwach und abstoßend machen.« Und Menschen mit ganz besonderen übersinnlichen Begabungen können anscheinend mit der »spirituellen Macht« auch töten.

Der Kosmonaut erklärte: »In Nowosibirsk, Sibirien, gelang der wissenschaftliche Nachweis dafür, daß Gedanken übersinnlich über Tausende von Kilometern hinweg gesendet und empfangen werden können. Wieso sollte man nicht auch mit Gedankenübertragung über Tausende von Kilometern töten können?«

Niemand vermag zu sagen, wie weit die Experimente auf diesem schwarzen Sektor der Parapsychologie vorangetrieben wurden. Aufzeichnungen darüber liegen auch heute noch in Geheimtresoren. Dort sollte man sie wohl auch belassen.

Echte Medien oder Scharlatane?

Die »schwarze Seite« übersinnlicher Fähigkeiten hat seit jeher Diktatoren jeglicher Couleur fasziniert. Töten über Distanz mit Gedankenkraft muß ihnen als reizvolle Vision erscheinen. Ohne daß Spuren hinterlassen werden, können Gegner im Ausland beseitigt werden. Alles andere als Humanisten, lehnen derlei Herrschaften auch nicht die härteste Folter ab, um friedlichen wie militanten Gegnern Geheimnisse brutal zu entlocken. Wenn man aber durch

Gedankenlesen ihr Wissen direkt anzapfen könnte, wenn es möglich wäre, sozusagen direkt in ihre Gehirne einzusteigen, um alles zu erfahren, was man wissen möchte, dann würden der Diktatoren innigste Wünsche wahr.

So verwundert es nicht, daß Adolf Hitler wie Josef Stalin in starkem Maße an der Erforschung von Übersinnlichem interessiert waren, und das gewiß nicht, weil sie aus wissenschaftlichem Interesse soviel wie möglich über den menschlichen Geist erfahren wollten.

Entlarvte Entlarver

Am 18. Mai 1976 begegnete ich im Rahmen der Weltkonferenz der »Ancient Astronaut Society«, die im jugoslawischen Crikvenica abgehalten wurde, einem Russen, der den Magier Wolf Messing persönlich kennengelernt hatte. Wolf Messing, am 10. September 1899 in Gora bei Warschau, Polen, geboren, entkam nur knapp einem Rollkommando der Nazis. Adolf Hitler persönlich hatte eine Belohnung von 200 000 Reichsmark auf seinen Kopf ausgesetzt. Hatte doch der auf viele Zeitgenossen unheimlich wirkende Mann, als die Nazis auf dem Höhepunkt ihrer Macht waren, das Ende des Dritten Reiches vorhergesagt, Hitlers einsamen Tod vorhergesehen. In Rußland wurde Messing heftig von Stalin umworben.

Mein russischer Informant versicherte mir, Messing habe Hitler wie Stalin gefürchtet. »Er hatte Angst davor, daß man ihn einkerkern und zwingen würde, seine Geheimnisse preiszugeben.« Wolf Messing habe sich bewußt als Gaukler gegeben, weil er in den Augen der Mächtigen seiner Zeit lieber als »unseriös« gelten wollte, als für machtpolitische Zwecke mißbraucht zu werden. Mein Informant war bei einer der zahlreichen Darbietungen Messings vor großem Publikum zugegen. Mit derlei Auftritten fesselte er bis zu seinem Tode Millionen von Menschen.

Eben noch herrschte große Unruhe im Publikum, doch plötzlich war es still, kein Geräusch war mehr zu hören, nur die sanfte Stimme des Wolf Messing. Mit leiser Bestimmtheit forderte er das Publikum auf, ihn zu testen. Seine zur Schau gestellte Selbstsicherheit wirkte in gewisser Weise stimulierend: Die Zuschauer bemühten sich darum, unlösbare Aufgaben auszutüfteln und zu stellen. Dann fühlte Messing sich erst richtig wohl, dann war er in seinem Element.

Mehrere Zuschauer begleiteten Messing aus dem Theater. Währenddessen plante man im Vorführraum, ihn zu blamieren. Eine junge Frau bekam von einem anderen Zuschauer einen Füllfederhalter ausgehändigt. Ratlos blickte sie sich um. Wohin damit? Wo sollte sie ihn verstecken? Unter dem Teppich auf der Bühne! Damit waren aber wiederum mehrere Zuschauer gar nicht einverstanden. »Vielleicht sieht er die Ausbuchtung im Teppich«, warf einer ein. Ein zweiter äußerte die Befürchtung: »Oder er tritt versehentlich darauf!«

Ein anderes Versteck mußte gewählt werden. Die junge Frau entschied sich spontan für einen großen Blumenkorb aus der Bühnendekoration. Sie steckte den Füller hinein, achtete dabei sorgsam darauf, daß er nicht mehr zu sehen war. Schließlich wurde Wolf Messing wieder auf die Bühne geholt, Schadenfreude schlug ihm entgegen. Er legte die Hände an die Stirn, schloß die Augen. Bemühte er sich wirklich um starke Konzentration? Oder führte er nur eine vielleicht sorgsam einstudierte Pose vor, einen wirksamen Showeffekt?

Nach einem Augenblick des Schweigens begann er leise zu sprechen. Ein deutlicher Vorwurf klang in seiner Stimme mit. »Sie haben unsere Vereinbarung nicht exakt eingehalten«, erklärte er. Jetzt falle ihm das Auffinden des versteckten Gegenstands mit übersinnlicher Kraft schwerer. Schließlich sei für das Zielobjekt zunächst ein anderes Versteck ausgewählt worden, dann habe man sich anders besonnen. »Die junge Zuschauerin trifft keine Schuld«, sagte Messing mit fester Stimme. »Er ist der Schuldige!« Er deutete auf den Herrn im Publikum, der darauf hingewiesen hatte, Messing könne auf den Füller treten, wenn er unter dem Teppich versteckt werde. »Dieser Mann hat einen Wechsel des Verstecks vorgeschlagen!«

Ein Raunen ging durch die Besucher der Vorstellung. Unter dem tosenden Beifall des Publikums fand Messing schließlich den Füller. Was leitete ihn? Waren es seine übersinnlichen Kräfte?

Messings Blindversuche

Zu Messings überzeugendsten Experimenten gehörten seine »Blindversuche«. Eines dieser Experimente verlief so:

Eine Versuchsperson notierte eine Aufgabe auf einem Stück Papier. Das Blatt wurde einer Kontrollperson oder einer Kommission ausgehändigt. Messing wurde aus dem Saal geleitet, man legte ihm eine dreifache Augenbinde um und führte ihn wieder zurück vor sein erwartungsvolles Publikum.

Von einem Unbeteiligten aus den Reihen der Zuschauer geführt, schritt Messing zwischen den Stuhlreihen dahin, blieb plötzlich unvermittelt stehen. »Bitte kommen Sie mit auf die Bühne!« forderte er eine Dame höflich, aber bestimmt auf. Er ließ sich ihre Handtasche geben, entnahm daraus ein Buch.

Mit immer noch verbundenen Augen blätterte er im Buch. Als er Seite 125 aufgeschlagen hatte, nahm er die Augenbinde ab, blickte ins Buch. »Soweit ich konnte, habe ich den Auftrag ausgeführt. Ich habe die auf dem Zettel beschriebene Person ausfindig gemacht, auf die Bühne geführt. Ich habe das Buch in ihrer Tasche gefunden, auf der richtigen Seite aufgeschlagen.« Allerdings sei er jetzt nicht dazu in der Lage, wie gewünscht die erste Zeile vorzulesen, da er die Sprache nicht beherrsche.

Messing selbst war immer wieder von seinen eigenen Erfolgen überrascht und fasziniert. Bei seinen zahlreichen Auftritten entstand oft der Eindruck, daß er vor den Ereignissen bisweilen erschrak. Oft schien er selbst nicht zu wissen, welche Kräfte ihn leiteten. Auch parapsychologische Experten konnten das Rätsel Wolf Messing niemals klären. Ob die gesuchten Antworten in seiner Autobiographie zu finden gewesen wären? Es ist bekannt, daß der Magier Zeit seines Lebens an einem umfangreichen Buchmanuskript gearbeitet hat. Es wurde niemals veröffentlicht. Parapsychologen sind darüber alles andere als glücklich. Einer kommentiert: »Es ist wichtig, sich daran zu erinnern, daß unter der kommunistischen Diktatur alles, was von einer berühmten Persönlichkeit wie Messing getan oder geschrieben wurde, überprüft, kritisiert und einer ständigen Zensur unterworfen wurde, so daß er mit einem Betrug nicht durchkommen konnte. Wir können im Gegenteil davon überzeugt sein, daß Wolf Messing, um in unserem Lande existieren zu können, völlig integer sein mußte.« (Zitiert nach dem *Newsletter of the Parapsychological Foundation,* Ausgabe Januar/Februar 1969)

Messings Autobiographie wurde bisher nicht gefunden. Es sind nur wenige kurze Manuskripte aus seiner Feder aufgetaucht, die ihn als einen integren Mann erscheinen lassen. Er schrieb unter anderem: »Meine Fähigkeit scheint vielleicht dem materialistischen Verständnis von der Welt zu widersprechen, sie ist aber etwas ganz Natürliches. Es gibt nicht nur die logische, wissenschaftliche Art, Wissen zu erlangen – es gibt auch das direkte Wissen, das Vorherwissen. Nur unsere vagen Vorstellungen von der Bedeutung der Zeit und ihrer Beziehung zu Raum und Vergangenheit lassen sie im Augenblick unerklärlich erscheinen.«

Diese andere Art des Wissens könne, so Wolf Messing, durch äußere Einflüsse leicht getrübt werden. Schon Unruhe im Publikum vermochte seine Arbeit zu erschweren, schlimmer noch waren laute Brüller. Er mußte dann körperlichen Kontakt mit jenen Menschen suchen, deren Gedanken er lesen sollte. Am besten konnte er arbeiten, wenn er die Testperson dabei am Arm oder an der Hand anfaßte.

Dieser direkte Körperkontakt schien Wissen zu übermitteln. Messing mußte zunächst Kontakt zur Person suchen, was dann geschehen würde, wußte er nie im voraus. Geduldig wartete er, bis »es« geschah. Messing: »Wenn ich mich dann mit aller Kraft konzentriere, sehe ich plötzlich als Ergebnis dieser meiner Anstrengung einen Strom von Ereignissen. Ich nenne das ›unmittelbare Erkenntnis‹, halte es für nichts Geheimnisvolles.«

Parapsychologen verweisen auf Messings Berührungskontakte beim Gedankenlesen. Der Moskauer Wissenschaftler Juri Filatow ist überzeugt, daß Messing »unbewußte Muskelbewegungen, die das menschliche Denken begleiten«, zu lesen vermochte. Diese Erklärung hört sich nicht so recht plausibel an. Sie klingt nach einem verzweifelten Versuch eines Menschen, Übernatürliches für natürlich zu erklären, weil die Fähigkeiten Messings nicht in ein rein materialistisches Weltbild passen.

Wolf Messing raubt eine Bank aus

Herbst 1940: Wolf Messing führt ein Experiment aus, das sich Josef Stalin selbst ausgedacht hat. Von zwei Kontrolleuren argwöhnisch beobachtet, betritt er eine Bank. Starr blickt er dem Kassierer in die Augen, dringt in sein tiefstes Bewußtsein ein, zwingt ihm seinen Willen auf. Er umnebelt seine Gedanken. Nach außen ist dabei keine Veränderung zu erkennen. Der angegraute Beamte mit dem lichten Haar ergreift dienstbeflissen das Blatt Papier, das ihm Messing zuschiebt. Es ist leer. Der Beamte »überfliegt« es kurz, als lese er Worte, die gar nicht existieren. »Wird sofort erledigt, ich zahle die Anweisung sofort aus!« Seine Stimme wirkt etwas müde, schleppend. Etwas langsamer als sonst ist sein Gang, aber das fällt niemandem auf, weder den übrigen Bankkunden noch seinen langjährigen Kollegen.

Dann steht er schon am Tresor, öffnet ihn und entnimmt 100 000 Rubel. Wolf Messing nimmt die enorme Summe entgegen, bedankt sich knapp, stopft die Scheine in seine alte, etwas schäbig wirkende Aktentasche. Dann verläßt er die Bank. Später wird er das Geld wieder zurückgeben.

Weitaus gefährlicher war ein weiterer Test, den sich Stalin ausgedacht hatte. Wolf Messing sollte ohne Passierschein in das private Arbeitszimmer des Diktators vordringen, an den drei unabhängig voneinander arbeitenden Sicherheitsdiensten vorbei. Und die Männer vom Wachpersonal hatten den strikten Befehl erhalten, besonders wachsam zu sein, jeglichen ungebetenen Besuch abzuhalten, notfalls zu erschießen. Wohl zu Recht befürchtete Stalin Attentate.

Die Wachposten waren nicht darüber informiert worden, daß es einen Test geben würde.

Messing erinnerte sich: »Ich erledigte den Auftrag ohne Mühe.« Er habe seine Konzentration auf die Gedanken der Wachhabenden gerichtet, sei förmlich in ihre Gehirne gekrochen, habe ihnen seine Gedanken aufgedrängt. Die Posten sahen Wolf Messing, ihre Gehirne erhielten aber ganz andere Informationen. Sie hielten den Magier Stalins für Berija, den gefürchteten Chef des Staatssicherheitsdienstes, der bei Stalin ein und aus ging.

Es muß darauf hingewiesen werden, daß Messing und Berija keinerlei Ähnlichkeit miteinander hatten, auf keinen Fall miteinander hätten verwechselt werden können. Doch Messing, der Mann mit den starken übersinnlichen Kräften, gaukelte ihnen ein falsches Bild vor: Sie grüßten ihn respektvoll als Berija, zogen sich zurück. Stalin war höchst erstaunt und beunruhigt zugleich, als Wolf Messing plötzlich in seinem Arbeitszimmer stand.

Der Diktator fürchtete Messing und schätzte ihn zugleich, er hatte enorme Achtung vor seinen übersinnlichen Kräften, versuchte immer wieder, diesen rätselhaften Mann für seine politischen Zwecke einzuspannen. Wie nützlich wäre ihm ein Mensch gewesen, der die Gedanken anderer lesen, ja gezielt beeinflussen konnte.

Allem Anschein nach weigerte sich Messing, Stalins Angebote anzunehmen. Der zeigte sich immer großzügiger, gestattete es ihm, das gesamte Sowjetreich zu bereisen und seine übersinnlichen Kräfte vor Publikum zu demonstrieren. Messing durfte auch ins Ausland reisen, traf die prominentesten Zeitgenossen.

Einstein, Freud, Gandhi und Wolf Messing

Albert Einstein saß in Freuds gemütlicher Wiener Wohnung, lehnte sich entspannt zurück. Ihm gegenüber saßen Freud und Messing. Freud vermied es peinlich, Messing auch nur kurz anzusehen. Er wollte vermeiden, daß es dem Mann mit den übersinnlichen Kräften irgendwie gelang, aus einer Geste, einem Blick von ihm irgend etwas zu erraten. Freud forderte Messing telepathisch auf, Einstein ein Haar auszureißen.

Messing schloß die Augen, öffnete sich der Welt der Gedanken, stand plötzlich auf. Immer noch waren seine Augen geschlossen. Mit der Sicherheit eines Schlafwandlers ging er ins Badezimmer. Dort öffnete er ein Schränkchen und entnahm eine silbrig glänzende Pinzette. Wieder im Wohnzimmer zurück, entschuldigte er sich bei Albert Einstein und zupfte ihm drei Haare aus dem prächtig wuchernden Schnurrbart.

Weniger humorvoll, aber mindestens genauso beeindruckend verlief Wolf Messings Begegnung mit Mahatma Gandhi in Indien. Er lernte den großen Staatsmann 1927 kennen. Gandhi wurde zum »Gedankensender« für Messing – bei einem sensationellen Experiment, an das er sich immer wieder gern erinnerte.

Wieder schloß Messing die Augen, öffnete sein Bewußtsein den einströmenden Gedanken, wieder einmal ließ er die fremden Ideen einfließen, drängte er eigene Gedanken zurück, ließ die fremden wachsen und stärker werden. Schon sah er klar und deutlich konkrete Bilder vor seinem geistigen Auge auftauchen. Er nahm eine Flöte vom Tisch im Zentrum des Zimmers. Er gab sie einem etwas kränklich wirkenden Mann, einem Yogi. Der hob die Flöte an den Mund, spielte eine säuselnde, exotisch schöne Melodie. Im gleichen Augenblick begann sich ein an der Wand hängender Korb zu bewegen. Im Takt der Musik kroch eine geflochtene Schlange aus dem Behältnis und bewegte sich zur Musik.

Wertvoller als Messings Gedankenexperimente sind seine Zukunftsschauen für die Wissenschaft. Zahlreiche Prognosen hat er vor zahlreichen Zeugen gestellt. Seine oft unglaubwürdigen Vorhersagen wurden oft sorgsam notiert und von Zeugen mit Datum und Unterschrift versehen.

Viele der Vorhersagen haben sich bewahrheitet: So ist eine Weissagung Messings im Jahr 1944 festgehalten worden. Viele führende Offiziere der sowjetischen Armee waren keineswegs davon überzeugt, daß Deutschland den Krieg verlieren würde. Und wenn die Sowjetunion den Krieg gewinnen sollte, so befürchtete man, würde er noch Jahre dauern. Das Baltikum, die Ukraine, Weißrußland und die Krim waren damals noch in deutscher Hand.

Messing aber sagte vor Hunderten Zeugen im Opernhaus von Nowosibirsk: »Ich versichere Ihnen, daß der Krieg im Mai 1945 enden wird, vermutlich in der ersten Woche.« Für diese Worte erntete er Kopfschütteln und behielt doch recht.

Wissenschaftler schätzen solche Prognosen der konkreten Art, weil sie alles andere als nebulös-verschwommen sind und überprüft werden können.

Warum mußte Hanussen sterben?

»Das waren keine Hobbykiller! Das waren Berufsmörder!« In den Worten des Berliner Kripobeamten klang fast etwas Bewunderung mit! Am 25. März 1933 wurde der weltberühmte Hellseher Hanus-

Rosmary Brown hat Kontakt zu verstorbenen Komponisten – wie hier mit Chopin, der ihr gerade ein Lied diktiert.

*Das Resultat: ein Chopin-Lied, das selbst Musikwissenschaftler verblüfft –
so echt wirkt es.*

*Der philippinische Geistheiler Eduardo Simbol im Januar 1984. Er dia-
gnostiziert gerade das Karma eines Patienten.*

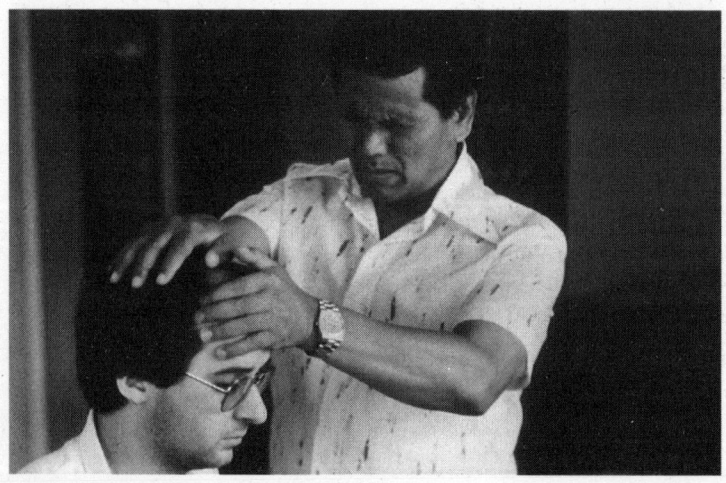

Die zwanziger Jahren waren die große Zeit der Medien. Stansislava P. erzeugte auch unter strengsten Kontrollen Ektoplasma, die Substanz, aus der Geister bestehen.

Ektoplasma bedeckt das Gesicht eines Mediums bei einer spiritistischen Sitzung am 5. August 1928 im kanadischen Winnipeg.

sen aus seiner Wohnung entführt. Spaziergänger fanden seine Leiche am 7. April.

Warum mußte Hanussen sterben? Wußte er zuviel von den Plänen der Nazis? Fürchteten die braunen Machthaber, Hanussen könne Geheimnisse ausplaudern?

Heute ist bekannt, daß ein SA-Mann für den Mord an Hanussen verantwortlich war: SA-Gruppenführer Ernst. Ernst konnte ebenso wie die Mörder selbst, die seinen Befehl ausführten, nicht mehr zum Verbrechen befragt werden. Sie fielen im 2. Weltkrieg.

Hanussen wurde am 2. Juli 1889 als Hermann Steinschneider in Wien geboren. Seine Eltern waren Schmierenkomödianten, erfolglose Schauspieler, die von Kneipe zu Kneipe tingelten. Von seinen Eltern lernte er die Lust an öffentlichen Auftritten, die Freude am Applaus.

Über seine Eltern bekam er Kontakt zu Schauspielern. Er schrieb ihnen Texte oder knöpfte ihnen für Versprechungen, die er nicht halten konnte, Geld ab. Gelegentlich gab er sich als »Chefredakteur« einer Zeitung aus, bei der er als Annoncenverkäufer tätig war, und versprach positive Berichte im Blatt zu veröffentlichen, wozu er niemals eine Befugnis hatte. Keine einzige Zeile wurde in der Zeitung je von ihm gedruckt.

Wegen seiner Betrügereien landete er schließlich vor Gericht. Er wurde zu Gefängnis verurteilt, saß seine Strafe ab. Dabei lernte er zwielichtige Gestalten kennen, zum Beispiel einen Gaukler und Zauberer namens Rubini.

Den suchte Steinschneider alias Erik Jan Hanussen sofort nach der Haftentlassung auf. Rubini war inzwischen mit einer »Telepathie-Show« unterwegs, seine Darbietungen hatten aber natürlich mit wirklicher Telepathie ebensowenig zu tun wie Eisbären mit weißen Mäusen. Steinschneider/Hanussen wurde als Gehilfe engagiert. Er lernte die Tricks des Magiers aus dem Effeff.

Theatralisch stand Rubini mit verbundenen Augen auf der Bühne. Sein Gehilfe hob einen Gegenstand, der ihm von einem Zuschauer gegeben worden war, hoch und fragte den »Meister«: »Nun, was halte ich denn jetzt in meiner linken Hand?« Die Antworten stimmten immer. Hellseherisch erfaßt hatte Rubini nichts, sein Gehilfe hatte ihm verschlüsselt zu verstehen gegeben, was genau er da hochhielt.

1914 wurde Steinschneider/Hanussen zum Kriegsdienst einberufen. Kaum im Felde, begann er auch schon zu zaubern. Seine Shows waren bei einfachen Soldaten wie Offizieren sehr beliebt. Schon während des Krieges distanzierte er sich von Zaubertricks, entwickelte einen geradezu missionarischen Eifer in der Entlarvung von falschen Hellsehern und Magiern. Bei Offizieren wie einfachen Soldaten bewunderte man ihn wegen seiner angeblichen übersinnlichen Fähigkeiten. So soll er immer wieder korrekt künftige Ereignisse vorhergesagt haben. Er stieg rasch vom Gefreiten zum Zugführer auf.

Im Frühjahr 1918 fuhr Steinschneider zum Heimaturlaub nach Wien, nannte sich zum ersten Mal offiziell Hanussen, begeisterte zum ersten Mal zahlendes Publikum mit Darbietungen »paranormaler Phänomene« wie Hellsehen. Er beschrieb konkret und bis in alle Einzelheiten, was einzelne Besucherinnen in ihren Handtäschchen trugen. Er beschränkte sich dabei keineswegs auf allgemeine, nichtssagende Äußerungen, wurde sehr konkret, erst umschreibend, dann detailliert benennend. »Da ist ein längliches Objekt, sehr dünn, es glänzt, an manchen Stellen mehr als an anderen. Es ist eine mit Diamanten geschmückte Anstecknadel.«

Hanussen mußte wieder an die Front. Nach dem Krieg kam er nach Wien zurück, hatte wieder Kontakt mit der Polizei. Man verdächtigte ihn kleinerer Delikte, konnte ihm aber nichts nachweisen. Und Hanussen? Statt sich zu verteidigen, bot er seine Dienste an, behauptete, Kriminalfälle mit Hilfe seiner übersinnlichen Fähigkeiten lösen zu können. Den Beamten war der Mann unheimlich. Als er schließlich einen Diebstahl aufklärte, den sie vergeblich zu lösen versucht hatten, wiesen sie ihn aus der Stadt. Die Behörde wollte mit einem Hellseher nichts zu tun haben, die Beamten waren beleidigt: Ein Laie hatte sie in der Öffentlichkeit blamiert, einen Täter überführt, den sie trotz intensivster kriminaltechnischer Recherche nicht hatten ermitteln können.

Von Wien führte Hanussens Weg nach Böhmen. Da hielt es ihn nicht lange, er wollte hinaus in die weite Welt, so viele Menschen wie möglich von seinen übersinnlichen Fähigkeiten überzeugen. So bereiste er Europa und Amerika. Überall wurde er begeistert aufgenommen, umjubelt und geschätzt, als wahrer Magier.

Von seinen großen Tourneen kehrte er immer wieder nach Böhmen zurück. In der Heimat gab es einen Skandal, der letztlich nie ganz geklärt wurde. Ein Beamter wollte Hanussen öffentlich blamieren, forderte ihn auf, seine Gedanken zu lesen. Hanussen aber scheint die Gedanken des Mannes richtig gelesen zu haben. Trotzdem erstattete der Polizist Anzeige gegen Hanussen – wegen »Betrugs«.

Die Presse berichtete groß über den Fall. Zeitungen, die ihn eben noch in den höchsten Tönen als wahren Telepathen gefeiert hatten, stürzten sich auf ihn, überschütteten ihn mit Verunglimpfungen und Beleidigungen. So vermeldete die »Berliner Tribüne« in dicken Lettern auf der Titelseite »Hanussen endgültig als Betrüger entlarvt«. Jetzt meldeten sich plötzlich Bürger, die sich ebenfalls von Hanussen betrogen fühlten.

Je heftiger er attackiert wurde, desto stärker wurden seine Anhänger mobilisiert. Zahllose Menschen traten auf, bekundeten, daß Hanussen ihnen zweifelsohne mit Hilfe seiner übersinnlichen Fähigkeiten geholfen habe. Die Zahl der Ankläger blieb klein, die seiner Anhänger war nicht mehr zu überblicken.

Hanussen wurde vor Gericht gestellt. Bald ging es gar nicht mehr um die Frage, ob denn Hanussen ein Betrüger oder ein wahrhaft übersinnlich veranlagter, mit starken übernatürlichen Kräften ausgestatteter Mensch sei. Es ging immer mehr um ganz grundsätzliche Fragen wie: »Ist Hellsehen möglich?«.

Sehr zur Freude Hanussens wurde das Übersinnliche zu einem wichtigen Thema des öffentlichen Interesses. Schließlich forderte man ihn heraus: Objekte wurden im Gerichtssaal versteckt. Hanussen fand sie schnell.

Man nannte Hanussen drei Adressen und drei Uhrzeiten. Er sollte auf übersinnlichem Wege in Erfahrung bringen, was zu den angegebenen Zeiten an den angegebenen Orten geschah. Hanussen antwortete schnell: »Ein Unfall, eine Explosion, eine Geburt!« Zwei seiner Antworten waren richtig (Unfall, Geburt), eine falsch (Explosion).

Hanussen wurde freigesprochen. Das Publikum jubelte – und die führenden Zeitungen stimmten mit ein. Von eventuellen Tricks war nun nicht mehr die Rede, Hanussen wurde als Kapazität auf dem Gebiet des Übersinnlichen gefeiert. Er zog nach Berlin.

Hanussen war davon überzeugt, daß den Nationalsozialisten große Erfolge bevorstanden. Er trat in die SA ein und arbeitete weiter als Hellseher. Er sagte den Reichstagsbrand vorher. Bewies er dadurch sein echtes übersinnliches Können? Oder wurde er von Vertrauten aus den Reihen der SA darauf hingewiesen, daß es zum Brandanschlag kommen werde? Genau das wird von Skeptikern behauptet.

Für einen karriereorientierten Menschen verhielt er sich mehr als unklug. Rasch machte er sich bei den Nazis unbeliebt, sprach öffentlich von kommender Unterdrückung, von der Abschaffung der Meinungsfreiheit, von politischem Terror. Bald wurde Hanussen den Nazis unheimlich.

Ordnete Hitler selbst seine Ermordung an? Diese Frage wurde nie geklärt. Fest steht, daß Hitler auf die Ergreifung eines anderen Hellsehers, Wolf Messing, der nach Rußland fliehen konnte, eine Belohnung von 200 000 Mark aussetzte. Wollte Hitler auch Hanussen zum Schweigen bringen?

Am 25. März wurde der Hellseher Hanussen aus seiner Wohnung entführt. Dreizehn Tage später entdeckte man seine Leiche. Sollte er wirklich über übersinnliche Kräfte verfügt haben, dann haben sie kläglich versagt, als es um sein eigenes Leben ging.

Bis heute hat der Name Hanussen nicht an Faszination verloren. Für die einen gilt er nach wie vor als ein echter Hellseher, für die anderen war er ein Scharlatan.

Heilen mit Gedankenkraft

Die Frage, ob übersinnliche Kräfte existieren oder nicht, wird heute fast heftiger denn je diskutiert. Skeptiker verweisen gern darauf, daß immer wieder vermeintlich übersinnlich begabte Menschen als Betrüger entlarvt werden. Daraus folgern sie, daß alles angeblich Paranormale Betrug sei. Diese absolute Haltung kann nicht als wissenschaftlich bezeichnet werden. Sie wird auch keineswegs von allen Wissenschaftlern geteilt. Was wir als wundersam bezeichnen, soll der Heilige Augustin sinngemäß gesagt haben, erscheint uns nur heute als widersprüchlich zu den Naturgesetzen. Das liege aber nur an unserem mangelhaften Verständnis von der Wirklichkeit.

»Es gibt mehr Ding' im Himmel und auf Erden, als eure Schulweisheit sich träumt«, heißt es in Shakespeares Hamlet.

Diese Aussage trifft in besonderem Maße auf übersinnliche Phänomene zu. Es lohnt sich allemal, sie unvoreingenommen zu erforschen. Parapsychologen beschäftigen sich nicht nur mit Phänomenen wie Hellsehen, sondern auch mit unerklärlichen Heilungen kranker Menschen durch Gedankenkraft.

Warwara Iwanowa, eine russische Geistheilerin

Warwara Iwanowa sieht aus wie eine russische Bäuerin, ist aber Doktor der Philosophie und eine der besten Geistheilerinnen der Welt. Sie selbst versteht sich als Wissenschaftlerin und Medium zum Wohle kranker Menschen. Als ihr vor Jahren von Mitarbeitern des russischen Staatssicherheitsdienstes nahegelegt wurde, auf ihre stark beachteten öffentlichen Auftritte zu verzichten, lehnte sie das unwirsch ab. Ihr Nein hatte für sie negative Folgen. Sie verlor ihren gutbezahlten Job als Dolmetscherin im sowjetischen Außenministerium und die damit verbundenen Ansprüche auf eine sichere Pension.

»Was zählen wirtschaftliche Vorteile, wenn es darum geht, mit Gedankenkraft Menschen zu helfen?« fragte sie Viktor Adamenko, einen der führenden Parapsychologen der ehemaligen Sowjetunion. »In mir steckt eine Kraft, mit der ich helfen kann. Warum soll ich diese Kraft unterdrücken, einsperren? Sie will aus mir heraus. Warum soll ich meine Fähigkeiten den Menschen vorenthalten, denen ich helfen kann?«

Kurz angebunden reagiert sie oft, wenn man sie nach Patienten fragt, die sie geheilt hat: Sie möchte auf keinen Fall, daß ihre Fähigkeiten vordergründig als Sensationen aufgebauscht werden. Um so bereitwilliger redet sie, wenn sich seriöse Wissenschaftler darum bemühen, das Thema »Heilen mit Gedankenkraft« zu ergründen. Dann freut sie sich über ihre wissenschaftliche Ausbildung, die es ihr ermöglicht, präzise zu formulieren.

Zunächst einmal sei das »übersinnliche Heilen« weitaus weniger geheimnisvoll, als viele meinten. Jeder könne es erlernen, so er nur wirklich wolle. Die Gedanken seien Kräfte, Energien. Der Mensch verzettelt sich ihrer Ansicht nach im Alltagsleben, denkt an alle möglichen Nebensächlichkeiten, ist dabei nicht dazu in der Lage, seine Gedanken gebündelt auf einen Punkt zu richten.

Materielles Denken, das an der Wirksamkeit des Übersinnlichen zweifelt, baut, so die Iwanowa, bei den Menschen so etwas wie einen Abwehrschirm auf. Sie lassen sich dann nicht helfen, weil sie die Wirksamkeit von Übersinnlichem in der Medizin leugnen. Daß aber Geistheilungen möglich sind, hat sie immer wieder bewiesen. Ihre Kräfte wirken sogar über große Distanzen hinweg, überbrücken zuweilen Tausende von Kilometern, wie etwa im Fall einer Patientin aus Cleveland.

Die angesehenen amerikanischen Fachjournalisten Henry Gris und William Dick, Mitarbeiter des »National Enquirer«, recherchierten den Fall nach. Sie interviewten sowohl die geheilte Patientin aus Cleveland als auch die Heilerin Warwara Iwanowa.

Die Patientin, 23 Jahre alt, glücklich verheiratet, hatte einen Autounfall, bei dem ihre Eltern starben. Sie selbst konnte schwerverletzt aus dem Wrack geborgen werden, wurde so schnell wie möglich in das nächste Krankenhaus eingeliefert. Die Ärzte prophezeiten ihr eine lebenslange Pflegebedürftigkeit, tuschelten untereinander, daß es für die arme Frau doch besser sei, wenn sie sterben könne und ihr so ein elendes Leben erspart bliebe. Eine ihrer Nieren war völlig zerstört, die andere fast ganz. Um überhaupt leben zu können, mußte sie an eine künstliche Niere angeschlossen werden. Sie war ein Pflegefall, würde für den Rest ihres Lebens einer bleiben. Davon waren die behandelnden Ärzte überzeugt.

Warwara erfuhr vom traurigen Los der jungen Frau. Spontan rief sie sie an. Mehr als 8000 Kilometer Distanz lag zwischen Heilerin und Patientin. Henry Gris und William Dick bekamen eine Tonbandaufzeichnung des Gesprächs zur Verfügung gestellt.

»Ich fühle sehr unangenehme Wellen!« ruft die Iwanowa. »Sie sind negativ, wirken meinen Energien entgegen, sie sind sehr kalt.« Das Medium konzentriert sich, eine Pause tritt ein. »Ich sende Ihnen meine positiven Kräfte. Spüren Sie sie?« Die Kranke meinte tatsächlich, wohltuende Wärme breite sich in ihr aus. Das sei Einbildung, urteilten Ärzte, die vom Telefonat erfuhren. Höchst real aber war, wie sich der allgemeine Gesundheitszustand der Patientin verbesserte. Zum ersten Mal seit ihrem Unfall konnte sie wieder normal Wasser lassen.

Die Skeptiker aber schienen recht zu behalten. Die gesundheitlichen Fortschritte hielten nicht an, der Zustand der Kranken verschlechterte sich. »Man hätte der armen Frau keine falschen Hoffnungen machen sollen!« rügten die behandelnden Ärzte.

Viktor Adamenko war anderer Meinung. Er habe zahllose Fälle von Geistheilungen überprüft und dabei festgestellt, daß bei zu starken physischen Schäden übersinnliche Hilfe zwar möglich ist, aber nicht heilen, sondern nur lindern kann. Dennoch dürfe man den »Cleveland-Fall« nicht als fehlgeschlagenen Versuch ansehen. »Es ist doch eindeutig nachgewiesen, daß über eine Distanz von 8000 Kilometern eines schwerkranken Menschen Leid gelindert wurde. Schmerzen wurden wirksam bekämpft – mit Gedankenkraft, über eine enorme Distanz.«

Adamenko hat nach langjährigen Studien folgende Theorie aufgestellt: Der Mensch besteht aus einem physischen Leib und einem Geistkörper. Wird der physische Körper verletzt, wird auch der psychische Leib beeinträchtigt. Heilerinnen wie die Iwanowa können mit ihren übersinnlichen Kräften den psychischen Leib unterstützen. Das führt dann zu einer Besserung des Gesundheitszustands.

Warwara Iwanowa: »Es besteht ein Ausgleich zwischen dem einzelnen Menschen und seiner Umwelt, was seine Energie betrifft. Jeder Mensch nimmt übersinnliche Energie auf und gibt welche ab. Krankheit entsteht, wenn dieser Ausgleich unterbrochen wird.« Wenn sie es schaffe, mit Geistkraft den Geistleib zu heilen, werde auch der Körper gesund.

Um das zu demonstrieren, führte sie Henry Gris und William Dick ein Experiment am eigenen Leibe vor. Sie fügte sich eine Schnittwunde am rechten Daumen bei, etwa drei Zentimeter lang, zwei Millimeter tief. Dann schloß sie die Augen, konzentrierte sich.

Ihrer Ansicht nach bildet das Herz das Zentrum des menschlichen Körpers. Hier konzentriere sich die Kraft des Übersinnlichen. Und immer wenn sie per Geistkraft zu heilen versucht, konzentriert sie sich auf dieses Zentrum. Für einige Zeit schrumpft ihr ganzes Bewußtsein auf einen Punkt zusammen, wird identisch mit dem Herzzentrum. Dann läßt sie es anwachsen, es nimmt an Volumen zu wie eine Kugel, wie ein Ballon, der sich aufbläht. Es wächst an und verformt sich, nimmt Warwara Iwanowas Gestalt an. Es ist so, als befinde sich ein zweiter, durchsichtiger Geistkörper, ein geistiges Doppel, in ihrem physischen Leib, nur wenige Millimeter unter der Hautoberfläche. Ein Teil dieses Geistkörpers legt sich wie ein Film von innen auf die Schnittwunde.

Muß man derlei Überlegungen nicht als Hirngespinste abtun? Henry Gris und William Dick: »Man mag über derlei Hypothesen lächeln. Wir aber haben im konkreten Fall selbst gesehen, wie eine eben zugefügte Schnittwunde zunächst blutete, wie dann aber der Fluß des Blutes sofort versiegte, wie sich die Wunde verschloß. Es blieb eine kaum zu erkennende Narbe.« Die amerikanischen Journalisten waren fassungslos, applaudierten begeistert. Die Iwanowa wehrte bescheiden ihre Komplimente ab. »Das ist doch gar nichts! Ich habe junge Schüler, die können das viel besser. Bei denen bleibt nicht die geringste Spur einer Narbe.«

Warwara Iwanowa hat eine für gewiß nicht wenige Zeitgenossen kaum nachvollziehbare Erklärung für geistiges Heilen vorgetragen, eine Hypothese, die sich weder konkret widerlegen noch beweisen läßt. Keinen Zweifel aber gibt es daran, daß sie eine Wunde, die sie sich selbst zufügte, innerhalb von allenfalls einigen Minuten wieder verheilen ließ. Der Prozeß, der bei ihr sozusagen im Zeitraffer ablief, hätte sonst, bei günstigen Voraussetzungen, eher Wochen als Tage gedauert.

Übersinnliches war auf alle Fälle im Spiel: Entweder die Iwanowa hat mit Gedankenkraft die körpereigenen Heilungskräfte so aktiviert, daß sie eine Wunde in nur einem Bruchteil der Zeit, die sonst verstreicht, verschwinden ließen. Oder aber ihre Theorie vom zweiten, psychischen Körper, den sie angeblich mit Gedankenkraft beeinflussen kann, trifft zu.

Die Vorstellung von einem zweiten, unsichtbaren Körper mutet gewiß vielen Zeitgenossen wie ein Hirngespinst an. Dabei kann es keinen Zweifel an der Existenz eines solchen Körpers geben. Er kann sogar fotografiert werden.

Die Kirlians fotografieren den »Geistkörper«

Ingenieur Semjon Davidovitsch Kirlian aus dem russischen Krasnodar, der Hauptstadt des Kubangebietes, ist nie ein Phantast oder Träumer gewesen. Mit Hypothesen über Übersinnliches hat er sich nie so recht auseinandersetzen mögen, bis es ihm gelang, den Geistkörper zu fotografieren: und zwar bei Pflanze, Mensch und Tier.

Angefangen hat es mit einer technischen Panne am Krankenhaus von Krasnodar. Und wie immer, wenn mal wieder ein technisches Gerät ausfiel, riefen die Ärzte Meister Kirlian zu Hilfe. Denn der hatte den Ruf eines technischen Genies. Ersatzteile waren kaum zu bekommen, und wenn doch, dann vergingen Ewigkeiten von der Bestellung bis zum Eintreffen – wenn dann tatsächlich auch wirklich das richtige Teil geliefert wurde. Kirlian war Techniker und Bastler. Er genoß den Ruf, mit primitivsten Mitteln komplizierteste Reparaturen zu bewerkstelligen, wahre Wunder zu vollbringen.

1939 wurde Kirlian also ins Krankenhaus gerufen, um ein medizinisches Gerät zu reparieren. Zufällig beobachtete er im Vorübergehen einen Patienten, der für eine Elektrotherapie an einen Hochfrequenzapparat angeschlossen war. Zwischen den Elektroden des Geräts und der Haut des Mannes zuckten winzige Blitze. Was Kirlian da sah, faszinierte ihn. Er überlegte, ob man die Blitze nicht irgendwie fotografieren könne. Ihm schwebte dabei ein Spezialapparat vor, den er selbst entwickeln wollte. Sollte es möglich sein, die Blitze fotografisch festzuhalten?

Kirlian entschloß sich zum Selbstversuch. Er schloß sich an einen Hochfrequenzapparat an. Die Elektrode schloß er an einem Finger an, dann legte er eine fotografische Platte auf die Anode. Schließlich schloß er den Stromkreis, indem er mit dem Finger die fotografische Platte berührte.

Der Schmerz war fast unerträglich. Kirlian hatte sich starke Verbrennungen zugezogen. Aber er versorgte nicht zuerst die Wunde, er strebte umgehend in sein Fotolabor und entwickelte die Fotoplatte. Da war Unerwartetes zu sehen: Deutlich zu erkennen waren die Umrisse seines Fingers, mit dem er die Platte berührt hatte. Aber da war noch mehr! Deutlich auszumachen waren ge-

heimnisvolle Strahlen, die wie Blitze, die sich immer wieder ver-
ästelten, aussahen.

Kirlian zeigte die Aufnahme seiner Frau Walentina Krisanowa.
Die seufzte nur, war ihr doch klar, daß sich ihr Mann ab sofort nur
noch der neuen Entdeckung widmen würde. Als kluge Ehefrau,
wissenschaftlich gebildet und auf dem Gebiet der technischen Ba-
steleien ihrem Gatten zumindest ebenbürtig, beschloß sie, am neu-
en Projekt mitzuarbeiten.

Das Ehepaar führte nun zahllose Experimente durch. Immer neue
Versuchsanordnungen wurden geplant, durchgerechnet und wieder
verworfen. Röntgenstrahlen, Infrarotlicht, radioaktive Strahlen kamen zum Einsatz. Die erzielten Resultate waren enttäuschend, führten
aber nur zu noch intensiverer Arbeit. Ein Hochfrequenz-Funkengene-
rator, ein Oszillator, der 200 000 elektrische Schwingungen pro Sekunde erzeugte, wurde gemeinsam gebaut. Das Gerät konnte mit verschiedenen Zusatzteilen versehen, Klemmen, optische Instrumente, fotografische Platten, Mikroskope konnten angeschlossen werden.

Wieder wagte Ingenieur Kirlian einen Selbstversuch. Er schloß
mit einem Kabel zwei metallene Klemmen an den Oszillator an.
Zwischen diese beiden Klemmen legte er Fotopapier und einen
Finger, schaltete das Gerät ein. Zwischen den Klemmen entstand
erwartungsgemäß ein Hochfrequenzfeld, dazwischen befanden sich
der Finger des Experimentators und das Fotopapier.

Als das Fotopapier entwickelt wurde, offenbarte sich eine geheimnisvolle, ja phantastische Welt. Das Bild war von fast unbe-
schreiblicher Schönheit und Farbenpracht. Die Konturen des Fingers waren zu sehen, umgeben von rätselhaftem Leuchten, von
einem Meer schillernder Strahlen.

Die Kirlians waren begeistert. In Tag- und Nachtarbeit entwickelten sie die Apparatur weiter. Schließlich war es ihnen möglich,
Fotos einer ganzen Hand aufzunehmen. Die im Hochfrequenzfeld
entstandenen Bilder faszinierten sie. Da war der Umriß der Hand
zu sehen, umgeben von einem Feuerwerk von Strahlen, Blitze
leuchteten in prächtigen Farben.

Was hatten sie fotografiert? Den Geistkörper, von dessen Existenz Warwara Iwanowa überzeugt war? Schon die Ägypter glaubten an einen solchen feinstofflichen Leib, nannten ihn Ka. Bei den

Chinesen hieß er Chi, bei den Indern Prana. Im christlichen Mittelalter glaubte man ebenfalls an den unsichtbaren Leib. Man unterschied zwischen dem sogenannten Halo, der den Kopf des Menschen umgeben soll, und dem Nimbus, wie man die unsichtbare Hülle des übrigen Körpers nannte.

Carl Ludwig Freiherr von Reichenbach (1788–1869), ein Chemiker von Bedeutung, Entdecker des Paraffins, war davon überzeugt, daß es neben der Welt, die wir tagtäglich wahrnehmen, eine weitere, unsichtbare Realität gibt. Normalsterbliche, so Reichenbach, sind nicht dazu in der Lage, diese zweite Welt zu sehen, wohl aber Menschen mit besonderer Begabung. Reichenbach prägte für diese Menschen den Begriff »Sensitive«.

Nach Reichenbachs Untersuchungen sind solche sensitiven Menschen dazu in der Lage, eine den übrigen Menschen verschlossene Welt zu sehen. Der menschliche Leib erstrahle dann in farbenfrohem Glanz, der von einer Hülle ausgehe, die ihn umgebe. Er nannte dieses ungewöhnliche unsichtbare Etwas Od, verstand es als Ausdruck der Lebenskraft.

War es den Kirlians gelungen, eben diese den meisten Menschen verschlossene unsichtbare Welt sichtbar zu machen, zu fotografieren? Sie entwickelten ihre Apparaturen weiter, konnten schließlich nicht nur statische, sondern auch bewegte Bilder aufnehmen. Sie begnügten sich nicht damit, das rätselhafte Phänomen bei Menschen nachzuweisen. Sie experimentierten auch mit Pflanzen. So glich das Blatt eines Baumes in der Kirlianfotografie, was die sichtbar gemachten Farbenstrahlen um die Konturen anbelangt, sehr der menschlichen Hand. Sollten also auch Pflanzen einen Geistkörper besitzen? Und wenn ja: Erlischt er, wenn die Pflanze stirbt? Sie machten Aufnahmen von frisch gepflückten und verdorrten Blättern. Der Unterschied war beeindruckend.

»Wir haben anscheinend die Lebensaktivität von Blättern gesehen. Und diese Kraft fehlt beim toten Blatt«, erklärten sie später in einem ihrer zahllosen Interviews.

1939 hatten die Kirlians mit ihren Experimenten begonnen, erst 1949 gingen sie an die Öffentlichkeit – nach zehn Jahren intensiven Forschens. So hatten sie erkannt, daß die Geistkörper von Pflanzen, Menschen und Tieren zunächst auch dann noch vollständig blieben, wenn ein Teil des physischen Leibs entfernt worden war. Schneidet man ein Stück eines grünen Blattes ab, dann bleibt seine Aura zunächst noch für einige Zeit komplett. Das gilt auch für Mensch und Tier. Wird, etwa aus medizinischen Gründen, beispielsweise ein Finger amputiert, dann zeigt zunächst die Kirlianfotografie noch eine vollständige Aura. Mit anderen Worten: Der Geistkörper überdauert für einige Zeit den physischen Körper.

Für wie lange? Die Kirlians blieben vorsichtig. Man könne diese Frage nicht wirklich beantworten. Schließlich wisse man ja nicht, ob nicht der Geistkörper länger existent bleibe, sich aber nur noch befristet fotografieren lasse.

1961 veröffentlichten die Kirlians ihre wichtigsten Forschungsergebnisse in einem Fachblatt für Fotografie (Semjon Kirlian und Walentina K. Kirlian: »Fotografie und visuelle Beobachtung mit Hilfe von Hochfrequenzstrom« in: *Journal der wissenschaftlichen und angewandten Fotografie,* Band 6, Nr. 6).

In zahlreichen Interviews bekräftigten sie ihre ihrer Meinung nach wichtigste Erkenntnis: Pflanzen, Tiere und Menschen verfügen über einen Geistkörper. In den folgenden Jahren fanden sich immer mehr Wissenschaftler, die diese Aussage unterstützten, etwa Dr. Injuschin, Dr. Gischtschenko und Dr. Fedorow.

Dr. Injuschin legte einen vielbeachteten Aufsatz zu den Arbeiten der Kirlians vor (»Die biologische Essenz des Kirlian-Effekts«, in: *Der Begriff des Bioplasmas,* Alma Ata 1968). Darin heißt es: »Alle Lebewesen, Pflanzen, Tiere und Menschen, haben nicht nur einen physischen Körper, der aus Atomen und Molekülen besteht, sondern auch einen Gegenstück-Energiekörper, den wir biologischen Plasmakörper nennen.«

Endlich war für eine – in Ost wie West – rein materialistisch denkende Welt ein akzeptabler Begriff für etwas gefunden worden, das in Mystik und Religion als Aura bezeichnet wird.

Jahrzehnte sind seit der Entdeckung der Kirlians vergangen. Ist es nicht an der Zeit, daß wissenschaftliche Untersuchungen durchgeführt werden, um festzustellen, inwieweit die Aura einen Einfluß auf die Gesundheit von Pflanze, Tier und Mensch ausübt? Kann man, wie Warwara Iwanowa, gezielt und willentlich diesen Energiekörper beeinflussen? Ist es möglich, die Aura zu stärken, etwa mit gezielter Gedankenkraft? Hat eine solche Stärkung einen positiven Einfluß auf die menschliche Gesundheit, so wie Warwara Iwanowa annimmt?

Können nur Menschen mit ausgeprägten übersinnlichen Kräften einen solchen Einfluß ausüben? Oder ist dazu letztlich jeder Mensch in der Lage?

Die Chancen dafür, daß die Möglichkeit einer Heilung von Krankheiten durch Gedankenkraft ernsthaft untersucht wird, sind besser denn je. Seit Jahren wird unser Gesundheitssystem immer schwerer finanzierbar. Immer mehr Leistungen, die bislang für den Patienten von den Krankenkassen übernommen werden, müssen wohl in Zukunft vom Kranken selbst entrichtet wurden. Sollte es eine Heilung von Krankheiten durch Gedankenkraft geben, dann müßte das doch jeden Gesundheitsminister entzücken. Eigenbehandlung durch Stärkung des eigenen Energiekörpers hätte nämlich einen wesentlichen Vorteil: Sie wäre kostenlos und frei – wie die Gedanken.

Eines sollte dabei nicht vergessen werden: Experimente nach dem Vorbild der Kirlians mit Hochfrequenzfotografie sind nichts für Laien, sie sind sehr gefährlich. Es muß davor gewarnt werden, eigene Experimente mit selbstgebastelten oder gekauften Geräten durchzuführen. Fehler können tödlich enden.

Dschuna – ihre Heilerfolge sind im Politbüro anerkannt

1980 erschien die *Sowjetische Enzyklopädie.* In dem Nachschlagewerk hieß es, Wunderheilungen seien »antiwissenschaftliche und antisozialistische Erfindungen«. Gleichzeitig strebten Mitglieder der Politprominenz zu den so geschmähten Wunderheilern, wenn sie gesundheitliche Probleme hatten. Die Prominenteste aus der Zunft der Wunderheilerinnen war und ist Jewgenia Dawiaschwili, kurz Dschuna genannt. Sie wurde wiederholt an das Krankenlager des greisen Breschnew gerufen. Stand eine lange Rede des Staatsoberhauptes bevor, bangten seine engsten Mitarbeiter um seine Gesundheit. Sie baten Dschuna um Hilfe und hatten dabei das volle Einverständnis seiner Leibärzte.

Als eine zweieinhalbstündige Rede des Staatsoberhaupts im Fernsehen übertragen werden sollte, rieten die Ärzte davon ab. Herr Breschnew, hieß es, habe nicht mehr die Konstitution, sei zu schwach für eine solche Anstrengung. Fürsorglich wurde vorgeplant. Der Regierungschef sollte nur die ersten Sätze vortragen, den Rest des Textes würde ein Sprecher zu Gehör bringen.

Man konsultierte aber auch Dschuna. Die reiste an, behandelte den alten Herrn mit Handauflegen, und er hielt wacker durch, absolvierte die gesamte Ansprache ohne Ermüdungserscheinungen.

Die Vergangenheit der Heilerin liegt weitestgehend im dunkeln. Bekannt ist nur, daß sie schon als kleines Kind durch Handauflegen heilte. So litt ihr Vater unter starken Ischiasschmerzen. Immer, wenn er die zweijährige Dschuna auf die Schulter nahm, sie ihre Beinchen gegen die schmerzenden Stellen hielt, schwand die Qual. Bald wurde die Fähigkeit des Töchterchens bewußt und mit Erfolg genutzt. Hatte ein Familienmitglied Schmerzen, legte das Kind seine Händchen auf, und die Schmerzen schwanden. Davon hörten zunächst die Nachbarn. Sie kamen bald regelmäßig etwa wegen Ischias- oder Magenschmerzen zur kleinen Wunderheilerin.

Das Kind legte die Handflächen über die peinigenden Zonen, im Abstand von einigen Zentimetern. In den meisten Fällen zeigte sich eine Linderung schon bei der ersten Anwendung, es waren aber in der Mehrzahl der Fälle mehrere »Anwendungen« erforderlich.

Es dauerte nicht lange, schon war Dschuna in aller Munde. Die einen sprachen bewundernd von ihr als »der Heilerin«, die anderen schmähten sie als »Hexe«, ließen sich aber dann, so es schmerzende Gesundheitsprobleme gab, auch gern behandeln.

Als Vierzehnjährige hielt es Dschuna im idyllischen Kuban, einem kleinen Dorf, nicht mehr aus. Sie riß von zu Hause aus, versuchte sich nach Tiflis durchzuschlagen. Sie arbeitete als Kellnerin, als Filmvorführerin im Kino oder als Platzanweiserin bei öffentlichen Veranstaltungen. Sie konnte aber nicht ihrem Ruf als Heilerin entfliehen. Auch wenn sie die Wohnung wechselte, standen bald schon wieder Hilfesuchende vor ihrer Tür. Einerseits war ihr das oft sehr lästig, speziell wenn sie einen Freund zu Besuch hatte und im unpassendsten Moment ein Bittsteller um Hilfe bat. Andererseits sah sie ihre Fähigkeit, Schmerzen zu lindern, als Verantwortung an, der sie sich nicht entziehen zu dürfen meinte. Sie wies niemals einen Kranken ab.

Ihre eigenen Kräfte waren ihr dabei immer etwas unheimlich. So beschloß sie, einen medizinischen Beruf zu ergreifen. Sie ließ sich zur Krankengymnastin ausbilden. Ihr Erfolg war durchschlagend, ging aber weniger auf berufliches Können als auf ihre übersinnlichen Kräfte zurück, mit denen sie den Menschen helfen konnte.

Ihre Erfolge sprachen sich herum, Patienten aus den verschiedenen Krankenhäusern kamen heimlich an Dschunas Arbeitsplatz. Sie vertrauten ihren übersinnlichen Kräften mehr als dem Können der Ärzte. Dschuna heilte – und wollte selbst so gern wissen, wie es zu den oft erstaunlichen Heilerfolgen kam. So beschloß sie, soviel über Medizin zu lernen wie nur möglich. Sie besuchte regelmäßig die Volkshochschule in Tiflis, ging an das »Lehrinstitut für Klinische Psychologie«. Es gelang ihr aber nicht, den »Ursachen« ihrer Heilerfolge auf den Grund zu gehen. Sie wußte nur, daß da so etwas wie eine Kraft in ihr war, die über ihre Handflächen austrat und die unterschiedlichsten Schmerzen zumindest linderte oder gar zum Verschwinden brachte.

Vergeblich bemühte sie die Wissenschaftler vom »Geologischen Institut für Physiologie«. Die Herren vertrösteten sie: »An Ihren Kräften kann es keinen Zweifel geben. Es handelt sich dabei um bioelektrische Energieformen. Aber unsere Geräte spielen verrückt, wenn wir die austretende Energie messen wollen. Wir können eine Quelle der Kraft nicht ausfindig machen.« Auch Professor Spirkin von der »Akademie für Medizinische Wissenschaften« stand dem Phänomen Dschuna – wie seine Kollegen – ratlos gegenüber. Der Gelehrte beobachtete die Heilerin bei der Arbeit an einem Patienten. Verblüfft stellte er fest: »Es gelang ihr, innerhalb von einer fünfzehnminütigen Sitzung ein Geschwür, das sonst operativ hätte entfernt werden müssen, restlos auszutrocknen.«

Professor Spirkin verfaßte mehrere nüchterne Berichte, die von den Mitarbeitern des parapsychologischen Instituts von Alma Ata sorgsam studiert wurden. Unter Leitung des Biologieprofessors Dr. Viktor Injuschin machte da ein Team von Experten geheimnisvolle Kräfte sichtbar – und zwar schon seit den fünfziger Jahren. Langjährige Forschungsreihen des Instituts hatten ergeben, daß jedes Lebewesen, Pflanze, Tier und Mensch, von einem unsichtbaren »Strahlenkranz« umgeben ist.

Dr. Injuschin bezeichnete diese Hülle als »Bioplasmafeld«. Kranke Zonen erscheinen dunkel, gesunde hell. Je stärker das Feld eines Menschen ist, desto geeigneter ist er als Heiler. Injuschin vermutete, daß bei Kranken Lücken im umhüllenden Geistkörper auftreten können, und daß diese von den Heilern geschlossen werden, indem sie etwas von der eigenen übersinnlichen Kraft abgeben.

Die parapsychologischen Forschungsarbeiten stießen zunächst in der amtlichen Presse auf heftige Kritik. So etwas gebe es nicht, hieß es immer wieder. Vor gesundheitlichen Gefahren, die von Heilerinnen wie der Dschuna angeblich ausgingen, wurde eindringlich gewarnt, was freilich den Bekanntheitsgrad der sowieso schon prominenten Dame nur noch erhöhte, den Zustrom an hilfesuchenden Patienten noch verstärkte.

Es wurden amtliche Untersuchungen befohlen, die Dschuna müsse endlich als Betrügerin entlarvt werden. Der Versuch, die attraktive Heilerin zu diskreditieren, schlug fehl. Die Ergebnisse der Tests, die unter wissenschaftlichen Bedingungen durchgeführt wurden, blamierten nicht die Dschuna, sondern ihre Gegner, denen öffentlich Neid und Mißgunst vorgeworfen wurden.

K. P. Lawtschenko, Vizechef der Krasnoprensker Bezirksklinik in Moskau, ließ verlautbaren: »Diese Frau verdient breite Einführung in die medizinische Praxis. Von Frau Dawiaschwili behandelte Patienten litten beispielsweise an einem Wirbelsäulengebrechen, Plexus Neuritis und Radikulitis. Es wurden elf Kranke behandelt, wobei ein Effekt der angewendeten Methode festgestellt werden konnte: Die Schmerzsymptome verschwanden nach der ersten Sitzung in elf Fällen. Bei sieben Kranken trat die Heilung nach einem Stadium akuter Verschärfung nach zwei bis drei Tagen ein.«

Auch Chefarzt Dr. Tschekmatschow sollte Dschuna bloßstellen, ihre Behauptung, sie könne durch Handauflegen Schmerzen zum Verschwinden bringen, widerlegen. Er bewies ihre positiven übersinnlichen Kräfte. Er schreibt: »Es wurden dreizehn Kranke, die an Radikulitis und Bewegungsbehinderung der Wirbelsäule litten, behandelt. Bereits nach der ersten Sitzung mit der Dawiaschwili gab es einen ausgeprägten Effekt. Das Krankheitssyndrom verschwand.«

Keiner der Wissenschaftler konnte eine »lokalisierbare Quelle« der übersinnlichen Kräfte der Dschuna feststellen, aber der Versuch, sie als gefährliche Quacksalberin zu entlarven, war fehlgeschlagen. Davon erfuhr der damalige Gesundheitsminister Boris Petrowski und ließ sich sofort einen Behandlungstermin geben.

Die Dschuna weiß, daß ihr zu viel Publicity schadet. Dann kommen zu viele Patienten, mehr als sie guten Gewissens behandeln kann. So spielt sie ihre übersinnlichen Kräfte gern herunter: »Ich habe niemals mehr sein wollen als Krankenpflegerin und Masseurin, die in aller Stille ihre Pflicht tut. Vielleicht bin ich auch nichts Besonderes. Zumindest hoffe ich, daß möglichst viele Masseusen und Masseure diese Kräfte haben. Vielleicht können sie sich diese auch antrainieren. Das wäre schön!«

Nora Valente, eine Geistheilerin, stärker als der Tod

Sie war stets die Bescheidenheit in Person: Nora Valente. »Über mich selbst sage ich nichts, nur ein wenig über meine Kräfte.« Und über ungewöhnliche übersinnliche Kräften hat sie verfügt. Bis ins hohe Alter lebte die Heilerin in einem der vornehmsten Viertel Neapels. In der Nachbarschaft befanden sich die Botschaften von Deutschland, Frankreich und Griechenland. Auf die günstige Lage angesprochen, sagte Nora Valente: »Ja, wir haben eine Bushaltestelle direkt vor der Haustür. Viele Kranke sind arm, können sich kein anderes Verkehrsmittel leisten. Und ich heile sie besonders gern, die Menschen, die sich keinen Arzt leisten können.«

Empfangen wurden die Heilsuchenden stets von Jannone Valente, dem Gatten der Frau mit der Begabung zum geistigen Heilen. Äußerlich ein wahrer Zerberus, ist er von allen Besuchern als grundgütig und außerordentlich hilfsbereit beschrieben worden. Mit an Zärtlichkeit grenzender Sorgfalt geleitete er gelähmte Patienten in das Behandlungszimmer. Vorsichtig klärte er die Hilfesuchenden auf.

»Es hat schon viele, zu viele Berichte über Wunderheilungen gegeben, da machen sich viele Menschen falsche Vorstellungen!« Niemand solle enttäuscht werden, jeder solle wissen: Im Normalfall tritt die Genesung nicht sofort ein, fast immer sind zehn Behandlungen erforderlich. Eine Garantie könne sowieso nicht gegeben werden. Auf diese Feststellung legte der »Hüter der Heilerin« besonderen Wert. Und noch etwas: Nora fühlte sich nie als Gegnerin der Ärzteschaft, sie arbeitete gern mit Medizinern zusammen. Besonders angetan war sie von Professor Vitale, der sich intensiv mit Nora Valentes außergewöhnlichen Fähigkeiten auseinandersetzte. Er wußte genau, in welchen Fällen Kranken empfohlen werden konnte, die Heilerin aufzusuchen. Immer wieder schickte er ihr Kranke und Gebrechliche. Nora Valente suchte dann nach der Wurzel des Leidens.

In einem Abstand von etwa fünf bis zehn Zentimetern bewegte sie ihre Hände in kreisenden Bewegungen über dem Körper der Hilfesuchenden. Dabei kniff sie die Augen zusammen, sah fühlend mit den Händen. Sie spürte seltsame Kräfte aus den kranken Körperteilen abstrahlen. Und sie setzte Strahlen dagegen ein. Zehn Minuten lang ließ sie eine unsichtbare Kraft aus ihren Händen fließen.

Sobald sie den »Krankheitsherd« erkannt hatte, ließ sie die Hände darüber kreisen, im Abstand von fünf bis zwanzig Zentimetern.

Kirlianaufnahmen der Patienten zeigten immer wieder: Nach jeder Behandlung wurde bei den Patienten die positive Ausstrahlung der Aura wieder stärker. Auch die Patienten verspürten den Zugewinn an Energie als ein nicht unangenehmes Kribbeln. Es hat den Anschein, daß nicht jeder Patient fehlende Strahlung wieder aufnehmen konnte. »Wenn das so wäre, könnte ich jeden Patienten heilen«, erklärte Nora Valente.

Über Erfolge sprach sie höchst ungern, wehrte bescheiden ab: »Man tut eben was man kann!« Und sie tat sehr viel.

Gerlinde Fuchs aus Kehl besuchte die Frau mit den Heilkräften und recherchierte Erfolge nach. So berichtete sie von einem 12jährigen Jungen aus Jugoslawien. Er hatte als kleines Kind gehen können. Bald aber stellten sich Störungen im Bewegungsapparat ein, aus Gehstörungen wurden Lähmungserscheinungen. Hinzugezogene Ärzte stellten fortschreitenden Muskelschwund fest und prognostizierten »baldige vollkommene Lähmung«. Die trat dann auch im August 1970 ein. Nora Valente entdeckte einzelne »Dunkelstellen« in der Aura, die keine positive Strahlung abgaben. Sie begann damit, in Sitzungen von der eigenen Kraft »abzugeben«. Der Körper des Jungen nahm diese Energie offensichtlich begierig auf. Das Kind verspürte starkes Kribbeln, ein Heilerfolg aber schien sich nicht einstellen zu wollen. Erst nach sechs Monaten begann ein von einem Ärzteteam für unmöglich gehaltener Prozeß. Zunächst konnte der Junge seine Beine nur einige Zentimeter bewegen. Dann dauerte es eine Weile, nichts geschah. Die Eltern waren schon über den bescheidenen kleinen Erfolg froh. Dann überstürzten sich die Ereignisse: Vollständige Genesung stellte sich ein, der Junge konnte sich aus eigener Kraft aufrichten, schließlich sogar gehen. Noch Jahre später war er ohne Beschwerden.

Ähnlich aussichtslos war auch der Fall eines siebenjährigen gelähmten Buben aus New York. Als kleines Kind hatte er eine schwere Herzoperation durchgemacht. Der komplizierte Eingriff änderte nichts, die Herzbeschwerden blieben. Eine genaue Untersuchung einer Muskelprobe ergab schließlich, daß er an fortschreitendem Muskelschwund litt. Das Herz war besonders stark betroffen. Die Muskulatur wurde am ganzen Körper immer schwächer, das Kind war bald gelähmt. Die New Yorker Ärzte brachten ihre Hoffnung zum Ausdruck, daß dem Kind möglichst ein langes Siechtum erspart bleiben möge, das beste sei wohl ein gnädiger Tod. »In spätestens vier Monaten hat das Kind ausgelitten!« Solche Äußerungen und ähnliche Prognosen hörten die Eltern immer wieder, die von Arzt zu Arzt eilten, immer in der Hoffnung, doch noch einen Spezialisten zu finden, der ein Wunder ermöglichen würde.

Durch Zufall erfuhren sie von der Heilerin in Italien. Sie flogen sofort mit ihrem Kind nach Neapel. Nora Valente warnte. Sie meinte, daß nur geringe Aussichten auf Erfolg bestünden. »Ich will es dennoch versuchen!«

Sie kniff die Augen zusammen, preßte die Lider zusammen, sie schienen sich über der Nasenwurzel zu berühren. So sehr die Behandlung offenbar die Heilerin anstrengte, so zärtlich, anmutig wirkten ihre Bewegungen. Zehnmal eine Viertelstunde ließ die Frau mit den übersinnlichen Kräften ihre Energie in das Kind strömen.

Die Enttäuschung war groß: Es trat keine Besserung des Zustands ein. Aber auch keine Verschlechterung. Ein halbes Jahr später lebte das Kind immer noch, zu einem Zeitpunkt, da es selbst nach der optimistischsten ärztlichen Prognose längst hätte tot sein müssen.

Auch ein zweiter »Zyklus« von Behandlungen zeigte in Neapel keinen unmittelbaren Erfolg. Zurück in New York, machte sich etwas »Warmes« im Körper des immer noch gänzlich gelähmten Kindes bemerkbar. Wohltuend schien es in die Glieder zu kriechen, strahlte Kraft aus. Zur Überraschung der Ärzte konnte sich der kleine Patient wieder aus eigener Kraft in seinem Bett aufrichten, sich hinsetzen.

Voller Hoffnung vereinbarten die Eltern eine weitere Behandlungswelle. Vor Abflug wurde eine Muskelprobe entnommen. Aus »unerklärlichen Gründen« war eine Besserung eingetreten.

Bei der vierten Behandlungsreihe verstärkte sich der begonnene Fortschritt. Noch während des Aufenthalts in Neapel war das Kind wieder dazu in der Lage zu gehen, zunächst gestützt, dann aber schon ohne Hilfe. Geheilt kehrte der Bub mit seinen überglücklichen Eltern nach New York zurück.

Professor Vitale ging davon aus, daß eine Krankheit wie Muskelschwund, die im normalen Verlauf immer gravierendere Folgen zeigt, erst einmal gestoppt werden muß. Dann tritt meist eine Pause ein, es gibt weder eine Verbesserung noch eine Verschlechterung des Zustands. Er riet, die übersinnlichen Heilbehandlungen durch Nora Valente nicht zu rasch aufeinander folgen zu lassen. Besorgte Eltern vermochten das nicht immer sogleich einzusehen. Bemerkten sie auch nur eine kleine Besserung im Gesundheitszustand ihres Kindes, wollten sie am liebsten gleich weitere Heilbehandlungen durch Nora Valente folgen lassen.

Der Doktor griff dann immer zu einem Vergleich: »Es hilft einem Verhungernden auch nicht, wenn man ihn mit Essen vollstopft und dann wieder hungern läßt.« Nora Valente gab den Kindern »Kraftnahrung«, eine unbekannte Energie. Der kranke Körper nahm sie auf, wenn er sie verkraften konnte. Dann kam die Krankheit zum Stillstand. Erst nach einiger Zeit durfte wieder neue Energie zugeführt werden.

Gerlinde Fuchs hat die beschriebenen Fälle nicht mit eigenen Augen gesehen. »Was hier wiedergegeben ist, erfuhr ich von den Eltern der Kinder.«

Geisterchirurgie – Hilfe aus dem Jenseits?

Eben ist Dr. Robert Laidlaw aus New York zurückgekommen. Er ist Mitglied der »Amerikanischen Gesellschaft für Psychische Forschung«. Leicht gehemmt betritt er die Wohnung des Mediums George Chapman. Der breitschultrige Chapman wendet ihm den Rücken zu. Seine Stimme klingt seltsam hohl und weich, erfüllt plötzlich den gesamten Raum. Sie paßt in der Tonart eher zu einem gebrechlichen älteren Herrn als zu einem Mann mittleren Alters.

Dr. Laidlaw erkundigt sich: »Mit wem spreche ich? Mit dem Medium Dr. George Chapman oder mit dem 1937 verstorbenen Chirurgen Dr. William Lang?«

Die Stimme lacht hell, witzelt: »Wir Chirurgen werden im allgemeinen als Mister, nicht als Doktor angeredet. Ich fände es passender, wenn auch Sie diesen Titel in der Anrede benützen würden.«

Dr. Laidlaw nickt. Chapman – oder ist es der Chirurg? – fordert Dr. Laidlaw auf, Platz zu nehmen. Das kraushaarige Medium dreht sich langsam um, strahlt über das bärtige Gesicht, setzt sich neben den Amerikaner. In einer durchaus als medizinisch zu bezeichnenden Sprache erklärt das Medium, was es seine »Mission« nennt. Demnach gibt es zweierlei Krankheiten oder Gebrechen, körperliche und geistig-seelische. Der gute Arzt müsse beide Aspekte berücksichtigen, was freilich nur selten geschehe. Bricht sich jemand zum Beispiel ein Bein, dann sei der Arzt gefordert, sich um den Körper zu bemühen, sich um den gebrochenen Knochen zu kümmern.

Weitaus höhere Anforderungen aber stelle die geistige Seite des »Krankseins«. Oft, so Dr. Chapman, »ist aber der geistige Teil des Körpers krank. Beim Tode stirbt sowohl der physische wie der geistige Körper, aber der Geist selbst bleibt erhalten. Das ist jener Teil der Persönlichkeit, der die motivierende Kraft darstellt. Wenn er aus dem Gleichgewicht gebracht worden ist, dann kann das Anlaß zu ›seelischen Störungen‹ geben.«

Chapman unterscheidet also nicht nur zwischen Körper und Geist, er spricht von zwei Körpern – einem körperlichen und einem geistigen – und vom (körperlosen) Geist.

Körperliches Gebrechen und geistiges Leid seien oft miteinander verknüpft: Dann sei es seine Aufgabe einzugreifen.

109

Während sich der Schulmediziner nur um den physischen Körper bemühen kann, kümmert sich der Geist von Mr. Lang »um den geistigen«.

Und so werden angeblich die Geistheilungen vollzogen: Der Geist des verstorbenen Chirurgen William Lang schlüpft in den Körper des Mediums Chapman und behandelt Patienten. Der Geist operiert ihren Geistkörper. Damit der Geist den fremden Körper übernehmen kann, bedarf es einiger Vorbereitungen. George Chapman sitzt in der alten Praxis von Chirurg Lang. Er atmet ruhig, sitzt mit verschränkten Armen am Schreibtisch. Um ihn herum muß peinlich auf absolute Stille geachtet werden. Plötzlich verändert sich etwas mit George Chapman. Rein vom Aussehen her ist er derselbe Mensch geblieben, seine Körperhaltung aber, seine Gestik hat sich geändert. Aus George Chapman ist wieder Chirurg Lang geworden. Chapmans Sohn führt ihn zum Patienten. Das muß er – für die materielle Welt ist er blind, er sieht nur die geistige Welt. Chapman, der jetzt Chirurg Lang ist, bewegt seine Hände einige wenige Zentimeter vom Körper des Patienten entfernt, er führt dabei Bewegungen aus, als hantiere er mit einem Skalpell. Er behandelt, wie er sagt, den Geistkörper. Der Patient befindet sich in einer leichten Trance, ist vollkommen entspannt.

Chirurg Mr. Lang spricht aus dem Mund George Chapmans: »Man muß den Patienten als Ganzheit betrachten. Manchmal wird er in Trance versetzt. Ich spreche mit ihm über seine Probleme. Dann erst kann ich den Astralleib operieren. Durch die Behandlung des Astralkörpers werden die materiellen Fehlerquellen im physischen Leib beseitigt.«

Wie viele »Körper« hat der Mensch?

Dr. Laidlaw: »Meine Untersuchungen haben ergeben, daß für eine Operation am Astralleib zunächst physischer Leib und Geistkörper auseinandergeschoben werden müssen. Erst dann kann Chirurg Lang chirurgische Eingriffe am Geistkörper vornehmen.«

Dr. Laidlaw hat sich mehrfach ausführlich mit Mr. Lang unterhalten. »Unsere Gespräche waren absolut überzeugend für mich. Es war eine schöne Unterhaltung zwischen zwei Kollegen. Seine Feststellungen über gewisse medizinische Fakten und die von ihm angewandte Technik beweisen, daß er umfangreichste medizinische Kenntnisse besitzt.«

Diese Kenntnisse hat sich Chirurg William Lang angeeignet. Er kann damit brillieren, wenn er aus George Chapman spricht. George Chapman selbst verfügt über keinerlei medizinisches Wissen.

Zufällig erfuhr Susan Fairclough davon, daß ein George Chapman behaupte, der Geist des verstorbenen Chirurgen William Lang übernehme seinen Körper und führe Geistoperationen durch. Sie reagierte empört: »William Lang war mein Opa! Ich werde diesen Kerl als Schwindler entlarven.«

Von ihrer Heimatgemeinde in Surrey, Südengland, reiste sie nach London, meldete sich unter falschem Namen als Patientin an. Beim Betreten der Praxis erschrak sie zutiefst: »Mir stand mein Großvater gegenüber, nicht körperlich, aber es war seine Stimme, die aus dem Munde Chapmans sprach. Es war ein fremder Körper, der von Mr. Chapman, aber er bewegte sich genauso wie mein Großvater. Das Gesicht Mr. Chapmans sah mich an, aber die Mimik, die Gesten waren die meines Großvaters!«

Ein Gespräch kam nur mühsam zustande. Susan Fairclough war nämlich so überwältigt, daß sie kaum ein Wort über die Lippen brachte. Sie sagte immer nur »Ja, Großvater«, »Nein, Großvater«. Mehr brachte sie nicht über die Lippen.

Tage später kam es zu einem Gegenbesuch. George Chapman suchte seine Enkelin in Surrey auf, das heißt, der Geist von Großvater Lang im Körper von George Chapman betrat ihr Haus. Im ganzen Haus lag allerlei Krimskrams herum, darunter befanden sich drei Gegenstände, die einst dem Chirurgen William Lang gehörten. Chapman erkannte sie sofort wieder. Susan Fairclough: »Ich bin davon überzeugt, daß der Geist meines Großvaters den Körper George Chapmans dazu benutzt, um als Geisterchirurg aktiv zu werden!«

Geistheiler auf den Philippinen

Seit Jahrzehnten wirken auf den Philippinen Geistheiler. Der Fachjournalist John Fisch aus Luxemburg (1942–1984) hat sie besucht, zusammen mit Fachautor Bodo Zinser. Beide verfaßten das Buch »Paranormale Chirurgie auf den Philippinen«.

John Fisch, Begründer des *Magazin 2000,* zum Autor: »George Chapman gibt an, daß der Geist des Chirurgen Dr. William Lang seinen Körper übernimmt und bei Patienten Operationen am Geistkörper durchführt. Neuerdings beginnt ja die Medizin zu erkennen, daß man den Menschen als Einheit aus Körper-Geist-Seele verstehen muß. Erkrankungen am Geist-Leib können zu körperlichen Leiden führen. Durch Heilung des Geistleibes wird die Voraussetzung dafür geschaffen, daß der Körper gesund werden kann.«

Auf den Philippinen beobachteten Fisch und Zinser zahlreiche Geistoperationen. Sie unterscheiden sich wesentlich von denen Chapmans. Mit primitiven Instrumenten werden Eingriffe vorgenommen, Blut fließt, angeblich wird Gewebe entnommen. Narben bleiben keine zurück. Wunden schließen sich auf wundersame Weise wieder.

Häufig wird der Vorwurf des Betrugs, der Manipulation erhoben. Fisch und Zinser können nicht ausschließen, daß auf den Philippinen auch »getrickst« wird, sind aber der festen Überzeugung, echte »übersinnliche Operationen« beobachtet zu haben, etwa bei Alex Orbito.

Alex Orbito ist einer der vielen Heiler, die angeblich Geistoperationen durchführen. Er arbeitet oft unter primitiven Verhältnissen, zum Beispiel im Hotelzimmer. Die Eingriffe gehen erstaunlich rasch vonstatten.

Patient Nr. 1, so berichtet Bodo Zinser, war ein Zuckerkranker. »Alex bündelt die Finger seiner rechten Hand zu einer Kegelspitze, während die linke Hand die Bauchgegend betastet. Die rechte Hand kommt hinzu, scheint einen gebündelten Strahl zu tragen, während die andere weiterknetet. Die Fingerspitzen beider Hände sind jetzt beisammen, und nach drei bis fünf Sekunden sehen wir eine rotschwarze Flüssigkeit, offensichtlich Blut, aus der offenen Körperstelle quellen.

Es ist unglaublich: Eben war die Haut von Patient 1 unverletzt, und jetzt, ohne Skalpell und Messer oder Schere, und natürlich ohne Betäubung oder Asepsis, öffnet Alex den Körper des Patienten. Jetzt fischt er mit dem langen rechten Zeigefinger etwas Gewebe heraus, etwa in der Größe einer kleinen Kirsche, und zupft es von seinem Finger ab.«

Noch einmal greift der Geistoperateur in den Körper, seine Finger verschwinden bis zum Fingeransatz. Dann zieht er seine Hände zurück. Es bleibt eine »blutverschmierte, aber geschlossene Bauchdecke«. Watte wird gereicht, die letzten Blutreste werden weggewischt.

Mich überzeugt das Argument Hoimar von Ditfurths nicht, das Blut stamme aus der Watte. Tatsächlich ist es möglich, chemisch einen Trick zu gestalten. Zwei Wattebäuschchen, mit chemischen Substanzen versehen, können tatsächlich rote Farbe hervorquellen lassen, wenn man die Watte quetscht. Das Argument sticht dennoch nicht: Sehr oft kommt Watte zum Einsatz, nachdem bereits Blut geflossen ist. Und oft bringen die Patienten ihre eigene Watte mit, die dann nicht für einen Trick präpariert worden sein kann.

90 Sekunden hat die Operation gedauert. Ebenso schnell geht es bei den übrigen Patienten. Einer Frau, der Patientin 2, wird Gewebe aus der Brust entfernt, gleich darauf wird Patient 3 »bearbeitet«. Der Heiler entdeckt drei Stellen an seinem Körper, die »Schmerz auslösen müssen«. Da stimme die Durchblutung nicht.

»Alex pult einen fast kirschsteingroßen Gegenstand hervor.« Ein unangenehmer Geruch haftet an der Substanz.

Bodo Zinser hat die Operation sorgfältig beobachtet. Er weiß: Ein weiteres Gegenargument scheidet aus. Angeblich sollen sich die Operateure Daumen von Gummihandschuhen überstülpen, aus dem Zwischenraum zwischen Handschuhhaut und Finger stamme das Blut. Die Operateure behandeln aber bis zu dreißig, ja vierzig Patienten nacheinander in rascher Folge. Blut strömt in derart großen Mengen, daß es in den Zwischenräumen zwischen Handschuhdaumen und Finger niemals unterzubringen gewesen wäre.

Es ist ein Unterschied, ob man beobachtet, wie Menschen operiert werden, oder ob man an sich selbst einen Eingriff vornehmen läßt. Bodo Zinser beschloß, sich selbst behandeln zu lassen: »Orbito befühlt den oberen Teil meiner Brustgegend am Übergang zum Hals und sagt dann, ich solle tief ein- und ausatmen. Ich habe laut Anweisung die Augen geschlossen. Beide Hände scheinen jetzt meine Haut zu kneten. Da merke ich einen stechenden Schmerz und fühle Feuchtigkeit auf der Haut. Er knetet immer noch stark, es tut weiterhin weh. Auf einmal habe ich das Gefühl, daß es tief hineingeht bis zu meiner Luftröhre. Etwas geschieht dort, denn einmal habe ich die Empfindung, daß meine Luftröhre von einem Finger angehoben wird.«

Ein merkwürdiges Gefühl stellt sich ein. Bodo Zinser kommt es so vor, als ziehe etwas »fünf Zentimeter über meinem Körper wie an einem Gummi, der immer länger und dünner wird«. Ein befriedigendes Gefühl macht sich breit, als der Operateur seine Hände zurückzieht.

Etwas ist geschehen, aber was? Gewiß, Kritiker weisen nach, daß ein geschickter Trickkünstler den Eindruck erwecken kann, er stecke seine Finger in den Körper eines Menschen, ohne daß das tatsächlich geschieht. Der spürt dann aber nicht, was Bodo Zinser am eigenen Leibe erlebt hat.

Eine weitere Behandlung beobachten John Fisch und Bodo Zinser in der Marktstadt Baguio. Orbito reibt ein Stückchen Watte zwischen seinen Handflächen, drückt es gegen den Bauch des Patienten. Die Watte ist verschwunden. Unter der Haut befindet sich jetzt etwas, das sich genauso anfühlt wie Watte, das genauso groß ist wie das verschwundene Stück Watte. Wie gelangte es unter die Haut?

Die Heiler selbst geben an: »Wir wissen nicht, was da passiert!« Sie seien Werkzeuge Gottes.

Um den Betrugsvorwurf zu entkräften, läßt Orbito Bodo Zinser an einer Operation mitwirken. Er weist ihn an, »den Zeigefinger gestreckt zu halten und mit den anderen Fingern eine Faust zu bilden«. Er nimmt Zinsers Hand, führt sie über den Bauch einer Patientin, ruckartig. Zinser: »Zugleich merkte ich etwas Nässe und Feuchtigkeit an meinem Finger. Als ich dann kurz danach meinen Finger ansah, war er am Nagel und an der Kuppe rot von kleinen Blutresten.«

Wurde Bodo Zinser als Werkzeug »jenseitiger Kräfte« eingesetzt? Man mag zu dieser Vorstellung stehen wie man will: Ein Trick scheint ausgeschlossen zu sein.

Dr. med. Erdmann aus Bayreuth: »Für mich stehen die Beobachtungen außerhalb jeglichen Verdachts einer trickreichen Manipulation oder Betrügerei. Meines Erachtens handelt es sich bei den verschieden großen, grauweiß bis hellrosa fleischfarbenen kompakten Klümpchen auf jeden Fall um entnommene Körpersubstanz. Wahrscheinlich scheint mir auch, daß ein Teil dieser Masse dem erkrankten Astralleib des Patienten im Gegensatz zum physischen Leib bei der Schulmedizin entnommen wurde.«

Man mag zu den chirurgischen Eingriffen der paranormalen Art stehen wie man will – eines wird deutlich: Wird in unserer modernen, zweifelsohne oft wirksamen, Apparatemedizin nicht nur das körperliche Leid beachtet und behandelt, der Geist aber vernachlässigt?

Gibt es eine Brücke ins Jenseits?

Rosemary Brown und die Musiker aus dem Jenseits

London 1964. Rosemary Brown sitzt an ihrem Klavier, als sie die Kontrolle über ihre Finger verliert. Ihre Hände beginnen plötzlich ein Eigenleben, tanzen über die Tasten und spielen so schön, wie es die allenfalls mittelmäßige Hobbypianistin nie vermocht hätte. Sowie Rosemarys Hände so schöne Musik erzeugen, muß sie an ein seltsames Erlebnis zurückdenken.

Sie war damals gerade ganze sieben Jahre alt, als ein merkwürdig bekleideter Mann in ihr Zimmer trat.

Die Erscheinung wirkte höchst deplaziert, trug eine weiße »altmodische« Frisur, dazu einen schwarzen Mantel. Sie gab sich als Franz Liszt zu erkennen. Der war damals freilich schon über 50 Jahre tot. Das »Gespenst« versprach: »Wenn du erwachsen bist, dann schenke ich dir meine Musik.«

Dieser Zeitpunkt schien gekommen zu sein. Rosemary Brown spielte gänzlich unbekannte Melodien von Franz Liszt. Andere

Komponisten warteten ihr auf: Bach, Mozart, Beethoven, Chopin und Händel, aber auch Schubert, Debussy, Brahms, Schumann und Grieg. Jeder der toten Meister hat, so Rosemary Brown, eine andere Methode, um sich zu »zeigen«. »Liszt führt ein paar Takte lang meine Hände«, dann schreibt Rosemary das Gespielte auf, notiert sorgsam Note für Note. Chopin diktiert ihr am liebsten die Noten direkt zu Papier. Schubert, den sie ein wenig respektlos als »schlechten Sänger« bezeichnet, ist oft bemüht, ihr eine neue Eigenkomposition vorzusingen. Beethoven und Bach halten von derlei Experimenten überhaupt nichts. Sie diktieren Rosemary ihre Noten, wenn sie am Schreibtisch sitzt.

Fünf Jahre lang notierte das Musikmedium Rosemary Brown die neuen Kompositionen von »Jenseitigen«. Da wurde der Musikfachmann George Firth von seiner Frau auf Mrs. Brown aufmerksam gemacht.

Zusammen mit dem Mäzen Sir George Tevelyan finanzierten sie eine Art Stipendium, ermöglichten es Mrs. Brown so, sich ausschließlich nur noch der Musik von Jenseitigen zu widmen.

Berühmt wurde sie, als der amerikanische Rundfunksender CBS am 14. April 1970 eine einstündige Sendung ausstrahlte, eine nüchterne, sachliche Dokumentation. Im Rahmen dieser Sendung äußerten sich zwei Komponisten, nämlich Virgil Thompson und André Previn.

Previn, er stammt aus Berlin, meinte, daß man zwar keineswegs »Fälschung« oder »Irreführung« ausschließen könne, freilich »müßte eine Person, die eine derartige Fälschung versucht, beachtliche Kenntnisse auf dem Gebiet der Musik besitzen, dazu wiederum ist eine umfangreiche musikalische Ausbildung erforderlich«. Über eine solche Ausbildung verfügt Mrs. Brown aber nachweislich nicht.

Virgil Thompson verwies auf die frappanten Ähnlichkeiten zwischen den verschiedenen Musikstücken, die angeblich aus dem Jenseits übermittelt worden seien, und jenen, die die betreffenden Meister tatsächlich selbst zu Lebzeiten schufen.

Vollkommen ausschließen, so ein Psychiater der Universität London, könne man Betrug nicht, geht aber dann von »unbeabsichtigtem Betrug« aus. Seine Überlegung: »Es ist möglich, daß Mrs.

Brown einerseits den Wunsch verspürt hat, zu komponieren. Andererseits traut sie sich das nicht zu. Unbewußt kommt sie ihrem Wunsch nach, komponiert und schiebt die Ergebnisse den Meistern im Jenseits zu.«

Wie der US-Forscher und Parapsychologe Dr. John Adams schon vor Jahren dem Autor gegenüber erklärte, ist diese Deutung aber falsch. Mrs. Brown müßte dann über kompositorische Ausbildung verfügen, was aber nicht der Fall sei. »Dringend rate ich ab, solchen auf den ersten Blick vernünftig erscheinenden Thesen Glauben zu schenken. Sie sind, bei Licht betrachtet, Unfug. Viele Menschen mögen den Wunsch haben, Klavier spielen zu können. Sie werden aber, wenn sie das Spielen des Instruments nie gelernt haben, nie zu Pianisten werden, so intensiv ihr Wunsch auch sein mag. Ebenso unsinnig ist es zu unterstellen, Mrs. Brown könne komponieren, weil sie sich das so intensiv wünsche. Niemand kann plötzlich wie ein begnadeter Künstler malen, nur weil er unbewußt gerne malen würde.«

Dr. Adams erklärte der Zeitschrift *Das Neue Zeitalter,* er sei davon überzeugt, daß mit dem Tod nicht alles aus sei. »Irgend etwas bleibt zurück, was, das weiß niemand. Vielleicht ist es so, daß jedes Elektron, aus dem sich der Körper eines Menschen zusammensetzt, ein Eigenleben führt. Jedes Elektron speichert so enormes Wissen. Auch wenn der Körper des Menschen zerfällt, bleibt es erhalten. Besonders medial veranlagte Menschen sind dann dazu in der Lage, dieses Wissen der Toten irgendwie sozusagen anzuzapfen.«

Demnach liest Mrs. Brown, wie auch immer, die Informationen der Elektronen, die einstens Teile der Körper bestimmter Komponisten waren. Wie das geschehen könnte, vermag auch Dr. Adams nicht zu sagen.

Die Engländerin Rosemary Brown bekommt angeblich Botschaften von Verstorbenen aus dem Jenseits, von Komponisten, die ihr unbekannte Werke übermitteln. Über ähnliche Kontakte muß auch die Amerikanerin Joan Grant verfügen. Sie »schreibt« Bücher, vollgepackt mit Informationen, die ihr nicht auf normalem Wege zugänglich sein können – so über Ägypten, Griechenland und Israel vor Jahrtausenden.

Selbst Spezialisten staunen ob der unglaublichen Detailfülle über den Alltag in fremden Kulturen vor Jahrtausenden. Sie können nicht nachvollziehen, wie die geheimnisvolle Autorin an das Wissen gekommen ist. Sollte sie das Gedächtnis von Elektronen irgendwie anzapfen können? Oder bekommt sie das Wissen von Geistern zugetragen? Niemand vermag diese Fragen zu beantworten. Fest steht nur: Da schreibt eine Frau über ferne geschichtliche Epochen, von denen sie eigentlich keine Ahnung hat, so als ob sie selbst dabeigewesen sei. Da bringt eine andere Frau Kompositionen von toten berühmten Musikgenies von einst, obwohl sie selbst eigentlich gar nicht komponieren kann, ganz so, als hätte sie die Informationen irgendwie von den Komponisten selbst erhalten. Die aber sind tot.

Gibt es also ein Leben nach dem Tode? Gibt es irgendeine Möglichkeit für die Jenseitigen, sich uns mitzuteilen? Gehen die Kompositionen der Rosemary Brown und die Bücher von Joan Grant auf solche Kontakte mit dem Jenseits zurück?

Enrico Carusos seltsames Interview

Der eher kleine Raum wird von zwanzig geladenen Gästen sorgsam überprüft, Zentimeter für Zentimeter untersucht. Alle erwarten eine spannende Séance, eine spiritistische Sitzung, bei der Kontakte mit dem Jenseits hergestellt werden sollen. Man will aber sichergehen, daß man keinem Betrüger auf den Leim geht, möchte jegliche Tricks wie versteckte Lautsprecher, die »Stimmen verstorbener Menschen« vorgaukeln könnten, ausschließen.

Der Raum ist sachlich und nüchtern gehalten, überflüssiges Mobiliar fehlt gänzlich. Da sind nur die zwanzig Stühle für die Zeugen.

Im Zentrum steht ein Metallhocker. Er ist fest mit dem Holzboden verschraubt. An den vorderen Beinen sowie an der Rückseite der Sitzfläche sind Lederschlaufen angebracht. Hier soll Leslie Flint festgebunden werden. Leukoplast zum Verkleben seines Munds liegt auch schon bereit.

Jetzt erst beginnt die eigentliche Überprüfung des Raums. Die Wände, der Boden und die Decke werden sorgsam abgeklopft, auf eventuell vorhandene Hohlräume hin überprüft. Fehlanzeige. Ist irgendwo ein versteckter Lautsprecher angebracht worden? Auch das ist nicht der Fall. Liegt irgendwo ein Schallplattenspieler oder ein Tonbandgerät verborgen? Auch das ist nicht der Fall.

Erst jetzt wird die Hauptperson in den Raum geführt: Leslie Flint. Seit Jahrzehnten hat er Wissenschaftler aus aller Welt in Erstaunen versetzt. Er läßt Stimmen aus dem Nichts ertönen. Selbst modernste technische Überwachungsgeräte kamen dem außergewöhnlichen Phänomen nicht auf die Spur. Empfindlichste Kehlkopfmikrophone wurden eingesetzt. Sie zeigten Erstaunliches! Flint ist offenbar dazu in der Lage, sich durch Konzentration so etwas wie einen künstlichen Kehlkopf zu erschaffen.

Der ist freilich für das menschliche Auge im Normalfall »unsichtbar«. Normale Mikrophone nahmen Geisterstimmen auf. Kehlkopfmikrophone beweisen eindeutig, daß Flint die Töne nicht selbst erzeugt. Infrarotteleskope wiederum spüren ein unheimliches Etwas auf, das irgendwo unsichtbar in Flints Nähe frei im Raum schwebt, das Geräusche erzeugt, Stimmen produziert, das Gespräche in den verschiedensten Sprachen erklingen läßt, die Flint eindeutig gar nicht beherrscht.

Zeugen: »Wir sahen diesen Kehlkopf, wie er sich bildete, aus dem Nichts entstand, im Infrarotgerät mit Lichtverstärker.« Niemand weiß, was »es« ist, aber Tausende haben es schon gehört.

Zwanzig Zeugen sind gespannt. Werden auch sie seltsamunheimliche Geräusche, vielleicht sogar Stimmen aus dem Jenseits vernehmen? Aufgeregt rutschen sie auf ihren Sesseln umher. Leslie Flint wirkt sehr beruhigend auf sie, er spricht nicht, lächelt nur. Er macht einen seriösen Eindruck, trägt eine dickrandige Brille. Sein an der Stirn doch schon weit zurückweichendes Haar ist ergraut. Er trägt einen hellen Anzug.

Vor dem Betreten des Raums hat man ihn genau untersucht. Es steht fest, daß er keinerlei »Material« am Körper trägt, das geeignet dafür sein könnte, Tricks zu produzieren.

Endlich sitzt Flint lächelnd auf dem Stuhl im Zentrum des Zimmers. An Händen und Füßen wird er gefesselt. Ein Arzt verklebt mit großer Sorgfalt den Mund des Mediums. Durch den dicken Leukoplaststreifen kann auf keinen Fall auch nur der leiseste Ton dringen.

»Mister Flint ist jetzt an Händen und Beinen festgebunden, es ist für ihn unmöglich, etwas zu sagen. Das Tonband läuft. Bitte beginnen Sie, Mr. Flint!«

Nur noch für einige Augenblicke herrscht leichte Unruhe im Publikum, Stühle werden gerückt. Dann ist es still. Hüsteln, Wortfetzen, Flüstern. Alles verstummt.

Und plötzlich »steht« eine Stimme mitten im Raum. Unwillkürlich blicken die Zuschauer in Richtung Decke. Irgendwo da oben, vielleicht zwanzig Zentimeter unter der Decke, muß es sein. Ein unsichtbares Etwas, das laut und deutlich vernehmbar spricht.

»Kennt ihr Rosa, Rosa?« fragt die Stimme in einem freundlich singenden Ton. Etwas ist da, das laut und deutlich vernehmbar spricht.

Die Stimme fährt fort: »Sie muß jetzt wohl schon an die 80 Jahre alt sein!« Ratlos blicken die Zuschauer um sich. Louise und Ida Cook aber sehen sich fassungslos an. Die beiden Caruso-Expertinnen sind sich einig. Damit ist Rosa Ponselle, eine von Caruso entdeckte Sängerin, gemeint. Die Dame feierte unlängst ihren 75. Geburtstag. Die Enthüllung der beiden Damen löst begeisterte Zustimmung aus. Jemand bittet um Ruhe. Die Stimme wird aufgefordert, doch etwas aus dem Leben zu erzählen, etwas Neues, bislang Unbekanntes.

Besonders die Caruso-Expertinnen lauschen aufmerksam. Die Stimme lacht leise. Caruso soll etwas aus seinem Leben erzählen? Gern! Sicher ist das hier nicht bekannt! Einmal wurde ich von einem Äffchen gebissen! Die Caruso-Expertinnen sind ratlos. Sie haben von einem solchen Unfall bislang noch nichts gehört. Eine schriftliche Erkundigung bei einem ehemaligen Sekretär Carusos, der inzwischen in die USA ausgewandert ist, ergibt: Die Angabe stimmt. Caruso war zu Lebzeiten stets bemüht gewesen, den »peinlichen Zwischenfall« zu verheimlichen. »Caruso« nennt einen zweiten Namen: Geraldine Ferrar. Die Caruso-Expertinnen nicken. Die genannte Dame war eine amerikanische Opernsängerin von Weltrang. Fünfzehn Jahre ist sie zusammen mit Caruso aufgetreten. Die Aussage wird von den Zuschauern weder als interessant noch als besonders beweiskräftig angesehen. Derlei biographische Fakten, darin sind sich die meisten einig, sind leicht zu eruieren. Das eigentliche »Wunder« ergibt sich am folgenden Tag. Die beiden Caruso-

Expertinnen hören die Tonbandaufnahme nochmals ab, und siehe da: Während Caruso den Namen der Sängerin nennt, hört man im Hintergrund leise eine weibliche Stimme. Louise und Ida Cook identifizieren sie als die Stimme der Sängerin Galli Courci. Auch diese Dame ist schon längst tot.

Wenige Tage später kommt es zu einer weiteren Sitzung. Diesmal kostet es Flint einige Mühe, Caruso wieder »herbeizurufen«. Er wird gebeten, etwas über seinen eigenen Tod im Jahr 1921 zu erzählen. Nach kurzem Zögern kommt Caruso diesem Wunsch nach. Nicht alles, was er sagt, ist verständlich.

Deutlich und laut sagt er: »Ich habe ein Gewächs!« Dann verstummt er. Diese Aussage widerspricht den Erkenntnissen vieler Caruso-Forscher. Bislang waren die Experten fast einhellig davon ausgegangen, daß eine »septische Leberentzündung« zum Tod von Caruso geführt habe. Aber stimmt denn das?

Die Schwestern Cook vergraben sich in Fachliteratur. Zu ihrem eigenen Erstaunen entdecken sie eine bislang nicht beachtete ausführliche Expertise, wonach Caruso tatsächlich an einem Karzinom, also einem Gewächs, starb.

Nach Beendigung von zahlreichen Recherchen sind sich Louise und Ida Cook einig: »Das war eindeutig die Stimme des verstorbenen Caruso, die da zu uns gesprochen hat!«

Beeindruckt sind sie von zahlreichen kleinen Anmerkungen der Stimme, versteckten Hinweisen, Namen und Daten. Alle stimmen. Caruso, der gefeierte Opernstar, hat aus seinem Leben erzählt – nach seinem Tod. Und das jetzt bereits zum zweiten Mal. Bereits anno 1924, am 25. Februar 1924, so finden die Expertinnen heraus, meldete sich schon einmal die Stimme des toten Caruso aus dem Jenseits.

Buchautor und Caruso-Experte Dennis Brandles: »Seine Stimme war wundervoll mächtig und kam von hoch oben im Zimmer. Caruso sprach zu uns, seine Stimme war dabei so deutlich. Wir fragten ihn, ob er denn uns nicht etwas singen wolle. Er versprach, es zu versuchen. Nach einer kurzen Pause erklang eine Arie aus einer italienischen Oper.«

Eine Brücke zum Jenseits?

Die Séance mit der geheimnisvollen Geisterstimme Enrico Carusos wurde per Tonband aufgezeichnet. Man hörte die Aufnahme wieder ab. Just als Caruso den Namen Geraldine Ferrar nannte, tauchte deren Stimme aus dem Nichts auf. Dieses Phänomen ist in der sogenannten Tonbandstimmenforschung bestens bekannt.

Dr. Friedrich Jürgenson, geboren 1903 in Odessa, war sehr erfolgreich in seinem Beruf als Filmemacher. Für einen Film über das Leben Petri war er vom Papst selbst ausgezeichnet worden. Nun war er, an einem herrlichen Juninachmittag im Jahre 1959, mit den Vorbereitungen für einen Dokumentarfilm beschäftigt. Er sammelte Aufnahmen von Vogelstimmen. An jenem Nachmittag im Juni 1959 im Garten Jürgensons vor den Toren Stockholms trillerten die Vögel förmlich um die Wette, so als wollten sie einander übertrumpfen, jeder lauter als sein Kollege auf dem Tonband zu hören sein.

Als Jürgenson später die Aufnahmen wiederholt abhörte, entdeckte er Geheimnisvolles. Einerseits waren da natürlich die diversen Vogelstimmen zu hören, andererseits war da aber mehr. Irgendwie waren Klänge auf sein Band geraten, die er während des Aufnehmens nicht gehört hatte. Immer wieder spulte er die Aufnahmen zurück, hörte sie immer wieder an. Da war plötzlich ein seltsames Brausen, dem sich ein klares Trompetensolo anschloß, gefolgt vom Ruf einer norwegischen Rohrdommel, eines Nachtvogels. Am Nachmittag, als die Bandaufnahme gemacht worden war, konnte der gar nicht gesungen haben. Dann war da eine männliche Stimme zu vernehmen. Sie berichtete von »nächtlichen Stimmen«.

Das war erst der Anfang. Dr. Jürgenson wurde geradezu verfolgt von den unheimlichen Stimmen, sobald er ein Tonband laufen ließ und aufnahm, meldeten sich die Stimmen. Sie waren aber immer nur auf den Bändern zu hören, bei der Aufnahme selbst nicht. Die Angelegenheit wurde ihm langsam mehr lästig als unheimlich. Beim Abspielen eines Bandes hörte er eines Tages wieder Worte, die sich irgendwie auf übersinnlichem Wege aufs Band geschlichen hatten: »Bitte warten, warten. Bitte hör uns an!«

Jede freie Minute forschte Jürgenson, ließ Bänder in absoluter Stille laufen. Er hörte Botschaften von geheimnisvollen Stimmen.

Sie behaupteten, längst verstorbene Menschen zu sein, die aus dem Jenseits zu Dr. Jürgenson sprächen. Ihre Stimmen seien die von Toten. Jeder könne ohne Schwierigkeiten per Tonband eine Brücke ins Jenseits aufbauen.

Jürgenson arbeitete intensiv. Er bezog einen Radioapparat mit ein und stellte ihn auf Mittelwelle ein, auf eine Frequenz von etwa 1480 kHz. Zu vernehmen war, was Experten als weißes Rauschen bezeichnen, ein Schwirren und Surren. Zwischen 21.05 Uhr und 22.00 Uhr bekam Dr. Jürgenson die besten Resultate.

Manchmal schaltete er den Radioapparat ein, nahm das weiße Rauschen direkt mit Außenmikrofon auf. Manchmal zog er ein anderes Verfahren vor, schloß das Tonband direkt an den Radioapparat an.

Dann sprach er, klar und deutlich artikulierend, die Welt der Jenseitigen an. Er bat sie, sich zu melden. Zwischen seinen Sätzen ließ er Pausen. Er stellte Fragen und bekam Antworten. Und immer wieder erklärten die Stimmen, die sich auf technisch unerklärbare Weise auf seine Bänder schmuggelten: Ja, wir sind die Stimmen der Toten, wir sprechen aus der Welt des Jenseits.

Dr. Jürgenson machte seine Arbeit mit den Tonbandstimmen publik und löste eine ganze Bewegung aus. Weltweit versuchte man, per Tonband die Stimmen der Jenseitigen einzufangen. Dr. Konstantin Raudive (1909–1974) zum Beispiel wurde durch Dr. Jürgenson zu eigenen Forschungen angeregt.

Dr. Konstantin Raudive aus Lettland war als Schriftsteller überaus erfolgreich, als er von Dr. Jürgensons Stimmen hörte. 1931 hatte er seine Heimat verlassen, in Paris, London und Salamanca, Spanien, studiert. Später zog er nach Deutschland. Im Schwarzwald gefiel es ihm am besten, er ließ sich in Bad Krozingen nieder. Hier besuchte ihn die Schriftstellerin Hildegard Schäfer.

Als die 23jährige Heli Schäfer im Sterben lag, wollte das im elterlichen Haus niemand so recht glauben. Jeder verdrängte, so gut er das konnte, das schier körperlich spürbare, allgegenwärtige Gefühl der Angst. Angst hatten sie alle – vor dem Abschied-nehmen-Müssen von einem geliebten Menschen, einem jungen Mädchen, das doch noch, wie man so sagt, das ganze Leben vor sich hat.

1974 starb Heli Schäfer. Ihr Vater stürzte sich in Arbeit, versuchte im eigenen Familienbetrieb so zu schuften, daß er vergessen können würde. Helis Mutter Hildegard suchte Trost im Lesen. Sie stieß zufällig auf Dr. Jürgensons Werk »Sprechfunk mit Verstorbenen«. Ihre Tochter hatte das Buch kurz vor ihrem Tode gelesen. Rasch war Hildegard Schäfer fasziniert: Sollte es da wirklich eine Möglichkeit geben, mit dem Jenseits Kontakt aufzunehmen?

Vergeblich bemüht sich Hildegard Schäfer um Kontakt mit Dr. Jürgenson. Sie schreibt aber auch Dr. Raudive an, bekommt eine Antwort und wird eingeladen. Bald schon macht sie sich auf, fährt in den Schwarzwald. Sie erinnert sich später in ihrem grundlegenden Buch *Stimmen aus einer anderen Welt* (Freiburg im Breisgau 1978, S. 101 f.): »Dann endlich war es soweit. Raudive führte mich in das ›Allerheiligste‹. Hier gaben sich Muse und Technik die Hand. Die Wände versteckten sich restlos hinter Büchern, und so, wie sich wilder Wein ums Fenster rankt, so umwucherten die mit Büchern angefüllten Regale die Fensterscheiben. Auf den Tischen, Bänken, Stühlen dagegen war nichts anderes zu sehen als Apparate, Apparate. Sie verwirrten mich, denn der Technik stand ich stiefmütterlich gegenüber.«

Für das Wie des Vorgehens, für die technischen Einzelheiten und Details, interessiert sich Hildegard Schäfer zunächst gar nicht so. Eine Frage brennt ihr auf den Nägeln: Wird es möglich sein, per Tonband Kontakt mit ihrer toten Tochter aufzunehmen?

Dr. Raudive führt Frau Schäfer zunächst einige Beispiele aus seinem wahrhaft gigantischen Archiv vor. Da ist zum Beispiel die Stimme einer unendlich traurigen Mutter zu vernehmen. Sie weint um ihren toten Sohn. Ihr Wehklagen, in italienischer Sprache, war zu hören, ihr Schluchzen ... und ebenso zu hören war dann die Stimme des Knaben, der seiner Mutter Trost spendete.

Hildegard Schäfer fühlte sich zwischen Hoffnung und Verzweiflung hin- und hergerissen. Würde es einen Kontakt mit ihrer Tochter geben?

Dr. Raudive legte ein leeres Tonband auf, notierte Bandnummer, Zählwerk und Datum der Einspielung. Dann sprach er seine verstorbene Mutter an, erwähnte die Anwesenheit Frau Schäfers, bat darum, man möge einen Kontakt mit Frau Schäfers verstorbener Tochter herstellen. Zwischen den Sätzen ließ er Pausen, »damit die Toten antworten können«, wie er erklärte. Schließlich spulte er das Band wieder zurück, führte es vor. Da war ein Stimmengewirr zu vernehmen. Frau Schäfer verstand nichts. Dr. Raudive behauptete: »Da ist die Stimme Ihrer Tochter. Sie sei glücklich, sagt sie!«

Frau Schäfer blieb skeptisch. Könnte sie nicht, von der Trauer um den Tod des geliebten Kindes in Verzweiflung und Depression gestürzt, hören, was sie hören wollte – nämlich daß es ein Jenseits gibt, daß sich ihre Tochter dort wohl fühlt, daß es ihr gutgeht. Sie war aber fest entschlossen, selbst zu experimentieren. Schließlich fuhr Hildegard Schäfer wieder nach Hause und begann sofort mit den Experimenten. Verzweiflung machte sich breit. Sie sprach leise und flehentlich auf Band, wartete auf Antwort, hörte sich die Aufnahmen immer wieder an. Da war nichts, kein tröstendes Wort tauchte auf, keine Liebesbotschaft vom toten Kind, kein noch so kleiner Hinweis, der Hoffnung hätte bieten können. Immer wieder hörte sie die Bänder ab, aber da war immer nur die eigene Stimme zu vernehmen, nichts anderes.

Ihr Mann riet ihr zu, doch endlich mit dem »Unsinn« aufzuhören. Er war nüchterner Realist, Geschäftsmann. »Kontakt mit den Toten? Unmöglich!« war sein Standpunkt. Hildegard Schäfer dachte bereits daran, aufzugeben, da hört sie etwas auf einem ihrer Bänder, ganz deutlich, ganz klar: »Hallo, Heli, hallo, hallo, Muje!«

Frau Schäfer wußte nicht, ob sie lachen oder weinen sollte. Sie war davon überzeugt: Ihr war der Kontakt zum Jenseits gelungen, sie hatte Verbindung mit ihrer toten Tochter in der Welt der Toten aufgenommen.

Muje, so lautete der Kosename, den ihr Kind sich für sie ausgedacht hatte; Heli, das war der Name ihrer geliebten Tochter! Der Kontakt war hergestellt und blieb bestehen, für viele, viele Jahre. »Muje, Muje« sagt Tochter Heli immer wieder. Geduldig beantwortet sie Fragen. Verständlich, daß Frau Schäfer wissen will, ob sie traurig sei, weil sie so früh sterben mußte. Die Antwort ist eindeutig »Nie mehr zurück!« Sie fühle sich »glückselig, wie gepolstert«. Ihre Botschaften sind klar und verständlich. Selbst der skeptische Vater, der zunächst die Versuche seiner Frau, Kontakt mit der jenseitigen Welt aufzunehmen, vollkommen abgelehnt hatte, muß zugeben: »Ja, das ist meine Tochter, das ist die Stimme meiner Tochter!« Andererseits ist er zu sehr Materialist, um gelten lassen zu können, was seiner Meinung nach nicht sein kann. Mit dem Tod ist alles, wirklich alles aus. Da kann es kein Jenseits geben, keine andere

Welt, in der sich die Verstorbenen aufhalten, da ist es natürlich auch unmöglich, per Tonband eine Brücke aufzubauen, Gespräche mit den Jenseitigen zu führen.

Frau Schäfer indes ist davon überzeugt: Ihre Tochter hat in jungen Jahren diese Welt verlassen müssen. Sie ist durch den Tod hindurch in eine andere, bessere Welt gelangt, in der sie sich wohl fühlt, wo es ihr bestens geht, so daß sie vor Glück fast platzen könnte.

Woher kommen die Stimmen?

Selbst Skeptiker und Zweifler müssen zugeben, daß es die geheimnisvollen Stimmen gibt. Aber wie entstehen sie? Diese Frage wird seit Jahrzehnten heftig diskutiert. Für die einen sprechen da die Toten zu uns, versichern uns, daß es ein Weiterleben nach dem Tode gibt. Die anderen vermuten, daß die Tonbandstimmen keineswegs von Verstorbenen stammen. Sie entstünden vielmehr so: Ein Mensch sitzt an seinem Tonbandgerät. Er schaltet auf »Aufnahme«, spricht, bittet die Toten sich zu melden. Er schweigt, um den Jenseitigen die Möglichkeit für eine Antwort zu geben.

Während er stille ist, schreien seine Gedanken. Und seine intensiven Gedanken seien es, die dann aufs Tonband gerieten, und nicht die Stimmen der Jenseitigen.

Zunächst einmal muß festgehalten werden: Beide Erklärungen setzen etwas Übernatürliches voraus. Erklärung 1 postuliert, daß es ein Leben nach dem Tode gibt und daß es den Verstorbenen möglich ist, sich bei uns bemerkbar zu machen.

Erklärung 2 behauptet, daß es möglich sei, intensive Gedanken per Tonband aufzuzeichnen: Mann kann demnach seine Gedanken übertragen, unausgesprochene Gedanken würden dann auf Tonband erscheinen.

Melden sich wirklich die Toten?

Im Frühjahr 1980 erhielt ich eine mehr als traurige Nachricht: Mein bester Freund aus den Jugendtagen, als wir im »Steigerwald Landschulheim« gemeinsam die harte Schulbank im unterfränkischen

Wiesentheid gedrückt hatten, war gestorben. Der knapp und bündig gehaltenen Karte war keine Todesursache zu entnehmen. Ich scheute aber davor zurück, bei den Eltern meines toten Freundes nachzufragen. 1983 wandte ich mich an Frau Elisabeth Kroll, die damals in München lebte und mit ihren angeblichen Jenseitskontakten per Tonband Schlagzeilen machte. Sie genoß einen ausgezeichneten Ruf als Tonbandstimmenforscherin.

Ich wendete mich an Frau Kroll und war von ihrer Hilfsbereitschaft begeistert. Sie nahm sofort ihre Versuche auf, per Tonband eine Brücke ins Jenseits zu bauen. Nach Stunden meldete sie sich wieder bei mir. Mein Freund sei durch Selbstmord ums Leben gekommen. Deutlich zu hören auf dem Band: »Elisabeth Kroll: Woran ist Ernst Fettig gestorben?« Antwort: »Gift.«

Immer wieder hörte ich mir die kurze Sequenz an: »Gift«. Das Wort war klar und deutlich zu verstehen. Dann folgte etwas eher Undeutliches: »Erhangen« mochte es heißen. Oder »erlangen«. Standen beide Wörter im Widerspruch zueinander?

Entweder Ernst hatte Gift genommen, oder er hatte sich »erhangen« – wenn das Wort tatsächlich so hieß.

Kurz entschlossen rief ich bei Ernsts Eltern an. Ich erfuhr, daß Ernst tatsächlich Selbstmord verübt hatte. Nach dem Abitur hatte er zunächst Mathematik studiert, sein Studium aber abgebrochen, ein Studium der Chemie begonnen. Wahrscheinlich, so vermutete Ernsts Mutter, wechselte er deshalb das Studienfach, weil er im Fachbereich Chemie leichter an Gift kommen konnte. Schließlich hatte er sich vergiftet.

Damit war das Wort »Gift« auf der Bandaufzeichnung von Frau Krolls Gespräch mit dem Jenseits geklärt. Wie sah es aber mit dem anderen Wort aus?

Ernst war von Würzburg, wo er Mathematik studierte, nach Erlangen gewechselt, just zu einer Zeit, da auch ich als Student in Erlangen war. Ernst und ich sind uns aber nie in Erlangen begegnet. Ernst wußte, daß ich in Erlangen war, wollte mich aber allem Anschein nach nicht mit seinen schwarzen Gedanken belasten. Immer wieder hatte ihm seine Mutter geraten, mich doch einmal im Studentenheim des Martin-Luther-Bund aufzusuchen. Ernst uns ich sind uns nicht mehr begegnet.

Zwei Worte waren auf dem Band zu hören, das Frau Kroll aufgenommen hatte. Immer wieder hörte ich mir die kurze Sequenz an. »Woran ist Ernst Fettig gestorben?« fragt Frau Kroll. Und dann sind zwei Worte zu vernehmen, eindeutig von meinem Freund Ernst gesprochen, der zum Zeitpunkt der Aufnahme bereits etwa drei Jahre tot war: »Gift. Erlangen«.

Übermittelten diese beiden Worte nicht eine traurige Geschichte? »Gift. Erlangen.« Faßten diese beiden Worte nicht auf prägnanteste Weise zusammen, was geschehen war?

Rückkehr zum Glauben

Das *Lexikon der Parapsychologie,* herausgegeben von Werner F. Bonin (Herrsching 1984), definiert: »Aufgabe der Parapsychologie ist es, die jahrtausendealten und in allen Kulturen anzutreffenden Berichte von ›übernatürlichen‹ Geschehnissen auf ihren rationalen Kern hin zu untersuchen. Dazu wird vorausgesetzt, daß sie in einer geordneten Welt auftreten, das heißt regelhaft sind. Geschehenstypen werden aufgezeigt, ihre Gesetze formuliert.« Viele Jahrzehnte habe die Parapsychologie versucht zu beweisen, daß es das Übersinnliche gibt. Dieser Nachweis sei nun, zumindest nach Ansicht weiter wissenschaftlicher Kreise, endlich gelungen.

Die Erforschung der übersinnlichen Kräfte, die in diesem Kapitel vorgestellt wurde, läßt Grenzen schwinden. Es zeigt sich, daß die Wirklichkeit von Geist, nicht von Materie bestimmt wird.

Die Erforschung des Übersinnlichen läßt aber auch die Grenzen des Menschen erkennen: Er lernt, daß es deutliche Hinweise auf ein Leben nach dem Tod gibt. Materiell orientierte Forschung fand Belege dafür, daß da etwas nach dem Tode kommt. Das Leben nach dem Tode aber entzieht sich letztlich doch unserem Wissen.

Wo die Suche nach materiellen Beweisen enden muß, beginnt der Glaube. Für den Glaubenden aber verlieren »Beweise« an Bedeutung. Der Glaube gibt ihm Hoffnung und Gewißheit. Er glaubt an einen gütigen Gott – und an das Leben nach dem Tode.

TEIL 2

Geheimnisse der Magie

Aufbruch ins dritte Jahrtausend

Heute, an der Schwelle zum dritten Jahrtausend, praktizieren allein in England rund 10 000 Menschen die Magie. Sie haben sich zu zahllosen kleinen geheimen Zirkeln zusammengeschlossen, stöbern in mittelalterlichen Zauberbüchern und versuchen uralte Rituale neu zu beleben. Im ganzen Land bekannt ist Ruth Knight, 28, die sich als Magierin und Hexe bezeichnet. »Wir verehren die ursprünglichen Muttergottheiten, rufen sie an. Die Natur ist uns heilig. Magische Praktiken werden nicht ausgeübt, um anderen zu schaden, sondern um Mutter Erde zu schützen!«

»Viele junge Menschen suchen nach tieferer Wahrheit«, stellt Rob Dumbarton, der Herausgeber der erfolgreichen magischen Zeitschrift *Supa Nova,* fest. »Sie stellen Fragen an Religionen und sehen in der Magie einen neuen Glauben!« Der Religionsanthropologe Michael Jordan stimmt zu: »Die klassischen Religionen verlieren für viele an Attraktivität. Sie suchen nach neuen Wegen der ›Erkenntnis‹, interessieren sich mehr denn je für Magie.«

Auf ihrer Suche gehen die Anhänger magischer Praktiken oft leichtsinnig unkalkulierbare Risiken ein. Wie schon vor unzähligen Jahrhunderten, etwa bei den Mayas und Azteken, werden Drogen konsumiert, die angeblich das Bewußtsein erweitern. Was Jahrzehnte im verborgenen genossen wurde, wird heute ganz öffentlich konsumiert. In Holland beispielsweise kosten vier Psilocybin-Pilze 25 Gulden, umgerechnet etwa 22 Mark.

Dieser »Spitzkegelige Kahlkopf« ist in unterschiedlichsten Variationen zu kaufen: frisch oder getrocknet, eingelegt in Tequila oder als Pulver für Suppen. Roh genossen bringt der Fruchtkörper des Pilzes, so berichtet *Der Spiegel* (Nr. 44/1996, S. 222), »Wahnvorstellungen wie in einem LSD-Rausch hervor, grotesk verzerrte Formen und ein Gefühl der Bewußtseinserweiterung«.

Der Genuß des Pilzes ist alles andere als ungefährlich, warnt *Der*

Spiegel: »Die Wirkungen der magischen Pilze sind unkalkulierbar. Manche von ihnen können zehnmal mehr Psilocybin enthalten als andere und den Benutzer durch Überdosis vergiften. Und selbst bei einer Normalration können psychisch labile Menschen auf einen Horrortrip geraten und dabei die Schwelle zum bleibenden Wahn, zur Psychose, überschreiten.«

Magie kann im 20. Jahrhundert aber auch wahrhaft monströse Formen annehmen. So stießen Polizeibeamte in Amsterdam im Spätherbst 1996 bei der Untersuchung eines Vergewaltigungsfalls auf eine geheime Gruppe, die blutige Magie-Rituale praktizierte. In der Wohnung eines 45jährigen fanden sie vier wie Mumien einbalsamierte Babyleichen, die bei geheimen Ritualen benützt worden sein sollen. Mehrere Verdächtige wurden festgenommen.

Weil sich die moderne Welt verstärkt wieder der Magie zuwendet, nutzen Betrüger immer häufiger den Glauben an okkulte Kräfte aus. So ergaunerte anno 1996 ein Team von drei Betrügern in Johannesburg große Geldbeträge. Sie verkauften, wie das Magazin *Fortean Times* im Dezember 1996 berichtete, geschwärztes Papier für teures Geld. Angeblich würde es sich nach einem magischen Ritual in echte US-Dollarnoten verwandeln.

Erleben wir heute an der Schwelle zum dritten Jahrtausend tatsächlich eine Renaissance der Magie? Die französischen Autoren Louis Pauwels und Jacques Bergier veröffentlichten zu Beginn der sechziger Jahre unseres Jahrhunderts ein umfangreiches Werk, das sofort weltweit zum Bestseller wurde: *Aufbruch ins dritte Jahrtausend.* Der französische Originaltitel ihres Werkes verdeutlicht, worum es den beiden Autoren ging: *Le Matin des Magiciens,* zu Deutsch »Der Morgen der Magier«. Pauwels und Bergier waren der Ansicht, daß die moderne Wissenschaft am Ende ihrer Möglichkeiten angelangt sei. Jacques Bergier sagte 1975 in Zürich zum Verfasser: »Am Wendepunkt zum dritten Jahrtausend wird das Interesse an alten magischen Praktiken wieder erwachen!«

Warum also kehrt die Magie in unseren Alltag zurück? Ist unsere Welt zu technologisch, zu unpersönlich, zu berechenbar geworden? Fehlt uns das Geheimnisvolle, das Mystische, für das es im Zeitalter der Gentechnologie und der Raumfahrt keinen Platz mehr zu geben scheint? Die Magie wurde nur aus der aufgeklärten Welt Europas weitestgehend verdrängt, in anderen Regionen gehört sie nach wie vor zum Alltag: In Südafrika sagen Priesterinnen wie Uyitshigitshi in Trance zukünftige Ereignisse voraus. Zulu-Magier deuten anhand von Orakelgegenständen die Zukunft. Magier aus Simbabwe nutzen zu diesem Zweck Zauberknochen. Auf Haiti tanzen sich – möglicherweise just in diesem Augenblick – Anhänger des Voodoo-Kults in Trance. Womöglich werden gerade jetzt in Brasilien Frauen nach altem Xango-Ritus in die Reihen der Magiekundigen aufgenommen und erhalten nach Opferhandlungen den Titel »Töchter der Heiligen«.

Der Begriff des Magischen ist schon jahrtausendealt. Bereits der Philosoph Giovanni della Porta (1535–1615) hat in einer wissenschaftlichen Abhandlung die Ursprünge der Magie bis ins alte Persien zurückverfolgt. Dort bezeichnete man Zauberer als Magos. Sie galten als Wissende, waren in die Lehre des Ahura Mazda eingeweiht. Als erster Magier gilt Zarathustra. Wann genau der große Weise lebte, ist umstritten. Manchen Gelehrten zufolge lebte er bereits um 1000 v. Chr., nach anderen erst vierhundert Jahre später. Im Zentrum seiner Lehre stand der ständige Kampf zweier Mächte: Ahura Mazda, das absolut Gute, gegen Angra Mainyu, das vollkommen Böse. Der Mensch muß sich entscheiden, ob er sich der guten oder der bösen Macht zuwendet.

Die persischen Magier waren hoch angesehene Persönlichkeiten. Die Anhänger des Zarathustra waren überzeugt, daß sie ausschließlich zum Wohle der Menschen arbeiteten. Nach den heiligen Schriften der Awesta durchwachten die Magier die Nächte und suchten nach der »Weisheit, die den Menschen furchtlos und freudigen Herzens an der Todesbrücke stehen läßt«.

Wie haben wir uns die Magos der Perser vorzustellen? Es scheint sich bei ihnen, das lassen einige Äußerungen des antiken Historikers Herodot vermuten, um Priester gehandelt zu haben. Sie vollzogen heilige Rituale, in deren Zentrum das magische Feuer stand. Als Magier bezeichneten die Griechen auch die babylonischen Priester und Astrologen.

Vermutlich handelte es sich bei jenen »Weisen aus dem Morgenland«, die nach Matthäus (Kapitel 2, Vers 1) nach Jerusalem kamen, um dem »neugeborenen König der Juden« ihre Aufwartung zu

133

machen, um Sterndeuter aus Babylon. Tatsächlich war Babylon, von Jerusalem aus gesehen, das »Morgenland«. Es war das Heimatland der wissenschaftlichen Astronomie. So verwundert es nicht, daß die Weisen einem Stern folgten. Die Bibel weiß nicht, wie die Besucher aus dem Morgenland hießen. Kein Hinweis findet sich auch im Buch der Bücher auf die Zahl der Männer, die den Messias suchten. Der Volksglaube freilich kennt ihre Namen: Caspar, Melchior und Balthasar. In frommen, naiven Darstellungen werden sie als Könige mit goldenen Kronen dargestellt. Caspar soll schwarz gewesen sein.

Jedes Neujahr werden ihre Initialen über Türschwellen geschrieben: C + M + B. Freilich hat man inzwischen den alten Brauch umgedeutet. C + M + B stehe für Christus Mansionem Beneficat – Christus segne dieses Haus.

Die Vorstellung von den drei »Magiern« oder »Königen« aus dem Morgenland ist schon sehr alt. Auf Befehl von Kaiser Konstantin wurde 330 n. Chr. an der Außenwand der »Geburtskirche« in Bethlehem eine bildliche Darstellung der drei Männer angebracht. Als der Perserkönig Chosroes 614 n. Chr. in Jerusalem einfiel, sah er in der Darstellung der drei Männer Perser und verschonte deshalb die Kirche.

Rund 500 Jahre später wurden die drei Magier im Kölner Dom verehrt. Seit 1164 bewahrt man ihre Gebeine in einem kostbaren Schrein als Reliquien auf. Als 1980 der reich verzierte Sarkophag geöffnet wurde, stellte man fest, daß da tatsächlich drei Menschen in kostbaren Gewändern zur letzten Ruhe gebettet worden waren. Der Stoff war vor mindestens 1800 Jahren im Orient gewebt worden.

Magie gab es nicht nur im alten Persien, sie wurde einst weltweit betrieben, wohl seit der Mensch denken kann. Die Arbeitskollegen der babylonischen Magier waren in Rom als Sapientes, in Ägypten als Sacerdoten, in Griechenland als Philosophes, in Indien als Brahmanen oder Gymnosophistas bekannt. Bei den Assyrern wurden sie als Chaldeos, bei den Kelten als Drydas und Semnothen bezeichnet.

Der Volkskundler Eduard Spranger setzte sich intensiv mit den überlieferten Vorstellungen von Magie, wie sie bei zahlreichen Naturvölkern weit verbreitet sind, auseinander. Er kam zur Überzeugung, daß magische Praktiken weltweit bereits vor den Religionen als festgeprägte Vorstellungen existierten. »Der primitive Mensch will sich gegenüber der Welt erhalten«, stellt er in seinem Buch *Die Magie der Seele* fest, »er glaubt Mittel zu besitzen, durch die er sich die verborgenen Mächte, die sein Dasein unheimlich umgeben, gefügig machen kann.«

Die ältesten nachgewiesenen magisch-religiösen Texte entstanden im Raum Babylon. Sie berichten, daß es am Anbeginn der Zeiten, lange bevor die ersten Menschen erschaffen worden waren, nur die göttliche Urmutter Nammu gab. Sie gebar Himmel und Erde und alle Götter.

Auf der urzeitlichen Erde lebten Abzu und Tiamat. Abzu war der gewaltige unterirdische Süßwasserozean, in dem Enki hauste, der als »Herr der Erde« und »Herr des Unten« verehrt wurde. Er war der Gott der Weisheit und Künste und führte ein gerechtes Regiment über die einhundert Me, die unterirdischen Geister.

Tiamat war der Chaosdrache, eine Personifikation des Salzwassermeeres. Aus der Verbindung von Abzu und Tiamat gingen die Kinder Lachmu und Lachamu hervor.

Lachamu war die Göttin der Finsternis, ihr göttlicher Bruder Lachmu verkörperte ebenfalls die Dunkelheit. Lachamu und Lachmu zeugten die Kinder Anschar, Kischar, An und Enki.

Nach Anweisung von Enki schuf Nammu die ersten intelligenten Erdenwesen. Sie wurden, wie der Adam der Bibel, aus Schlamm geformt.

Anschar ehelichte seine Schwester Kischar und zeugte mit ihr Anu, Anatum, Ea und Elil. Anu war der gehörnte Gott der Stadt Uruk, Anatum galt als Erdgöttin. Aus der Verbindung zwischen Anu und Anatum ging Ischtar hervor. Die Göttin gefiel ihrem Vater Anu so sehr, daß er seine Frau verstieß und durch die eigene Tochter ersetzte.

Die Liebesgöttin Ischtar vereinte in sich Dunkelheit und Licht und war zugleich Göttin des Morgen- und des Abendsterns.

Nach der Mythologie unterschieden sich die Götter von den Menschen in erster Linie durch ihre magischen Kräfte, die sie allerdings auch verlieren konnten. So stieg Ischtar in die Unterwelt, um dort die Macht an sich zu reißen. Dabei mußte sie, um in die tiefste Hölle zu gelangen, sieben Tore durchschreiten. Bei jedem

Tor verlor sie eine ihrer magisch-göttlichen Eigenschaften. Das hatte verheerende Folgen für die Erde. Da Ischtar für die Fortpflanzung zuständig war, gab es keine Geburten mehr. Dank Eas Hilfe erhielt Ischtar ihre Kräfte zurück, und bei Mensch und Tier stellte sich wieder Nachwuchs ein.

Der Mensch wäre also ausgestorben, hätte Ischtar ihre magischen Kräfte nicht wiedererlangt. Die Menschen des alten Babylon verdankten also ihr Leben der Magie der Götter.

Ischtars Sorge um die Menschen war kein allgemeines Kennzeichen der Götter. Im Grunde hatte Enki sie nur als Sklaven gedacht, die den Göttern das Leben erleichtern sollten. Und wie Menschen zu allen Zeiten wußten die Babylonier oft nicht, was die Götter von ihnen erwarteten.

Weil niemand recht verstand, was die Himmlischen genau wollten, entstand die Priesterkaste, deren Vertreter die Aufgabe hatten, zwischen Himmel und Erde zu vermitteln und die Wünsche der Götter zu deuten. Magische Mittel und Methoden standen ihnen recht bald zur Verfügung: Sie beschworen Geister, blickten in die Zukunft, interpretierten Träume und befragten Planeten und Sterne.

Ihre Macht wurde dank der Angst der Menschen immer größer: Kein Laie wußte so recht, ob denn eine Handlung gottgefällig war oder ob sie den Grimm der Himmlischen herausfordern würde. Die Priester standen gern hilfreich zur Seite. Zu faktisch jedem noch so privaten Lebensbereich gab es magische Praktiken, die jede Einzelheit so regelten, daß die Götter mit dem Tun der Menschen einfach einverstanden sein mußten. Die Magie hatte also eine zentrale, vordergründige Bedeutung: Sie diente dem Menschen dazu, sein Leben nach den oft willkürlichen Wunschvorstellungen der Himmlischen auszurichten. Schließlich wollte niemand plötzlich dem Zorn der Götter ausgeliefert sein. Die Menschen sahen in der Magie keine hilfreichen Zaubertricks. Sie hätten es nicht gewagt, mit der Hilfe der Magie die Wirklichkeit zu verändern. Sie nutzten die priesterliche Magie zunächst nur aus einem einzigen Grund: Sie wollten sicher sein, mit ihrem Tun und Lassen die Götter nicht zu verärgern.

Die Chinesen gingen schon einen kleinen Schritt weiter: Sie

wollten sich nicht mehr damit begnügen, durch magische Praktiken herauszufinden, wie eine Verärgerung der Götter zu vermeiden sei. Sie trachteten danach, mit der Hilfe der Magie Himmel und Erde miteinander in harmonischen Einklang zu bringen.

Derlei Praktiken hält Völkerkundler Eduard Spranger für sinnlos: »Daß durch die Zauberhandlungen der Zweck erreicht werden kann, erscheint uns als ausgeschlossen. Auch der Primitive muß dies schließlich bemerkt haben.« Warum wurde dann aber trotzdem Magie über Jahrtausende hinweg weiter betrieben, wenn »die Primitiven« doch erkennen mußten, daß all ihr oft mühseliges Treiben zu keinerlei nennenswertem Erfolg führte? Nach Spranger wollte der Magier vor Jahrtausenden gar nicht wirklich äußerliche Wirkung erzielen. Er habe vielmehr die eigene Seele beeinflussen wollen.

Schon Francis Baron Verulam Bacon (1561–1626) warnte vor der Haltung, die nur das offensichtlich Sichtbare als wirklich akzeptiert und Übersinnliches, Magisches als unmöglich leugnet: »Man muß in diesen Dingen vorsichtig sein, denn es geschieht dem Menschen leicht, daß er sich irrt, und wir befinden uns hier vor zwei Arten von Irrtümern: Die einen leugnen alles, was außerordentlich ist, und die anderen lassen die Vernunft beiseite und verfallen der Magie.« Vieles, was als Magie deklariert werde, sei zwar Humbug, es könne aber keinen Zweifel geben, daß echte Magie existiere. Mit abergläubischem Zauber habe das dann aber nichts zu tun, es gehe dann vielmehr um uralte »Geheimnisse der Weisen«.

Ganz ähnlich dachte E. Jensen (1899–1965) rund 400 Jahre später. Der Professor für Ethnologie, Direktor des Frobenius-Instituts und des Völkerkunde-Museums in Frankfurt am Main ging davon aus, daß es tatsächlich so etwas wie »echte Magie« gab und gibt. Magier seien durchaus zu konkreter Veränderung der Realität in der Lage, betonte er. Jensen erklärte (*Mythos und Kult bei Naturvölkern*, München 1992, S. 321), daß Magier »nach dem Glauben der Eingeborenen Krankheit und Tod verursachen« können – durch Beeinflussung der geistigen Aspekte der Wirklichkeit. Jensen weiter: »Mit denselben Mitteln können sie Krankheiten heilen oder das im Geistigen schon vorgezeichnete zukünftige Geschehen oder die der Erfahrung nicht zugängliche Wahrheit ergründen. Es besteht kein Zweifel, daß der Mensch tatsächlich solche Fähigkeiten besitzt.«

Die Menschheitsgeschichte ist in weit stärkerem Maße von Magie geprägt, als das die Lektüre wissenschaftlicher Werke über die Historie unseres Planeten ahnen läßt. Das vorliegende Werk soll wesentliche magische Strömungen vorstellen. Wer es liest, nimmt an einer magischen Reise durch Raum und Zeit teil, stets auf den Spuren des Okkulten. Wir begegnen den Azteken und ihren Magiern, lernen den Sinn ihrer Menschenopfer kennen. Uns begegnen die geheimnisvollen Tiermenschen Afrikas und ihre Verwandten in Europa, die Werwölfe. Wir erfahren wichtige Details über den mörderischen Voodoo-Zauber Haitis. Schon die alten Ägypter praktizierten ganz ähnliche Riten, um Feinde mit Hilfe von Magie zu vernichten. Magisch war auch die Jenseitsvorstellung der alten Ägypter. Nur mit Hilfe von geheimnisvollen Zauberformeln konnte der Pharao die Höllenwelt überwinden, die ihn nach seinem Tode vom himmlischen Jenseits trennte. In Indien begegnen wir den Yogi-Magiern. Sie scheinen Naturgesetze aufheben zu können. Europa erweist sich als ein Kontinent mit großer magischer Vergangenheit. Hier entstand die Lehre der Kabbala mit ihren präzisen Vorschriften für Jenseitskontakte zur magischen Erfüllung von Wünschen. Hier wirkten die großen Magier Paracelsus, Agrippa von Nettersheim, Athanasius Kircher und Emanuel von Swedenborg.

Dieses Kapitel basiert auf meinen langjährigen Studien. Es ist aber auch das Ergebnis von Forschungsreisen zu den geheimnisvollsten Orten unserer Welt: von Indien bis zur Osterinsel. Es enthält Beschreibungen magischer Zeremonien, an denen ich selbst teilnahm.

An der Schwelle zum dritten Jahrtausend erlebt die Magie eine Renaissance. In den nächsten Jahren wird wohl mehr denn je über okkulte Zauberpraktiken diskutiert werden. Wer mitreden können will, benötigt konkrete Fakten. Die will das vorliegende Werk – wertneutral – vermitteln.

Die Magie der Azteken

»Wanderer, du bist in der durchsichtigsten Region der Lüfte angekommen!« fabulierte der mexikanische Nationaldichter Alfonso Reyes voller Stolz über die einst so klare Luft von Mexico City. Noch vor wenigen Jahrzehnten begrüßten die hymnischen Worte des Dichters ankommende Touristen. Heute verzichtet man auf diesen poetischen Gruß.

Smog, Wissenschaft und Magie

Man wird nicht mehr von klarer Luft, sondern stickigem Smog begrüßt. In einer Höhe von 2480 Metern leben 1997 im Hochtal von Anahuac rund 25 Millionen Menschen. Zur Jahrtausendwende werden es nach vorsichtigen Schätzungen der UNO 40 Millionen sein. Die meisten werden dann in gigantischen Elendsvierteln hausen. Schon heute sterben jährlich etwa 100 000 Menschen an der giftigen Luft. Es ist nur noch eine Frage der Zeit: Irgendwann werden Automaten aufgestellt, an denen – gegen Bezahlung – saubere Atemluft »getankt« werden kann.

Für den Wissenschaftspublizisten Jacques Bergier stellt die von Umweltgiften verseuchte Riesenmetropole dem wissenschaftlichen Denken, so wie es etwa von den Universitäten am Übergang zum dritten Jahrtausend gelehrt wird, ein Armutszeugnis aus. »Auch heutige Wissenschaftler streben nach Erweiterung von Wissen«, meinte er zu mir. »Sie begehen dabei zwei massive Fehler. Erstens glauben sie, daß Erkenntnisse nur auf den bekannten, von der reinen Vernunft geprägten Wegen erlangt werden können. Zweitens können sie sich nicht vorstellen, daß beispielsweise Vertreter früher Kulturen auch andere Wege zum Wissen kannten.« Er meinte damit die Magie.

Gibt es nun Hinweise in der Geschichte Mexikos, die auf magische Erkenntnisgewinnung hindeuten?

Umstritten ist, wann die Geschichte Mexikos begann. Sie könnte älter sein, als das den meisten Wissenschaftlern unserer Tage lieb ist. So entdeckte der amerikanische Archäologe Byron Cummings

1922 im heutigen Stadtgebiet von Mexico City bei Cuilcuilco eine Pyramide. Das unscheinbare Bauwerk müßte eigentlich die Welt der Wissenschaft dazu zwingen, ihr Lehrgebäude grundlegend zu renovieren. Es ist nämlich mit an Sicherheit grenzender Wahrscheinlichkeit weit älter als der angebliche Anfang der Zivilisation in Mittelamerika. Archäologen weisen noch heute darauf hin, daß die Pyramide dem Baustil nach von den Olmeken beeinflußt worden sei. Sie kann aber kaum erst im vierten vorchristlichen Jahrhundert entstanden sein.

Je mehr archäologische Literatur man zu Rate zieht, desto älter wird Cuilcuilco: »Sie wurde 900 vor Christus begonnen, 350 v. Chr. aufgegeben«, meint der Archäologe C. A. Burland. Ähnlich denkt Leo Deuel: »Baubeginn – 600 v. Chr.!« Zu ganz anderen Ergebnissen kam der Geologe George E. Hyde. Der kümmerte sich freilich nicht um echte oder vermeintliche Ähnlichkeiten zwischen der geheimnisvollen Pyramide und anderen Bauwerken. Der Geologe stellte klipp und klar fest: »Teile der Pyramide sind von Lavamassen überdeckt worden, die etwa 7000 Jahre alt sind.«

Die Datierung des Geologen Hyde stellt die Geschichtsschreibung der Archäologie auf den Kopf. Demnach wurde im heutigen Gebiet von Mexico City eine Pyramide viele Jahrtausende früher gebaut, als es nennenswerte Volksgruppen in Zentralamerika gab. »Obwohl die Pyramide etwas Aufsehen erregte«, meint der Journalist Ron Willis, »wurde der Fund bald von vielen Archäologen ignoriert, einfach weil die Pyramide eine komplexe Zivilisation in Mexiko voraussetzen würde, die mehrere Jahrtausende vor Ägypten und Sumer bestand.«

Welches Volk mag damals in Mexico gelebt haben? Die Azteken können es nach anerkannter Lehrmeinung nicht gewesen sein, denn die wanderten erst etwa zu Beginn des zweiten vorchristlichen Jahrtausends in Mexiko ein. In der ursprünglichen Heimat Nordamerika trug der Indianerstamm zunächst einen anderen Namen: Nahua. Die Nahua gehörten einer Gruppe von Völkern an, deren Nachfahren bis zum heutigen Tage in Nordamerika leben: die Comanchen, Schoschonen und Ute. Es gelang den Nahua durch eine friedliche Handelspolitik, aber auch durch strategisch geschickte Kriegführung, innerhalb von weniger als einhundert Jahren zu dem beherrschenden Kulturvolk im Hochtal von Mexiko zu werden.

Die alten magischen Kulte ihrer Vorfahren waren den Azteken heilig. Professor Dr. Hanns Prem vom Seminar für Völkerkunde der Universität Bonn bezeichnete die Azteken im Spätherbst 1996 als »erste Archäologen«. Sie führten Grabungen durch, bargen Kultgegenstände und Statuen, die bereits fast 1000 Jahre vom Erdreich bedeckt gewesen waren. Sie stellten uralte Götterfiguren in ihren Tempeln auf und bezogen sie in ihre magischen Praktiken ein.

Als Azteken gingen sie in die Welthistorie ein und entwickelten eine der erstaunlichsten Zivilisationen unseres Globus. Erst 1370 n. Chr. gründeten sie ihre Hauptstadt Tenochtitlan. Hernando Cortez fiel am 8. November 1519 im Hochtal von Mexiko City ein. Staunend stand er mit seinen Mannen vor einer kultivierten Riesenmetropole. Im Vergleich dazu erschienen die Hauptstädte des alten Europa wie ärmliche Dörfer.

»Alle Straßen«, schrieb Hernando Cortez an Kaiser Karl V., »sind der Länge nach von Kanälen durchzogen, so daß zwischen ihnen eine Wasserverbindung besteht. Über diese Kanäle, von denen einige sehr breit sind, führen Brücken.« Vermutlich lebten damals 100 000 Familien in der Hauptstadt der Azteken. Wie hoch die Zahl der Bevölkerung war, darüber streiten sich noch heute die Experten. Waren es »nur« 700 000 oder mehr als 1 000 000 Menschen?

»Wir staunten«, schrieb der Chronist Bernal Diaz del Castillo, »und sagten, das gliche den Wundern, von denen im Amadis, dem berühmten Ritterroman, berichtet wird, denn die riesigen Türme, Pyramiden und Gebäude im Wasser waren alle aus Stein gebaut. Einige unserer Soldaten fragten sich sogar, ob das, was sie sahen, nicht ein Traumbild sei.« Märchenhaft müssen den plündernden Eroberern die Tempel und Paläste vorgekommen sein. Aber auch die Behausungen der »einfachen Bevölkerung« ließen die Spanier vor Neid erblassen. Selbst »kleine« einstöckige Häuser verfügten über einen geräumigen Innenhof, wo farbenprächtige Blumen gediehen und wohlschmeckendes Gemüse angebaut wurde.

Verdächtig kam den »zivilisierten« Europäern der Reinlichkeitskult der Azteken vor. Während an den europäischen Königshöfen Körperhygiene hauptsächlich darin bestand, unangenehme Ausdünstungen mit möglichst starken Parfüms zu übertönen, verließ man sich bei den Azteken mehr auf Wasser und Seife. Ein sauna-artiges Dampfbad gehörte keineswegs zum Luxus der Reichen. Es war fester Bestandteil des täglichen Lebens auch im kleinsten Haus.

Die Azteken, die Straße der Toten und unser Sonnensystem

Um 1400 muß es zwei hauptstädtische Zentren der Azteken gege-ben haben. Mit enormem Arbeitsaufwand wurden Sumpfgelände trockengelegt und riesige Siedlungen auf Pfahlbauten errichtet. Zweihundert Jahre später, also um 1600, war aus diesen Siedlungen eine gewaltige Stadt entstanden. Sie hatte eine Fläche von minde-stens 1000 Hektar. Im Norden lag der Stadtteil Coepopan, der »Ort der Blumenblüte«. Das religiöse Zentrum mit zahllosen Tempeln befand sich in Teopan im Osten. Weniger beliebt war Moyotlan im Süden. Der Name läßt sich mit »Region der Mücken« übersetzen. Moskitos gediehen hier in den nahe gelegenen Sümpfen prächtig und peinigten die Menschen. Der Blutbedarf dieser schwirrenden »Minivampire« muß enorm gewesen sein. Atztalcalco, die »Wohn-stätte der Reiher«, lag im Westen.

Sosehr auch die Spanier über die Baukunst der Azteken staun-ten, so rasch überwanden sie ihre Scheu und legten die glanzvolle Stadt in Schutt und Asche. Man muß es als großen Glücksfall bezeichnen, daß schon zu jenen Zeiten der Zerstörung die eigent-liche Hauptstadt des Aztekenreiches bereits eine überwucherte Ruinenlandschaft war. So wurden kostbare Altertümer vor den europäischen Barbaren gerettet. Wird man sie aber je ausgraben können? Das erscheint heute noch nach wie vor mehr als fraglich. Wurden doch die uralten heiligen Ruinen von einst inzwischen längst vom Moloch der modernen Riesenstadt überwuchert. Man müßte rigoros ganze neuzeitliche Stadtgebiete abreißen, wollte man die ältere Metropole, von deren Existenz die zerstörungswüti-gen Spanier keine Ahnung hatten, wieder rekonstruieren. Bereits 1900 wurden bei Kanalisationsarbeiten Spuren eines riesigen Tem-pels in der unterirdischen Welt von Mexico City entdeckt. Erst vor wenigen Jahren begannen Archäologen mit systematischen Ausgrabungen, die wohl in unserem Jahrhundert nicht mehr abgeschlossen werden können.

Nur 40 Kilometer von der Hauptstadt des Aztekenreiches, die von den Spaniern planmäßig zerstört wurde, schlummerte eine Sensation vor sich hin. Unter üppig bewachsenen Hügeln, die mehr an natürliche Erdformationen als an Werke von Menschenhand erinnerten, ruhten geheimnisvolle Bauwerke. Sie waren den Azteken wohlbekannt. Ehrfurchtsvoll sprachen sie über die rätselhafte Stätte, die angeblich in grauer Vorzeit errichtet worden sei. Das taten sie aber nur, wenn sie sicher sein konnten, daß kein Spanier zuhörte.

Denn an diesem Ort haben sich angeblich einst die Götter getroffen. Noch heute weiß ein heiliger Mythos zu berichten: »Während der Nachtzeit, als die Sonne noch nicht schien, als es noch keinen Tag gab, da versammelten sich die Götter an dem Ort, den man Teotihuacan nennt, um über den Menschen zu beraten.«

Wer waren diese Götter? Ihre Namen sind nicht bekannt, doch bei den Azteken gab es eine wahre Götterflut. Ursprünglich hatte jede der Volksgruppen eigene Gottheiten, dazu kamen Naturgeister, die zu Göttern erhoben wurden. Die Priester erwiesen sich als sehr tolerant und integrierten auch die Götter fremder Stämme, so Xocotl, den Feuergott.

Auch Menschen konnten göttlich werden. Wurden doch im Kindbett gestorbene Frauen und gefallene oder geopferte Krieger in den Himmel aufgenommen. Das Jenseits war klar gegliedert, das überirdische Reich in dreizehn, das unterirdische in neun Zonen. Im dreizehnten Reich thronte der Hauptgott, doch wer das war, darüber bestand keine Einigkeit. In die ungastlichen unterirdischen Gefilde kamen die Toten. Giftpflanzen und alles, was auf Erden als ungenießbar galt, mußte verzehrt werden. Besonders schlimm war die Unterwelt für Menschen, die Krankheiten erlegen waren, denn das galt bei den Azteken nicht als natürliche Todesursache, sondern als magische Verhexung.

Manche Tote trafen es besser: Wer vom Blitz erschlagen wurde, ertrank, an Aussatz oder Gicht starb, kam in das Reich des Regengottes Tlalocan, der ihm Platz in seinem Reich auf den wolkenverhangenen Bergen einräumte, wo er nie Hunger zu leiden hatte.

Bevorzugt waren ebenfalls die Geister von Königen und von auf Reisen verstorbenen Kaufleuten. Sie wurden selbst zu Göttern und fanden ihren Platz im Himmel. Kleine Kinder, die schon in der Wiege starben, durften ins »Blumenland« gehen. Dort stand ein magischer Baum, von dessen Früchten sie saugten wie an der Mutterbrust.

Ursprünglich, so vermutet der kanadische Professor Julian Jaynes, waren alle Götter der Azteken Totengeister. Es war die Aufgabe der Priester, mit ihnen Kontakt aufzunehmen. Dazu benutzten sie noch zur Zeit der spanischen Eroberung magische Idole, Götterfiguren, aus denen die Jenseitigen zu ihnen sprachen.

Julian Jaynes glaubt, daß diese Stimmen halluziniert wurden, Jacques Bergier geht dagegen davon aus, daß die Priester in Trance tatsächlich mit überirdischen Wesen reden konnten, die ihnen im Normalzustand verborgen waren.

Woher die göttlichen Stimmen auch kamen, die Priester jedenfalls hörten sie. Es waren Botschaften aus einer magischen Welt, die an die weltlichen Herrscher weitergegeben wurden.

»Der Ursprung des Aztekenvolkes«, schreibt Bergier, »war ein magischer. Naturerscheinungen wurden auf Zauberwesen zurückgeführt. Ehrfürchtig vernahmen die Priester Stimmen unsichtbarer Wesen. Das konnte nur bedeuten, daß magische Kräfte im Spiel waren. Diese Kräfte verliehen den Priestern Autorität, vor dem Volke wie vor den Herrschern.«

Wie Teotihuacan ursprünglich genannt wurde, das war selbst den Azteken nicht mehr bekannt. Treffend hält der Polyglott-Reiseführer *Mexiko* fest: »Die Azteken fanden hier schon eine verfallene Sakralstätte und nannten sie ›Ort der Götter‹, da sie sich die gigantischen Bauwerke nur von diesen errichtet vorstellen konnten. Wir wissen nicht, wer Teotihuacan erbaute, wie es ursprünglich hieß, wann und warum es zerstört wurde.«

Erste archäologische Untersuchungen wurden 1864 von Ramon Almarez begonnen. Für die systematischen Grabungen waren Leopoldo Batres und Desiré Charnay zuständig. Erste konkrete Versuche, Gebäude zu rekonstruieren, wurden 1905 von Batres unternommen. Mehrere seiner Kollegen scheiterten kläglich. Mit Elan und Enthusiasmus gingen sie ans Werk, zerstörten aber mehr, als sie Altes wieder neu erstehen ließen.

Über das Aussehen des Zentrums der einstigen Hauptstadt gibt es heute keinen Zweifel mehr. Da lief eine 45 Meter breite Straße über vier Kilometer lang durch eine sakrale Metropole. Sie heißt heute »Calzada de los Muertos«, zu Deutsch »Straße der Toten«. Der Ausdruck wurde willkürlich gewählt.

Am nördlichen Ende der exakt gerade verlaufenden Straße erhebt sich terrassenförmig die »Mondpyramide«. Sie hat eine Grundfläche von immerhin 150 mal 200 Metern und ist vierundfünfzig Meter hoch. Die Straße mit ihren zahlreichen kleineren und größeren Bauten, deren Zweck niemand wirklich kennt, verschmilzt mit der Mondpyramide zu einer einzigen gewaltigen steinernen Treppe, die direkt in den Himmel zu führen scheint. Diesen Eindruck gewinnt man aber nur, wenn man den Komplex vom Südende der Straße aus überblickt. Steht man freilich im Norden auf der Pyramide selbst und schaut gen Süden, so ist nicht eine einzige Treppenstufe mehr zu sehen. Man nimmt jetzt nur noch eine »normale« Straße wahr.

Von der Mondpyramide aus betrachtet linker Seite erhebt sich ein weiteres Monumentalgebaude: die Sonnenpyramide. Sie hat eine Grundfläche von 222 mal 265 Metern und ist 65 Meter hoch. Vom Volumen her ist sie größer als die Cheopspyramide. Auf der obersten Plattform der Mondpyramide stehend gewinnt man den Eindruck, als ob beide Bauwerke exakt gleich hoch seien. Das ist Folge einer vermutlich von den Architekten bewußt eingeplanten optischen Täuschung. Tatsächlich ist nämlich die Sonnenpyramide zwanzig Meter höher als ihr Gegenpart.

Der riesige Gesamtkomplex, daran kann es keinen Zweifel mehr geben, wurde bis ins letzte Detail geplant. Dieser Entwurf muß vor Baubeginn erarbeitet worden und dann von Anfang bis Ende präzise befolgt worden sein. Dazu wären aber die Azteken eigentlich nicht in der Lage gewesen, folgt man den Theorien der heutigen Wissenschaft. Die Grundsteinlegung dürfte 800 v. Chr., vielleicht auch schon 1000 v. Chr. erfolgt sein. Vollendet hat man die Anlage um 500 n. Chr. Weit mehr als 1000 Jahre lang müssen also die Erbauer von Teotihuacan einen exakten Bauplan befolgt haben. Wie aber wurden die komplexen Bauanleitungen überliefert? Nach Ansicht heutiger Wissenschaftler stand den Azteken keinerlei Schrift zur Verfügung.

Für architektonische Meisterleistungen hatten die marodierenden Spanier kein Interesse. Kunstschätze liebten sie, wenn sie von materiellem Wert waren. Als sie eine schwere Statue fanden, die einen »Gott« darstellte, wie der erste Bischof von Mexiko, Juan de Zumarrage, in seinen Aufzeichnungen notierte, sahen sie darin nur Gold und Silber. Für die Spanier waren solche Kunstwerke ohnehin nur Zeugen eines verhaßten magischen Götterglaubens. Sie zerschlugen die Götterfigur und schmolzen sie ein. Aus den kostbaren Edelmetallen machten sie genormte Barren, die nach Europa geschickt wurden.

Keine Ahnung hatten die Spanier allerdings davon, daß sie, vom Goldfieber gepackt und geblendet, auf einem der größten Rätsel unseres Planeten herumtrampelten. Die »Straße der Toten« stellt nämlich ein maßstabsgetreues Miniaturmodell unseres gesamten Sonnensystems dar. Der amerikanische Ingenieur Hugh Harleston hat ermittelt, daß die Planeten durch Pyramiden verkörpert sind. Im »Teotihuacan-Modell« beträgt die Entfernung zwischen Erde und Sonne 96 Einheiten, Merkur ist von unserem Zentralgestirn 36, Venus 72 und Mars 144 Einheiten entfernt. Das entspricht genau den tatsächlichen Entfernungen, die zum Teil erst vor wenigen Jahrzehnten ermittelt werden konnten.

Zunächst schien das »Teotihuacan-Modell« aber nicht ganz perfekt zu sein. Fehlte da doch scheinbar der Planet Saturn – aber eben nur scheinbar, nicht wirklich. Ein Gebäude, das leider abgerissen wurde, um Platz für eine Touristenstraße zu schaffen, markierte einst im gigantischen »steinernen Bild« an der korrekten Stelle den Riesenplaneten. Und damit nicht genug: Die Planeten Uranus, Neptun und Pluto sind ebenfalls im »Planetarium« von Teotihuacan eingesetzt. Und auch sie wurden maßstabsgetreu und korrekt vermerkt. Wie war das möglich?

Wie konnten die Erbauer der »heiligen Stadt« von etwa 1000 v. Chr. bis 600 n. Chr. ein astronomisches Wissen dokumentieren, das sie eigentlich noch gar nicht besessen haben können? Wie konnten die Azteken den Abstand von Uranus, Neptun und Pluto von der Erde kennen, ein Jahrtausend bevor diese Planeten »entdeckt« wurden? Denn nach wie vor geht die Wissenschaft davon aus, daß Uranus, Neptun und Pluto erst 1781, 1846 und 1930 von

Astronomen ausfindig gemacht wurden. Über derlei Wissen dürfen die Azteken einfach nicht verfügt haben. Und doch bauten sie aus teilweise riesigen Pyramiden ein gewaltiges, detailgetreues Bild unseres Sonnensystems. Als künstlichen Kanal, in dessen Bett zahllose Steine und Felsen unterschiedlichster Größe lagen, verewigten die Azteken sogar den Asteroidengürtel. Wieder schufen sie im Miniaturmodell ein unglaublich korrektes Abbild der Wirklichkeit.

Der Fachjournalist Martin Lehmann konstatierte verblüfft in seinem Aufsatz »Teotihuacan, Zahlen und Fakten eines Rätsels« (*Discover*, Heft 2/94): »Unsereins steht fassungslos vor den mathematischen Tatsachen, welche die Erbauer von Teotihuacan angewandt haben. Doch führt uns dieses Beispiel wiederum deutlich vor Augen, wie wenig wir tatsächlich von unserer eigenen Vergangenheit wissen.« Dem pflichtete auch die Archäologin Laurette Sjeourne bei, die wesentlich an der Ausgrabung von Teotihuacan beteiligt war: »Die Ursprünge dieser Hochkultur stellen das unzugänglichste aller Geheimnisse dar. Es ist schwer, sich vorzustellen, daß der Komplex geistiger Voraussetzungen plötzlich, vollkommen ausgebildet, einfach vorhanden gewesen wäre. Wir haben keinerlei materielle Zeugnisse für diesen erstaunlichen Entwicklungsprozeß.«

Magische Ursprünge

Teotihuacan stellt ein korrektes Bild unseres Sonnensystems in Miniaturausgabe dar, maßstabsgetreu wiedergegeben. Es gibt nicht den geringsten Hinweis darauf, wie die Azteken das dazu erforderliche Wissen erlangt haben könnten. Sollten sie über uns verschlossene Möglichkeiten verfügt haben, um zu erstaunlich korrekten astronomischen Erkenntnissen zu gelangen? Etwa gar, wie Jacques Bergier als Hypothese vorschlägt, durch Magie?

Die religiöse Welt der Azteken war eine magische. An oberster Stelle stand Tonacatecutli, der zusammen mit seiner Gemahlin Tonacacihuatl dafür sorgte, das stets ausreichend Nahrungsmittel zur Verfügung standen. So mächtig die Götter auch waren, so ließen sie sich doch auch von den Menschen beeinflussen, ja lenken.

Empört stellten die Spanier fest, daß die Azteken magische Riten praktizierten, die in gewisser Weise an das christliche Abendmahl erinnerten. Beim teodualo genannten Ritus soll es zu Kannibalismus gekommen sein. Die Gläubigen aßen das Fleisch geopferter Menschen, die dabei eine Zeitlang einen der zahlreichen Götter verkörperten. Durch den Verzehr des Opferfleischs glaubte man seine göttlichen magischen Kräfte zu erlangen.

Alle, die an der magischen Handlung beteiligt waren, auch – aber nicht nur – die Priester, bereiteten sich auf den blutigen Ritus sorgsam vor. Man fastete intensiv. In speziell gekennzeichneten Häusern bereitete man sich auf das magische Mahl vor. Je nach Bedeutung der Zeremonie wurde auf den Verzehr von Nahrungsmitteln, aber auch auf jegliche sexuelle Betätigung verzichtet. Vier Fasttage waren die Regel, manchmal dauerte die nahrungs- und sexlose Zeit aber auch bis zu zwanzig Tage, bei den Priestern bis zu achtzig Tage. Durch die Kasteiung des eigenen Leibes, so war man überzeugt, würde die eigene magische Macht gestärkt werden. Und je größer diese persönliche Macht war, um so wirksamer würde der magisch-rituelle Verzehr eines Gottes in Gestalt eines geopferten Menschen sein.

Wie viele Menschen tatsächlich rituell getötet wurden, das ist auch heute noch umstritten. Es ist sehr wahrscheinlich, daß die von den Spaniern überlieferten Berichte in starkem Maße übertrieben sind. Vermutlich sollten die Azteken als besonders blutrünstig erscheinen, damit die Grausamkeiten der europäischen Eroberer eine gewisse Legitimation erhielten. So sollen bei der Einweihung der Tempel von Tenochtitlan im Jahre 1487 von König Ahuizotl mindestens 20 000, vielleicht aber auch 80 000 Gefangene geopfert worden sein. Zwei Offiziere aus der Armee von Cortez wollen auf dem Opfergestell vor dem Haupttempel Tenochtitlans 136 000 Menschenschädel gezählt haben. Die enorme Zahl basiert aber wohl eher auf einer großzügigen Schätzung.

Der Ursprung der aztekischen Menschenopfer geht auf uralte mythische Überlieferungen zurück. Im magischen Text »Vom himmlischen Krieg« ist die Rede davon, daß die Sonne nur dann überleben kann, wenn sie vierhundert Sterne besiegt und verschlingt. Menschen galten als irdische Vertreter der Sterne. Tötete

Die Straße der Toten in der mexikanischen Ruinenstadt Teotihuacan stellt präzise unser Sonnensystem dar - Wissen durch Magie?

Die südafrikanische Priesterin Uyitshigitshi sagt in Trance die Zukunft vorher.

Zauberknochen aus Simbabwe.

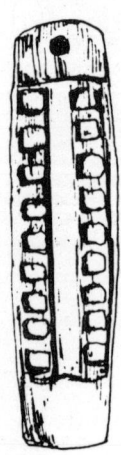   

Ein Löwenmaske der Ashanti. Der Magier trägt sie, um sich in einen Löwen zu verwandeln.

Eine Zulu-Zauberin aus Südafrika. Mit den vor ihr ausgebreiteten Orakel-
gegenständen deutet sie die Zukunft.

und verzehrte man sie, so sollte dadurch die Kraft der Sonne gesteigert werden. Dann war ihr Weiterbestehen gesichert, dann war das Überleben der Menschen gewährleistet.

Festgehalten werden muß aber, daß im alltäglichen Gottesdienst keine Menschen, sondern Wachteln geopfert wurden. Diese speziell gezüchteten Vögel galten wegen ihres dunklen Federkleids mit hellen Tupfen als Verkörperungen des Sternenhimmels. Menschenopfer wurden zum Beispiel in bedrohlichen Dürrezeiten dargebracht. Der magische Brauch sollte die Erd-, Mond- und Vegetationsgötter stärken und verjüngen. Das segenspendende Wasser sollte wieder herbeigezaubert werden.

Im Frühling und Herbst wurden zahlreiche magische Jahresfeste zelebriert. In dramatischen Darstellungen wurden die lebensnotwendigen Naturereignisse von Aussaat und Ernte dargestellt. Im Frühjahr etwa wurde die Natur magisch-rituell »geweckt«. Rohrkolben wurden als Sinnbilder der erhofften Maisernte aufgestellt. Im Herbst stellte ein Priester den neugeborenen Maisgott dar. In pantomimischen Szenen wurden die Gefahren, die auf das neue Saatgut warteten, dargestellt. Sie sollten auf diese Weise gebannt werden.

Die Ernte wurde als Geschenk der Götter gesehen. In dramatischen Szenen wollte man verdeutlichen, wie gut man darüber Bescheid wußte, wem man die kostbare Nahrung verdankte. So entstand wohl auch das »Fliegerspiel« (Juego del Volador). Es soll in weiten Teilen Mexikos anstelle der Menschenopfer zelebriert und erstmals von Magiern der Maya ersonnen und ausgeführt worden sein. Die Azteken übernahmen es. Die Nachfahren der Totonaken und Otomi beherrschen noch heute den geheimnisvollen Ritus.

In vielen Gegenden Mexikos wird das Spektakel als Touristenattraktion gezeigt. Ich sah es erstmals 1963 als Kind in Begleitung meiner Eltern und habe es inzwischen wiederholt in verschiedenen Städten Mexikos erlebt. Auch im Städtchen Tecolutla wird der einst weit verbreitete magische Ritus noch heute gefeiert, abseits der Touristenmassen und mit stillem, andachtsvollem Ernst. Wohl schon seit Jahrhunderten wiederholt sich immer wieder folgendes Schauspiel: Inmitten eines kreisrunden Platzes steht ein etwa 50 Meter hoher Eisenmast. Ihm nähern sich fünf junge, feierlich gekleidete Männer. Am Fuße des »Himmelspfahls« angekommen wird musiziert. Flöten erklingen, eine Trommel gibt rhythmisch den Takt an. Die fünf Indios tanzen, zunächst langsam, dann immer schneller werdend. Schließlich legen sie ihre leichten Jacken mit Kapuzen ab, erklimmen mit bloßen Oberkörpern, einer nach dem anderen, den Mast. An der Spitze befindet sich eine kleine Plattform. An ihren vier Ecken befestigte Schnüre sind um den Pfahl gewickelt. Vier der Männer binden jeweils ihren rechten Knöchel an, lassen sich dann kopfüber zu Boden fallen. Während sie nach unten schweben, wobei sie immer weitere Kreise um den Pfahl ausführen, tanzt ihr fünfter Kollege auf der Plattform zu geheimnisvollen Flötenklängen. Uralte magische Vorschriften legen jede seiner Bewegungen genau fest.

Zu Zeiten der Eroberung Zentralamerikas durch europäische Abenteurer wurde der beschriebene Brauch in mannigfaltigen Variationen gepflegt. Manchmal trugen dabei die »fliegenden Männer« Vogelkostüme, manchmal aber auch Frauenkleidung. Symbolisch wurde die himmlische Ankunft der heiligen Maispflanze ausgedrückt. Das Wachstum der Pflanzen sollte magisch positiv beeinflußt werden. Am 23. Mai 1520 wurde ein ähnliches Fest zelebriert. Es endete in einem schrecklichen Blutbad, als die Soldaten Pedro de Alvardos über die friedlichen Teilnehmer herfielen. Einige Monate später gedachte man der Seelen der Ermordeten in einem abgewandelten »Fliegerspiel«. Statt lebender junger Männer kreisten vom Mast Mumien herab.

Magischen Ursprungs war auch das Ballspiel Tlachtli. Die europäischen Eroberer verstanden seinen tieferen Sinn nicht. Sie nahmen es nur als sportives Ereignis wahr. Hernando Cortez nahm 1527 zwei Mannschaften gefangen und verschleppte sie nach Europa. Im Herbst 1528 führten die Männer am spanischen Hof in Granada ihre Kunst vor.

Auf einem von einer steinernen Mauer eingefaßten Hof von 40 mal 15 Meter Fläche wurde mit einem fünf Pfund schweren Gummiball gespielt. Die elastische Kugel durfte weder mit Händen noch Füßen berührt werden. Es mußte auf alle Fälle verhindert werden, daß der Ball in Kontakt mit der Erde kam. Mit Hüfte, Ellbogen oder Knien mußte er immer wieder emporgeschlagen oder gestoßen werden. Mit Minuspunkten wurde die Mannschaft bestraft, der es nicht gelang, die Gummikugel wieder in das gegnerische Feld zurückzubefördern. Es gab auch so etwas wie ein »Tor«: Auf der Mittellinie des Spielfeldes befand sich auf der einen Seite mehrere Meter über dem Boden ein steinerner Ring. Durch ihn mußte der Ball geschossen werden.

Für den spanischen Hochadel war die Darbietung ein kurioses Ereignis, das etwas Abwechslung in den langweiligen Alltag brachte. Staunend bewunderte man den enormen körperlichen Einsatz, der von allen Spielern gebracht wurde. Es kam zu erheblichen Verletzungen. Immer stärker wurde die Zahl der aktiven Teilnehmer reduziert. Manche mußten mit schweren Knochenbrüchen vom Platz getragen werden. Es soll, wie wir aus zeitgenössischen Berichten wissen, sogar mehrere Tote gegeben haben.

Angeblich wurde bei den Mayas und später bei den Azteken eine der beiden Mannschaften geopfert. Allerdings sind sich die Experten heute nicht so recht darüber einig, wer denn das harte Spiel schließlich überlebte. Waren es die Sieger oder die Verlierer? Wurde die unterlegene Mannschaft den Göttern geopfert oder die siegreiche? War der Tod Strafe für die Verlierer oder Belohnung für die Gewinner, die im Jenseits weiterleben durften?

Der tiefere Sinn des Spiels war freilich ein religiös-magischer. Der Gummiball stellte die Sonne dar. Aufgabe der Teilnehmer war es, die Sonne stets in Bewegung zu halten, sie weiter und weiter laufen zu lassen. Azteken wie Mayas wußten von der Bedeutung unseres Zentralgestirns für das alltägliche Leben. Ihnen war bekannt, daß ohne die Sonne Pflanzen nicht wachsen und gedeihen konnten, Hungerkatastrophen ausbrechen mußten. Die Sonne war die erhaltende Kraft des Lebens. Magische Rituale, vom Menschenopfer bis zum Ballspiel, wurden unzählige jahrhunderte-, vielleicht sogar jahrtausendelang immer wieder zelebriert, um der Sonne neue Kraft zukommen zu lassen.

In den Augen der Bevölkerung waren es die magischen Priester, die mit ihren Praktiken ein Überleben der gesamten bekannten Menschheit ermöglichten. Sensiblere Gemüter mögen damals schon Einwände gegen die grausamen Riten erhoben haben. Sie bekamen bestimmt zu hören, daß die Vorgänge zwar grausam erscheinen mußten, daß es aber besser sei, wenn wenige stürben und die Mehrheit überlebte.

Magie und Priestertum

Magische Bräuche galten als lebensnotwendig. Dementsprechend hoch angesehen waren die Zeremonienmeister, die Priester, die in die geheimen Kulte eingeweiht waren. Bei den Azteken hießen sie tlamacazqui – »die, die den Göttern Opfer spenden«. Meist war es ein jüngerer Bruder des herrschenden Königs, der den Posten des obersten Hohepriesters bekleidete. Ihm unterstellt war eine streng gegliederte Hierarchie von Priestern mit magischen Befugnissen. Jeder hatte seinen pedantisch umschriebenen Aufgabenbereich, der oberste Hohepriester ebenso wie der Tempeldiener.

Es war mit geradezu preußischer Präzision genau festgelegt, wer etwa die Opfertiere zu versorgen, wer das Brennholz für den Altar zu beschaffen hatte, wer die Götterbildnisse schmücken durfte, in deren Gegenwart die heiligen Zeremonien abgehalten wurden. Nach dem Buch Sahagún, das als eines der wenigen magischen Werke der Zerstörungswut der europäischen Eroberer entging, gab es allein in Tenochtitlan 38 Rangstufen in der Priesterschaft.

Besonders hoch angesehene Kleriker durften sich mit Götternamen schmücken. Je wichtiger der Priester war, desto höher und mächtiger war der Gott, dessen Namen er tragen durfte. Vermutlich fühlte er sich zumindest während der Zeremonien als Verkörperung eben jenes Gottes. Ja, er dürfte während der magischen Praktiken als der Gott angesehen und verehrt worden sein. So hießen die Hauptpriester des Huitzilopochtli- und des Tlaloc-Tempels beide Quetzalcoatl. Das verdeutlichte ihre ungeheure Macht und ihr enormes Ansehen. Quetzalcoatl, einer der höchstangesehenen Götter überhaupt, galt als Erfinder des Handwerks, der Landwirtschaft und des magischen Kalenders. Gott Huitzilopochtli war unter anderem die »junge Sonne«, die nach aztekischer Überzeugung jeden Morgen von der Erdgöttin geboren werden mußte. Tlaloc wiederum war der Wasser- und Regengott der Azteken. Wenn er dem Land Feuchtigkeit schenkte und Huitzilopochtli segensreiche Kraft spendete, dann – und erst dann – war gewährleistet, daß die Menschen nicht Hunger leiden mußten.

Das Geheimnis der Tiermenschen

Zu Beginn der sechziger Jahre kündigten Jacques Bergier und Louis Pauwels ein magisches drittes Jahrtausend an. Zwanzig Jahre später kritisierte der Physikprofessor und Philosoph Fritjof Capra in Werken wie *Wendezeit* und *Das Tao der Physik* das seiner Ansicht nach falsche Denken heutiger Naturwissenschaftler. Er forderte eine ganzheitliche Anschauungsweise der Realität. Strenge Naturwissenschaft und Mystik sollten mit vereinten Kräften versuchen, der Realität wirklich auf den Grund zu gehen. Physik und Philosophie, so Capra, müßten gleichberechtigt unser Denken bestimmen.

Bei den Mayas und später bei den Azteken gab es die von Capra an der Wende zum dritten Jahrtausend propagierte Denkweise bereits. Es wurde keine künstliche Trennlinie zwischen Mystik, Magie und Materie gezogen. Der Mensch galt nicht als Gegenstück zum Göttlichen. Vielmehr gingen himmlische und irdische Welt ineinander über. In magischen Ritualen wurden Götter zu Menschen, wurde aber auch die Grenze zwischen den Reichen der Menschen und der Tiere aufgehoben.

Alte aztekische Quellen weisen darauf hin, daß es eine ganz besondere Gruppe von Magiern gab, die als Grenzgänger gesehen wurden. Die Nahualli standen in hohem Ansehen, weil sie sich mit Hilfe geheimnisvoller Zaubersprüche in Tiere verwandeln konnten.

Nach dem Archäologieprofessor Geoffrey H. S. Bushnell waren die Azteken der Überzeugung, daß Tiere nahende Katastrophen wie durch Dürre verursachte Hungersnöte oder Erdbeben voraussehen konnten. Deshalb wurde das Verhalten verschiedener Tierarten gründlich beobachtet. Als besonders übersinnlich veranlagt galten Kaninchen, Eule und Opossum, aber auch Ameise und Maus. Änderte sich das Verhalten dieser Tiere gravierend, so galt das als warnendes Signal. Und wenn gar mehrere Tierarten gleichzeitig ein ungewöhnliches Benehmen an den Tag legten, dann galt das als höchste Alarmstufe. Spezielle Magier mit besonders langwieriger Ausbildung mußten dann versuchen, aus dem Treiben der Tiere konkrete Botschaften herauszulesen.

Da lag es, so Professor Geoffrey H. S. Bushnell, nahe, daß die Magier versuchten, zeitweise selbst Tiere zu werden. Einer besonderen Gruppe dieses angesehenen Berufsstandes, den Nahualli, soll das auch immer wieder gelungen sein. Sie legten Tierhäute an, nahmen Drogen zu sich und versetzten sich in Trance. In Tiergestalt hofften sie Warnsignale wahrnehmen zu können, die sie als Menschen zumindest nicht bewußt zur Kenntnis nehmen würden. So wie Menschen, die in rituellen Zeremonien geopfert wurden, selbst zu Göttern wurden, so verwandelten sich in der Vorstellung der Azteken die Nahualli zeitweise tatsächlich in Tiere.

Aztekische Magier und afrikanische Zauberer

Die Vorstellung, Zauberer könnten sich mit Hilfe magischer Praktiken in Tiere verwandeln, ist weit verbreitet. Der geheimnisvolle Ritus soll von aztekischen Medizinmännern ebenso beherrscht worden sein wie von afrikanischen Zauberern. Afrikanische Priester begnügten sich freilich manchmal damit, sich nur teilweise in ein Tier zu verwandeln. Rein äußerlich blieben sie Menschen, erwarben aber bestimmte erwünschte Eigenschaften der Tiere, etwa ihre Ausdauer, ihre Kraft, ihre Fähigkeit, nachts zu sehen. Über die angewandten Riten ist so gut wie nichts bekannt. Fest steht aber, daß dabei der rituelle Verzehr von Tierfleisch eine große Rolle spielte. Durch den Genuß von Löwenfleisch oder durch das Trinken von Löwenblut glaubte man stark und mutig wie ein Löwe zu werden. Andere magische Rituale sollten dazu führen, daß sich der Zauberer in ein bestimmtes Tier hineinversetzen konnte. Er verließ dabei mit dem Geist seinen eigenen Leib und übernahm den des Tieres.

Während der menschliche Leib leblos, wie tot zurückblieb, sprang das Bewußtsein des Zauberers in ein bestimmtes Tier. Er fühlte dann alles wie am eigenen Leib, was dem Tier widerfuhr. Derlei Praktiken wurden häufig im Auftrag besorgter Menschen – etwa beim westafrikanischen Stamm der Ashanti – vollzogen. Der südafrikanische Erforscher magischen Brauchtums Louis Teufelsburg weiß zu berichten: »Folgende Episode spielte sich gegen Ende der fünfziger Jahre unseres Jahrhunderts ab. Eine greise Ashanti-Frau aus dem zentralen Afrika war sehr um das Wohl ihrer Tochter besorgt. Sie war als Vierzehnjährige entführt worden. In einem Traum hatte die alte Dame ihre Tochter gesehen. Sie lebte in einer großen Familie unweit eines seltsamen Mauerwerks.«

Die Frau wußte nicht so recht, wie sie ihren Traum deuten sollte. War ihre Tochter etwa gar gestorben? Handelte es sich bei ihrer Traumvision um Bilder aus dem Jenseits? Oder war diese deprimierende Interpretation falsch? Lebte ihre Tochter noch? Wenn ja, wo? Und wie ging es ihr? Mit diesen Fragen wandte sich die Ashanti-Frau an ihren Magier.

»Der erklärte sich bereit«, berichtet Louis Teufelsburg, »nachdem er mit Naturalien, hauptsächlich Nahrungsmitteln, bezahlt worden war, sich in einen ›magischen Vogel‹ zu verwandeln. Mit Hilfe eines Kleidungsstücks, das der gesuchten Tochter einst gehörte, nahm er Kontakt mit ihr auf. Während der Körper des Zauberers in seiner Hütte in einem kleinen Dörfchen bei Kumasi blieb, machte sich sein Geist im Körper eines ›Zaubervogels‹ auf die Suche. Bis zu seiner Rückkehr mußte seine Auftraggeberin bei seinem Leib wachen. Würde er innerhalb einer Woche nicht in seinen Körper zurückkehren, müsse davon ausgegangen werden, daß er gestorben sei. Dann solle seine Körperhülle verbrannt, die Asche in alle Winde zerstreut werden.«

Angeblich fand der Magier die gesuchte Tochter schon nach wenigen Stunden. Sie lebte, wie er später der besorgten Mutter berichtete, etwa eine halbe Stunde Fußweg vom rätselhaften Mauerwerk der Ruinenstadt Simbabwe entfernt. »Nach Aussagen des Magiers«, so Teufelsburg, »ging es der Tochter gut. Sie sei gar nicht entführt worden. Vielmehr sei sie als junge Frau mit einem Mann vom Nachbarstamm geflohen. Ihr neues, eigenständiges Leben sei alles andere als glücklich gewesen. Ihr Mann demütigte sie, weil sie ihm keine Kinder schenken konnte. Er neigte zu Gewalttätigkeiten. So entschloß sich die junge Frau, ihren Mann zu verlassen. Aus Scham wagte sie sich nicht zurück zur Mutter. Also floh sie ins Unbekannte. Nach mehreren Jahren ziellosen Umherziehens kam sie schließlich nach Simbabwe. Sie heiratete einen wesentlich jüngeren Mann und bekam sieben Kinder. Als ihr Mann bei einem Unfall ums Leben kam, heiratete sie seinen älteren Bruder, von dem sie nochmals drei Kinder bekam.« Nun sei auch ihr zweiter Mann verstorben, sie wolle aber nicht mehr heiraten. Gesundheitlich gehe es ihr zwar nicht so gut, sie leide an Rheumatismus, aber ihre Kinder und Enkelkinder würden sie liebevoll pflegen. Bis zu ihrem Ende wolle sie in der neuen Heimat bleiben, auf keinen Fall nach Ghana zurückkehren.

Besonders stolz war die Tochter auf die Tatsache, daß ihr zweitjüngster Sohn zum Magier ausgebildet wurde.»Sobald er die Kunst, sich in ein Tier zu verwandeln, beherrscht, wird er seine Großmama aufsuchen und sich für seine Mutter für das Leid, das sie ihrer Mutter zugefügt habe, entschuldigen.«

Über die erteilten Auskünfte war die Ashanti-Frau sehr glücklich. Aufmerksam lauschte sie den Worten des Zauberers, der auch bereitwillig Fragen beantwortete. So wollte sie wissen, warum denn ihre Tochter nicht in die Heimat zu ihrer greisen Mutter zurückkehre.»Sie hat in einem früheren Leben bereits im heutigen Simbabwe gelebt«, lautete die Antwort.»Sie war die Frau eines Goldschmieds, der für den Königshof kultische Geräte für den magischen Gebrauch herstellte. Leider war sie damals sehr geldgierig. Ohne daß ihr Mann das wußte, betrog sie. Sie ging nämlich ihrem Gatten bei der Herstellung von Legierungen zur Hand. Dabei gelang es ihr wiederholt, Gold durch billigere Materialien zu ersetzen. Den Auftraggebern aber wurde der Goldpreis in Rechnung gestellt. Der Schwindel flog auf, ihr Mann wurde hart bestraft. Indem sie in ihrem jetzigen Leben soziale Dienste in der neuen Heimat leiste, trage sie die Schuld, die sie auf sich geladen habe, ab. Das aber müsse in Simbabwe geschehen.«

Charles Hoy Fort (1874–1932) studierte jahrzehntelang Berichte aus aller Welt über Phänomene, die es eigentlich gar nicht geben durfte. Er war verärgert darüber, daß seiner Ansicht nach Wissenschaftler weltweit die Realität nicht in ihrer Gesamtheit beschrieben. Er warf ihnen vor, nur solche »Tatsachen« zu akzeptieren, die mit ihren Theorien vereinbar waren. Fakten, die sie nicht erklären könnten, fristeten bei ihnen ein trauriges Dasein als »Verdammte«. Dieser verdrängten, vergessenen Fakten nahm sich Fort in seinem Werk an. Jahrzehntelang gab es seine bemerkenswerten Werke nur in Englisch, seit kurzem liegen sie auch in deutscher Übersetzung vor: *The Book of the Damned* (1919, *Das Buch der Verdammten*),

New Lands (1923, *Neuland*), *Lo!* (1931, *Da!*) *und Wild Talents* (1932, *Wilde Talente*).

In *Wild Talents* (*The Complete Books of Charles Fort*, S. 899 f.) ging Fort auf das Geheimnis der Tiermenschen ein. Er erwähnte die »Leopardenmenschen« und »Hyänenmenschen« afrikanischer Stämme. Schließlich zitierte er einen Artikel aus dem *Cornhill Magazine* vom Oktober 1918. Der Artikel beschrieb das unheimliche Erlebnis eines Captain Scott im Norden Nigerias. Ein Eingeborenendorf war von wütenden Hyänen überfallen worden. Jäger erklärten sich bereit, die wilden Bestien zu erlegen. Sie schwärmten aus, nahmen die Spuren auf und verfolgten sie. Unheimliches wurde registriert: Alle Spuren verwandelten sich irgendwann plötzlich aus Hyänentatzen in Menschenspuren. Sie strebten einer nahe gelegenen Stadt zu. Hatten sich Menschen in Tiere und wieder zurück in Menschen verwandelt?

Bei der Verfolgungsjagd erspähten einige von Captain Scotts Männern eine der »riesigen Bestien«. Schüsse wurden auf das Monster abgefeuert. Hatte man getroffen? Anscheinend! Und als man den Blutspuren nachging, fand man den Unterkiefer des Tieres, der ihm offensichtlich abgeschossen worden war. Die Männer hasteten hinterher. Sie waren überzeugt, bald die Hyäne zu finden, die ja schwer verletzt sein mußte. Sie fanden aber kein Tier, sondern einen Mann, der bald an einer fürchterlichen Wunde starb: Sein Unterkiefer fehlte!

Weit verbreitet ist auch in Afrika, zum Beispiel bei den Ashantis in Zentralghana, die magische Praxis der »echten Lykanthropie«. Dabei soll ein wirklicher Wandel vom Menschen zum Tier vollzogen werden. Außenstehenden wird nach wie vor verschwiegen, welche geheimnisvollen Rituale dabei vollzogen werden. Dennoch sind einige der näheren Umstände inzwischen bekannt geworden. Der Magier muß auf zweierlei Ebenen arbeiten. Einerseits muß er sein Innerstes verwandeln, von seinem Wesen her zum Tier werden. Andererseits muß auch äußerlich eine Transformation vollzogen werden. Bei den Ashanti gibt es nach uralten Überlieferungen angefertigte Löwenmasken. Der Magier trägt sie, um sich in einen wirklichen Löwen zu verwandeln.

»In der näheren und weiteren Umgebung von Sierra Leone«,

bemerkt Louis Teufelsburg, »gab es die weit verbreitete Ansicht, daß Krokodile an und für sich eher harmlose Geschöpfe seien. Dank ihrer Kraft konnten sie einen Menschen mit einem einzigen Hieb ihres Schwanzes erschlagen und mit ihrem gewaltigen Maul in Stücke reißen. Doch trotz ihres furchteinflößenden Äußeren würden sie niemals einen Menschen angreifen, sondern lieber das Weite suchen. Böse Magier aber, die den Auftrag erhalten, einen bestimmten Menschen zu töten, würden sich in Krokodile verwandeln oder in den Leib eines solchen Reptils geistig hineinversetzen und Mordaufträge ausführen.«

Bei den magischen Zeremonien kamen manchmal kunstvoll gefertigte Nachbildungen von Krokodilen zum Einsatz. Angeblich wurden auch »Tauschgeschäfte« mit dem Tod abgeschlossen. So sollen Kinder in Krokodilhäute eingenäht und in Flüssen ertränkt worden sein. Als Gegenleistung habe man dann vom Tod erwartet, eine bestimmte mißliebige Person aus dem irdischen Diesseits in die Welt der Toten zu holen.

Magie und Verbrechen

Aktenkundig werden derlei Vorfälle fast nie. Es gibt nur wenige Ausnahmen. Am 12. Januar 1945 wurde versucht, in Fort-Rousset, Elfenbeinküste, einen Mord zu klären, der angeblich rituell-magische Hintergründe hatte. Der wahre Sachverhalt wurde nie ganz geklärt, aber es wurde gemunkelt, der Mord sei von einem Magier vollbracht worden, der sich in ein Krokodil verwandelt hatte. Mehrere Männer wurden angeklagt, vier von ihnen zum Tode verurteilt. Sie gestanden, Mitglieder des Geheimbundes der Edzo-Zauberer zu sein.

Afrikanische Magier, etwa vom Stamm der Ashanti, benutzen sogenannte Fetische. In Südafrika dienen »Zauberknochen« dem gleichen Zweck. Je stärker ein Fetisch ist, desto mächtiger ist auch sein Zauber. Man muß sich ein Zauberobjekt als eine Art »Batterie« vorstellen. Wird es benutzt, um einen Mord zu begehen, dann wächst mit dieser Untat auch die Kraft des Fetischs. Das hat zur Folge, daß er immer leichter für magische Zwecke benutzt werden kann.

Im Fall von Fort-Rousset gaben die verurteilten Männer an, sie hätten vordergründig einen Akt der Rache vollzogen. Gleichzeitig sollten aber auch magische Fetische in ihrer Wirkungsweise verstärkt werden. Die Männer sagten vor Gericht aus, sie hätten sich vor den Totengeistern schützen wollen.

Wie viele ähnliche Verbrechen begangen wurden, ja vielleicht heute noch geschehen, ist unbekannt. Nach G. A. Paraclet, der in Französisch-Äquatorialafrika als leitender Beamter tätig war, haben Vereinigungen wie der Bund der Edzo-Zauberer immer wieder grausame Verbrechen begangen, um blutige kannibalistische Rituale zu zelebrieren. Dabei wurden lebenswichtige Organe teilweise verzehrt, teilweise zu Zauberarzneien verarbeitet. Auf magischem Wege wollten die Mitglieder des Geheimbundes ihr Machtpotential erweitern.

Dr. Raymond Drake, der sich mehrere Jahrzehnte mit dem magischen Brauchtum früher Hochkulturen beschäftigte, kam zu dem Ergebnis, daß vor Jahrtausenden bei allen Völkern der Erde Zauberpriester in hohem Ansehen standen, weil sie über scheinbar übermenschliche Begabungen verfügten. »Wie sie zu ihren erstaunlichen Fähigkeiten kamen? Wir wissen es nicht. Und woher hatten sie ihr unglaubliches Wissen? Auch das ist unbekannt. 1781 wurde Uranus, 1846 wurde Neptun entdeckt. Den Magiern der Perser waren jene Planeten freilich bereits Jahrtausende früher bestens bekannt. Die unbekannten Vorfahren der späteren Azteken waren über sämtliche Planeten unserer Sonne informiert. Sie waren dazu in der Lage, ein korrektes, maßstabsgetreues Modell unseres Sonnensystems zu entwerfen. Wie?«

Weitaus unbegreiflicher noch, so Dr. Raymond Drake, ist das Wissen afrikanischer Magier. »Auch wenn es mehr als phantastisch anmutet: Ich bin davon überzeugt, daß sie noch in unserem Jahrhundert, in der Ära der Mondlandung, wahre Wunder vollführen konnten. Sie waren dazu in der Lage, sich in Tiere zu verwandeln. Oder sie konnten mit unvorstellbaren psychischen Kräften erreichen, daß sie den Menschen, denen sie begegneten, wie furchteinflößende Tiere vorkamen.«

Wir Westeuropäer neigen dazu, Berichte über solche magische Wirklichkeiten für unglaubwürdig zu halten. »Wir begehen da aber einen Fehler der schlimmsten Art. Indem wir behaupten, daß nur das wirklich existiert, was mit unseren Vorstellungen von der Wirklichkeit der Welt übereinstimmt, lassen wir uns einen großen Teil der Realität entgehen. Mir scheint, daß wir da Vogel-Strauß-Politik betreiben. Aber Gefahren verschwinden nicht, nur weil wir sie nicht wahrhaben wollen.«

Dr. Raymond Drake berichtete vor den ehrwürdigen Vertretern des englischen Oberhaus über seine Forschungen: »Wir Westeuropäer bilden uns so viel auf unser angeblich modernes Denken ein. Dabei sind wir in mancher Hinsicht eher mit einem primitiven Volksstamm zu vergleichen, der die Existenz von Funksignalen leugnet, weil er sie weder hören, noch sehen oder fühlen kann. Für einen solchen Stamm mag eine Fernsehübertragung per Satellit unvorstellbare Magie sein. Für uns ist sie nüchterne Realität. Der Volksstamm wiederum empfindet die Verwandlung eines Magiers in ein Tier als Normalität.«

Tausende Berichte über solche Verwandlungen zwingen uns, meint Dr. Drake, davon auszugehen, daß es die magische Praxis des Tierzaubers gab – und vielleicht noch gibt. »Die Umwandlungsmagie war der Ursprung zahlloser magischer Gruppen in Afrika. Sie nutzten ihre geheimnisvollen Fähigkeiten, um Verbrechen zu begehen.«

In der Tat könnte man ganze Bibliotheken mit Berichten über von Tiermenschen begangene Verbrechen füllen. Sie stammen aus allen Teilen Afrikas. Vor dem Ersten Weltkrieg siedelten zahlreiche Magier des Mtshogo-Stammes aus Mittel-Ogowe nach Gabun über. Sie sollen wahre Meister der magischen Verwandlung gewesen sein. Im Mittelkongo waren die berühmt-berüchtigten Panthermenschen aktiv. Sie schlossen sich zu Geheimbünden zusammen, die Ngo und Ngoye genannt wurden. Die Mitglieder des Omba- und des Mondassa-Stammes konsultierten diese Zauberer gern, wenn es darum ging, Informationen über künftige Ereignisse zu erlangen. Wie die südafrikanische Priesterin Uyitshigitshi versetzten sie sich selbst in Trance und sagten dann die Zukunft vorher. So wie heutige Hellseher Kristallkugel oder Karten verwenden, um sich zu konzentrieren, so wie Zulu-Zauberer aus Südafrika Orakelgegenstände verwendeten, verfügten auch sie über Fetische zur Prophezeiung.

»Nach afrikanischer Vorstellung«, erklärt Dr. Drake, »konnte man in Zauberritualen letztlich jeden Gegenstand in einen Fetisch verwandeln. Man benutzte dazu gern – so etwa in Simbabwe – Knochen. Durch das rituelle Töten von Opfertieren oder auch Menschen wurde der Fetisch mit Zauberenergie aufgeladen. Diese Kraft konnte zu verschiedenen Zwecken genutzt werden, etwa um den Zeitfluß umzukehren und in die Zukunft zu blicken oder um sich in ein Tier zu verwandeln.«

Der aufgeladene Fetisch funktioniert wie eine Batterie. Sie kann dazu genutzt werden, einen Radioapparat zu betreiben, eine Taschenlampe erstrahlen oder eine Klingel ertönen zu lassen. Genauso ist der Fetisch für den Zauberer Kraftquelle für unterschiedlichste Anwendungen: um in die Zukunft zu blicken, einen Feind erkranken oder gar sterben zu lassen oder um Dinge unsichtbar zu machen.

Die Kunst der Magie löste Bewunderung aus. Gleichzeitig hatten aber fast alle Menschen vor den Ngo- und Ngoye-Magiern panische Angst. Man begegnete ihnen ausgesprochen höflich. Man vermied es, sie irgendwie zu verärgern oder gar ihre Wut zu erregen, weil niemand ihre fürchterliche Rache wollte. Sie galten als Herren über Leben und Tod. Der Ngo-Magier-Meister verfügte über ein ganzes Heer von willigen Helfern aus Fleisch und Blut. Über mißliebige Zeitgenossen verhängte er drakonische Strafen, oft genug sprach er Todesurteile aus.

Gefürchtet waren die irdischen Folterknechte und Henker ebenso wie die jenseitigen. Nach verschiedenen Berichten konnten die Zauberer der höheren Klassen die Geister Verstorbener heraufbeschwören, in Körper wilder Tiere zwingen und die so kreierten Tiermenschen zu jeder noch so schlimmen Untat veranlassen.

Die Taten der Magier und ihrer Helfer und Helfershelfer wurden gegenüber den Europäern – so das nur irgendwie möglich war – verheimlicht. Dennoch kam es immer wieder zu Gerichtsverhandlungen. Unter französischer Besatzung wurden 1917 in Souza, Kamerun, mehrere Todesurteile gegen Panthermenschen ausgesprochen, die eine ganze Reihe grausamer Verbrechen begangen hatten. Die überwiegende Mehrzahl ihrer Opfer waren Kinder. Je jünger die Opfer, desto besser waren sie für magische Riten geeignet, bei denen ihre Kraft auf die Zauberer überging.

Zum Tode verurteilt wurden zu Anfang des Jahrhunderts auch verschiedene Zauberer und deren Gefolgsleute zwischen Sierra Leone und dem Volta-Fluß. Für unheimliche Riten, bei denen furchteinflößende Krokodilmenschen im Zentrum standen, waren Kinder entführt und getötet worden. Jahrzehnte später, in der Zeit nach dem Zweiten Weltkrieg, kam es zu schlimmen Vorkommnissen an der Elfenbeinküste. Die Gerichte bemühten sich stets, schnell drakonische Urteile zu verhängen. Sie wollten abschrecken, gleichzeitig aber auch verhindern, daß öffentlich über unheimliche Zeremonien diskutiert wurde. Und kein Richter konnte zugeben, daß er an Mörder glaubte, die in Krokodilsgestalt töteten.

Wenn es schon einmal vorkam, daß Einheimische magische Morde zur Anzeige brachten, dann suchten die »aufgeklärten« Europäer schnell nach »natürlichen« Erklärungen. Löwenmenschen sollen sowohl in Angola als auch in Tansania ihr Unwesen getrieben haben. Nur ein kleiner Prozentsatz der begangenen Verbrechen wurde angezeigt, die Aufklärungsrate war fast Null. Ungewöhnlich verlief ein Prozeß 1945/46. Die Beweisführung fand unter Ausschluß der Öffentlichkeit statt. Schließlich wurden im Frühjahr 1946 mehrere Männer aus dem tansanischen Barabaig-Stamm hingerichtet. Die Anklage hatte auf Mord an drei Frauen, ausgeführt mit scharfen Speerspitzen, gelautet.

Derlei Untaten waren keine Seltenheit in Afrika, ungewöhnlich war es aber, daß der Richter Sir Joseph Sheridan in seiner Urteilsbegründung kurz auf einen möglichen magischen Hintergrund der Verbrechen einging: »Die Morde mögen aber auch sehr wohl von sogenannten Löwenmenschen ausgeführt worden sein.«

Offensichtlich wirkten die harten Strafen, die immer wieder von verschiedenen Gerichten verhängt wurden, kaum oder gar nicht abschreckend. Angst machte sich zwar breit, aber nicht unter den Magiern, sondern unter der Bevölkerung. Denn je mehr Zauberer auf der Anklagebank landeten, desto mehr verbreiteten ihre freien Kollegen Angst und Schrecken. Kaum jemand wagte es, Anzeige zu erstatten. In den Jahren von 1926 bis 1945 sollen allein von den Löwenmenschen in Ushora mehr als 1000 Morde begangen worden sein.

Sie hatten alle ein entsetzliches Merkmal gemein: Die tödlichen

Wunden sahen so aus, als seien sie den armen Opfern von gewaltigen Raubkatzen zugefügt worden.

»Bei allen Berichten über die geheimnisvollen magischen Verbrechen wird ein besonders unheimlicher Sachverhalt weitestgehend verschwiegen«, schreibt Dr. Raymond Drake. »Es sollen zahllose Menschen von unsichtbaren Angreifern attackiert worden sein. Für diese besonders gefürchteten Angriffe wurden die Mbojo-Wesen verantwortlich gemacht. Nur die mächtigen Zauberer, die diese Monster angeblich losschickten, sollen auch dazu in der Lage gewesen sein, ihre Kreaturen zu sehen. Nun sind Menschen, die sich in Tiere verwandeln, schon starker Tobak für den zivilisierten Europäer. Aber unsichtbare Angreifer? An solche Spukgestalten mag er schon gar nicht glauben! Dabei sind diese unheimlichen Attacken keineswegs nur im fernen Afrika geschehen – sondern auch in Europa, sozusagen direkt ›vor unserer Haustür‹. Und Berichte über Menschen, die sich in Tiere verwandeln, gibt es in Europa ebenfalls seit Jahrhunderten!«

Werwölfe in Europa

Die Bezeichnung Werwolf leitet sich aus dem Lateinischen ab: Vir steht für »Mann«. Werwolf läßt sich also mit »Mann-Wolf« oder »Mensch-Wolf« übersetzen. Hinweise auf diese Wesen gibt es in zahlreichen Überlieferungen. Im Altnordischen ist von Menschen die Rede, die Bärengestalt annehmen konnten. Sie wurden als Berserker bezeichnet. Das Wort ist in unserem Sprachgebrauch erhalten geblieben, wenn wir vom »Wüten wie ein Berserker« sprechen.

»Werwölfe sind Menschen, die sich in Wölfe verwandeln und dann wieder zu Menschen werden. Wir sind keine Ärzte, aber wir halten so etwas für physiologisch unmöglich. Wären wir jedoch Anwälte, bliebe uns wegen der Vielzahl von Präzedenzfällen, in denen solche Wesen angeklagt, verurteilt und hingerichtet worden sind, nichts anderes übrig, als an Werwölfe zu glauben. Die belastenden Aussagen gegen Menschen, die beschuldigt wurden, sich in reißende Tiere zu verwandeln und in dieser Gestalt Verbrechen zu begehen, stammten oft von übereinstimmenden Zeugen, die aus persönlicher Erfahrung der festen Überzeugung waren, der Angeklagte sei imstande, diese Tiergestalt anzunehmen. Einerseits sind Werwölfe unmöglich; andererseits treten sie tatsächlich auf«, schreiben zwei der führenden Experten auf dem Gebiet der rätselhaften Phänomene, John Michell und Robert J. M. Rickard, in ihrem Buch *Die Welt steckt voller Wunder.*

Der europäische Glaube an den Werwolf geht vermutlich auf magische Vorstellungen aus der griechisch-römischen Welt zurück. Der »Obergott« Lykaios (auch Lykaon genannt) war ein »Wolfkönig«. Er herrschte als Gemahl der Göttin Nonacris. Der römische Dichter Vergil stellte Überlegungen über jenes geheimnisvolle Tier-Mensch-Wesen an: Der erste Werwolf sei Moeris gewesen. Er habe seine Gattin Moira, die Schicksalsgöttin, in die Geheimnisse der Magie eingeweiht. So habe er ihr die Zaubersprüche anvertraut, mit deren Hilfe es möglich war, die Toten aus dem Jenseits in unsere Welt zurückzurufen. Das Totenreich wird bei den Römern immer wieder mit Werwölfen in Verbindung gebracht. So wurde der Gott Soranus als Wesen in Wolf-Mensch-Gestalt verehrt. Er galt als ständiger Begleiter der Unterweltgöttin Feronia, die den Beinamen »Mutter der Wölfe« trug.

In Irland gab es jahrhundertelang, vermutlich noch im Mittelalter, einen wahren Werwolfkult. Homer Smith berichtet (*Man and his Gods,* Boston 1952), daß bei magischen Zeremonien Wolfsfelle getragen und Wolfszähne als Zauberamulette benutzt wurden. In mystischen Gesängen erinnerte man sich an einen Stamm, dessen Mitglieder alle sieben Jahre Wolfsgestalt annahmen.

Um 950 tauchte bei den Druiden, die in ganz Europa als mächtige Magier angesehen wurden, ein Lehrmeister auf, der sich als »Werwolf« bezeichnete. Er war besorgt darüber, daß das Wissen der alten Zauberer zusehends in Vergessenheit geriet. Er wollte alte Kulte wiederbeleben, scheiterte aber. Im Rahmen der Christianisierung wurde zwar der Glaube an Werwölfe nicht verdrängt, aber die einst durchaus positiv gesehenen Mächte als Verbündete des Teufels betrachtet.

Konkrete Spuren von Werwölfen in Europa, die über nebulose Erwähnungen in Mythen und Sagen hinausgehen, finden sich bereits im 11. Jahrhundert. Im irischen Ossory soll es einen geheimnisvollen magischen Brauch gegeben haben. Stets mußten zwei Bewohner des Ortes sieben Jahre lang als Werwölfe leben. 1182 begegnete ein irischer Geistlicher zwischen Ulster und Meath im Wald einem »großen Wolf«. Das riesenhafte Tier führte den Priester zu seinem sterbenden Weibchen. Entsetzt bemerkte der Priester, daß es sich nicht um ein Tier, sondern um eine alte menschliche Frau im Wolfsgewand handelte. Er erteilte ihr die letzte Ölung. Festgehalten wurde diese unheimliche Episode von Giraldus Cambrenis in seinem Werk »Topographica hibernica«.

Werwölfe wurden in ganz Europa im Mittelalter bis in die aufgeklärte Neuzeit beobachtet. Aber kann man diese Beobachtungen ernst nehmen? Handelt es sich nicht vielleicht doch nur um Angstphantasien abergläubischer Menschen? Darüber kann man geteilter Ansicht sein. Tatsächlich liegen auch Berichte vor, die von wissenschaftlich gebildeten Menschen stammen. Einer von ihnen war Pierre Mamor, der im 15. Jahrhundert den verantwortungsvollen Posten des Rektors der französischen Universität Poitiers bekleidete. Der Gelehrte gibt den Bericht eines lothringischen Bauern wieder, der entsetzt feststellen mußte, daß er sich zeitweise nachts in einen Wolf verwandelte und Menschenfleisch fraß.

Professor Mamor versuchte eine »natürliche« Erklärung für das Werwolf-Phänomen zu finden. Seiner Ansicht nach war es unmöglich, daß sich Menschen in Tiere verwandelten. Er ging davon aus, daß es sich bei Werwölfen um echte Wölfe handelte, deren Körper von wandernden menschlichen Geistern für eine bestimmte Zeit übernommen wurden. Die menschlichen Leiber, so Professor Mamor, hätten sich dann zeitweise »in Verstecken« befunden.

Bei Prozessen gestanden 1521 die französischen Bauern Burgot und Verdun aus Poligny mehrere grausige kannibalistische Morde, die sie als Werwölfe begangen haben sollen.

Den Prozeßakten sind Hinweise zu entnehmen, wonach sich zumindest Burgot mit einer »Salbe« einreiben mußte, um sich in ein Tier zu verwandeln. Dabei könnte es sich nach Montague Summers um ein drogenhaltiges Gemisch aus Tollkirsche, Eisenhut und Bilsenkraut gehandelt haben. Sollten sich also Burgot und Verdun gar nicht wirklich in Wölfe verwandelt haben? Wurden nur ihre bestialischen Neigungen durch den Drogenkonsum gefördert und verstärkt? Eine solche Erklärung mag uns vielleicht als »natürlicher« erscheinen. Sie ist aber nicht vereinbar mit den Gerichtsakten, nach denen ein bewaffneter Reisender bei Poligny von einem riesigen Wolf angegriffen wurde und das »Tier« mit einem gezielten Schuß zu erlegen versuchte. Er verletzte es nur und verfolgte die Blutspur bis zu einer Hütte, in der Verdun gerade von seiner Frau verbunden wurde.

Die beiden Bauern aus Poligny wurden jedenfalls, zusammen mit einem weiteren Verdächtigen, zum Tode verurteilt und hingerichtet.

Zeugenaussagen von Menschen, die den Verwandlungsprozeß vom Mensch zum Wolf beobachtet haben wollen, sind weitaus seltener als Beschreibungen von Werwölfen, von denen es im 16. Jahrhundert in ganz Europa nur so gewimmelt haben muß. Sie wurden im Mittelalter von Theologen und Wissenschaftlern heftig diskutiert. Man zitierte Aurelius Augustinus (354–430), der eine gelehrte Abhandlung über das unheimliche Thema verfaßt hatte, in der er zu keiner schlüssigen Antwort kam. Thomas von Aquin (1225–1274), wohl der wichtigste Philosoph und Theologe seiner Zeit, war von der Existenz der Werwölfe überzeugt. Er hielt sie für von Dämonen erzeugte Scheinwesen. Seiner Ansicht nach widersprach die Verwandlung von Mensch zu Tier und zurück den »göttlichen Naturgesetzen«.

Ähnlich dachten die Inquisitoren Heinrich Institoris und Jacob Sprenger. In ihrem Werk »Malleus Maleficarum«, 1487 erstmals in Straßburg erschienen, vertraten sie die Ansicht, es handle sich bei Werwölfen um »Trugbilder des Teufels«.

Kurz vor dem Weihnachtsfest 1598 wurde in Chalons einem Schneider der Prozeß gemacht. Man warf ihm vor, in Wolfsgestalt zahlreiche Kinder getötet zu haben. Unter der Folter gestand er – und wurde unverzüglich »bei lebendigem Leibe« verbrannt.

Berichte über Werwölfe sind aber in so großer Zahl vorhanden, daß Michell und Rickard vermuten, es müsse ein »aus alten Zeiten überliefertes Zauberritual, das in entlegenen Gebieten Europas offenbar fast bis zur Gegenwart praktiziert worden ist«, gegeben haben. Basiert also die Vorstellung von der magischen Verwandlung von Menschen in gefährliche Tiere und wieder zurück auf Tatsachen? Für diese Annahme spricht eine Beschreibung aus dem Werk *Historia de gentibus septentrionalibus* von Olaus Magnus, das 1555 erschien. Der Historiker beschreibt einen Vorfall, der sich einige Jahre zuvor ereignet haben soll. Demnach diskutierte ein Edelmann mit seiner Frau darüber, ob es Werwölfe gebe. Der Adelige vertrat die Ansicht, daß es Menschen unmöglich sei, sich in Tiere zu verwandeln. Ein Diener, der das Gespräch mit angehört hatte, soll ihn daraufhin vom Gegenteil überzeugt haben, indem er sich vor seinen Augen in einen Wolf verwandelte. Er sei sofort von den Jagdhunden des Adeligen angegriffen und verletzt worden. Dabei habe er ein Auge eingebüßt. Der Mann, so heißt es im Bericht weiter, konnte in Wolfsgestalt die Hunde abschütteln und fliehen. Am nächsten Tag sei er als Mensch zurückgekommen. Ein Auge fehlte ihm.

Erinnerungen an Werwolf-Traditionen finden sich noch im Märchen vom »Rotkäppchen«, freilich in stark verfremdeter Form. So kann die Großmutter im Wolfspelz als eine Anhängerin eines uralten Clans gesehen werden, der Wolfsfelle trug. Das Motiv des Kannibalismus, der in diesen Kulten gepflegt wurde, findet sich auch im Märchen wieder: Der Wolf verschlingt die Großmutter und will auch Rotkäppchen fressen. Bei den Azteken wie bei den verschiedensten Stämmen Afrikas sah man den Verzehr von Menschen in Zusammenhang mit Wiederauferstehung und Weiterleben. Auch dieses Motiv findet sich im Märchen vom Rotkäppchen, ebenso im Märchen von den sieben Geißlein.

Unsichtbare Angreifer

Zum Repertoire zahlreicher afrikanischer Magier soll es gehört haben, sich durch Zauber unsichtbar zu machen und aus dem Nichts anzugreifen.

Unerklärliche unsichtbare Attacken werden seit Jahrhunderten in ganz Europa vermeldet. 1761 soll sich bei dem norditalienischen Dörfchen Ventimiglia ein fürchterlicher unsichtbarer Angriff ereignet haben. Fünf Frauen waren beim Holzsammeln, als etwas Unsichtbares mit brutaler Gewalt einer von ihnen schlimmste Verletzungen zufügte. Ihre Kleidung, aber auch ihre Schuhe waren förmlich zerfetzt und um sie verstreut, ihr ganzer Körper war mit Wunden übersät. Zahlreiche Knochen waren zerbrochen und zersplittert, die meisten inneren Organe gerissen und blutleer. M. Morand von der französischen Akademie der Wissenschaften sah sich den Ort des unheimlichen Verbrechens an, konnte aber keine natürliche Erklärung finden. Die grausame Tat erinnert an ähnlich unheimliche Vorkommnisse, die in zahlreichen afrikanischen Staaten unsichtbaren Magiern, aber auch Menschen in Tiergestalt zugeschrieben werden.

Im Dezember 1922 wurden in London so viele Frauen von einem »unsichtbaren Mann« angegriffen, daß unter der weiblichen Bevölkerung der Metropole eine Panik ausbrach. Anders als im Falle von Ventimiglia kam es dabei zu keinen Verletzungen. Den Opfern wurden nur büschelweise Haare abgeschnitten. Wie war das Phänomen zu erklären? Steckte ein Mann aus Fleisch und Blut mit einer kuriosen Neigung hinter den Attacken? Schlich er sich unbemerkt an seine Opfer heran, um ihnen Haare abzuschneiden und sich dann ungesehen aus dem Staub zu machen?

Diese natürliche Erklärung mag für die Londoner Fälle zutreffen. Sie ist aber auszuschließen, wenn man an die Ereignisse denkt, die sich im Dezember 1931 an Bord des deutschen Frachters Brechsee abspielten. Die *New York Times* berichtete über die Geschehnisse. Nach Aussagen des Kapitäns war ein Besatzungsmitglied auf hoher See von etwas Unsichtbarem verletzt worden. Was es auch war, es fügte dem Mann eine vier Zentimeter lange Schnittwunde am Kopf zu. Er brach bewußtlos zusammen. Polizeiliche Verhöre sämtlicher Besatzungsmitglieder blieben ohne Ergebnis.

Voodoo – Magie mit der Kraft der Toten

Einer der geheimnisvollsten Orte unseres Planeten ist das Städtchen La Ville Aux Camps, auch Ville-aux-Can, zu Deutsch »die himmlische Stadt des mächtigen Feuers«. Sie liegt in den Bergen bei Port-de Paix im Nordwesten Haitis. Hier soll einer der großen magischen Kulte seinen Anfang genommen haben: der Voodoo. In uralten Überlieferungen wird der mysteriöse Ort mit dem Ursprung des Lebens gleichgesetzt. Vermutlich gab es hier einst ein Sonnenheiligtum. Als heilige Tier-Mensch-Gottheiten wurden Schlange und Löwe angesehen. Auch bei den alten Israeliten galt die Davids-Schlange als Symbol der Sonne. Sie wurde gewöhnlich in einer Weise dargestellt, die uns heute nur allzu vertraut ist – als das Symbol der ärztlichen Heilkunst, als Schlange, die sich um einen Stab windet.

Der Name der heiligen Voodoo-Schlange lautet Da. Sie begegnet uns auf Haiti auch in anderer Gestalt, als Ai-Da-Wedo. Ai-Da-Wedo ist die große Muttergöttin Haitis. Sie wurde einst als Frau der Sonne verehrt und mit dem Mond gleichgesetzt. Sonne und Mond gingen eine magisch-mystische Ehe ein. Geist und Materie taten sich zusammen. Aus der Verbindung entstand Legba. Legba galt als Spender des Lebens. Er schenkte der Erde das Wasser. So darf bei den Voodoo-Riten niemals das Wasser fehlen. Mögen sich im Laufe der Jahrhunderte zahlreiche sektenartige Variationen des Voodoo-Kults entwickelt haben, mögen noch so unterschiedliche Zeremonien entstanden sein, so haben alle magischen Rituale doch etwas gemeinsam. Zu Beginn jeder zeremoniellen Handlung wird Wasser auf die Erde gegossen.

Legba ist noch heute im Voodoo das Symbol der männlichen Kraft. Als Verkörperung des Weiblichen wird Erzulie angesehen. Die beiden Gottheiten beherrschen den Voodoo, ihnen sind alle anderen Götter und Geister untergeordnet. Sie sind bei allen Voodoo-Zeremonien gegenwärtig: Legba als Feuer, oft in Gestalt magischer Kerzen, Erzulie als Wasser.

Schon vor Jahrhunderten wurde versucht, durch Missionieren den Voodoo-Glauben durch das Christentum zu ersetzen. Das ist nicht gelungen: Sehr zum Entsetzen der christlichen Geistlichen kam es sogar zu einer Vermischung des Glaubensgutes. Legba wurde mit Christus gleichgesetzt, die Voodoo-Götter »vermischten sich mit den Gestalten der Bibel, die Charaktere der christlichen Heiligen wurden umgedeutet, afrikanische Götter erhielten christliche Namen«, stellt Gert Chesi fest (*Voodoo,* Wörgl 1979, S. 5).

Freilich wurde keineswegs einfach der christliche Glaube dem

Voodoo einverleibt. Vielmehr meinten die Haitianer in christlichen Überzeugungen auch altüberliefertes heiliges Wissen ihrer Ahnen zu erkennen. Wenn etwa von Jesus als dem Sohn Gottes gesprochen wurde, der zum Menschen geworden und doch Gott geblieben sei, so nickten Voodoo-Priester nur bestätigend: »Ja, die alten Götter waren einst himmlische Wesen, waren zugleich aber auch menschlich-irdisch. Überhaupt besaß ja einstens jeder Mensch auch göttliche Anteile, so wie die Götter entsprechend über menschliche Anteile verfügten.«

Für den Voodoo-Anhänger haben seine Zeremonien nichts mit dem zu tun, was der Europäer gern verächtlich als Magie im Sinne von Zauberei bezeichnet. Voodoo ist für ihn religiöse Offenbarung. Er sieht sich nicht als Anhänger eines Kults mit magischen Praktiken, sondern als Gläubiger, dem dank seiner Einweihung die nur scheinbar »übernatürliche« Welt offensteht.

Wer Voodoo betreibt, glaubt daran, Einblick ins Geheimnisvolle, ins Unbekannte zu erhalten. Diese Überzeugung wird auch im Namen des religiösen Kultes selbst zum Ausdruck gebracht. »Voo« (gelegentlich auch »vu« oder »wo« geschrieben) bedeutet soviel wie »Hineinsehen«, »doo« (auch »du« oder »do«) heißt verdeutscht »das Unbekannte«. Engel und die Geister Verstorbener sind es, die die Offenbarungen ermöglichen.

Mit der Verschleppung haitianischer Eingeweihter als Sklaven verbreitete sich der Voodoo-Glaube. So fand er Anhänger in ganz Amerika, in Brasilien, auf der Insel Kuba. Die Glaubensinhalte blieben. Manchmal erhielten die alten Götter neue Namen. So wurde aus der Erzulie Haitis die Wasserjungfrau Ye-Maya in Kuba. Andere Begriffe von magisch-kultischer Bedeutung wurden beibehalten oder leicht abgewandelt. Aus dem Priester Papa-loa wurde der afrikanische Baba-lao oder der kubanische Babaluwa.

Auch auf Haiti selbst entwickelte sich Voodoo weiter. Die Urform des magischen Glaubens blieb hauptsächlich im Norden erhalten.

Eine Voodoo-Zeremonie in Haiti. Die Gläubigen tanzen sich in Trance.

Das Voodoo-Ritual auf der Osterinsel: magische Anordnung von Steinen und Zigaretten im Innern des Mauerquadrats.

Ein Versammlungsraum des Xango-Kultes, der in Brasilien weit verbreitet ist. Die Gemeinde sammelt sich, um eine Frau als "Tochter der Heiligen" einzuweihen.

Mit Hühnerblut wird die Frau nach dem geheimen Ritus in die Gemeinschaft des Xango-Kultes aufgenommen.

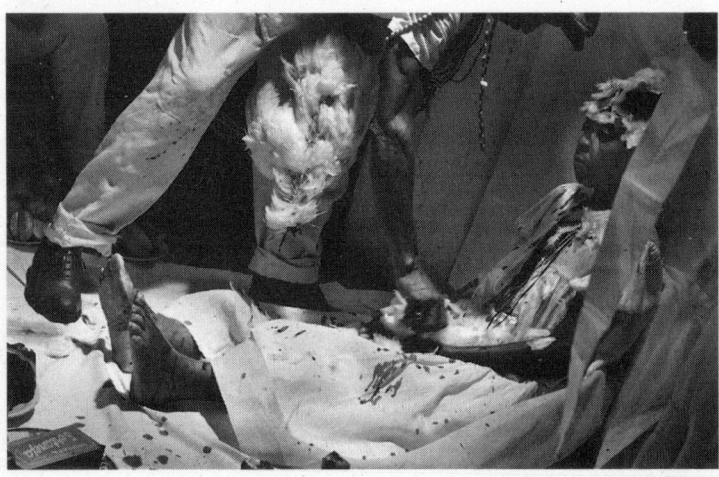

*Ein ägyptischer Papyrus mit der Darstellung der Reise der Seele ins Toten-
reich. Der Verstorbene mußte verschiedene magische Riten bestehen, um
die Unsterblichkeit zu erlungen.*

*Die Palmblattbibliothek in Vaithisvarankoil. Die "heiligen" Palmblätter
verfallen in Schränken.*

Ein indischer Swami materialisiert ein Lingam in seinem Mund.

Tempel, Trommeln, Trancezustände

Im Zentrum des Voodoo-Kults steht der Oumphor genannte Tempel. Oft besteht er aus nur einem einzigen Raum. Er wird gewöhnlich durch einen Vorhang unterteilt – in einen Vorraum und das Allerheiligste. Der Altar selbst befindet sich im sakralen Bereich. Der Vorhang ist nicht nur Trennwand, sondern zugleich auch geheiligtes Objekt. In symbolhaften Zeichnungen, manchmal auch farbenfrohen Gemälden, sind darauf die wichtigsten Gottheiten dargestellt, etwa die Wedo-Schlangen.

Das Allerheiligste mit dem Altar darf nicht von jedermann betreten werden. Ständigen Zutritt hat nur der Priester. Rat- und Hilfesuchende, die an einer Voodoo-Zeremonie am Altar selbst teilnehmen wollen, müssen sich, vom Allerheiligsten durch den Vorhang getrennt, durch eine spezielle Kost vorbereiten.

Der Altar, oft ein massiver Fels, wird als Pé bezeichnet. Auf ihm finden sich die diversen Zeremonial-Objekte, zum Beispiel Steine, denen magische Kräfte zugeschrieben werden, Opferschalen, alle möglichen Arten von Musikinstrumenten, Bücher mit okkulten Texten, bunte Fahnen.

Eines der wichtigsten Zeremonial-Geräte ist die Asson genannte Ritualrassel, die gewöhnlich aus einem Flaschenkürbis gefertigt wird. Sie gilt als ein Herrschaftssymbol des Priesters und wird zusammen mit einer kleinen Glocke geschüttelt. Im Inneren der Rassel befinden sich nach besonderen Vorschriften auf eine Schnur aufgezogene Wirbelknochen einer Schlange.

Der Klang des Instruments hat magische Bedeutung. Es stellt die unsichtbaren Kräfte der Ahnen dar. Die Geister der Verstorbenen werden mit den Sternen gleichgesetzt. Der Perlenschmuck, mit dem der Asson verziert ist, soll die Kraft des Gerätes verstärken. Die schillernde Pracht der Perlen stellt den Regenbogen dar, der als Verkörperung Erzulies gilt, also des weiblichen Elements. Während die Rassel geschwungen wird, berührt der Priester heilige Zeichnungen. »Die Totengeister«, schreibt John Fisch, »sind nach dem Ableben des irdischen Leibs, getrennt vom Körper, in den Himmel aufgestiegen und zu Sternen geworden. Sie sollen beim magischen Ritual des Voodoo herbeibeschworen werden. Sie liefern die Kraft für Zeremonien, bei denen etwa Kranke geheilt werden. Sie können aber auch dazu benützt werden, um negative Ziele zu verfolgen. So gehört es zu den schwarzmagischen Zielen des Voodoo, etwa mißliebige Menschen erkranken oder gar sterben zu lassen.«

Die Zeichnungen, auf die der Priester deutet, während die Rassel erklingt, sollen die allgegenwärtigen, freilich unsichtbaren Kräfte der Sterne darstellen. Sie werden fast immer für jede Zeremonie neu geschaffen. Der Priester fertigt sie mit pulverisierten Blättern oder Ziegelsteinen, mit Asche, verschiedenen Mehlarten oder zerstoßener Kohle, Rinde oder Wurzeln an.

Musik, die für den Mitteleuropäer recht fremdartig klingt, ist wichtiger Bestandteil der Voodoo-Zeremonien. Während der uneingeweihte Europäer oft schmunzelnd oder kopfschüttelnd nur ein »lautes Tamtam« zu erkennen meint, erfaßt den Eingeweihten ehrfürchtiges Schaudern. Das gilt besonders für die sogenannten Pethro-Trommeln. Die größere entspricht dem Blitz. So wie Zeus bei den Griechen Menschen mit Blitzen strafen konnte, so soll der göttliche Hüter, der den heiligen Altarstein bewacht, über die gleiche Waffe verfügen. Er kann Uneingeweihte, die sich unerlaubterweise dem Altar nähern, ihn vielleicht benützen wollen, schwer verletzen oder töten.

Die kleinere Trommel stellt die Erde dar – und zwar jenen Ort, an dem der Blitz niederfährt. »In Teilen der Voodoo-Tradition wird die runde Erde als unendlich gesehen«, erklärt John Fisch. »Wie der Kreis hat sie keinen Anfang und kein Ende. Oder: Anfang und Ende können überall beliebig angenommen werden. Wo der Blitz einschlägt, an just diesem Ort endet die Welt der Lebenden und beginnt das allgegenwärtige, unendliche Reich der Toten.«

Werden beide Trommeln geschlagen, so symbolisiert das das Donnergrollen und Einschlagen des Blitzes. Der Tempel, in dem das geschieht, wird zum Ort des Übergangs zwischen Diesseits und Jenseits. Die magische Grenze zwischen den beiden Welten wird geöffnet. Es wird den Geistern der Verstorbenen, den Ahnen, die dem Voodoo-Zauberer Macht verleihen, ermöglicht, ihre Welt zu verlassen und in unsere einzutreten. Sie werden gebeten oder gezwungen zu helfen. Mit ihrer Unterstützung kann der Priester Kranke heilen, Gesunde krank machen oder töten, in die Zukunft blicken oder konkrete Wünsche wahr werden lassen.

Die Trommeln öffnen also ein unheimliches Tor ins Jenseits, was bei den Voodoo-Anhängern Angst, ja Panik auslösen kann. Geschlossen wird der Riß in der Grenze durch Ausgießen von Wasser.

So wie die Grenze zwischen der Welt der Toten und jener der Lebenden für die Zeit der Zeremonie aufgehoben wird, so wird auch die Trennung zwischen Göttlichem und Menschlichem überwunden. Nach alter Voodoo-Tradition gab es einst in grauer Vorzeit eine Ära der Sündlosigkeit. Damals hatte jeder Mensch Zugang zum Göttlichen. Es bedurfte damals keiner Priester oder gar besonderer Zeremonien, um mit dem Überirdischen Verbindung aufzunehmen. Diese Vorstellung erinnert deutlich an altjüdische Glaubensinhalte, die im Alten Testament beschrieben werden. Vor dem sogenannten Sündenfall, in der Genesis beschrieben, verkehrte Schöpfergott Jahwe noch mit »allen« Menschen (Adam und Eva).

Gelegentlich spazierte er im Garten Eden umher. Adam und Eva übertraten aber göttliches Gebot, als sie vom Baum der Erkenntnis aßen. Sie wurden daher aus dem Paradies vertrieben. Wachen wurden aufgestellt, die eine Rückkehr unmöglich machen sollten (1. Buch Mose, Kapitel 3, Vers 24): »Und so trieb Jahwe den Menschen hinaus und stellte im Osten des Garten Eden die Cherubim auf und die flammende Klinge eines sich fortwährend drehenden Schwertes, um den Weg zum Baum des Lebens zu bewachen.« Nach Voodoo-Überzeugung ist das Göttliche nach wie vor vorhanden. Göttliche und irdische Welt sind nicht wirklich voneinander getrennt, sie gehen nach wie vor ineinander über. Nur kann das der gewöhnliche Mensch an der Schwelle zum dritten Jahrtausend nicht mehr wahrnehmen. Dazu ist der Voodoo-Priester im Alltagsleben auch nicht mehr in der Lage. Er muß sich in Trance versetzen, die er, bestimmten Ritualen folgend, herbeiführt. In der Trance erkennt er dann das Göttliche. In verschiedenen Voodoo-Traditionen ist es schwer zu unterscheiden, ob Totengeister oder Götter herbeizitiert werden. In der Trance gibt der Priester sein eigenes Ich auf. Er wird sozusagen zu einem »Gefäß«, das der herbeigerufene Gott benützt. Der Voodoo-Anhänger verliert seine Identität. Ein Gott übernimmt seinen Körper, spricht aus seinem Munde. Werden Fragen gestellt, dann beantwortet er sie und kann Auskünfte erteilen.

Der im Priester verkörperte Gott findet seine Entsprechung bei verschiedenen Opferzeremonien der Azteken. Während des Rituals wird ein gewöhnlicher Sterblicher zur Gottheit und dann getötet.

Sämtliche Voodoo-Götter gelten als Abkömmlinge des Schöpfers. Sie sind gut und böse zugleich, können sich den Menschen gegenüber wohlwollend, aber auch bösartig verhalten. Sie herbeizurufen gilt als gefährlich. Es scheint nie ganz festzustehen, ob denn nun der dem Priester innewohnende Gott fügsam ist, sich beherrschen läßt. Es wird als höchst wichtig angesehen, ihn bei guter Laune zu halten. Daher sind Opfergaben ein wesentlicher Bestandteil jeder Voodoo-Zeremonie. Die Gaben, die dargeboten werden, sind mannigfaltig. Es werden Speisen und Getränke gereicht, aber auch Tabak und manchmal Drogen. Das Blut geschlachteter Tiere soll den Gott davon abhalten, zornig zu werden.

Bei vielen Zeremonien verlangen die Götter nach Gerüchen. Es werden Kräuter in Opferschalen verbrannt. Weihrauch hat ebenso in heutige Voodoo-Zeremonien Eingang gefunden wie teure Parfüms, die manchmal in großen Mengen vergossen werden. Andere Götter wiederum werden durch Darbietung von Tänzen oder Musik erfreut. Ich nahm an einer Voodoo-Zeremonie teil, bei der ein herbeigerufener Gott durch Abspielen von Elvis-Songs bei Laune gehalten werden sollte.

Die Voodoo-Vorstellung von zahllosen Untergöttern kann am ehesten mit einem theologischen Begriff umschrieben werden, der 1705 von John Toland (1670–1722) geprägt wurde: Pantheismus. Damals wurde, als Folge der Aufklärung, Gott nicht mehr als persönliches, begrenztes Einzelwesen gesehen, sondern als sachliches Prinzip, als unpersönliche Größe aufgefaßt, die sich überall offenbart. Der Begriff leitet sich aus dem Griechischen ab: »pan« bedeutet alles, »theos« Gott. Der Voodoo-Glaube geht zwar, im Gegensatz zum klassischen Pantheismus, sehr wohl von einzelnen Götteridentitäten aus. Sie werden nach alter haitianischer Tradition als Loa bezeichnet. Die Loa sind einerseits unsichtbar, andererseits aber auch Individuen – und doch auch unpersönliche Gesetze. Sie werden in unserer Welt als unscheinbare, unbelebte Objekte wie Steine, aber auch als Pflanzen, Tiere und Menschen Wirklichkeit.

Der Urform des Voodoo-Glaubens zufolge stammen die Loa aus der frühesten Epoche der Menschheit. Sie wurden am Anbeginn der Zeit auf Haiti geschaffen, wo sie leben und wirken. Je größer die Kraft eines Voodoo-Zauberers ist, desto größer ist sein Einfluß auf die Loa. Wo immer auf der Welt eine Zeremonie abgehalten wird, stets muß zumindest ein Loa angerufen und herbeizitiert werden. Mit unterschiedlicher Reisegeschwindigkeit eilen die Loa von Haiti aus herbei: Manche sind so schnell wie der Schall, andere wie das Licht, andere wiederum sind überhaupt nicht an die Zeit gebunden. Sie sind allgegenwärtig wie die Gedanken. Diese Götter erfreuen sich bei den Voodoo-Magiern ganz besonderer Beliebtheit, weil sie jederzeit überall für Zeremonien zur Verfügung stehen. Auf ihre langsameren Kollegen muß erst gewartet werden, was die Dauer eines magischen Rituals beträchtlich in die Länge ziehen kann.

So unterschiedlich die Loa auch sind, eines haben sie alle gemeinsam. Sie lieben ihre Heimat, die himmlische Stadt des mächtigen Feuers, Ville-aux-Can, über alles. Sobald sie irgendwo auf der Welt von einem Voodoo-Magier benötigt werden, eilen sie gehorsam herbei. Für die Rückreise lassen sie sich manchmal mehr Zeit, besuchen – heutigen Touristen vergleichbar – gern interessante Orte. Dort halten sie es dann aber meist nie lange aus. Gewöhnlich treffen sie spätestens nach ein oder zwei Tagen wieder in Haiti ein.

Voodoo-Ketzer und Todeszauber

Die Anhänger des traditionellen Voodoo-Glaubens bezeichnen Magier, die für ihre Rituale Menschenblut benützen, als Kongos. Unklar ist, ob die Verwendung von Voodoo-Puppen nun ein Zeichen falscher Anwendung überlieferten Wissens ist oder ob jener Brauch dem klassischen Voodoo zugeordnet werden muß.

Die Voodoo-Magie geht von der Ganzheit im Detail aus: So wie der Geist der Erde in jedem Stein, jeder Pflanze, jedem Tier, jedem Menschen steckt, so wird auch der Körper des Menschen gesehen. In jedem seiner Teile findet sich wiederum sein ganzes lebendiges Wesen. Trennt man nun etwas »Gewachsenes« vom Menschen, dann befindet sich darin – zumindest für einige Zeit – immer noch die geistige Kraft, die den Menschen ausmacht. Konkreter: Abgeschnittene Haare sind immer noch von der Geistkraft des Menschen beseelt. Demnach ist es – nach Voodoo-Überzeugung – möglich, eine Zauberpuppe herzustellen, die einem bestimmten Menschen entspricht und dessen Haare oder Fingernägel enthält.

Mit ihrer Hilfe ist es dann möglich, Schmerz zuzufügen, ja zu töten. Wie dabei vorgegangen wird, ist aus einschlägigen Gruselfilmen hinlänglich bekannt. Die Puppe ist ein Abbild des Menschen, sein Doppel. Was der Puppe angetan wird, das widerfährt entsprechend dem zugehörigen Menschen. Der Phantasie sind keine Grenzen gesetzt. Der Puppe wird ein Bein gebrochen, also bricht sich der Mensch ebenfalls ein Bein. Mit einer Nadel wird der Puppe ins Herz gestochen – der Mensch erliegt einem Herzanfall.

Häufig werden beim Tötungszauber Pfeil und Bogen benützt. Ein auf die Puppe abgefeuerter Pfeil durchbohrt sie und damit gleichzeitig ihr reales, lebendes Ebenbild.

Nach Überzeugung der traditionellen Voodoo-Anhänger vertreten die Ketzer einen falschen Glauben. In ihrer Theologie steht Voodoo-Legba im Zentrum. Er wurde – und das ist die Häresie – »am trockenen Pfahl« gefoltert und den Göttern geopfert. Heiligstes Symbol der »wahren« Voodoo-Anhänger ist die Schlange am brennenden Kreuz. Die Ketzer ersetzen das Reptil durch einen Menschen.

Voodoo auf der Osterinsel

Auf der Osterinsel war ich Zeuge einer Voodoo-Zeremonie. Das Ritual dauerte einen ganzen Tag, von Sonnenaufgang bis Sonnenuntergang. Beteiligt waren insgesamt sieben Personen – vier Chilenen, zwei Peruaner und ein Brasilianer. Er nannte sich Houngan-Man und leitete als Priester das magische Ritual. Erst nach langwierigen Verhandlungen wurde ich als Zeuge geduldet. Voraussetzung dafür war eine Spende: fünf Flaschen Whisky einer bekannten Edelmarke und zwei Stangen Zigaretten.

Zunächst, so verkündete Houngan-Man, müsse ein »himmlisches Zeichen« abgewartet werden. Er verriet freilich auch auf fast schon unhöfliches Nachfragen nicht, wie denn jener himmlische Fingerzeig aussehen werde. So fühlte ich mich fast in das Bühnenstück »Warten auf Godot« versetzt. Die Zeit, die auf der Osterinsel sowieso schon langsamer als in der übrigen Welt zu verstreichen scheint, zog sich schier endlos dahin. Eineinhalb Tage wartete unsere kleine Gesellschaft beim Steinbruch der Osterinsel. Worauf? Das wußte nur der Priester.

Am frühen Morgen des dritten Tages mußte plötzlich alles ganz schnell gehen. Etwa eine Stunde nach Sonnenaufgang setzte ein starker Regenschauer ein. Sofort kommandierte uns Houngan-Man in die beiden Jeeps. Auf teilweise halsbrecherischen Wegen fuhren wie die Küste des Eilands ab – auf der Suche nach einem Regenbogen. Manchmal, beispielsweise wenn Geröll auf der Straße lag, wurde die Fahrt kurz unterbrochen. Hastig sprangen wir aus den Wagen, räumten Hindernisse aus dem Weg. Bald waren wir vom Regen vollkommen durchnäßt. Die Straßen glichen seit Jahren nicht mehr benutzten Feldwegen. Sie hörten dann und wann auch abrupt auf, endeten im Gebüsch oder an einer Steilklippe. Wir mußten immer wieder querfeldein fahren. Der Himmel war uns gnädig, er belohnte unsere Suche und bescherte uns ein bemerkenswertes Schauspiel: den schönsten Regenbogen meines Lebens.

Plötzlich war er da. Wie eine überirdische Erscheinung wuchs er aus dem vom Regen aufgepeitschten Meer. Als eine Brücke aus traumhaft schönem Licht verband er schaumgekröntes Wasser und Land. »Erzulie hat uns einen Hinweis gegeben, Erzulie sei Dank!« verkündete der Priester nicht ohne Pathos. Nur wenige Minuten später änderte sich das Wetter schlagartig. Starke Windböen hatten die dichte Wolkendecke aufgerissen und weit aufs Meer hinausgetrieben. Der Himmel war wieder unschuldig blau.

Und unsere kleine Gruppe hatte die Stelle erreicht, an der der Regenbogen scheinbar das Land berührt hatte. Gemeinsam trugen wir Steinbrocken unterschiedlicher Größe zusammen. Nach den Anweisungen des Priesters bauten wir daraus eine fünfzehn Zentimeter hohe Mauer. Als wir endlich fertig waren, war ich verschwitzt und hatte blutige Hände. Das Ergebnis unserer anstrengenden Arbeit sah allerdings wenig beeindruckend aus. Dabei hatte uns das Mäuerchen vier Stunden harter Arbeit gekostet.

Schließlich zeigte sich Houngan-Man zufrieden. Nur wenige Meter vom Strand entfernt war ein steinernes Quadrat entstanden, etwa zwei mal zwei Meter groß. Nur der Priester selbst durfte das Innere des so geschaffenen »Tempels« betreten. Er ermittelte das Zentrum des Quadrats und legte es mit Pappe aus. Darauf zeichnete der Voodoo-Priester mit kalkähnlichen weißlichen kleinen Steinkörnern ein Quadrat. Von seinem Zentrum aus führten vier Linien durch die Ecken des Quadrats. Sie endeten unmittelbar außerhalb in kleinen Steinhaufen. Auf den Schnittpunkt dieser Linien, also auf das geometrische Zentrum des Quadrats, legte der Houngan-Man einen eiförmigen Stein, den er selbst am Strand gefunden hatte. Er sollte den Altar darstellen. Jetzt würde, so wurde mir bedeutet, bald mit der eigentlichen Zeremonie begonnen.

»Ich beginne mit dem Opfer«, erklärte mir der Priester. Dann ließ er die von mir spendierten Whiskyflaschen holen. Ich befürchtete schon ein allgemeines Besäufnis auf meine Kosten. Zunächst schien sich meine negative Phantasie zu bewahrheiten. Der Schamane nahm einen kräftigen Schluck – es mögen auch zwei oder drei gewesen sein – aus einer der Flaschen. War ich Betrügern aufgesessen, die sich unter dem Vorwand, eine Voodoo-Zeremonie durchzuführen, kostenlos Whisky und Zigaretten beschafften? Mein Mißtrauen erwies sich als unbegründet. Der Houngan-Man goß den weitaus größten Teil des hochprozentigen Getränks ins Meer.

Schließlich wurden meine beiden Stangen Zigaretten ausgepackt. Der Priester riß sie auf, entnahm eine Schachtel, öffnete sie und steckte sich eine Zigarette an. Seine Begleiter gingen wiederum leer aus. Als ich sie fragend ansah, erklärte mir einer der Männer: »Das sind alles Gaben für die Götter!« Einige weitere Zigaretten wurden zerfetzt und um den Altarstein herum verstreut. Die restlichen »Glimmstengel« wanderten, so wie der Whisky, ins Meer.

Endlich wurde der eigentliche magische Ritus eingeleitet. Die sechs Gehilfen des Priesters holten einen kleinen Kassettenrecorder und spielten Songs von Elvis Presley ab. Sie begleiteten die Musik auf drei großen und drei kleinen Trommeln, auf die sie mit eisernen Schlegeln einhieben. Die ungewöhnliche musikalische Darbietung dauerte etwa vier Stunden. Währenddessen saß der Priester im »steinernen Viereck« und murmelte Gebete. Schließlich endete die

Musik. Einer der sechs Gehilfen raunte mir zu, nun seien aus den vier Himmelsrichtungen vier Erdgeister angereist.

Der Houngan-Man nahm von den weißlichen, kalkähnlichen Steinchen und warf sie in die vier Himmelsrichtungen. Er bekreuzigte sich, drehte sich dabei einmal im Kreis. Während er die Stirn berührte, blickte er gen Osten. Dann wandte er sich gen Westen, berührte dabei die Brust. Gen Norden schauend tippte er seine linke, gen Süden gerichtet die rechte Schulter an. Laut rief er »Linsahmawu, Vuvulivhawe« und segnete die Erde. Eine lange Litanei folgte. In einer fremden, geheimnisvollen Sprache rief er laut zahlreiche Namen, die mich manchmal an die von Heiligen der katholischen Kirche erinnerten.

Sein monotoner Sprechgesang mochte etwa drei Stunden gedauert haben. Schließlich zündete der Priester vier Kerzen an, stellte sie um den Altarstein. Wieder folgte eine lange Litanei von Namen. Eine gute Stunde verharrte er dann schweigend. Irgendwann setzte Regen ein. Nach und nach verlöschten die Kerzen. Als auch die letzte der vier Kerzen nicht mehr brannte, wurde wieder der Kassettenrecorder in Betrieb gesetzt, schlugen die sechs Männer wieder auf ihre Trommeln ein. Wiederum wurde etwa vier Stunden musiziert, während der Priester im »steinernen Viereck« auf und ab schritt und seltsame Namen in den immer stärker werdenden Wind schrie.

Dann verstummte die Musik. Der Houngan-Man nahm nach und nach Steine aus der quadratischen Umrandung und schleuderte sie ins Meer. Das tat er bedächtig, ja mit ruhiger Gelassenheit. Oftmals rief er dabei einen Zauberspruch oder einen »heiligen Namen« aus. Als die Sonne unterging, war die kleine Mauer vollkommen abgetragen. Der Priester ergriff nun den eiförmigen Altarstein und strebte gemessenen Schritts dem Meer zu. Bedächtig wusch er ihn ab. Dann holte er die Pappe und schüttete die feinkörnigen Kalksteinchen ebenfalls ins Meer.

Irgendwann am Abend erklärte mir der Priester, daß er einen Voodoo-Ritus zelebriert und die vier Erdgeister herbeigerufen habe. »Sie mußten von weither kommen, deshalb mußten wir ihnen viel Zeit lassen.« Er habe die Geister beschworen, sie inständig gebeten, von der friedlichen Kraft der Osterinsel gespeist in alle vier

Himmelsrichtungen auszuschwärmen und positive Energie über die Erde zu verteilen. Wie er mir weiter versicherte, würde er ähnliche Zeremonien in verschiedenen Staaten Südamerikas, aber auch auf einigen Südseeinseln abhalten, um seinen Anteil für den Weltfrieden zu leisten. Leider habe sein Vater mit »bösen Geschäften« in Brasilien viel Unheil angerichtet. Auf dem Totenbett habe er ihn, seinen Sohn, gebeten, durch Voodoo-Magie sein Unrecht soweit wie möglich wieder ungeschehen zu machen. »Ich erbte ein nicht unerhebliches Vermögen, ließ mich auf Haiti zum Voodoo-Priester ausbilden und erfülle nun schon seit Jahren den letzten Willen meines Vaters.«

Als ich spätabends müde von einem langen Tag in meinem Hotelzimmer das Licht löschte, konnte ich lange nicht einschlafen. Was hatte ich erlebt? Ein wirkliches magisches Voodoo-Ritual, einen Beitrag zum Weltfrieden? Oder war ich Betrügern aufgesessen? Fast drei Tage hatte ich mit den geheimnisvollen sieben Männern verbracht. Finanzielle Vorteile hatte ihnen die mysteriöse Prozedur nicht gebracht.

Fotografieren war streng verboten. Der Voodoo-Priester fertigte einige Aufnahmen mit meinem Fotoapparat an – vom »Altarstein« mit der seltsamen Symbolzeichnung. Jahre sind seit jenem merkwürdigen Ritual auf der Osterinsel verstrichen. Bis zum heutigen Tage weiß ich nicht, wie ich es bewerten soll.

Magie im Reich der Pharaonen

Die Geheimnisse der Hyksos

Vor rund vier Jahrtausenden wurde das Land der Pharaonen von den legendären Hyksos, den vermutlich aus Asien stammenden »Herrschern der Fremdländer«, regiert. Dank ihres gut bewaffneten Heeres waren sie den Ägyptern haushoch überlegen. Denkmäler hinterließen sie so gut wie keine. Spätere ägyptische Texte bezeichneten sie als Barbaren. Der jüdischen Tradition zufolge wurde Joseph aus dem alten Israel von den Hyksos als mächtiger »Unterkönig« eingesetzt.

Wenig ist über die Glaubenswelt der Hyksos bekannt. Mag sein, daß nach der Vertreibung der Hyksos die Erinnerungen an die Fremdherrscher aus den Geschichtsbüchern getilgt wurden. Im altägyptischen »Totenbuch« finden sich aber Hinweise, die als magisches Glaubensgut der Hyksos angesehen werden können. Da heißt es in Kapitel VII (*Ägyptisches Totenbuch,* übersetzt und kommentiert von Gregorie Kolpaktchy, Weilheim 1970, S. 64 f.): »Böswilliges Wesen von Wachs, das du dich labst an der Schwachen Vernichtung, wisse, weder ein machtloser Schwächling bin ich, noch eine erschöpfte Seele, verwelkte. Nicht einzudringen vermag in meine Glieder dein Gift: Denn mein Körper ist Tums eigener göttlicher Leib.«

Reinhard Habeck und Peter Krassa, zwei österreichische Forscher, haben sich intensiv mit der antiken Glaubenswelt der Ägypter auseinandergesetzt. Sie weisen in ihrem Buch *Das Licht der Pharaonen* darauf hin, daß bereits im alten Ägypten magische Praktiken ausgeübt wurden, die in verblüffender Weise an den Voodoo-Zauber erinnern: »In Ägypten wurde damals jeder Art (und Abart) von Magie gehuldigt. Aus aufgefundenen Texten aus der Zeit der Hyksos läßt sich entnehmen, daß unter der Hohenpriesterschaft auch die sogenannte ›Schwarze Magie‹ ebenso eifrig ausgeübt wurde wie ihr positiver Gegenpol, die ›Weiße‹. Beides diente vor allem ideologischen Interessen, wurde gegebenenfalls auch in den Dienst der Staatspolitik gestellt und dafür herangezogen, Ägypten und seine Regenten vor den Angriffen ausländischer Feinde zu beschützen. Dazu zählten ganz bestimmte Zaubersprüche – ›Verwünschungen‹ –, doch beanspruchte man auch gern eine Methode, die uns an ein noch heute angewandtes magisches Verfahren erinnert.«

Konkreter: Wenn Ägypten von Mächten außerhalb des eigenen Reichs angegriffen wurde, dann verließ man sich keineswegs nur auf die eigenen Truppen. Man setzte vielmehr Zaubermittel ein, die nur als Voodoo-Magie bezeichnet werden können. Dann stellten die Priester-Magier kleine Menschen-Figürchen aus Wachs her. In ihre Leiber kritzelten sie die Namen feindlicher Truppenführer oder der angreifenden Völker und durchbohrten sie mit Nadeln. Man zerstampfte sie oder vergrub sie, magischen Riten folgend, im Erdreich. Der Zweck dieser Praktiken ist klar: Die Wachsfiguren stellten die Feinde dar. Man war überzeugt, die real existierenden Gegner zerstören zu können, indem man Wachsfiguren vernichtete.

Visionen von der Zukunft

Diese Zauberpraktiken gingen bei den Ägyptern auf einen der mächtigsten Götter zurück. In einer Spruchweisheit aus der Zeit der Hyksos heißt es:»Gott Thot hat den Menschen die Zauberei gegeben als Waffe, damit sie sich vor allem Unheil schützen können.« Thot war der ägyptische Mondgott und wurde als »Herr der Zeit und Rechner der Jahre« verehrt, »der die Zeiten und Monate und Jahre scheidet«. Er »verkündet das Morgen und schaut auf das Nachher«. In ihm war »alles Wissen« vereint. Und wer Zugang zu seinen Aufzeichnungen hatte, der verfügte über »magische Macht«. Als göttlicher Magier brachte Thot, zusammen mit dem Sonnengott Re, Pflanzen, Tiere, Götter und Menschen hervor. So wie auf Haiti Sonne und Mond am Anfang der Schöpfung standen, so repräsentierten auch im alten Ägypten Thot und Re Mond und Sonne.

Die alten Götter Ägyptens waren zunächst auch Magier, ihre Priester zugleich Zauberer. Sie wurden nicht zuletzt von der Bevölkerung verehrt und gefürchtet, weil sie im Besitz jener Zauberformeln gewesen sein sollen, die sie von den Göttern selbst empfangen haben. Magisch waren auch zahlreiche unsichtbare Wesen, die Erde und Meer bewohnten. Sie waren bei weitem nicht so stark wie die mächtigen Götter selbst, konnten aber Krankheit und Verderben, ja Tod über Mensch und Tier bringen. Nur von den mächtigen Magiern konnten jene geheimnisvollen Wesen, vergleichbar mit den Voodoo-Geistern, den Loa, gebannt werden. Es genügte freilich nicht, die Namen der Geister und die entsprechenden Zaubersprüche zu kennen. Sie mußten in ganz besonderer, geheimer Weise betont und ausgesprochen werden.

Besondere Götternamen galten als besonders wirksamer Zauber. Sie konnten ausgerufen und etwa zum Heilen von Kranken verwendet werden. Manche von ihnen galten als so stark, daß sie gar nicht ausgesprochen werden durften, sondern umschrieben werden mußten. Diese Tradition wurde von den alten Israeliten übernommen, die den Namen des mächtigsten aller Götter – Jahwe – ebenfalls nie nennen durften.

Magische Medizin

Die Götternamen wurden geschrieben. Wer etwa ein Amulett besaß, in das ein solcher Name eingraviert worden war, glaubte gegen so manche Gefahr gefeit zu sein. Zaubermittel wurden auch für das schreibunkundige Volk angefertigt. Sie wurden in schier unglaublicher Vielfalt hergestellt. Archäologen haben in den vergangenen Jahrhunderten Tausende davon gefunden. Sie tragen unterschiedlichste Bilder und Symbole: Lebensbäume, ausgestreckte Finger und immer wieder Augen in allen Farben und Größen. Viele stellen auch heute noch die Wissenschaft vor scheinbar unlösbare Probleme. Bei anderen wiederum ist ihre gewünschte Wirkungsweise bekannt. So wurden neugeborenen Kindern Talismane mit magischen Sprüchen umgehängt. Da ging es – wie auch beim Voodoo-Kult – um Totengeister, die daran gehindert werden sollten, den jungen Erdenmenschen Schaden zuzufügen. Auf einem alten magischen Papyrus heißt es dazu: »Geh hinweg, o du in der Dunkelheit lebender Toter, dessen Nase entstellt ist. Geh hinweg, ohne deine Tat auszuführen. So du gekommen bist, dieses Kind zu umarmen, so werde ich es nicht erlauben. So du gekommen bist, seinen Schrei zu ersticken, so werde ich es nicht erlauben. So du gekommen bist, das Kind mir zu entreißen, so werde ich das nicht erlauben.«

Die Ärzte der alten Ägypter verfügten über erstaunliches Wissen. Sie verfügten über fortgeschrittene Kenntnisse, was beispielsweise die Herstellung unterschiedlichster Arzneimittel anbelangt. Gleichzeitig waren die Ärzte Ägyptens aber auch in zahllose Zauberformeln eingeweihte Schriftkundige. So weiß der »Papyrus Ebers« zu vermelden: »Wenn das Heilmittel verabreicht wird, müssen auch die feindlichen Kräfte aus meinem Herzen und meinem Körper vertrieben werden. Die magischen Formeln entfalten ihre Kraft mit dem Heilmittel. Und die Heilmittel helfen in gemeinsamer Wirkung mit den magischen Formeln.«

Trancezustände waren für die altägyptischen Magier-Mediziner ein fester Bestandteil der Diagnose. Sie waren davon überzeugt, daß etwa ein »Jüngling, der noch keine Frau berührt hatte«, mit Hilfe der Götter unter Hypnose Dinge sehen konnte, die sich dem Arzt selbst entzogen. Wie Trance-Medien befragt wurden, entzieht sich weitestgehend unserer Kenntnis. Bekannt ist, daß man junge Männer mit verschlossenen Augen in eine dunkle Kammer führte und dann eine magische Kerze anzündete. »Siehst du das Licht?« wurden die jungen Männer gefragt, wobei sie leicht an den Hinterkopf geschlagen wurden. Zauberformeln wurden siebenmal wiederholt.

»Dabei sollte das innere Auge des jungen Mannes geöffnet werden«, schreibt John Fisch. »Nach einem ägyptischen Papyrus, der in London aufbewahrt wird, wurden zu diesem Zweck die Geister des Lichts und die Schatten der Verdammten beschworen, die Götter um Beistand gebeten. Duftkerzen wurden entzündet, Weihrauch wurde verbrannt, um einen Zustand geistiger Entrückung herbeizuführen. In diesem Zustand soll es dann möglich gewesen sein, die Verkörperungen von Göttern zu sehen. Jene Götter sollen dann dazu bereit gewesen zu sein zu enthüllen, woran ein Mensch erkrankt war.«

Magische Reisen ins Jenseits

John Fisch verweist darauf, daß im alten Ägypten jahrtausendelang die Kunst der Magie betrieben wurde. Das geheimnisvolle Wissen soll bis in nachchristliche Zeiten erhalten und dann von christlichen Missionaren heftig bekämpft worden sein. Klemens von Rom versuchte noch im dritten nachchristlichen Jahrhundert, mit Hilfe altägyptischer Magie das Geheimnis des Lebens nach dem Tode zu ergründen. Er bestach einen ägyptischen Priester, der sich schließlich dazu bereit erklärte, seine Seele zu beschwören, um ihm schon zu Lebzeiten einen Blick in die Welt des Jenseits werfen zu lassen. Was er gesehen habe, sei fürchterlich gewesen und wurde der Öffentlichkeit vorenthalten. Klemens von Rom war immerhin alten Überlieferungen zufolge der dritte Bischof von Rom.

Wir wissen nicht, welche magischen Praktiken der Kirchenmann erlebte. Die alte Hekate, Göttin der Magier, soll im Spiel gewesen sein. Hekate galt als dreigestaltige Göttin, die sowohl im Himmel als auch in der Unterwelt heimisch war. Sie herrschte über die Geister der Toten und war zugleich die Jagdgöttin auf der Erde. Verschiedene bildhafte Darstellungen der Hekate sind überliefert. Stets wurde sie mit drei Köpfen und drei Armpaaren gezeigt. In den Händen hielt sie magische Instrumente: Fackel, Schwert, Dolch, Schlange und Schlüssel.

Hekate wurde oft angerufen, um Zukunftsvisionen zu erlangen. Dazu wurde ein bronzener Dreifuß verwendet. In der Mitte des Geräts steckte ein Stab, an dem eine Zauberscheibe angebracht war. Auf der Scheibe eingraviert waren zahlreiche Hieroglyphen. Über dieser Scheibe ließ man an einem Faden ein bronzenes Gewicht pendeln. Es sollte Hieroglyphen auswählen, die vom Magier aufnotiert wurden. So wurde angeblich Buchstabe an Buchstabe gereiht, bis sich sinnvolle Worte ergaben, die Hinweise auf die Zukunft enthielten.

John Fisch sah in den magischen Zauberritualen, die beispielsweise einen Blick in die Zukunft ermöglichen sollten, freilich eher einen Verfall der uralten ägyptischen Glaubensüberlieferungen. Hauptzweck der Magie sei es ursprünglich gewesen, den jeweiligen Pharao auf das Jenseits vorzubereiten. Zu Lebzeiten sollte er sich schon für die Gefahren wappnen, die auf ihn warten würden, sobald er erst einmal die Schwelle vom Diesseits ins Jenseits überschritten haben würde. Zahlreiche ägyptische Papyri zeigen dementsprechend auch Darstellungen der Reise der Seele ins Totenreich. Um Unsterblichkeit zu erlangen, mußte der Verstorbene erst magische Riten bestehen.

Nach Professor Dr. Rainer Stadelmann vom Deutschen Archäologischen Institut in Kairo war der verstorbene Pharao Garant für ein Leben nach dem Tode – für jedermann. Der verstorbene Herrscher ging vom Diesseits ins Jenseits ein. Indem man dem Pharao ein Überleben in der anderen Welt ermöglichte, hoffte man, daß auch der einfache Ägypter einen Platz in jener Welt der Toten erhalten würde.

Diese andere Welt war alles andere als leicht zu erreichen. Nach dem Tode mußte erst einmal ein schwarzes Zwischenreich passiert werden. Es war eine Art Hölle, in der böse Geister die tote Seele vom rechten Weg abzubringen versuchten. Deshalb lernte der Pharao eine Vielzahl von magischen Formeln, die er dann auf seiner Jenseitsreise parat haben mußte, um zielstrebig in das eigentliche Himmelreich eingehen zu können. Viele dieser Zauberformeln sind uns erhalten geblieben. Sie finden sich im sogenannten *Ägyptischen Totenbuch* und sollten als Schutz vor bösen Geistern dienen, die den Herrscher festhalten und ein zweites Mal sterben lassen wollten.

Kapitel XL etwa enthält Anweisungen, »um den Dämon Am-aau zurückzuweisen«: »Flieh, Hai-Dämon, Osiris ein Abscheu! Sieh, von Thot wurde abgeschnitten dein Haupt. Blutbad an dir zu verrichten wurde mir von den Göttern befohlen. Weiche von dannen, Hai-Dämon, du, Osiris ein Abscheu! Ferne bleib meinem Boot, das von den günstigen Winden getrieben segelt im Frieden. Ihr, Götter des Himmels, gestürzt habt ihr die Feinde Osiris'! Froh sind die Götter der geräumigen Erde! Flieh, du Am-aau-Dämon! Wahrlich, des Totenreiches Herrscher, er haßt dich! Ich kenne dich! Ich kenne dich! Ich kenne dich! Weiche, o Dämon, zurück! Greif mich nicht an! Rein bin ich, lebend den kosmischen Rhythmen gemäß. Tritt nicht zu mir. Der du ungerufen mir nahst! Wahrlich, du kennst mich nicht! Weißt du denn nicht, daß ich Herrschaft ausübe über die Macht deines Mundes? Wisse, Haß-Dämon! Gegen deine Krallen bin ich wahrhaftig geschützt! Sieh, nun schneidet Horus die Klauen dir ab!«

Die Hoffnung des Pharao war ein glückliches Leben im Jenseits. Der Dämon Am-aau war auf der Reise nicht die einzige Gefahr: So heißt es in Kapitel XLIV des *Ägyptischen Totenbuchs:* »Entweiht sind meine geheimen Wohnstätten, meine Verstecke verraten; in Finsternis gestürzt die geheiligten Geister; aber Horus' heiliges Auge hat mich geweiht und Up-Aut mit seiner Brustmilch ernährt. Meister bin ich des heiligen Wissens und der magischen Worte; wie Ra sich beschützt, so beschütz' ich mich selbst. Niemand darf mich verachten oder mir Böses antun. Für dich, wahrlich, lebet dein himmlischer Vater, Nachkomme du der Göttin Nut! Sieh, ich nahe mich dir, du Götterfürst! Dein Sohn bin ich; nahm an den Mysterien teil. Als Götterkönig gekrönt in den Unteren Welten werd' ich zum zweiten Mal nicht sterben!«

Dem toten Pharao gab man Puppen mit ins Grab, die in der anderen Welt als Sklaven für ihn sorgen sollten. In der paradiesischen Anderswelt wollte er es bequem wie zu Lebzeiten haben und auf den gewohnten Luxus nicht verzichten. Sein Leib freilich sollte ihm für die andere Welt erhalten bleiben. Deshalb wurde sein Körper nach seinem Tode nach magischen Ritualen einbalsamiert. Und magische Formeln, die der Herrscher zu Lebzeiten immer aufsagte, sollten »das Verwesen des Leichnams in der Unterwelt verhindern«: »Du, der du unbeweglich und still wie Osiris, Du, wie Osiris erlahmt und starr an Gliedern, aus deiner Betäubung tritt nun heraus, auf daß nicht verwesen die Glieder, von deinem Körper sich lösen. Es ist mein Leib vor Verwesung beschützt. Denn wahrlich, Osiris bin ich!«

Auf magischem Wege wurde der Pharao zum Gott. Als solcher war er für die bösen Geister des Zwischenreiches unantastbar. Im angestrebten paradiesischen Jenseits wollte der Pharao aber, wie schon zu Lebzeiten, herrschen. Kapitel XLVII des Totenbuches enthält Zauberformeln, die gewährleisten sollten, daß er seines Thrones nicht beraubt wurde: »Sieh, in der Unterwelt hier ist mein Platz; und hier steht mein Thron. Indem ich die Kreise vollende, komm' ich ihm nahe. Und spreche die Worte: ›Euer Gebieter, o Götter, bin ich! Kommt mir entgegen und folgt mir! Der Sohn bin ich wahrlich eures Gebieters; euch hat geschaffen mein himmlischer Vater. Wisset, ihr Götter: damit ihr mir beisteht wurde euch Dasein verliehen!‹«

Die Vorstellung eines Weiterlebens nach dem Tode, das aber zunächst bedroht ist, findet sich in der Johannes-Apokalypse der Bibel wieder. Auch hier wird beschrieben, daß es zunächst eine Auferstehung der Toten geben werde, die sich vor einem Gericht zu verantworten haben. Den Sündern droht dann als besonders schlimme Strafe der zweite Tod, der sie jeglicher Chance beraubt, im Paradiese weiterzuleben. Der zweite Tod wird, so verkündet es die Apokalypse des Johannes, wahrhaft höllisch sein (Kapitel 20, Verse 11–13):

»Und ich sah einen großen, weißen Thron und den, der darauf saß! Und vor seinem Angesicht floh die Erde und der Himmel, und ihnen ward keine Stätte gefunden. Und ich sah die Toten, groß und klein, stehen vor dem Thron, und Bücher wurden aufgetan. Und ein anderes Buch wird aufgetan, welches ist das Buch des Lebens. Und die Toten wurden gerichtet nach dem, was geschrieben steht in den Büchern nach ihren Werken. Und der Tod und sein Reich gaben die Toten. Und sie wurden gerichtet, ein jeglicher nach seinen Werken. Und der Tod und sein Reich wurden geworfen in den feurigen Pfuhl. Das ist der zweite Tod: der feurige Pfuhl. Und so jemand nicht gefunden ward geschrieben in dem Buch des Lebens, der ward geworfen in den feurigen Pfuhl.«

Die ägyptische magische Vorstellung von einem höllischen Zwischenreich zwischen Diesseits und Jenseits findet sich ebenfalls bereits im Gilgamesch-Epos. Gilgamesch lebte etwa vor 4000 Jahren im Reich Sumer. Er war der Sohn des Lugalbanda, des vergöttlichten Königs der ersten Dynastie von Uruk und Herrscher über die Unterwelt. Gilgameschs Mutter Ninsuna, die »Herrin der Wildkuh«, wurde als Göttin von Uruk verehrt und soll über Zauberkräfte verfügt haben. Angeblich war sie in die Kunst der Traumdeutung eingeweiht und deutete Gilgameschs Visionen. Gilgamesch hatte zahlreiche Gefahren zu meistern.

Die Angst vor dem Tode ließ Gilgamesch die ganze Erde bereisen, stets auf der Suche nach dem ewigen Leben. Auf der Insel der Seligen befragte er Ziusurda, den sumerischen Noah, der in einer Arche die Sintflut überlebte und von den Göttern unsterblich gemacht wurde. Tatsächlich gelang es Gilgamesch, ein Zauberkraut vom Grunde des Meeres zu bergen, das ihn unsterblich gemacht hätte. Freilich wurde ihm das Zaubermittel von einer Schlange geraubt. Ein ähnliches Bild findet sich auch im Alten Testament der Bibel. Durch die Schuld der Schlange verlieren Adam und Eva die Unsterblichkeit. Gilgamesch erfuhr auf diese Weise, daß das ewige Leben den Göttern vorbehalten ist.

Gilgamesch erlebte eine ähnliche Vision, wie sie in der Johannes-Apokalypse beschrieben wird: Ein teuflischer Höllenvogel, ein furchteinflößendes Wesen mit Löwenkopf, Adlerflügeln und Adlerkrallen, trug ihn in die Gefilde des Lebens nach dem Tode. Sein Körper veränderte sich dabei, ähnelte bald dem des fliegenden Monsters. Gilgamesch wurde durch das »Haus der Finsternis« getragen. Er sah die Seelen der Verstorbenen. Bedeutungslos war, was sie zu Lebzeiten waren – ob prominenter Politiker oder Prostituierte, ob Edelmann oder Eunuch, alle geflügelten Totenseelen kauerten nackt und bloß in absoluter Finsternis. Kehricht diente ihnen als Speise. Auf riesigen Tafeln waren ihre Taten verzeichnet. Je nachdem, wie sich die Lebenden einst auf Erden verhalten hatten, war die Dauer ihres Aufenthalts im schwarzen Zwischenreich bestimmt. Irgendwann wurde ihnen der Weg ins eigentliche Jenseits geöffnet.

Während der Gilgamesch-Mythos und die Johannes-Apokalypse das Weiterleben im Jenseits vom irdischen Verhalten abhängig machten, ist das bei den Ägyptern anders: Zumindest der Pharao kann, wenn er die entsprechenden Zauberformeln beherrscht, in das angestrebte Jenseits eintreten und dort, wie schon zu Lebzeiten, als mächtiger Herrscher auf seinem Thron sitzen.

»Die Jenseits-Magie der alten Ägypter mag die älteste Form der Zauberei gewesen sein«, meinte John Fisch. »Ihr Ziel war es, den Herrscher der Herrscher in einer Welt jenseits des Todes weiterleben zu lassen. Es gab langwierige magische Praktiken, die sich der gewöhnliche Ägypter nicht leisten konnte. Der Pharao wurde nach alten Riten mumifiziert und majestätisch bestattet. Der gewöhnliche Sterbliche fristete ein karges Dasein. Magie war den Reichen vorbehalten. Sklaven oder einfache Arbeiter dürften nicht einmal in den Genuß von Prophezeiungen durch Orakel gekommen sein. Deren Dienste waren wohl unerschwinglich für sie.«

Magisches Indien

Die Darstellungen der ägyptischen Göttin Hekate mit drei Köpfen und drei Armpaaren findet zahlreiche Pendants im alten Indien. So wurde der Opfer- und Schutzgott Brahma als die männliche Personifikation des Brahman (Neutrum), als Urgrund allen Seins, angesehen. Der Schöpfergott und Lenker des Universums wurde stets mit drei Köpfen und mehreren Armen dargestellt. Seine Gattin Sarasvati, die Göttin der Fruchtbarkeit und der Reinheit, verfügt auf Reliefs über vier Arme. Rudra, Gott der Stürme und Krankheitsplagen, war gut und böse zugleich. Auch er ist in so manchem

Tempel mit mehreren Armpaaren dargestellt. So wie sich in der Glaubenswelt des Voodoo Götter in Gestalt von Tieren zeigen konnten, so wurden fast alle Götter des Hinduismus ebenfalls in Tieren verehrt.

Magie prägte vor Jahrtausenden die Glaubenswelt der alten Inder. Magisch waren die Rituale, nach denen von blutrünstigen Göttern Menschenopfer gefordert wurden. Zauberkraft besaßen die Namen der verstorbenen Ahnen, die nur ehrerbietig ausgesprochen werden durften.

Die alten ägyptischen Vorstellungen von religiöser Magie lassen sich weitestgehend dank heiliger Texte wie jener des Ägyptischen Totenbuches auf ihre Ursprünge zurückverfolgen. Das ist in Indien kaum oder gar nicht möglich. Sie wandelten sich, wurden verändert und überarbeitet. Auf den alten vedischen Kulten bauten sich die des Brahmanismus auf, der wiederum von anderen großen religiös-magischen Strömungen beeinflußt wurde. Es entstand der Jainismus, der zum Buddhismus führte. Schließlich gab es eine Renaissance des Brahmanismus, der mit dem Hinduismus verschmolz. So sind die einzelnen Lehren faktisch kaum oder gar nicht mehr zu erkennen. Allen Kulten gemein war das stete Bemühen, eine jenseitige Wirklichkeit zu erreichen, die jenseits der Realität liegt. In allen indischen Kulten gab es Magie, wie der Sanskrit-Gelehrte Professor Kumar Kanjilal aus Kalkutta feststellte. Stets wurde den Göttern geopfert.

Zukunftsvisionen spielen auch heute noch besonders im Süden des Subkontinents eine wesentliche Rolle. Sie wurden aber in unerträglicher Weise kommerzialisiert.

Falscher Zauber

»In einigen indischen Städten, unter anderem in Madras, gibt es die rätselhaftesten Bibliotheken der Welt. Es handelt sich um uralte Palmblattsammlungen. Auf sorgsam gebündelten, dreieinhalb Zentimeter breiten, vertrockneten Palmblättern sind seit Jahrhunderten die Lebensläufe heute lebender Menschen aufgezeichnet. Mit wenigen Ausnahmen kann jeder, der persönlich vorspricht, sein Palmblatt für ein paar Rupien heraussuchen und verlesen lassen«, schreibt Johannes von Buttlar in seinem Werk *Zeitsprung*. Weiter schreibt der bekannte Autor: »Es ist höchst verwunderlich, daß auf den Palmblättern immer der genaue Name des Betreffenden genannt wird und auch nur derjenigen Angehörigen, die am Tage des Besuches in der Bibliothek noch leben. Das bisherige Leben des Besuchers wird in allen Einzelheiten so bildhaft geschildert, als hätte der längst verstorbene Verfasser des Palmblattes persönlich daran teilgenommen.«

Diese faszinierende Beschreibung veranlaßte mich, zusammen mit einer kleinen Reisegruppe nach Indien zu pilgern. Eines meiner Ziele war es, Recherchen vor Ort anzustellen. Die Vorbereitungen begannen bereits vor der Abreise. Der Palmblattbibliothek wurden Namen, Geburtstag und genaue Geburtszeit der Reiseteilnehmer mitgeteilt, dazu noch Daumenabdrücke geliefert. In Indien herrschte dann auf der Fahrt von Chidambaram nach Vaithisvarankoil erwartungsvolle Spannung. Getrübt wurde die hoffnungsvolle Erwartung vom äußeren Eindruck, den die Palmblattbibliothek, die angeblich zu den besten ihrer Art gehören soll, erweckte. Das äußere Erscheinungsbild war höchst bescheiden, um nicht zu sagen schäbig, und stand in krassem Gegensatz zu den schweren goldenen Uhren, die die »Diener« der Bibliothek stolz zur Schau trugen.

Leiter Poosa Muthu persönlich empfing stets huldvoll lächelnd unsere kleine Gruppe. Zunächst machte er uns auf die finanziellen Modalitäten aufmerksam. Es mußten pro Person 4000 Rupien, etwa DM 200, entrichtet werden. Diese Summe mag auch in unseren Breiten von Wahrsagern kassiert werden. In Indien entspricht sie etwa dem Monatslohn eines gut verdienenden Beamten oder zwei Monatsgehältern eines Arbeiters. Ein Knecht muß mindestens ein halbes Jahr arbeiten, um den Betrag zu verdienen. Die Hälfte des Honorars wurde sofort, der Rest nach »getaner Arbeit« fällig.

Dann wurde das weitere Procedere vom selbstgefälligen Poosa Muthu erklärt. Es lägen unsere Geburtsdaten vor. Freilich seien zu jeder Minute jedes Tages auf der ganzen Welt viele Menschen geboren worden. Um für jeden von uns das richtige Palmblatt herauszusuchen, sei es nötig, daß wir einzeln befragt würden. So geschah es dann auch. Mir wurden eineinhalb Stunden lang zahllose

Fragen gestellt, die ich alle geduldig beantwortete. Ich kam mir wie bei einem Polizeiverhör vor. Schließlich hatte ich alles preisgegeben, meinen gesamten Lebenslauf dargelegt. Ich hatte die Situation meiner Eltern dargestellt, ausführlich über das berufliche Leben meiner Frau, meine finanzielle Situation berichtet.

Der mir zugeteilte Diener und sein Dolmetscher lächelten zufrieden. »Jetzt können wir Ihr persönliches Palmblatt heraussuchen«, wurde mir beschieden. Das sei nur eine Frage von Minuten. Aus Minuten wurden Stunden. Die Spannung stieg ins Unermeßliche, um dann herber Enttäuschung zu weichen. Denn mir wurde in langweiligem Singsang von »meinem Palmblatt« buchstabengetreu vorgelesen, was ich zuvor den Vertretern des ominösen Instituts verraten hatte. Auf meinem Palmblatt stand nicht eine einzige noch so unbedeutende Information, die ich nicht selbst zuvor verraten hatte.

Von Minute zu Minute wurde ich ärgerlicher. »Schreiben Sie den Vornamen Ihres Vaters auf!« war ich Stunden zuvor aufgefordert worden. Jetzt erfuhr ich, freudestrahlend verkündete man es mir, wie der erste Buchstabe des Vornamens meines Vaters heißt. Im Anschluß teilte man mir mit, wie mein weiteres Leben verlaufen werde. Ich bekam zahlreiche verschwommene Allgemeinplätze zu hören – und groben Unfug. Statt präziser Zukunftsvisionen hörte ich vage Formulierungen wie: »In diesem Jahr erkranken Sie vermutlich. Wenn Sie medizinisch hinreichend versorgt werden, wendet sich alles zum Guten!« Derlei Prognosen erinnern in verblüffender Weise an Bauernweisheiten wie: »Kräht der Hahn auf dem Mist, ändert sich's Wetter oder es bleibt wie es ist.«

Inzwischen haben sich schon mehrere Zukunftsprognosen als falsch erwiesen – leider. So verstarb kürzlich meine liebe Mutter nach langer Krankheit im Alter von nur 66 Jahren. Die Prognose der Palmblattbibliothek hatte ganz anders gelautet: Meine Mutter werde ohne ernste Erkrankung »sehr, sehr alt« und erleben, wie ich als alter Mann weltweit großes Ansehen als Autor und Forscher erlange.

Anderen Reiseteilnehmern wurden die Leviten gelesen. Eine Dame habe in einem früheren Leben schlimme Schuld auf sich geladen. Sie sei verantwortlich für ein Waisenhaus gewesen, habe aber in verbrecherischer Absicht das ihr anvertraute Geld für sich selbst ausgegeben, die Kinder verhungern lassen. Aufgrund dieses Verbrechens sei sie in ihrem jetzigen Leben – Strafe muß sein – kinderlos geblieben. Ein schlimmes Karma, so wurde der Dame mitgeteilt, laste auf ihr. Natürlich könne sie das abtragen. Wie? Indem sie möglichst bald wieder eine Indienreise durchführt und in die Palmblattbibliothek zurückkehrt. Gegen eine großzügige Spende, die sie dann entrichten mußte, würde ihr dann sozusagen Absolution erteilt. Dann hätte sie ihre Schuld aus dem früheren Leben getilgt.

Man sagte mir, ich würde mit 71 sterben. Weitere Erdenleben blieben mir erspart. Angeblich werde ich nicht mehr wiedergeboren, gehe vielmehr gleich in das Reich der Glückseligkeit ein. Spenden an die Palmblattbibliothek seien nicht erforderlich, würden aber gerne angenommen. Ich verzichtete darauf und werde mit Sicherheit das mehr als dubiose Institut nicht mehr besuchen. Indienreisende kann ich nur warnen. Wenn Sie eine Palmblattbibliothek aufsuchen, handeln Sie vorher einen akzeptablen Preis aus. Angesichts der unbeschreiblichen Armut in Indien sollte man es sich aber überlegen, ob man nicht lieber auf einen Besuch bei Herrn Poosa Muthu verzichtet und statt dessen das so gesparte Geld an Arme verschenkt.

»Die Dinge brauchen nicht erklärbar zu sein. Es genügt, daß sie wahr sind«, formulierte Isaac Newton (1643–1727). Was ich freilich in der Palmblattbibliothek erlebte, das war leicht erklärbar. Es läßt sich in einem kurzen Wort zusammenfassen: Betrug.

Bei der Renaissance der Magie, die wir zur Zeit erleben, fühlen sich immer mehr Menschen zu alten magischen Praktiken hingezogen, sie suchen nach überliefertem, altem magischem Wissen. Gerade vor diesem Hintergrund ist Skepsis angebracht. Es darf nicht alles kritiklos hingenommen werden, was unter dem Deckmantel »altehrwürdiger Tradition« angeboten wird!

Soma, das magische Manna Indiens

Herbert Gottschalk, studierter Psychologe, setzte sich in einem umfangreichen Werk mit den Grenzproblemen der Psychologie und der Kulturgeschichte auseinander. Zu seinen Hauptwerken gehört *Reich der Träume* und *Das Wesen des Aberglaubens*. Intensiv setzte sich der Wissenschaftspublizist auch mit den alten Überlieferungen Indiens auseinander. Er schreibt (*Sonnengötter und Vampire*, Berlin 1978, S. 176): »Die Glaubenswelt der vedischen Inder war von übernatürlichen Kräften und Naturmächten durchwirkt, die als göttliche Wesen verehrt wurden, waren es nun Flüsse, Berge, Bäume, Himmel, Erde, Sonne oder Wind. Doch wurden auch ethische Werte wie Wahrheit, Liebe, Ordnung usw. in den Rang göttlicher Persönlichkeiten erhoben. Selbst so abstrakte Vorgänge wie das Aufsteigen des Gebets zum Himmel wurden durch einen Gott personifiziert. Einer seiner Namen war Brahmaspati. Er, der ›Herr des Gebets‹, der ›Priester der Götter‹, trug die Gebete der Menschen den Göttern vor, sein irdisches Abbild war der Hauspriester des Königs.«

Einst soll eine magische Pflanze von einem himmlischen Falken aus den Gefilden der Götter zu den Menschen gebracht worden sein: Soma. Sie steht im Zentrum eines Ritus, der wohl zu den ältesten Bräuchen Indiens überhaupt gehört. Der Soma-Saft, am ehesten mit dem biblischen Manna, das die himmlischen Heerscharen nährte, vergleichbar, wurde magisch-rituell aus der Soma-Pflanze gepreßt. Schon die Herstellung des Trunks war fester Bestandteil eines heiligen Kults. Sie wurde von den Adhvaryus-Magiern beherrscht, die nach zahllosen Vorschriften einen höchst komplizierten Ritus zelebrierten.

Zunächst ließ man den Stengel der Pflanze in Wasser aufquellen. Dann schlug man mit Steinen das Gewächs zu Brei, preßte den Saft heraus. Er mußte durch ein spezielles Sieb aus Schafhaaren laufen, um gereinigt zu werden. Bevor er genossen werden konnte, mußten noch Wasser und Milch zugesetzt werden. Was sich in der Beschreibung wie ein simples Küchenrezept anhört, war für den indischen Magier ein heiliger Vorgang. So wie im Voodoo-Kult das Schlagen der Trommeln mit Blitz und Donner verglichen wurde, so symbolisierte das Schlagen der Soma-Steine den Donner. Das Wollsieb wurde mit den Wolken, der herabrinnende Saft mit dem Regen verglichen. Mit dem Trinken des Safts wurde der ewige Kreislauf der Natur dargestellt. Der himmlische Regen wird von den Pflanzen aufgesaugt und läßt sie wachsen. Tiere verzehren die Pflanzen und nähren ihrerseits den Menschen. Mit dem Tod des Menschen endet freilich nicht der ewige Kreislauf. Die Fruchtbarkeit spendende Flüssigkeit verdunstet wieder, steigt zum Himmel empor und wird neuerlich als Regen der Schöpfung gespendet. Alles Leben strömt immer wieder ins Soma ein, auch das Leben der Verstorbenen, die auf dem Scheiterhaufen verbrannt werden und als Rauch zum Himmel emporsteigen.

Für die Götter war Soma wie das Manna für die Engel notwendige Voraussetzung der Unsterblichkeit. Den Menschen schenkte es Fruchtbarkeit und gewährleistete ein Weiterleben von Generation zu Generation. Auch die heiligen Priester, die Brahmanen, nahmen Soma zu sich und wurden so den Göttern ähnlich. Ihnen wurden magische Kräfte zuteil, die tödliche Wirkung haben konnten. So soll es wiederholt vorgekommen sein, daß Brahmanen im Soma-Rausch mit Blicken Feinde tot zu Boden sinken lassen konnten. Krankheit und Not sollten durch Soma abgewehrt werden. Es schenkte aber auch die Fähigkeit, in die Zukunft zu blicken. Daher galt der Gott Soma als mächtiger Herrscher über die Welten der Götter und Menschen, als Wesen, dem sich die Zukunft offenbarte. Visionen wurden auch von Normalsterblichen erlebt, die den Zaubertrank zu sich nahmen. Der Gläubige sah sich dann einem überirdischen Licht ausgesetzt. Blicke in die Zukunft wurden möglich.

Magische Kraft und Indiens Götter

Das Bild von der magischen Kraft, die vom Himmel auf die Erde niederregnet und wieder emporsteigt, fand sich immer wieder symbolhaft in Indiens Götterwelt dargestellt. So war auch Agni, der Feuergott, ein Mittler zwischen Erde und Himmel. Deutlich war er weniger als reales Wesen denn als personifizierter Übergang zwischen irdischer Natur und himmlischer Überwelt zu erkennen. Dargestellt wurde er häufig zweiköpfig, vierarmig und dreibeinig mit roter Körperfarbe. Seine Haare bestanden aus heiligen Flammen, sein Bart war reines Feuer. Seine Zähne wurden mit glühendem Eisen verglichen. Bis zu tausend Augen soll er gehabt haben. Agni konnte durch Zauberriten, durch das Aneinanderreiben heiliger Hölzer, herbeigerufen werden. Dabei stellte das obere Holz das männliche, das untere das weibliche Element dar.

»Ursprung aller indischen Götterbilder«, so John Fisch, »war ein magisches Prinzip. Man glaubte, daß die Welt von einer unsichtbaren, unsterblichen Kraft beseelt sei. Diese Energie wurde in magischen Ritualen heraufbeschworen. Letztlich symbolisieren alle Götter in irgendeiner Form diese allem innewohnende Kraft. Besonders deutlich wird das in der Gestalt der Muttergöttin Aditi.«

Aditi, zu Deutsch »die Ungebundene, Freie«, galt als Mutter Vishnus. Ihr Schoß wurde mit dem »Nabel der Welt« gleichgesetzt. Sie war die Mutter himmlischer Gottessöhne und herrschte über den endlosen Weltenraum. Die Menschen verehrten sie als Erhalterin der Erde. Ihr heiliges Tier war die Kuh. Unter dem Sammelbegriff Adityas, zu Deutsch »Abkommen der Aditi«, wurden zahlreiche Götter angesehen, die darüber wachten, daß die kosmische Ordnung im Gleichgewicht blieb. Die Zahl dieser Göttersprößlinge wird in verschiedenen Überlieferungen unterschiedlich mit sieben, acht und zwölf angegeben.

Sohn Mitra zum Beispiel herrschte als Licht- und Sonnengott über den Tag. Quelle seiner magischen Fähigkeiten war eine geheimnisvolle Wunderkraft, die als Maya bezeichnet wurde. Das war die Zauberenergie der mächtigen Götter, über die freilich nicht alle Himmlischen verfügten. Ihm durften nur weiße Opfer dargeboten werden, während seinem Bruder, dem Herrscher über die Nacht, schwarze Gaben vorbehalten waren. Aditis Sohn Varuna, auch er verfügte über Zugang zum Maya, wurden Widder geopfert. Weiß und Blau waren seine heiligen Farben. Bei den Hindus galt er als Meeres- und Regengott. Er beschützte mit seiner Zauberkraft die westliche Himmelsrichtung.

Im Gewitter offenbarte sich Aditis Sohn Indra. Als seine unmittelbaren Untergebenen wurden die Devas angesehen, von denen es nach dem heiligen Buch Rigveda 33, nach dem Epos Mahabharata gar 3333 gab. Am ehesten sind diese göttlichen Wesen mit Schutzengeln der christlichen Glaubenswelt zu vergleichen. In magischen Riten wurden sie angerufen und um Schutz vor Gefahren, Abwendung von Krankheiten und Gewährung von guten, reichen Ernten gebeten.

Eine Art Luzifer im positiven Sinne war Aditis Sohn Vivasvant, der »Aufleuchtende«. Er soll den Menschen das Feuer gebracht

Der indische Seiltrick: Ein Magier wirft ein Seil in die Höhe - und es bleibt stehen. Historische Aufnahme von 1935.

In Prambanan, Java, wird eine lange, spitze Eisenstange gegen die Kehle eines Magiers gedrückt. Seine Kraft ist so stark, daß ihn die Stange nicht durchbohrt, sondern sich krümmt.

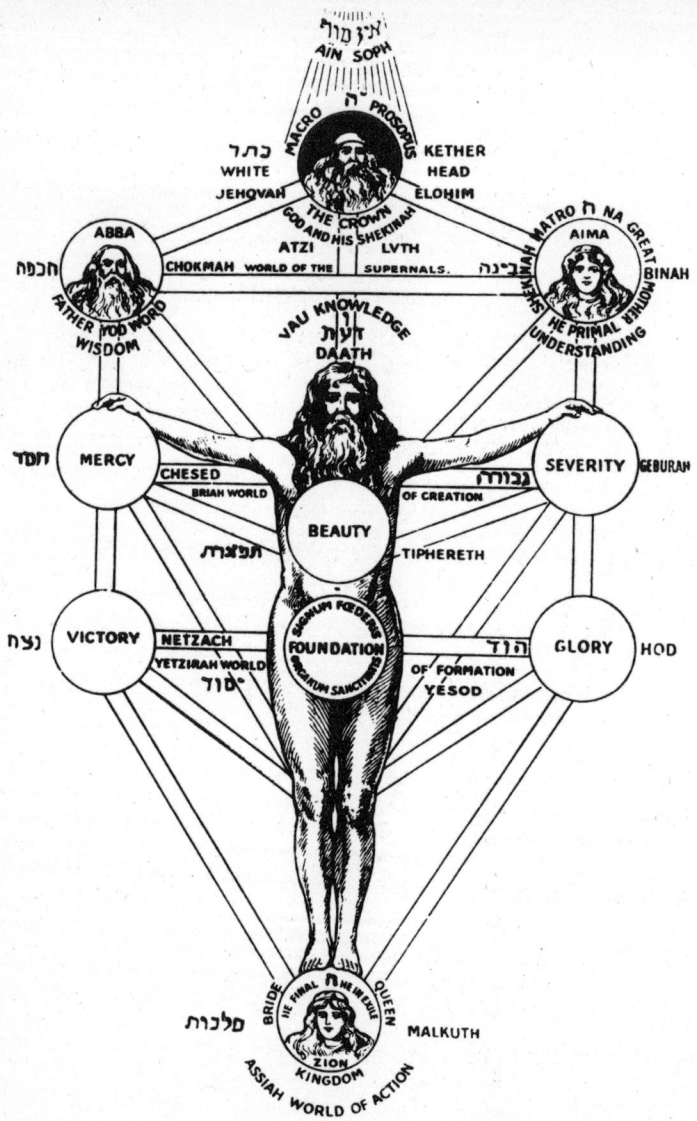

Der Mensch und die zehn Sphären der Schöpfung. Darstellung aus einer Kabbala-Interpretation des 19. Jahrhunderts.

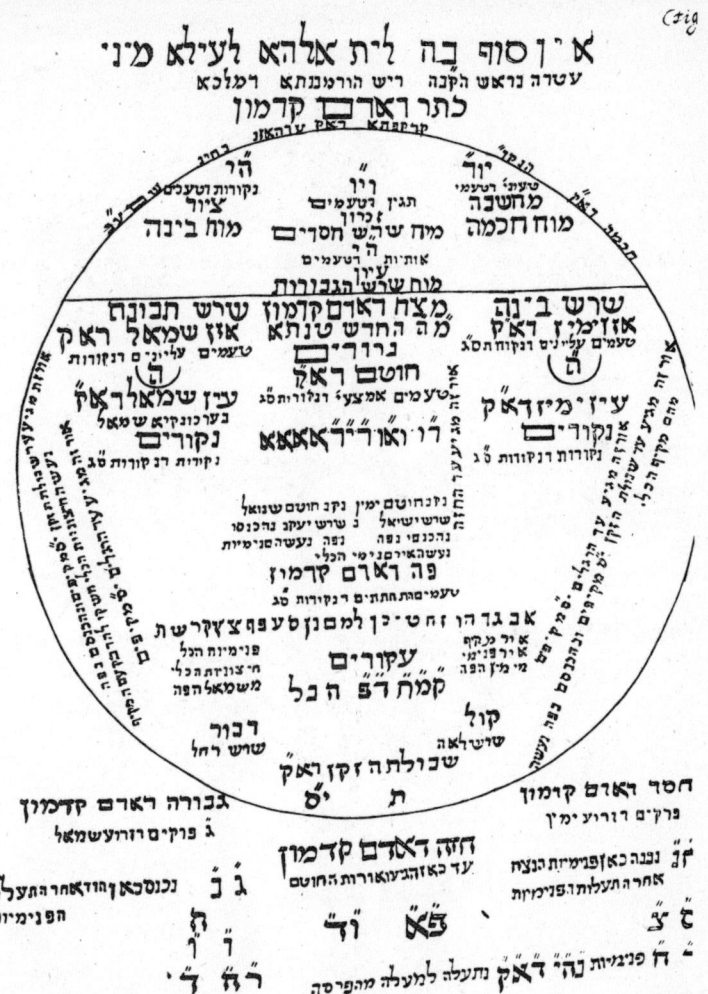

Seite aus einer Kabbala-Ausgabe von 1677.

In der Synagoge von Speyer wurde bereits im 12. Jahrhundert die Kabbala gelehrt.

Paracelsus, der größte Magier des Mittelalters

haben. Seine Söhne, die Zwillingsbrüder Ashvin, sollen in goldenen Himmelsgefährten den Morgenhimmel befahren haben. Als Schutzgötter der Ackerbauern und der Viehzüchter galten sie als wichtige Erhalter allen irdischen Lebens.

Menschen, die magische Erkenntnisse suchten, wandten sich hilfesuchend an einen weiteren Sohn Aditis, an Aryaman. Er war als einer der zahlreichen Sonnengötter nicht nur für das irdische Gastrecht, sondern auch für alles Streben nach spirituellem Fortschritt zuständig. Wie bei den Göttern des Voodoo-Kults offenbarte sich in seiner Gestalt die Verbindung zwischen den Mächten der Magie und den Seelen der Verstorbenen. Aryaman stand den Pitas vor, den Ahnen. Die Verstorbenen stiegen nach altindischer Überzeugung zum dritten Himmel auf. Dabei benutzten sie den »Väterweg«. Beschützt wurden sie dabei von Pushan, der nicht nur die Wege der Reisenden sicherte, sondern auch dafür sorgte, daß die Totengeister sicher in die für sie vorgesehenen himmlischen Gefilde kamen. Sein fliegender Wagen wurde von Ziegen gezogen.

»Soweit wir das heute noch nachvollziehen können«, schreibt John Fisch, »muß man davon ausgehen, daß in der Götterwelt Indiens ein Wandel vollzogen wurde. Die ursprünglichen Gottheiten waren allmächtig. Ihnen wurden Opfer dargebracht. Je mehr sich die Himmlischen aber den irdischen Gefilden zuwandten, desto mehr verloren sie an Ansehen. Und die Magier-Priester benutzten in zunehmendem Maße die Namen von Göttern, um magische Vorgänge ihrer Geheimwissenschaften zu benennen. Magische Praktiken, etwa zur Beeinflussung des Wetters, basierten auf sorgsamer Beobachtung meteorologischer Vorgänge. Es steht außer Zweifel, daß echte indische Zauberer-Priester dazu in der Lage waren, beispielsweise lang anhaltende Dürreperioden magisch zu beenden. Sie erzeugten künstlichen Regen. Dem einfachen Volk gegenüber wurden diese Vorgänge dadurch plausibel gemacht, daß man behauptete, bestimmte Götter hätten geholfen.«

Es gibt eine nicht zu überblickende Zahl von Überlieferungen, in denen von Göttern die Rede ist, die aber als Personifikation magischer Kräfte angesehen werden müssen. Altes Wissen wurde nicht nur schriftlich niedergelegt. Weise Inder haben vor ungezählten

Jahrhunderten magische Tänze entwickelt, die symbolhaft uraltes Wissen ausdrücken sollten. Aus unserer Sicht handelt es sich dabei eher um die präzise Aufeinanderfolge von symbolischen Gesten, um Mythologie, die in tänzerischen Bewegungen ausgedrückt wird.

Zahlreiche Tänze waren der Göttin Kali gewidmet. Sie wurde als Schöpferin aller materiellen Dinge verehrt. Ihr Beiname »Maya« läßt sich mit Magie übersetzen. Maya war aber auch die vedische Urkraft, die Zauberenergie der Götter. Dank dieser kraftvollen Magie konnten sie die unbelebte wie die lebende Welt erschaffen, vom Sandkorn bis zum Stern, von der Mikrobe bis zum Menschen, von der Dattel bis zum Dämon.

Die allem innewohnende Kraft, die auch jeden einzelnen Menschen ausmacht, gilt als unsterblich. Sie ist an keine bestimmte äußere Erscheinung gebunden, durchwandert verschiedene Existenzen und kann als Pflanze, Tier, Dämon oder Gott wiedergeboren werden. Je nach Lebensweise im früheren Leben gestaltet sich das nächste. Ziel des Menschen im Brahmanismus ist es, die Seele von irdischen Sehnsüchten zu befreien und zu läutern. Glücklich ist der Mensch, der gar keine Wünsche mehr verspürt. Er erreicht einen ekstatischen Zustand, vereinigt sich mit dem All. Er überwindet alle Grenzen, die ihn einengen. Ganz ähnlich sind die Vorstellungen im Buddhismus. Der Mensch wird immer wiedergeboren, um irgendwann einmal in das Nichts der Glückseligkeit einzugehen. Der Kreislauf von Geburt, Tod und Wiedergeburt wird als Chance zur geistigen Weiterentwicklung angesehen.

Im Hinduismus vollzog sich eine Rückkehr zum magischen Kult. Aus einer letztlich unvorstellbaren, alles erschaffenden, unsichtbaren und imaginären Kraft wurden wieder körperliche Gestalten: die Götter Shiva, Krishna und Vishnu sowie zahlreiche dämonische, übernatürliche Wesen.

Bei aller Wandlung der religiösen Vorstellung bleibt aber der Wunsch bestehen, sich vom materiellen Leben zu lösen und zum körperlosen Geist zu werden, zu einem Teil der unendlichen, alles durchströmenden Kraft.

Seit Jahrtausenden versuchen Yogis diesen Weg bewußt zu gehen. Um sich über das Körperbewußtsein zu erheben, vom Materiellen zu lösen, bemüht sich der Yogi um Askese. Durch geheime

Übungen gelingt es ihm, Atem, Herz und Pulsschlag bewußt zu verändern. Magische Praktiken werden geübt, die uns Europäern seit Jahrhunderten wie unbegreifbare Zauberei erscheinen.

Geist siegt über Materie

1938 wurden Oberst Sir Claude Wade und mehrere weitere Offiziere der britischen Armee Zeugen einer mehr als beeindruckenden Demonstration. Ort des Geschehens: Lahore, damals Indien, heute Pakistan. Yogi Haridas fastete einige Tage, versetzte sich schließlich selbst in Trance und ließ sich aufrecht sitzend in einer engen Kiste begraben. Aufgestellte Wachen sollten gewährleisten, daß der Körper des Magiers nicht heimlich wieder ausgegraben wurde. Nach vierzig Tagen wurde das Grab geöffnet und der Sarg herausgehoben. Erwartungsvoll wurde die Kiste geöffnet. Der Yogi schien weder lebendig noch tot zu sein.

Ein Assistent des Wundermanns rieb den Yogi mit geschmolzener Butter ein. Als sich zunächst keine Reaktion zeigte, wurde Oberst Sir Claude Wade unruhig. Hätte er die unheimliche Demonstration verbieten müssen? War nicht alles Hokuspokus? Sollte der Trickbetrüger in seinem engen Sarg unter der Erde erstickt sein? Würde man ihn, Wade, vor Gericht zerren und für den Tod eines Menschen verantwortlich machen?

Der hohe Offizier konnte erleichtert aufatmen, als nach wenigen Minuten wieder Leben in Haridas' Körper kam. Der Mann bewegte sich und reckte die Glieder. Zwei Stunden dauerte es dann aber doch noch, bis er sich mit den schockierten Offizieren unterhalten konnte.

Yogi Haridas erklärte damals, daß er durch geistige Konzentration seine biologischen Funktionen fast auf Null reduzieren und sich in eine Art Totenstarre versetzen könne. Durch solche Übungen stärke er seine geistigen Potentiale, die dadurch so stark würden, daß es ihm auch möglich sei, etwa die Gesetze der Schwerkraft aufzuheben. Über diese Kraft sollen indische Hindus schon seit vielen Jahrhunderten verfügen. Reisende wie der französische Rechtsanwalt Louis Jacolliot, der später Justizminister seines Landes wurde, bekundeten zahlreiche Fälle, in denen Magie demonstriert wurde.

Jacolliot, der zu Beginn der sechziger Jahre des letzten Jahrhunderts Indien bereiste, war dem Übersinnlichen gegenüber sehr skeptisch eingestellt. Überall vermutete er Betrug. Er wurde aber immer wieder Zeuge von Darbietungen, die er auf natürliche Weise nicht erklärt konnte. Ein Yogi baute vor seinen Augen folgende Versuchsanordnung auf: In sieben mit Erde gefüllte Blumentöpfe steckte er sieben etwa einen Meter lange Holzstäbchen. Auf jeden Holzstab wurde je ein großes Blatt gespießt. Der Yogi bewegte nun mit bloßer Gedankenkraft die Blätter, den Gesetzen der Schwerkraft trotzend, an den Holzstäbchen auf und ab.

Zunächst dachte der skeptische Franzose an irgendwelche Tricks. Waren da vielleicht Drähte oder Schnüre gespannt? Er überprüfte die Versuchsanordnung kritisch. Nichts ließ auf einen Betrug schließen. Trickserei oder Betrügerei mußten ausgeschlossen werden. Es gab nur eine Erklärung: Der Yogi konnte »zaubern«. Er war auch dazu in der Lage, Gedanken zu lesen, wie Jacolliot nach mehrtägigen Tests herausfand.

1935 reiste ein Team der Universität London durch Indien. Die Mitarbeiter der Abteilung für parapsychologische Forschung kamen mit Bergen von imponierenden Dokumenten zurück. Sie hatten Yogis beim legendären »Seiltrick« beobachtet. Kritiker hatten sie gewarnt: So etwas gebe es gar nicht. Allenfalls könne es möglich sein, daß sogenannte »Magier« durch Massenhypnose ihre Zuschauer glauben lassen könnten, sie würden magische Wunder vollbringen. Die Londoner Wissenschaftler gingen unvoreingenommen ans Werk. Ja mehr noch: Sie mißtrauten ihren eigenen Augen und ließen bei den unterschiedlichsten Darbietungen Kameras laufen. So wurde festgehalten, wie ein indischer Magier ein normales Seil in die Höhe warf. Es blieb senkrecht stehen.

Sie filmten, wie Yogi Kuda Bux einen etwa 3,5 Meter langen Graben aushob, 25 Zentimeter tief mit glühenden Kohlen füllte. Sie hatten eine Temperatur von immerhin 430 Grad Celsius – und konnten den nackten Füßen des jungen Inders doch nichts anhaben. Barfuß marschierte er, ruhig und ohne Hast über die Glut, ohne sich auch nur die Spur einer Verbrennung zuzuziehen, wie sorgsame

Untersuchungen ergaben. Ein Engländer aus dem wissenschaftlichen Team wollte an eine übernatürliche Erklärung nicht glauben. Das Phänomen sei sicher höchst irdisch. Verschiedene Vermutungen wurden geäußert. Es könnte doch sein, daß sich auf der Haut an den Füßen des jungen Mannes Luftpolster bildeten, die glühende Kohlen und Haut trennten.

Der britische Skeptiker zog Schuhe und Socken aus. Kaum hatte er nur zwei Schritte gewagt, sprang er auch schon schreiend aus dem Kohlengraben. Er hatte sich ernsthafte Verbrennungen zugezogen.

Worüber europäische Besucher in höchstem Maße erstaunt waren, belächeln Indiens wahre Yogis seit Jahrhunderten. Nach Sri Ramakrischna, der im Indien des 19. Jahrhunderts als Heiliger verehrt wurde, ist Magie Realität. Yogis würden durch oft Jahrzehnte geübte Askese ihren Geist so stärken, daß die Materie im Vergleich dazu als bedeutungsloser Schein erkennbar werde. Dann sei es möglich, Gegenstände durch Gedankenkraft zu bewegen, sie zu entmaterialisieren und wieder erscheinen zu lassen.

Solche Darbietungen wurden nicht nur seit Jahrhunderten von zahlreichen Reisenden bezeugt. Sie werden auch noch in unserem Jahrhundert beobachtet und dokumentiert, zum Beispiel auf dem Foto eines indischen Swami, der ein Lingam in seinem Mund materialisiert.

Yogis, die durch Askese ihr Bewußtsein so gestärkt haben, daß der Geist mühelos die Materie besiegt, seien dann, so Sri Ramakrischna, zu aufsehenerregenden Darbietungen fähig. Sie beherrschen den Seiltrick und können über Wasser gehen. Wenn sie sich mit Messern oder anderen Waffen bewußt schlimme Verletzungen zufügen, dann fließt kein Blut. Und Sekunden später bleibt auch nicht die kleinste Spur zurück. Sie können dann – wie ein Magier aus Pambanan, Java – spitze Eisenstangen gegen ihre Kehle drücken lassen, ohne daß ihre Haut auch nur angeritzt wird. Statt dessen krümmt sich das Eisen. Geist erweist sich dann immer als stärker denn Materie.

Bewunderung hatte freilich Sri Ramakrischna für derlei geistige Machtdemonstrationen keine übrig. Er bemitleidete vielmehr solche Yogis, die auch noch so sensationelle Kunststücke vorführten. Jene armen Geschöpfe hätten erst eine sehr niedrige Stufe des geistigen Fortschritts erreicht. Ziel der Abwendung vom Körperlichen und der Orientierung auf den Geist sei die Vereinigung der eigenen Seele mit dem Göttlichen. Für den Yogi, der wirklich auf dem Weg ins rein geistliche Jenseits sei, können magische Tricks nur dumme Zeitverschwendung sein, die er voller Verachtung ablehnt.

Nur Verachtung hätte Sri Ramakrischna auch für Anhänger des Hatha-Yoga übrig, die in unseren Tagen sensationelle Geist-Magie demonstrieren. Da legt sich ein Mann mit bloßem Oberkörper auf ein Bett aus zerschlagenen Coca-Cola-Flaschen. Eine wollene Decke wird ihm auf Brust und Bauch gelegt. Schließlich werden Rampen herbeigeschafft. Jeweils ein Ende steht auf dem Boden, das andere liegt auf dem Brustkasten des Mannes. Ein Lkw fährt langsam auf die erste Rampe, rollt über den Brustkasten des Mannes, fährt die zweite Rampe wieder hinab. Eigentlich hätte der Mann unter der Last, die auf seinem mageren Leib ruhte, schwere Verletzungen erleiden müssen. Eigentlich hätten sich die scharfkantigen Flaschenscherben in seinen Rücken bohren müssen. Aber nichts von alledem ist geschehen. Munter erhebt sich der Mann und läßt sich von der Menge bestaunen. Ihm ist nichts passiert. Er hat keine Schramme, nicht die kleinste Schnittverletzung davongetragen.

»Was uns indische Yogis vorführen, ist in unseren Augen Magie, Zauber«, schreibt John Fisch. »Sie selbst sehen das anders. Sie bemitleiden uns Westeuropäer, weil wir ihrer Ansicht nach die Realität nicht wirklich wahrnehmen. Wir vermögen nicht zu erkennen, meinen sie, daß die Materie nur Schein ist. Weil wir das nicht wahrhaben wollen, können wir auch gar nicht dazu in der Lage sein, Materie durch Geist zu verändern. In Indien dienten ›magische Praktiken‹ keineswegs nur zur Demonstration der Überlegenheit des Geistes. Sie wurden im alltäglichen Leben genutzt, etwa um Naturkatastrophen abzuwenden oder zu beenden.«

Noch gegen Ende des 19. Jahrhunderts soll es in Indien Magier gegeben haben, die durch die Lande zogen und den Menschen ihre Hilfe anboten. Sie sollen dazu in der Lage gewesen sein, sich allein auf ihre geistigen Kräfte zu konzentrieren, dabei den Körper zu vernachlässigen. So sei es ihnen möglich gewesen, das Wetter zu verändern, etwa in Dürreperioden, die unzähligen Menschen den Hungertod zu bringen drohten, Regen herbeizaubern.

Houngan-Man und die indische Magie
des Prana-Atems

Houngan-Man, der auf der Osterinsel einen Voodoo-Ritus zele-
brierte, behauptete, es habe vor Jahrtausenden eine Verbindung
zwischen Indien und der Osterinsel gegeben. Tatsächlich gibt es
Hinweise, die eine solche Annahme bestätigen. So hielt der ungari-
sche Forscher W. von Hevesey 1932 vor der erlauchten Académie
Française einen vielbeachteten Vortrag über seine Forschungsarbeiten. Demnach gibt es erstaunliche Parallelen zwischen der
altindischen Schrift Hindustans und den Osterinsel-Hieroglyphen.
100 Schriftzeichen, so enthüllte der Wissenschaftler, stimmten in
beiden Systemen überein.

Von Hevesey setzte in den dreißiger Jahren seine Arbeit fort. Er
konnte zeigen, daß beide Schriftsysteme jeweils etwa 400 Zeichen
benutzen, von denen 175 sowohl im alten Indien als auch auf der
Osterinsel verwendet wurden.

Nach Houngan-Man wußten Osterinsulaner wie Inder magische
Praktiken einzusetzen, um problemlos mit gewaltigen Gewichten
umzugehen. Tatsächlich wurden sowohl in Indien als auch auf der
Osterinsel gigantische Steinriesen scheinbar mühelos transportiert.
Ein Beispiel: Im Westen der indischen Stadt Tanjore steht der
Brihadisvara-Tempel. Auf der Spitze der heiligen Tempelpyramide
thront in 74 Metern Höhe ein einziger, gewaltiger, 80 Tonnen
schwerer Granitbrocken. Wie wurde er an seinen Platz befördert?

»Mit Hilfe von Gedanken-Magie«, meinte der Houngan-Man.
Die sei auch angewendet worden, um die bis zu zwanzig Meter
hohen steinernen Riesen der Osterinsel vom Steinbruch am Vul-
kankrater auf die gesamte Insel zu verteilen. Alten Osterinsel-
Legenden zufolge konnten die mysteriösen Statuen-Hersteller die
monströsen Figuren dazu veranlassen, an ihren Bestimmungsort zu
schweben. Osterinsulaner Raul Teave denkt da genauso: »Die Figuren wurden nicht mit der Kraft der Muskeln befördert, sondern mit
Gedankenkraft!« Mit Gedankenkraft habe man auch die steinernen
»Hüte« auf die Köpfe der Figuren schweben lassen.

Der Houngan-Man kritisierte, daß wir Westeuropäer verlernt
hätten, Magie anzuwenden. »Es gibt eine göttliche Kraft, die allge-

genwärtig ist. Wer die Existenz dieser Kraft leugnet, der verbaut sich auch jede Möglichkeit, eben diese unsichtbare Energie anzuwenden.«

In Indien wird diese magische Kraft als Prana bezeichnet. Nach Ansicht von Houngan-Man atmen wir Westeuropäer falsch. Wir saugen Luft an und pressen Sauerstoff in unsere Lungen. Er wandert durch die Adern in den gesamten Körper. Dann atmen wir den verbrauchten Sauerstoff wieder aus – und damit auch die Prana-Kraft.

In Indien gehört es zur Grundausbildung aller Yogis, zunächst einmal richtig atmen zu lernen. Ziel ist dabei, den Vorgang des »Luftholens« so umzugestalten, daß die Prana-Kraft nicht nur mit dem Sauerstoff eingeatmet, sondern auch im Körper aufgebaut wird. Durch richtiges Atmen könne der physische Leib mit der Kraft der Götter aufgeladen werden, vergleichbar mit einer Batterie.

Um dieses angestrebte Ziel zu erreichen, muß zunächst einmal bewußt auf das Ein- und Ausatmen geachtet werden. Wie lange atmen wir ein, wie lange aus? Zählen wir einmal die Sekunden. Nun kann man eine Umstellung vornehmen. Das wichtigste Merkmal des neuen Atmens ist eine Pause zwischen Ein- und Ausatmen. Das geht so:

Eine Zeiteinheit lang wird eingeatmet, dann hält man den Atem viermal so lang an. Schließlich atmet man zwei Zeiteinheiten lang aus. Oder konkreter: drei Sekunden einatmen, zwölf Sekunden Luft anhalten, sechs Sekunden ausatmen.

Fortgeschrittene Yogis gestalten das Atmen noch etwas komplizierter. Und zwar so: Zwei Zeiteinheiten lang einatmen, fünf Zeiteinheiten lang Luft anhalten, drei Zeiteinheiten lang ausatmen, zwei Zeiteinheiten lang Luft anhalten. Konkreter: Vier Sekunden einatmen, zehn Sekunden Luft anhalten, sechs Sekunden ausatmen, vier Sekunden Luft anhalten.

Nach Houngan-Man ist ein langwieriger Übungsprozeß erforderlich, wenn die neue Atmungsart in Fleisch und Blut übergehen soll. Indische Yogis benötigen angeblich Jahre, um den Atmungsrhythmus umzustellen. Sie sind überzeugt, daß dann ihr Körper die magische Prana-Kraft nach und nach aufnimmt, daß im Körper magisches Potential aufgebaut wird.

Nach alten indischen magischen Vorstellungen verfügt der Mensch nicht nur über seinen physischen, sondern auch über einen feinstofflichen, ätherischen Leib. Dieser unsichtbare Körper ist es, der die Prana-Energie ansammelt und speichert. Je stärker dieser zweite Leib ist, desto mehr ähnelt er jenen göttlichen Wesen, die über keinen physischen Körper verfügen, sondern nur aus Prana bestehen. Durch die Kunst des Atmens ist eine Verwandlung vollzogen worden.

Westliche Mediziner indes warnen vor den beschriebenen Atmungspraktiken. Sie weisen darauf hin, daß es dabei zu Über- und Unteratmung kommen kann. Dabei kann es zu einer Übersättigung des Gehirns mit Sauerstoff, aber auch zu einem Sauerstoffmangel im Gehirn kommen. Beide Zustände können dazu führen, daß der Mensch einen Trancezustand erreicht und Visionen erlebt. Für die Yogis Indiens öffnet sich dann der Blick in die sonst unsichtbare Welt. Sie meinen beispielsweise, die Grenzen von Zeit und Raum überwinden und in die Zukunft blicken zu können. Für Ärzte, die mit derlei Gedanken nichts anfangen können, werden freilich nur Wahnvorstellungen erlebt. Ähnliche Zustände werden auch bei Drogenkonsum erreicht, wenn es zu vorübergehendem Sauerstoffmangel im Gehirn kommt.

Vorsicht ist also beim Experimentieren geboten. Auf alle Fälle sollte vor den ersten Versuchen ein Arzt konsultiert werden.

Die magische Welt der Kabbala

Eines der komplexesten magischen Theoriengebäude ist die Kabbala. Ihre Ursprünge verlieren sich im Dunkel der Geschichte. Sie wurde vermutlich schon in Ansätzen in den letzten Jahrhunderten vor der Zeitenwende betrieben. Ihre Auswirkungen reichen bis weit in das Mittelalter hinein und darüber hinaus. Magier des 20. Jahrhunderts wie etwa Aleister Crowley (1875–1947) beriefen sich auf die Kabbala und versuchten ihre Geheimnisse zu ergründen.

Ursprünge

Professor Dr. Alfred Lehmann, Direktor des psychophysischen Laboratoriums an der Universität Kopenhagen (1858–1921), schrieb über »die heilige Kabbala« (*Aberglaube und Zauberei*, Stuttgart 1925, S. 162): »Über allem, was die Kabbala betrifft, das heißt über Ursprung, Alter und Bedeutung, ruht ein dichter geheimnisvoller Schleier. Wohl ist es der modernen Kritik gelungen, denselben an manchen Stellen zu lüften; aber noch sind nur wenige Rätsel gelöst.«

Im 7. und 8. Kapitel des Buches Henoch, das nicht in die Bibel aufgenommen wurde, ist davon die Rede, daß unter der Anleitung von Semjaza 200 Engel vom Himmel auf die Erde herabstiegen, um sich mit Menschentöchtern zu paaren. Waren sie die Verkünder der Kabbala? »Da nahmen sie Weiber, ein jeder wählte für sich; sie näherten sich ihnen und wohnten mit ihnen und lehrten sie Zauberei, Beschwörungen und Anwendung von Wurzeln und Bäumen. Außerdem lehrte Azaziel die Menschen, Schwerter und Messer, Schild und Brustharnische zu machen, die Anfertigung von Spiegeln, Armbändern und Schmuck, den Gebrauch von Steinen jeder kostbaren und auserwählten Art und Farbe, so daß die Welt ganz verändert wurde. Amarzarak lehrte alle Zauberei und den Gebrauch von Wurzeln, Armer lehrte das Lösen des Zaubers, Barkajal die Beobachtung der Sterne, Akibeel die Zeichen; Tamiel lehrte Astronomie und Asradel die Bewegung des Mondes.«

Eine weitere Quelle der Kabbala wird im babylonischen Talmud genannt. Ende des 1. Jahrhunderts n. Chr. begann man mündliche Überlieferungen zu den fünf Büchern Mose zu ordnen und zusammenzufassen. Im frühen 2. Jahrhundert n. Chr. wurden die mündlich weitergegebenen theologischen Weisheiten schriftlich niedergelegt. 220 n. Chr. war diese Arbeit abgeschlossen. Das Gesamtwerk wurde als Mischna, zu Deutsch »Wiederholung, Lehre«, bezeichnet. Sie setzt sich aus 63 themengebundenen Traktaten zusammen, die das religiöse Leben des Judentums präzise regeln.

In den darauffolgenden Jahrhunderten wurden weitere religiösmagische Abhandlungen verfaßt. Gegen Ende des 5. Jahrhunderts kam der Jerusalemer, gegen Ende des 6. Jahrhunderts der babylonische Talmud. Man könnte den Talmud am ehesten mit einem

Nachschlagewerk vergleichen, das die wichtigsten Lehrmeinungen zu allen Fragen von Religion, Kult und täglicher Religionsausübung zusammenfaßt. Bei wichtigen Entscheidungen wurde fast ausschließlich der etwas jüngere, deutlich umfangreichere babylonische Talmud herangezogen.

Der babylonische Talmud berichtet, Gott Jahwe habe seinem Diener Moses auf dem Berge Sinai nicht nur die Tafeln mit den Zehn Geboten ausgehändigt, sondern ihm außerdem auch mündlich geheimnisvolles Wissen anvertraut, das nur einem kleinen Kreis zugänglich zu machen sei. Nur 70 Älteste, die nach der Entscheidung Moses an der Spitze des Volkes Israel standen, wurden eingeweiht. Dieses geheime Wissen, das in den fünf Büchern Mose verborgen war, könnten Uneingeweihte erst gar nicht verstehen.

Wenn heute Werke der Kabbala schriftlich vorliegen, so handelt es sich dabei um ein Paradoxon. Kabbala bedeutet nämlich eigentlich »das mündlich Überlieferte«. Tatsächlich wurde das Kabbala-Wissen jahrhundertelang ausschließlich mündlich weitergereicht. Dabei ging mit Sicherheit ein nicht unwesentlicher Teil verloren, so daß sich verantwortungsvolle Männer dazu entschlossen, das Gedankengut schriftlich niederzulegen. Von den zahlreichen ältesten Schriften existieren nur noch zwei: *Sepher Jezirah,* das *Buch der Schöpfung,* und *Sohar,* das *Buch vom Glanz* oder das *Buch vom Licht.*

Wann genau wurden die Kabbala-Bücher niedergeschrieben? Das ist nicht mit Sicherheit zu sagen. Das *Buch der Schöpfung* enthält deutliche Anlehnungen an arabische Philosophie, dürfte daher kaum vor der Mitte des 9. Jahrhunderts begonnen worden sein. Rabbi Sadia verfaßte im 10. Jahrhundert einen Kommentar zum *Sepher Jezirah.* Es ist also anzunehmen, daß es im späten 9. und frühen 10. nachchristlichen Jahrhundert schriftlich fixiert wurde.

Schwieriger ist die Frage zu beantworten, wann das *Buch Sohar* entstand. In Europa wurde es erst im 13. Jahrhundert bekannt. Moses von León verkaufte damals Abschriften. Er behauptete, daß das Werk auf alten mündlichen Überlieferungen basierte, muß aber als eigentlicher Verfasser angesehen werden. So wird ein Komet, der anno 1243 die Menschen beunruhigte, beschrieben. Vermutlich wollte Moses von León die unterschiedlichen kabbalistischen Strömungen miteinander in Einklang bringen und schriftlich fixieren.

Die Lehren der Kabbala wurden bereits im 12. Jahrhundert in einer der ältesten und bedeutendsten Synagogen Europas, in Speyer, gelehrt. Hier unterrichteten die Rabbis Samuel ben Kalonymos he'Chassid und Jehuda he'Chassid, die als zwei der »Väter der Kabbala« angesehen werden.

Eindeutiger Zweck kabbalistischen Schrifttums war es, den verborgenen Sinn hauptsächlich der fünf Bücher Mose, des »Gesetzes«, zu enthüllen. So heißt es mahnend im »Buch Sohar«: »Wehe dem Menschen, der im Gesetze nicht anderes sieht als einfache Erzählungen und gewöhnliche Worte! Wenn es wirklich weiter nichts enthielte, so könnten wir auch in unseren Tagen ebensogut ein Gesetz schreiben, das der Bewunderung würdig wäre. Um gewöhnliche Worte zu finden, brauchten wir uns nur an die irdischen Gesetzgeber zu wenden, bei denen man oft mehr Größe findet. Es würde dann genügen, ihnen nachzuahmen und ein Gesetz nach ihren Worten und ihrem Beispiel zu machen. Aber so ist es nicht: Jedes Wort im Gesetz enthält einen tieferen Sinn und ein verborgenes Mysterium. Die Erzählungen des Gesetzes sind nur das Gewand des Gesetzes. Wehe dem, der das Gewand des Gesetzes für das Gesetz selber hält! In dieser Bedeutung sagt David: ›Herr, öffne mir die Augen, daß ich sehe die Wunder an deinem Gesetz!‹ Der große Haufen achtet nur auf das Kleid oder auf die Erzählungen des Gesetzes; sie kennen nichts anderes; sie sehen nicht, was unter dem Kleide verborgen ist. Die Aufgeklärten dagegen beachten das Gewand nicht weiter, sondern sehen auf den Leib, den es verhüllt. Die Weisen endlich, die Diener des höchsten Königs, die, welche die Höhen Sinais bewohnen, beschäftigen sich mit der Seele, die die Grundlage für alles übrige und das Gesetz selber ist; in zukünftigen Zeiten werden diese Weisen vorbereitet sein, die Seele der Seele, welche im Gesetz atmet, zu schauen.«

Die zehn magischen Sphären

Die Magie der Kabbala ging von einer Welt aus, in der alle Formen der irdischen Realität einen Abglanz des Göttlichen enthielten. Der Mensch selbst galt als ein Abbild Gottes und des gesamten Universums. Gott selbst war unbegreifbar und wurde in der Kabbala auch nicht als aktiver Gestalter der Welt gesehen. Alles Seiende habe sich einst aus dem unbegrenzten Strahlenglanz, den wir Gott nennen, heraus ergossen. Nach dem *Buch Sohar* strömte am Anbeginn der Zeit ein gewaltiger Lichtstrahl aus Gott, aus dem wiederum neun Lichter entstanden. Diese zehn Lichter galten als Teilaspekte des unendlichen Gottes. Sie waren durch 22 Pfade miteinander verbunden. Jedem dieser Wege entspricht einer der 22 Konsonanten des hebräischen Alphabets. Sie werden bildlich als Kreise und Linien im Lebensbaum dargestellt.

Der Lebensbaum verdeutlichte in diesem Theoriengebäude den Abstieg Gottes in einem Lichtstrahl zur Welt. Wollte die Seele zu Gott gelangen, so mußte sie den umgekehrten Weg nehmen, mühevoll zu himmlischen Sphären emporklimmen. Zehn ineinander liegende Kugeln machten das Universum der Kabbala aus. Gott selbst war die äußerste Sphäre, dann folgte die der Fixsterne, dann die der sieben damals bekannten Planeten. Die innerste Kugel umfaßte nicht nur den Mond, sondern auch die Erde.

Die Seele des Menschen stieg von Gott, der äußersten Sphäre, zur Erde, zur innersten Sphäre hinab. Zunächst war sie nur Licht, baute sich nach und nach zu einem Wesen auf. Beim Passieren der unterschiedlichen Kugeln wurden Eigenschaften aufgesogen. Um es modern zu formulieren: Der werdende Mensch wurde nach und nach programmiert. Venus gab ihm die Liebe, Merkur die Intelligenz. Den physischen Leib erhielt der dann vollendete Mensch auf der Erde. Demnach galt der Mensch als ein Abbild des bekannten Universums.

Kaum aber hatte die Seele sich Schicht für Schicht zum Menschen geformt, strebte sie wieder zu ihrem Ursprung zurück, zu Gott. Sie wollte sich wieder mit dem Licht, aus dem einst auch das Universum herausgeströmt war, vereinen. Diese Rückreise konnte freilich erst nach dem physischen Tod des Menschen angetreten werden und war alles andere als leicht. Da gab es die Engel, die auf den verschiedenen Sphären hausten, die von jeder Seele auf dem Rückweg zu Gott passiert werden mußten. Die Engel versuchten mit allen Mitteln, aufsteigende Seelen festzuhalten. Nicht nur die Engel waren zu fürchten. Es stellten sich heimkehrenden Seelen auch böse Geister entgegen, die Tag und Nacht Jagd auf heimkehrende Gottessucher machten.

Parallel zur Kabbala entstand die religiöse Bewegung der Gnosis. Wie in der Kabbala ging es um spirituelle Erkenntnis. Inwieweit sich beide Welten beeinflußten, läßt sich nicht mehr feststellen. Ohne Zweifel nahm aber die Gnosis auch Kabbala-Gedanken auf. So lehrt die stark christlich beeinflußte Gnosis, daß es magische Formeln gebe, die die Seele benötige, um zu Gott zurückzukehren: »Er (Gott) erinnert die Seinen an ihre himmlische Heimat und belehrt sie über den Rückweg. Er überliefert ihnen vor allem die heiligen Formeln, die sie kennen müssen, um beim Aufstieg die sieben verschiedenen Planetensphären, die kosmischen Mächte, zu passieren.«

In der Kabbala war das Leben des Menschen nur ein Zwischenaufenthalt. Er war von Gott zur Erde hinabgestiegen, sehnte sich danach, wieder zurück zu Gott zu gelangen. Der Kabbala-Anhänger wußte, es würden sich ihm Hindernisse auf der Rückreise in den Weg stellen. Um diese überwinden zu können, versuchte er schon zu Lebzeiten, soviel wie möglich über die himmlischen Sphären in Erfahrung zu bringen.

Ziel der Seele ist die höchste Sphäre, Kether, »Krone« genannt. In ihr vereinigt sich die Seele mit Gott. Bewacht wird sie von vier Engeln. Für den Kabbalisten wurden sie bereits beim Propheten Hesekiel beschrieben (Hesekiel, Kapitel 1, Verse 5 und 6): »Und mitten darin war etwas wie vier Gestalten, die waren anzusehen wie Menschen. Und jede von ihnen hatte vier Angesichter und vier Flügel.« Die magische Zahl der Kether-Sphäre war eins.

Sphäre zwei mit der magischen Zahl zwei war Hokhmah, die Weisheit. Da sie unmittelbar auf die ursprüngliche göttliche Sphäre folgte, war sie dem göttlichen Licht am nächsten. Auch sie wurde von kreisenden, sich drehenden Engeln bewacht. Nach Kabbala-Überzeugung werden sie bei Hesekiel als Räder beschrieben (Hesekiel, Kapitel 1, Verse 16 und 17): »Die Räder waren anzuschauen wie ein Türkis und waren alle vier gleich, und sie waren so gemacht, daß ein Rad im anderen war. Nach allen vier Seiten konnten sie gehen; sie brauchten sich beim Gehen nicht umzuwenden.« Als Symbole Hokhmahs galten der Phallus (der bei den Indern als Lingam verehrt wurde) und der Turm. Nach Kabbala-Interpretation kann man den Bau des Turms zu Babel dann so verstehen:

Schon zu Lebzeiten versuchten die Menschen zur göttlichen Sphäre vorzudringen, die sie aber nach göttlichem Willen erst nach dem Tode anstreben durften. Hokhmah wurde häufig als bärtiger alter Mann dargestellt. Er wurde als Vater des Universums angesehen.

Die kindlich-naive Darstellung Gottes als greiser Mann mit Rauschebart entspricht der Kabbala-Personifizierung von Hokhmah. Als reife Frau hingegen wurde die dritte Sphäre, Binah, dargestellt, die Mutter des Universums. Ihre heilige Zahl war die drei, ihre Symbole waren die weiblichen Genitalien, aber auch der Schlüssel, Kreis, Oval und Diamant.

Die zehn Sphären in ihrer Gesamtheit spiegelten sich wider im Menschen. Die dritte Sphäre fand ihre Entsprechung aber auch in den irdischen Muttergöttinnen. Eine typische Vertreterin dieser mächtigen Wesen war die dreigestaltige Hekate, die sowohl im Himmel als auch auf Erden und in der Unterwelt wirkte. Sie galt als Zaubergöttin und Herrin der Toten.

Als weiblich wurde Sphäre vier, Hesed, die Liebe, angesehen. Als feminine Kraft war sie für die Ordnung der Dinge zuständig. Der Stab des Magiers war ihre Symbol, aber auch der Krummstab des Bischofs. Sie wurde auch als Dreieck oder als Pyramide dargestellt. Hauptgegnerin der Hesed war die Macht der Zerstörung, Din, Sphäre Nummer fünf. Astrologisch wurde sie mit dem Mars gleichgesetzt, mit dem Planeten des Kriegs und der Zerstörung. In den Augen vieler Kabbalisten war sie der Ursprung alles Bösen. Bildlich wurde Hesed als mächtiger, oft weiser Herrscher auf dem Thron dargestellt. Din war dann der bewaffnete Soldat im gefürchteten Streitwagen.

Fifereth, die Schönheit, die sechste Sphäre, stand für die Sonne, die die einander bekämpfenden Kräfte von Hesed und Din auszugleichen versuchte. Eines ihrer Symbole war das Bild des geopferten Kindes. Häufig wurde Fifereth mit Jesus gleichgesetzt. Magisches Tier von Fifereth war der Löwe, Personifizierung der Sonne.

Je weiter die tiefer gelegenen Sphären von der höchsten oder äußeren Kugel entfernt waren, desto irdischer wurde ihre Bedeutung. Netsah, der Sieg, Sphäre Nummer sieben, stellte die männliche Potenz in der Natur dar. Die Sphäre symbolisierte die körperliche Liebe und die Leidenschaft, sie wurde mit der Venus gleichgesetzt und als schöne nackte Frau dargestellt. Ihr Anteil am menschlichen Wesen war die Liebe zur Kunst, von der Malerei bis zur Musik.

Hod, die Majestät, Sphäre Nummer acht, galt als weibliche Kraft, zuständig für den menschlichen Geist, aber auch für das intuitive Verständnis. Die Kabbalisten sahen sie als gut und böse zugleich. Sie war weise und klug, aber auch hinterlistig und verschlagen. In der Astrologie wurde Hod mit Merkur gleichgesetzt, der als Planet Einfluß auf Intelligenz und Magie hatte. Merkur war das Pendant zu vernünftigem, logischem Denken, kaufmännischem Abwägen, aber auch zur betrügerischen List und zu magischen Praktiken. Quecksilber war das Metall Hods, das magische Alchimisten in Gold verwandeln wollten. Das magische Sinnbild für diese Sphäre sind zwei Schlangen.

Yesod, die Grundlage, war die neunte Sphäre, Ursprung jeglicher Schöpferkraft. Neun war die symbolische Zahl der Magie, galt aber auch als die Zahl der Einweihung in okkulte Praktiken. Der Mond wurde als Planet angesehen, als Welt Yesods, als Ort der Zauberei. Yesod versuchte stets einen Ausgleich zu schaffen zwischen Netsah und Hod. Aus der Spannung zwischen diesen beiden Polen schöpfte er die Kraft für Zauberpraktiken. In der irdischen Welt entsprach der Elefant der Yesod-Sphäre. Das Rüsseltier galt als stark und intelligent zugleich. In bildlichen Darstellungen wurde Yesod als schöner nackter Mann gezeigt.

Der Lebensraum des Menschen, unsere Erde, das irdische Königreich Malkhuth, war schließlich die zehnte Sphäre. Die von Gott, von der höchsten zur tiefsten Sphäre hinabgestiegene Seele hatte, einmal auf der Erde angelangt, alle Eigenschaften aller Sphären in sich angesammelt wie Informationen auf einer Computerdiskette. Bildlich dargestellt wurde Malkhuth häufig als Sphinx, als Körper gewordene Einheit von Himmlischem und Irdischem. Ein weiteres Bild für Malkhuth, das irdische Königreich, war eine auf einem prächtigen Thron sitzende, gekrönte junge Frau.

Ein Kabbala-Ritual im 20. Jahrhundert

Nach kabbalistischer Überzeugung war die Seele im physischen menschlichen Leib gefangen und sehnte sich danach, zu ihrem Ursprung ins göttliche Licht zurückzukehren. Diese Reise zurück galt als gefahrvoll. So wie sich der ägyptische Pharao durch das Erlernen einer Vielzahl magischer Formeln auf den Weg in ein paradiesisches Jenseits vorbereiten mußte, so galt das Ergründen der kabbalistischen Geheimnisse als unabdingbares Muß. Nur der Eingeweihte würde die Sphären, die ihn vom göttlichen Licht trennten, überwinden können. Auch der Pharao meinte, nur mit Hilfe der Magie ein schwarzes Zwischenreich passieren zu können.

Der Kabbalist strebte aber nicht nur im Hinblick auf das Weiterleben seiner Seele nach Erkenntnis. Er war davon überzeugt, auch schon zu Lebzeiten seinen Geistkörper vom irdischen, physischen Leib lösen und in höhere Sphären vordringen zu können, um höhere Quellen des Wissens anzuzapfen.

Der Magier des 20. Jahrhunderts ist meist weniger an der jenseitigen Bedeutung der Zauberkraft der Kabbala interessiert. Er will ihre Energie praktisch für sein irdisches Leben nutzen. Man kann diese Entwicklung zweifelsohne negativ sehen. Das uralte Wissen, das der Vorbereitung auf das Weiterleben nach dem Tode diente, sollte ursprünglich die Angst des Menschen mindern. Nun wird es ganz profan für die Erfüllung irdischer Wünsche benutzt.

»Daß der Mensch sterblich ist, das ist alltägliche Erfahrung«, erklärt Professor Georg Fohrer. »Seit der Mensch denken kann, überlegt er sich, was denn wohl nach dem Tode kommen möge. Er fühlt sich dieser Macht, die das irdische Dasein beendet, hilflos gegenüber, ja ohnmächtig. Sein Streben ist danach ausgerichtet, die Angst zu bannen. So mögen Riten und Rituale entstanden sein, die dem Menschen das beruhigende Gefühl gaben, schon zu Lebzeiten etwas für seine Weiterexistenz nach dem Tode tun zu können. Aktivität wurde als beruhigende Alternative zu tatenlosem Abwarten gesehen.«

Seit den ersten Tagen kabbalistischer Magie vor vielen Jahrhunderten wurden zahllose Rituale entwickelt, die alle auf den altjüdischen Überlieferungen basieren. Sie unterscheiden sich oft in wesentlichen Bestandteilen. Heute kann nicht mit Fug und Recht von dem einzig wahren und richtigen Kabbala-Ritual gesprochen werden. Ohne Zweifel gibt es aber bestimmte Abläufe, die bei keiner Zeremonie fehlen dürfen, die die Bezeichnung kabbalistisch verdient.

Zunächst wird der Zeremonialraum abgedunkelt. Er muß groß genug sein, um dem Magier ausreichend Platz für seine rituellen Bewegungen zu ermöglichen. Elektrisches Licht wäre anachronistisch für ein Kabbala-Ritual. Als Lichtquelle werden Kerzen benützt.

Als erstes wird der Ort des Kabbala-Ritus abgegrenzt. Der Magier zeichnet einen Kreis, etwa mit Kreide, auf den Boden. Zunächst wird diese Abgrenzung, die böse Geister und Dämonen abhalten soll, nicht ganz geschlossen. Eine Lücke bleibt, durch die das Innere des Kreises betreten und wieder verlassen werden kann.

Im Osten, außerhalb des Kreises, zeichnet der Magier ein Dreieck auf den Boden. Schließlich betritt er den Kreis und schließt ihn mit Kreide. Verstärkt wird die Grenze, die Geister nicht überschreiten können, indem der Magier mit einem Zeremonialschwert eine kreisende Bewegung ausführt. Dabei dreht er sich einmal um die eigene Achse. Im Zentrum des Kreises stehend stellt er sich eine imaginäre, hell leuchtende Wolke vor, das Kether. Er hebt die rechte Hand und nimmt etwas aus der Wolke, zieht es zu sich herab. Er legt seine rechte Hand auf den Solarplexus, der unter dem Zwerchfell liegt, berührt anschließend die rechte und die linke Schulter. Nach dieser rituell-magischen Handlung nennt er laut und vernehmlich die Namen »Malkhuth, Din und Hesed«, wobei er seine rechte Hand betrachtet. Dabei stellt er sich vor, daß das Licht, das er aus der Wolke geholt hat, von seinen Fingern fließt. Er läßt vor seinem geistigen Auge die zehn heiligen Kabbala-Sphären entstehen, zehn ineinanderliegende Kugeln. Er schließt die Augen, geht einen Schritt nach vorn. Dabei darf er auf keinen Fall den gezeichneten Kreis verlassen.

Vor seinem inneren Auge sieht er sich von den Kugeln umgeben. Er selbst befindet sich in der innersten der Sphären. Er atmet tief ein und läßt seinen Körper in Gedanken anwachsen, so daß er schließlich die zehn Kugeln in seinem Innersten zu spüren meint.

Mit geschlossenen Augen läßt er seinen Körper wieder auf die normale Größe zurückschrumpfen.

Nun öffnet er wieder die Augen, ergreift sein Zeremonialschwert und zeichnet Pentagramme in die Luft, eines gen Norden, eines gen Osten, eines gen Süden, eines gen Westen. Bei jedem der fünfzackigen Sterne ruft er die Namen der Erzengel Raphael, Gabriel, Michael und Uriel aus. Er begrüßt die mächtigen Geistwesen. Sie sind anwesend und bereit, ihre Kräfte mit den seinigen verschmelzen zu lassen. Mit Hilfe dieser Mächtigen vermag er jetzt, Malkhuth (die Erde) im Geiste zu verlassen und Yesod, das Tor zur Welt der Magie, zu erreichen.

Er ruft den Namen des Erzengels Gabriel aus, bekundet seine Unkenntnis, was die höheren Welten angeht. Er bittet ihn, die gewünschte Sphäre besuchen zu dürfen. Gabriel möge ihn zu seinem Bestimmungsort begleiten. Will er auf magischem Wege etwa Erfolg in Liebesdingen erwirken, strebt er die Hesed-Sphäre an. Möchte er mit aller Kraft Widersacher im Berufsleben ausschalten, ist Din sein Ziel. Fühlt er sich im Alltagsleben energielos, matt und müde, so möchte er Tifereth erreichen. Möchte er seine musischen Fähigkeiten steigern, so muß er Netsah aufsuchen. Hod ist die Sphäre für den Magier, der seine logische Denkkraft stärken möchte. Auf der Yesod-Sphäre warten neue Erkenntnisse aus dem Bereich der Magie auf den Suchenden.

Der Magier bittet also Gabriel um Hilfe beim Kontakt mit einer bestimmten Sphäre. Er benennt sie, ruft ihren Namen und fordert das entsprechende symbolische Bild in das außerhalb des Kreises gezeichnete Dreieck. Diese herbeizitierte Kraft wird in den magischen Kreis eintreten können und ihre typische Energie mitbringen. Der Hauptzweck des magischen Rituals ist es, diese Energie in sich aufzunehmen.

Zahllose, ganz unterschiedliche Rituale wurden im Laufe der Jahrhunderte entwickelt, um ebendiesen Prozeß zu ermöglichen. Es ist ein Vorgang, der durch das logische Denken behindert wird. Also gilt es, die Ratio, die Vernunft, auszuschalten. Gerade dieser letzte und entscheidende Schritt wird dem Westeuropäer schwerfallen. Seit wir denken können, wurde uns beigebracht, daß nur die sichtbare Welt unseres Alltags existiert. Was sich unserem logischen

Vorstellungsvermögen entzieht, wird abgelehnt. Es darf gar nicht existieren, also sehen wir es auch nicht. Logisches Denken hat sich in unserem Leben bewährt. Wir sind davon überzeugt, nur durch vernünftiges Handeln Wünsche in die Tat umsetzen zu können. Völlig fremdartig ist es dann für uns, angestrebte Ziele auch auf anderem Wege zu erreichen. Für die Kabbalisten widersprachen sich Logik und Magie nicht. Magie war das bewußte Ausnützen unsichtbarer, aber dessenungeachtet dennoch realer Kräfte.

Eine Möglichkeit, das logische Denken auszuschalten, besteht darin, sich gedanklich nur auf das Ziel zu konzentrieren, das mittels der Kabbala-Magie erreicht werden soll. Man hält sich nur diesen innigen Wunsch vor Augen, ohne auch nur einen Gedanken darauf zu verschwenden, sich einen logischen Weg zur Verwirklichung zurechtzulegen. Oder man singt wiederholt den Namen jener Sphären-Welt. Man konzentriert sich nur auf diesen magischen Namen.

Sobald das logische Denken ausgeschaltet ist, kann die herbeigerufene Kraft einströmen. Es ist hilfreich, wenn man sich diese Energie physisch vorstellt, etwa als wohltuende Wärme. Indem man sich sein angestrebtes Wunschziel so bildhaft wie möglich vorstellt, läßt man die Energie wieder aus seinem Körper entweichen. Dabei atmet man kraftvoll und laut aus. Nach kabbalistischer Vorstellung wird die Energie nun ausgesandt, um den imaginierten Wunsch – Beförderung im Beruf, Erfolg in der Liebe, Sieg über intrigante Gegner – wahr werden zu lassen.

Nun gilt es noch, das Ritual zu beenden. Wieder sieht man vor seinem geistigen Auge die zehn Kugeln der Kabbala-Welt. In Gedanken hat man eine bestimmte Sphäre aufgesucht. Jetzt läßt man sich wieder zur eigenen, zur irdischen Sphäre zurücksinken. Man bedankt sich bei den Wächtern der verschiedenen Sphären für die erwiesene freundliche Unterstützung.

Äußeres Zeichen der Beendigung des Rituals ist erneut das kabbalistische Kreuzzeichen. Man berührt wieder den Solarplexus, dann die linke und die rechte Schulter. Ein Stück des Kreidekreises wird ausgelöscht, bevor man ihn verläßt. Das Ritual ist beendet.

John Fisch, der sich auch intensiv mit den Geheimnissen der Kabbala auseinandersetzte, erklärte: »Bevor man einen solchen Ritus zelebriert, muß man natürlich genau die zehn Sphären kennen. Man muß wissen, welches Symbol welche Sphäre darstellt. Man muß den exakten Ablauf des Rituals vorher in Gedanken immer wieder durchgegangen sein, so daß es dann ohne Zögern und Zaudern absolviert werden kann.«

Ist es sinnvoll, darüber nachzudenken, ob Kabbala-Magie funktionieren kann? Wohl kaum. Wer sich bei allem Tun und Lassen auf Logik und Vernunft verläßt, wird jede Form von Magie als unmögliche Fiktion ansehen – und sich einem Teil der Wirklichkeit verschließen, der für die Kabbala-Lehrer der vergangenen zwei Jahrtausende nicht minder real war. Nach Eliphas Lévi (1810–1875) ist die Macht der Kabbala-Magie in der Kraft des menschlichen Willens begründet. Sie sei ebenso »wirklich wie der Dampf oder der elektrische Strom«. Diese Kraft werde beim Ritual gezielt angewendet. So wie Dampf und elektrischer Strom Maschinen antreiben können, so könne auch der richtige Gebrauch des menschlichen Willens die Welt verändern.

Nach Levi ist der menschliche Wille eine »materielle Gegebenheit«. Mit Hilfe magischer Praktiken wird er extrem gesteigert. Was wie Zauberei aussehe, sei in Wirklichkeit nichts anderes als das gezielte Nutzen dieser Kraft, letztlich also ein ganz natürlicher Vorgang.

Nach Lévi ist das ganze Universum von einem »Astrallicht« erfüllt. Es handelt sich dabei um eine Energie, die Informationen speichert wie ein Computer. Sie registriert alle Ereignisse aller Zeiten. Wer mit Hilfe magischer Praktiken dieses schier unendliche Reservoir des Wissens anzapft, kann über jede gewünschte Information aus jeder Zeit verfügen. Lévi entwickelt damit einen Gedanken von Paracelsus weiter, der von einer allwissenden Weltseele ausgegangen ist. Noch im 20. Jahrhundert propagierte der Rosenkreuzer Max Heindel (1865–1919) die Existenz eines »Weltäthers«, der als ein alles erfassendes »Gedächtnis der Natur« bezeichnet werden muß.

Magier des Mittelalters

Wenn wir an das Mittelalter denken, fallen uns Hexenprozesse, Folterverhöre und Scheiterhaufen ein. Die Realität sah freilich anders aus. Die großen Hexenjagden fanden nicht in den »dunklen Zeiten« des Mittelalters von etwa 500 bis 1500 nach Christus, sondern erst später, nämlich in der vermeintlich aufgeklärten Zeit von Luther, Galilei und Gutenberg statt. Der Hexenwahn wütete in Deutschland, Frankreich, Italien, England, Schottland, Rußland, Böhmen und Skandinavien besonders intensiv zwischen 1560 und 1630.

Das Mittelalter dagegen war die Zeit der großen Magier.

Paracelsus – Mediziner und Magier

Theophrastus Bombastus von Hohenheim (1493–1541) nannte sich in Erinnerung an Celsus, einen römischen Arzt des ersten Jahrhunderts nach Christus, Paracelsus. Sein gelehrter Vater, ebenfalls Arzt von Beruf, unterrichtete ihn von früher Jugend an in Medizin, Astrologie und Alchimie. Mit sechzehn Jahren begann er in Basel zu studieren, wechselte dann nach Würzburg über. Er wurde ein gelehriger Schüler von Sigismund Fugger, der schon damals einen legendären Ruf als Magier genoß. Medizinisches Wissen eignete er sich bei zahlreichen Reisen durch Deutschland, Italien, Frankreich, England, Skandinavien, Rußland und die Niederlande an. Er erwarb in Italien einen akademischen Grad der Medizin, arbeitete als Militärarzt – und beschäftigte sich ausgiebig mit den Geheimwissenschaften. Besonders angetan hatte es ihm die »ägyptische Kunst«, die Alchimie.

Lange Zeit wurde diese Lehre als unwissenschaftlicher Humbug betrachtet. Heute sieht man sie weit positiver: als eine Vorläuferin der modernen Chemie. Im Zentrum der alchimistischen Lehre stand die Theorie von der Umwandelbarkeit aller Stoffe in andere Substanzen. Angestrebt wurde eine Veredelung von Metallen »niedriger Ordnung« in solche »höherer Ordnung«.

Louis Pauwels vertrat 1962 die Ansicht, mittelalterliche Wissenschaftler hätten bereits die Kernspaltung gekannt und tatsächlich etwa Blei in Gold umwandeln können. Da ihnen aber die Gefahren radioaktiver Strahlung, die bei solchen Prozessen auftritt, bekannt gewesen sei, hätten sie ihr Wissen in magische Formeln gekleidet, um es weitestgehend geheimzuhalten.

Paracelsus experimentierte ausgiebig alchimistisch. Viele seiner Experimente mag er beschrieben haben, die kostbaren Dokumente gingen aber im Laufe der Jahrhunderte verloren. Andere Traktate sind in einer schwer oder gar nicht verständlichen symbolgeladenen Sprache verfaßt. Wir dürfen aber annehmen, daß er die zu seiner Zeit in ganz Europa weit verbreiteten Experimente ausprobierte. Ob er freilich dafür, wie eigentlich vorgeschrieben, viele Jahre verwandte, muß angezweifelt werden. Je älter er wurde, desto weniger hielt er nämlich von der vordergründig auf materiellen Gewinn ausgerichteten Magie seiner Zeitgenossen.

Er stellte zum Beispiel eine Mischung her, die aus Schwefelkies, Quecksilber und einer organischen Säure bestand. Ein halbes Jahr lang zerstieß und zerrieb er die Ingredienzen und erhitzte sie schließlich. Ungefährlich war die Prozedur keineswegs. Es entwickelte sich nämlich Quecksilberdampf, der in höchstem Grade giftig ist. Dann wurde alles in Schwefel- oder Salpetersäure aufgelöst. Nach alten Lehrbüchern geschah das bei Mondschein.

Den flüssigen Anteil der Mischung ließ Paracelsus verdunsten, die übriggebliebenen Reste erhitzte er wieder und ließ sie ausglühen. Erneut wurde Säure hinzugegeben, die eingetrocknete Substanz löste sich auf. Unzählige Male wurde diese Prozedur wiederholt, manchmal jahrelang. Damit war der langwierige Vorgang keineswegs abgeschlossen. Ein Oxydiermittel wie Kaliumnitrat wurde hinzugefügt, der Inhalt des Schmelztiegels wieder ausgeglüht und schließlich erneut mit einer Säure aufgelöst. Erst wenn sich irgendwann sternförmige Kristalle auf der Oberfläche der Flüssigkeit bildeten, verschloß der Alchimist den Tiegel und ließ das Gemisch bis zum nächsten Frühjahr stehen.

Im Frühjahr füllte er die eingetrocknete Substanz in ein Gefäß aus Bergkristall. Das Gefäß mußte auf eine bestimmte Temperatur, die streng geheim gehalten wurde, erhitzt werden. Die so erarbeiteten Substanzen wurden über einen längeren Zeitraum in destilliertem Wasser gespült. Das Wasser soll dadurch magische Eigenschaften erlangt haben. Man bezeichnete es in Alchimistenkreisen als das »Elixier des Dr. Faust«. Die gereinigten Feststoffe werden als »alchimistisches Kupfer«, »alchimistiches Silber« oder »alchimistisches Gold« bezeichnet.

Nach John Fisch, dem ich die umfangreiche Beschreibung der langwierigen Prozeduren verdanke, waren die Meister der mittelalterlichen Alchimie der Überzeugung, daß sie Gold erhalten würden, wenn sie das »Elixier des Dr. Faust«, das »alchimistische Gold«, mit Blei vermengen und die Mischung zum Schmelzen bringen würden. Nach John Fisch handelte es sich bei den mysteriösen Vorgängen nicht um chemische Abläufe im wissenschaftlichen Sinn, sondern um Magie. Fisch schreibt: »Die oft detailliert beschriebenen Vorgänge im Schmelztiegel waren letztlich nur von zweitrangiger Bedeutung. Es kam nicht so sehr darauf an, daß sich etwas materiell änderte. Vielmehr galt es, durch jahrelange Konzentration das gesamte Sein des Magiers auf sein angestrebtes Ziel zu lenken: auf die Herstellung von Gold. Im Sinne von Eliphas Lévi gab es die entscheidende Wandlung im Geist des Magiers. Der ›Zauber‹ bestand darin, die Gedankenenergie so stark werden zu lassen, daß sie tatsächlich die Elemente ändern, Blei in Gold verwandeln konnte.«

Paracelsus experimentierte lange Jahre alchimistisch. Er sah aber bald mit einer gewissen Verachtung auf jene Magier herab, die ihre Zeit mit dem Versuch, künstliches Gold herzustellen, verschwendeten. Der wahre Alchimist müsse an das Wohl des Menschen denken und danach streben, auf magischem Wege Arzneimittel herzustellen.

Für Paracelsus stellt der Mensch ein kleineres Abbild des Universums dar. Das Universum sei letztlich nichts anderes als ein »großer Mensch«, der Mensch ein »kleines Universum«. Wer sich mit Medizin beschäftigt, setzt sich demnach keineswegs nur mit Leiden und Krankheiten des einzelnen Menschen auseinander. Er erforscht zugleich das Universum als Ganzes. Medizin ist nach Paracelsus die höchste Form von Wissenschaft schlechthin.

Unbestreitbar ist, daß Paracelsus, der im Laufe seines Lebens 200 Gesundheitsbücher schrieb, zu seiner Zeit ein medizinischer Revolutionär war. Er erforschte zahlreiche naturheilkundliche Behandlungsmethoden, erzielte erstaunliche Erfolge bei Gicht, bei Knochenentzündung und bei Steinbildung in den Harn- und Gallenwegen. Auf seinen zahlreichen Reisen befragte er als Hexen angefeindete weise Frauen, deren Anwendungen von pflanzlichen Medizinen er schätzte und bei seinen Vorträgen an Universitäten lehrte.

Er war auch ein Wegbereiter der Heilwirkung des Moores. Die heutige Naturheilkunde bezeichnet Stoffe wie Torf, Faulschlamm, Schlick, Quellenschlamm, Kreide, Kalk, Sedimentton und Sand als Peloide. Gewöhnlich werden sie in Wasser aufgelöst, zu Bädern oder breiigen Packungen aufbereitet und als äußerlich anzuwendende Heilmittel eingesetzt.

Torf zum Beispiel wird zunächst frisch gestochen, gelagert, getrocknet und zu Pulver vermahlen. Vor der eigentlichen Anwendung wird er mit heißem Quell-, Mineral- oder Meerwasser verrührt, bei einer Temperatur von meist 40 Grad als Packung aufgelegt oder als Bad eingesetzt. Er hilft wesentlich bei der Behandlung rheumatischer Erkrankungen der Muskeln, Nerven und Gelenke, bei Entzündungen, bei den Folgen von Verletzungen und unterschiedlichsten Frauenkrankheiten. Herz- und kreislaufgeschädigte Patienten sollten freilich auf Anwendungen von Moorpackungen oder Moorbäder verzichten.

So manche Heilmethode des Paracelsus wird also heute ausgiebig in der Naturheilkunde angewandt und findet zusehends auch die Zustimmung konservativer Vertreter der Ärzteschaft. Gerade heutige Anhänger des mittelalterlichen Meisters übersehen dabei aber, daß der gelehrte Arzt in erster Linie Magier war. So ging er davon aus, daß der Mensch nicht nur einen physischen, sondern auch einen feinstofflichen Leib hat. Wenn nun Erkrankungen auftreten, die sich etwa in schmerzenden Gliedern äußern, dann versuchte der klassische Mediziner schon zu Paracelsus' Zeiten die Symptome der Krankheiten zu heilen. Paracelsus befürwortete statt dessen den Magnetismus. Fehlende Energie im »Geistkörper« des Kranken kann wieder zugefügt werden. Durch Vervollständigung des Geistkörpers wird auch der physische Körper wieder gestärkt. Krankheiten werden von der Ursache her geheilt, die Symptome verschwinden. Herumdoktern an den Symptomen hingegen kann zwar die

Beschwerden verschwinden lassen, führt aber nicht zu einer echten Heilung.

John Fisch beschrieb Paracelsus vor Jahren als einen alchimistischen Heiler alter magischer Schule. Durch komplizierte Rituale konzentriert sich der Arzt ausschließlich auf seinen Wunsch zu heilen. Ähnliches vollzieht sich beim Patienten. Er sammelt seine gesamte geistige Kraft, intensiviert den Wunsch nach Genesung. So entstehe bei Arzt und Patient eine Energie, die magisch zur Heilung von Krankheiten benutzt werden könne.

Unter der Bezeichnung »Bildzauber« begegnet uns bei Paracelsus eine Form der Magie, die bereits von den alten Ägyptern praktiziert wurde. Sie gehört noch heute zum Ritual von Voodoo-Zauberern. Nach Paracelsus benötigte man organische Stoffe (wie Finger- beziehungsweise Fußnägel oder Haare von einem Menschen) oder etwas aus seinem Besitz (wie etwa Kleidungsstücke). Sie wurden in Wachspuppen verarbeitet. Mit Hilfe einer solchen Figur war es möglich, Menschen krank zu machen, ja sogar zu töten. »Wird ein solches Wachsbild vergraben und mit Steinen beschwert, so wird der Mensch, als dessen Abbild das wächserne gemacht ist, einen heftigen Druck an den Stellen empfinden, wo die Steine liegen, und nicht genesen, bevor diese nicht entfernt wurden. Wird dem Bild ein Bein gebrochen oder ein Stich versetzt, so geschieht dasselbe dem Menschen.«

Für Paracelsus war diese magische Methode freilich kein Zauber, um zu verletzen oder zu töten, sondern um zu helfen. Von Kranken wurden Miniaturkopien angefertigt. Ließ man den Figürchen rituell-magisch Fürsorge und Pflege zukommen, kam das unvermittelt dem entsprechenden Patienten zugute. Nur zu derlei positiven Zwecken solle man die stark wirksame Magie benützen.

Paracelsus empfahl die Herstellung einer solchen Wachspuppe auch zum eigenen Schutz: »Ist mir Böses angewünscht worden, so hilft es, ein wächsernes Bild von mir selbst anzufertigen und darauf Verwünschungen, Flüche und böse Absichten zu lenken, während ich selbst unbetroffen bleibe.«

Negative Einflüsse mußten freilich nicht unbedingt von anderen Magiern ausgehen. Auch die Sterne waren in der Lage – davon war Paracelsus überzeugt – negative Kräfte zu schicken. Hatte man ein stellvertretendes Wachspüppchen von sich selbst angefertigt, dann richteten sich die negativen Wirkungen der Sterne gegen diesen Doppelgänger. Man selbst blieb dann verschont.

Es gab freilich in der magischen Welt des Paracelsus nicht nur die Verbindung zwischen Mensch und Wachskopie dieses Menschen. Man konnte mit Hilfe des Bildzaubers auch mit den Geistern von Toten Verbindung aufnehmen. Zauberlehrlinge taten dies anscheinend besonders gern, um bereits verstorbenen Okkultisten Geheimnisse zu entlocken. Konkret beschrieb Paracelsus die dazu erforderliche Vorgehensweise. Zunächst benötigte man ein Bild des Verstorbenen, den man befragen wollte. Auf diesem Bild notierte man dann den Namen des Toten und eine Frage, die man von ihm beantwortet haben wollte. Paracelsus: »Man leg' das Bild zur Nacht unter sein Haupt und schlaf' darob, so erscheint einem dann dieselbige Nacht der Mensch geistlich.« Nach bestem Wissen und Gewissen werde dann der Tote im Traum die schriftlich gestellte Frage beantworten.

Grundsätzlich sei es mittels der beschriebenen Methode möglich, jeden Totengeist zu beschwören. Besonders lohnend sei aber der Kontakt mit toten Magiern, den Paracelsus als »höchste und fürnehmste Concordanz, die geschehen mag in der ganzen magia« bezeichnete.

Wohl aus Angst vor einer möglichen Anklage als Hexer war er stets sehr vorsichtig, wenn es darum ging, die Nekromantie, die Totenbeschwörung, näher zu beschreiben. Es kann aber keinen Zweifel daran geben, daß Paracelsus die Totenbeschwörung und -befragung für möglich hielt.

Die Begriffe »Schwarze und Weiße Magie« schätzte Paracelsus gar nicht. Man konnte seiner Ansicht nach durch Zaubersprüche böse Geister dazu veranlassen, Gutes zu tun. Nach der kirchlichen Definition war das aber Schwarze Magie, die mit dem Tod bestraft wurde. Andererseits war es aber auch möglich, durch Beschwörung guter Geister Böses zu bewirken. Nicht auf die Form der Magie, auf ihre Zielrichtung komme es an.

Magie und Medizin waren für Paracelsus gleichberechtigte Werkzeuge, die jeder gewissenhafte studierte Doktor beherrschen und anwenden müsse. Er belächelte Kollegen, die davon überzeugt waren, allein durch das Verabreichen von Medizin Linderung zu verschaffen. Ihre Heilmittel seien oft zu schwach. Der wahre Mediziner freilich müsse etwa auf dem Gebiet der Pflanzenheilkunde bestens bewandert sein. Für jedes Zipperlein, für jede Krankheit müsse er die richtige Arznei verordnen. Sie wirke aber nur dann optimal, wenn zu ihren Inhaltsstoffen der rechte Zauberspruch hinzukomme. Paracelsus fragte: »Ist die Arznei allein in den Kräutern, Holz und Steinen und nicht in Worten? Was ist, das das Wort nicht tue?«

Ähnlich dachte der deutsche Arzt Franz Anton Mesmer (1734–1815). In seiner *Dissertatio physico-medica de planetarum influxu* (*Dissertation über den physiologischen Einfluß der Planeten*, 1766) behauptete er, die Himmelskörper hätten einen wesentlichen Einfluß auf das Nervensystem des Menschen, und propagierte eine stark von Astrologie geprägte Medizin.

Die Welt der Wissenschaft reagierte zunächst höchst ablehnend auf Mesmers Theorien und Heilmethoden. So sah sich die französische Akademie der Wissenschaften genötigt, sich mit Mesmers Postulaten auseinanderzusetzen, und kam zu einem für den Arzt vernichtenden Resultat. Erst nach seinem Tode formierte sich eine zweite Kommission, diskutierte seine Theorien und revidierte das Urteil der ersten.

Neu waren Mesmers Überlegungen über den Einfluß der Planeten auf das gesundheitliche Wohlergehen des Menschen freilich nicht. Schon Paracelsus setzte sich vehement für eine Nutzung der Astrologie in der Heilkunde ein und vertrat die Ansicht, daß spezielle Amulette durchaus heilsame Wirkung haben könnten. Er griff damit auf uraltes Wissen zurück, das bereits von den Wissenden der Kabbala gelehrt worden war.

Durch Amulette sollten Wirkungen, die von den verschiedenen Planeten ausgingen, eingefangen und übertragen werden. Wichtig bei der Herstellung der Talismane war die Verwendung bestimmter Metalle, Edelsteine und Mineralien, die wiederum ganz bestimmten Planeten zugeordnet wurden.

Planeten und Amulette

1671 erschien in Paris eine gelehrte Schrift, verfaßt von Jean-Albert Belin: *Abhandlung über Talismane und Sternzeichen, ihre besonderen Eigenschaften und natürliche Wirkung, die Art der Herstellung und des wunderwirkenden Gebrauchs.* Sie kann als Zusammenfassung von alten Kabbala-Überlieferungen sowie der Lehrmeinungen von Paracelsus und Kircher bezeichnet werden.

In seiner Abhandlung versuchte Belin die magische Wirksamkeit von Amuletten zu begründen, die für ihn nicht bezweifelt werden konnte. Er schrieb: »Der Mensch kann als Inbegriff der Schöpfung die Einflüsse der Planeten empfangen und wenn er seinen Geist mit dem Planeten vereint, sich ein Bild dieses Planeten macht, wird er mit dem Metall den Astraleinfluß auf das Metall und auf sich selbst lenken.«

Zunächst mußte für die Herstellung eines Amuletts das Sternzeichen des Trägers ermittelt werden, dann galt es, ein entsprechendes Material für das Amulett zu wählen. Gewöhnlich versuchte man nämlich, möglichst viele magische Übereinstimmungen zwischen Mensch und Amulett herzustellen. Deshalb wurde möglichst das Material benützt, das dem Sternzeichen seines Trägers entsprach. Um das passende Metall zu finden, mußte zunächst einmal der Planet ausfindig gemacht werden, der das Sternzeichen beeinflußt. Welcher Planet gehörte nun zu welchem Sternzeichen?

In der mittelalterlichen Talisman-Magie ging man von sieben Planeten aus: Mars, Merkur, Venus, Jupiter und Saturn, auch Sonne und Mond galten als Planeten. Jedes Sternzeichen wurde von einem Planeten regiert: Widder von Mars, Stier von Venus, Zwillinge von Merkur, Krebs von Mond, Löwe von der Sonne, Jungfrau von Merkur, Waage von Venus, Skorpion von Mars, Schütze von Jupiter, Steinbock von Saturn, Wassermann von Saturn und Fische von Jupiter.

Welches Metall ist nun das richtige Material für welchen Planeten? Es gehörten zusammen: Sonne und Gold, Mond und Silber, Mars und Eisen, Merkur und Quecksilber oder Zinn, Venus und Kupfer, Jupiter und Zinn, Saturn und Blei.

Ein beispielsweise am 16. August geborener Mensch wußte: Mein

Sternzeichen ist der Löwe, mein Planet ist die Sonne, mein Metall ist das Gold. Der ideale Talisman bestand demnach aus Gold oder war zumindest vergoldet. Um seine Wirkung noch zu verstärken, wurde der Name des Schutzgeistes eingraviert, der dem Sternzeichen besonders verbunden war.

Nach alter Überlieferung hatte nämlich jedes Sternzeichen einen eigenen, ganz persönlichen Schutzgeist. Es gehörten zusammen: Widder/Amon, Stier/Apis, Zwillinge/Horus, Krebs/Hermanubis, Löwe/Momphta, Jungfrau/Isis, Waage/Omphta, Skorpion/Typhon, Schütze/Nephte, Steinbock/Anubis, Wassermann/Canopus und Fische/Ichton.

Der am 16. August geborene Löwe bevorzugte also ein goldenes Amulett, in das der Name »Momphta« eingraviert war. Als weitere Verstärkung der Wirkung konnte ein zusätzliches Wort oder Symbol hinzukommen. Wir glauben heute, daß sämtliche Materie aus Atomen besteht. Der Mensch des Mittelalters war davon überzeugt, daß jegliche Substanz, ob leblose Materie, ob Pflanze, Tier oder Mensch, auf vier Grundelemente zurückzuführen war, nämlich auf Feuer, Erde, Luft und Wasser. Jedem Sternzeichen wurden bestimmte Grundelemente zugeordnet: dem Widder, Löwen und Schützen Feuer, dem Zwilling, der Waage und dem Wassermann Luft, dem Stier, der Jungfrau und dem Steinbock Erde und dem Krebs, dem Skorpion und dem Fisch Wasser.

Der am 16. August geborene Mensch schrieb also noch zusätzlich »sein« Element auf das Amulett: Feuer.

Alter Tradition gemäß konnte die Wirkung des Amuletts noch weiter verstärkt werden: durch das Anbringen von Steinen. Wiederum legte die Astrologie genau fest, welcher Stein für welches Sternzeichen besonders wirksam war: für Widder war es der Amethyst, für Stiere Achat, für Zwillinge Beryll, für Krebse Smaragd, für Löwen Rubin, für Jungfrauen Jaspis, für Waagen Diamant, für Skorpione Topas, für Steinböcke Onyx, für Wassermänner Saphir und schwarze Perle und für Fische schließlich Chrysolith und Koralle.

Der am 16. August geborene Mensch wählte also den Rubin.

Nichts wurde dem Zufall überlassen. Astrologen legten sogar fest, an welchem Körperteil welches Sternzeichen sein Amulett tragen mußte, wenn es besonders positiv wirken sollte.

Beim Widder sollte sich der Talisman möglichst in Kopfnähe befinden. Stieren wurde geraten, es an einem langen Faden um den Hals zu tragen, so daß es auf dem Bauch zu liegen kam. Zwillinge sollten es am besten an den Armen tragen, Krebse auf der Brust. Löwen hatten ihr Amulett möglichst in Herznähe, Jungfrauen auf dem Bauch, Waagen in Nierenhöhe. Skorpione sollten es am Leib, Schützen in Bauchnähe, Wassermänner an den Beinen und Fische an den Füßen anbringen.

Unser wiederholt zitierter Löwe-Mensch würde sein Amulett also möglichst in Herznähe anbringen.

Wann aber sollte man sein persönliches Amulett herstellen, um eine besonders starke Wirkung zu erzielen? Auch da machte die Astrologie genaue Angaben. Jedem Sternzeichen wurde ein präzises Datum genannt: Für Widder war es der 10. März, für Stiere der 8. April, für Zwillinge der 10. oder 11. Mai, für Krebse der 11. oder 12. Juni, für Löwen der 13. oder 14. Juli, für Jungfrauen der 12., 13. oder 14. August, für Waagen der 12., 13. oder 14. September, für Skorpione der 12., 13. oder 14. Oktober, für Schützen der 12. oder 13. November, für Steinböcke der 12. oder 13. Dezember, für Wassermänner der 12., 13. oder 14. Januar und für Fische der 11., 12. oder 13. Februar.

Für den am 16. August geborenen Löwen war also der ideale Herstellungstermin für das Amulett der 13. oder 14. Juli.

Der Vollständigkeit halber sei noch darauf hingewiesen, daß deutsche Astrologen des Mittelalters sich nicht damit begnügten, die idealen Tage für jedes Sternzeichen zu ermitteln, an denen ein Amulett im Idealfall herzustellen war. Sie errechneten sogar Stunde und Minute, legten den Termin danach fest, wann bestimmte Planeten günstige Positionen einnahmen. Um diese typisch deutscher Gründlichkeit entsprungenen Vorschriften zu befolgen, sind aber fortgeschrittene astrologische Kenntnisse unabdingbar. Sie sind für den Laien kaum oder gar nicht nachvollziehbar.

Agrippa von Nettersheim – Anwalt der Hexen

Der deutsche Arzt, Philosoph, Theologe und Jurist Agrippa von Nettersheim (1486–1535), ein Zeitgenosse Luthers, bereiste wie viele seiner Magier-Kollegen ganz Europa. Er erscheint uns Menschen des ausgehenden 20. Jahrhunderts als besonders sympathisch, wagte er es doch, in einem Hexenprozeß Partei für die Angeklagten zu ergreifen und offiziell ihre juristische Verteidigung zu übernehmen. Das war zu Zeiten des Hexenwahns ein echtes Wagnis. Wer als Zauberer vor Gericht gestellt wurde, hatte so gut wie keine Chance, mit dem Leben davonzukommen. Und wer in einem der Scheinprozesse Partei für die Angeklagten ergriff, setzte sich dem Verdacht aus, selbst der Hexerei schuldig zu sein.

So beruhte Agrippas unruhiges Umherziehen durch ganz Europa auch auf seiner Angst, als Magier angeklagt, verurteilt und verbrannt zu werden. Mehr oder minder offen lehrte er eine Naturmagie, die er – im Gegensatz zur Kirche – keineswegs als ketzerisch empfand. Sie hatte auch nichts mit Zauberei zu tun, die versuchte, Naturgesetze aufzuheben. Vielmehr vermutete Heinrich Cornelius, wie von Nettersheim mit bürgerlichem Namen hieß, eine unsichtbare, alles durchströmende Kraft, die es zu erforschen galt.

Das Universum bestand seiner Ansicht nach aus drei Welten: aus der der Elemente, der der Gestirne und der der Engel. Der Mensch konnte sich damit begnügen, nur seine eigene, begrenzte Welt wahrzunehmen. Wenn er aber als intelligentes Wesen soviel wie möglich vom gesamten Universum erfassen wollte, mußte er sich der Magie bedienen. Nur dann sei er auch dazu in der Lage, wirklich zu erfassen, wie groß und unbegreifbar Gott ist. Magie war für ihn kein Weg, der vom wahren christlichen Glauben wegführte. Jeder wirkliche Magier würde zu Gott geleitet.

Zaubersprüche und magische Formeln waren für den gelehrten Okkultisten wirksam. Worte waren seiner Ansicht nach nicht nur bloße Etiketten, die die Dinge bezeichneten. Sie waren mehr: Spiegelbilder der schöpferischen Kraft, die hinter allen Dingen vermutet wurde. Durch Aussprechen von Namen gewann man Macht. Deshalb benannte Gott im Paradies die Dinge vom Baum bis zur Sonne in Gegenwart der ersten Menschen, um seine Macht über die Gesamtheit der Schöpfung zu demonstrieren. Und weil die Menschen die Namen der Dinge kannten, war es ihnen dann auch möglich, sie sich »untertan« zu machen.

Diese magische Vorstellung macht verständlich, warum es gläubigen Juden strengstens untersagt war, den Namen des allmächtigen

Gottes, Jahwe, auszusprechen. Sonst hätte er das Unmögliche gewagt, das überhaupt schlimmste Sakrileg begangen. Er hätte versucht, sich den Allmächtigen untertan zu machen.

Emotionen spielten in der Welt Agrippas eine zentrale Rolle. Er
war davon überzeugt, daß man nur intensiv eine Gefühlsverbindung
mit einem anderen Menschen aufbauen mußte. Entfernungen spielten dabei keine Rolle. Und schon sei eine Brücke von Geist zu Geist
geschlagen. Schon sei es möglich, Botschaften auf »übersinnlichem«
(aber keineswegs übernatürlichem) Wege zu übermitteln. In einer
gelehrten Abhandlung legte er dar, daß seiner Ansicht nach Menschen, »deren Imagination und denkende Kraft sehr stark sei, solche
Kraft erlangen können, daß sie sich der Seele anderer mitteilen und
sie über ihre Gedanken und Wünsche unterrichten können, auch
auf große Entfernungen«.

Jahrhunderte bevor es eine Wissenschaft der Parapsychologie
gab, die intensiv telepathische Phänomene untersuchen würde, sah
er Gedankenübertragung als etwas ganz Natürliches an. Er selbst
habe dieses Phänomen immer wieder mit Erfolg ausprobiert.

Agrippa machte die Wirkung eines magischen Zauberwortes davon
abhängig, mit welcher Intensität es artikuliert wurde. Es wurde um so
mächtiger, je mehr Kraft beim Aussprechen aufgewandt wurde. Im
Wort wurde für Agrippa Gefühl offenbart. Was war es, was Magie zu
konkreten Ergebnissen, zu gewünschten Wirkungen führte? War es
ein Bündnis mit dem Teufel, wie die Hexenjäger behaupteten? War es
ein Bündnis mit dem Geist von Verstorbenen, wie es bei vielen Voodoo-Zeremonien praktiziert wird? Agrippa von Nettersheim faßte die
Antwort in einem einzigen Satz zusammen: »Nicht die Unterwelt noch
die Sterne bewirken es, allein der Geist in uns.«

»Es ist nie leicht«, schreibt John Fisch, »logische Erklärungsver-
suche für magische Praktiken zu versuchen. Agrippa von Nettersheim wähnte, daß die gesamte Schöpfung von heiliger Kraft durch-
strömt sei. Konzentriertes Wünschen und intensives und heftiges
Sehnen nach Erfüllung blieben seiner Ansicht nach nicht wirkungs-
los. Diese Gefühle konzentrierten die allgegenwärtige Kraft, die
auch im Menschen war. Mit dem Zauberspruch schleuderte er
förmlich gebündelte Geistkraft aus, veranlaßte sie, konkrete
Wunschvorstellungen Wirklichkeit werden zu lassen.«

Magie der Neuzeit: Swedenborgs Jenseitskontakte

Der schwedische Naturforscher Emanuel von Swedenborg (1688–1772), auf dem Gut Sveden in Dalarne geboren, war der zweitälteste Sohn von Bischof Jasper Svedberg. Er schien zunächst alles andere als für die okkulten Geheimwissenschaften prädestiniert zu sein. Intensiv widmete er sich wissenschaftlichen Studien, etwa der Mathematik, und arbeitete als Ingenieur. Schon an der Universität Uppsala erregte er Aufsehen. Er erlernte aber auch das Uhrmacherhandwerk und die Zimmerei. Während des schwedisch-dänischen Krieges ließ er fünf Schiffe 20 Kilometer über Land transportieren.

1744 veränderte ein Traum sein Leben. Ein gewaltiger Sturmwind ängstigte ihn. Dann erschien ihm Jesus, Himmel und Hölle offenbarten sich in starken Visionen, die er stets protokollartig niederschrieb. 1745 legte er alle seine Ämter nieder und beschäftigte sich bis an sein Lebensende ausschließlich mit magischen Praktiken. Durch eine spezielle Atemtechnik, die er sich selbst beibrachte, versetzte er sich in einen Trancezustand, wie er auch von den Yogis Indiens angestrebt wird.

Außerkörperliche Erfahrungen

Neu waren derlei Praktiken keineswegs. Nach Ennemosers *Geschichte der Magie* gab es bei den Mönchen auf Athos schon im 14. Jahrhundert konkrete Vorschriften, die befolgt werden mußten, um spirituelle Erkenntnisse im »Stadium der Verzückung« zu erlangen. Da heißt es: »Verschließe deine Türe und erhebe deinen Geist von allem Eitlen und Zeitlichen. Dann senke deinen Bart auf die Brust und errege das Auge mit ganzer Seele in der Mitte des Leibes am Nabel. Verengere die Luftgänge, um nicht zu leicht zu atmen. Bestrebe dich, innerlich den Ort des Herzens zu finden und unnachgiebige Dichtheit. Wenn du aber anhältst Tage und Nächte: so wirst du unaussprechliche Wonne genießen. Denn der Geist sieht dann, was er nie erkannt hat, er sieht die Luft zwischen dem Herz und sich ganz strahlend.«

In der Parapsychologie des 20. Jahrhunderts wurde, mehr als

250 Jahre nach Swedenborg, der Terminus »Out-of-Body-Experience« geprägt. In Labortests wurde nachgewiesen, daß es tatsächlich möglich ist, den Geist vom Körper zu lösen und außerkörperliche Reisen anzutreten. Das Phänomen ist mit einiger Übung von jedermann nachvollziehbar. Für Swedenborgs Zeitgenossen handelte es sich um ein magisch herbeigeführtes Wunder. Swedenborg erlebte es wiederholt. Er schreibt: »Ich ging durch die Straßen einer Stadt und über Felder und war zur selbigen Zeit im Gespräche mit Geistern, wußte aber nichts anderes, als daß ich wach war, und ich sah auch alles ganz wie sonst. Nachdem ich aber so mehrere Stunden gewandert war, merkte ich plötzlich und sah es auch mit leiblichen Augen, daß ich an einem ganz anderen Orte war.«

Swedenborg konnte also ganz ohne Zweifel außerkörperliche Erfahrungen machen. Diese Fähigkeit gehörte zum festen Repertoire von Schamanen, die im Auftrag von besorgten Menschen per Geistreise ferne Orte aufsuchten. Eine solche körperlose Reise ließ von Swedenborg einmal mehr als 500 Kilometer überbrücken.

1759 hatte er in Göteborg, als er sich um sechs Uhr abends mit Freunden zum Essen getroffen hatte, eine seiner vielen Eingebungen, die sein Leben so entscheidend prägten. Er schien förmlich aus der Welt des Alltags in eine andere Realität abzugleiten. Beunruhigt stellten mehrere Zeugen fest, die das Geschehen später protokollartig dokumentierten, daß Swedenborg erstarrte und mit weit aufgerissenen Augen ins Leere starrte. »Stockholm brennt! Die Flammen greifen in rasender Geschwindigkeit um sich. Menschen schreien vor Angst und Schmerz. Sie fliehen zu Tausenden in wilder Panik. Verzweifelte Versuche werden unternommen, die mörderischen Flammen zu löschen!«

Er sah den genauen Verlauf, den die wütende Feuerwalze nahm. Stunden dauerte die Vision. Schließlich stellte er, erschöpft und erleichtert, fest: »Die Flammen haben schon die Türschwelle meines Hauses in der Hauptstadt erreicht. Aber Gott sei Dank, das Feuer ist unter Kontrolle!«

Er nannte unzählige Details wie konkrete Straßennamen, die von den Flammen besonders schlimm heimgesucht wurden. Er sah einzelne Häuser, in denen besonders viele Todesopfer zu beklagen, wußte dabei genau, wo sie in der Stadt zu finden waren.

Am nächsten Morgen faßte er seine Vision in einem ausführli- chen Bericht zusammen, den er an den Gouverneur von Stockholm schickte. Einen Tag später traf dessen Antwort ein. Es zeigte sich, daß Swedenborg die schreckliche Wahrheit genauestens visioniert hatte. Er hatte über mehr als 500 Kilometer Entfernung Bilder einer realen Katastrophe detailgetreu miterlebt.

Immanuel Kant (1724–1804) hörte von der rätselhaften Vision Swedenborgs. Er beauftragte einen Freund, den Engländer Green, vor Ort zu recherchieren. Zahlreiche Zeugen wurden befragt. Sie alle bestätigten, daß Swedenborg 500 Kilometer vom Ort des Ge- schehens entfernt eine der schlimmsten Feuersbrünste in der Ge- schichte Schwedens live miterlebt hatte.

Himmel und Hölle

Swedenborgs Interesse galt aber weniger der Geistreise als Möglich- keit, sich vom physischen Leib zu trennen und ferne Orte aufzusu- chen. Wesentlich wichtiger war es ihm, was er über die Welt jenseits des Todes in Erfahrung bringen konnte. Die »magische« Praxis der Trennung von Geist und Körper beschrieb von Swedenborg so: »Was den ersten Punkt betrifft, das Entrücktwerden aus dem Kör- per, so verhält es sich damit so: Der Mensch wird in einen gewissen Zustand versetzt, der ein Zwischenzustand zwischen Schlafen und Wachen ist. In demselben weiß er nichts anderes, als daß er vollstän- dig wach ist. In diesem Zustande habe ich ganz klar und deutlich Geister und Engel gesehen und gehört und merkwürdigerweise auch berührt, und zwar fast so, als ob mein Körper nicht dabeigewe- sen wäre.«

In seinem Werk *Himmel und Hölle* beschrieb von Swedenborg ausführlich seine magischen Jenseitskontakte. Er berichtete über Begegnungen mit Engeln und Geistwesen, beschrieb, wie er mehr- fach deutliche »Sterbeerlebnisse« durchlitten hatte. Ihm war klar, daß viele seiner Zeitgenossen auf derlei Enthüllungen mit Hohn und Spott antworten würden. »Aber all das kann mich nicht ab- schrecken, denn ich habe gesehen, ich habe gehört, ich habe ge- fühlt.«

Wortreich schilderte er den Weg der Toten in eine jenseitige Welt. Zunächst befinde sich der Verstorbene in einer Art Traumwelt, die der der Lebenden sehr ähnlich sei. Noch sei ihm gar nicht bewußt, daß er seinen physischen Körper bereits verlassen habe. »Diese Geisterwelt ist nicht der Himmel, auch nicht die Hölle, sondern ein Zwischenort und ein Zwischenzustand zwischen beiden. Dorthin kommt der Mensch zuerst nach dem Tode«, heißt es bei Swedenborg. Der Geist sei zunächst noch »von ähnlicher Gestalt« wie zu Lebzeiten: »Wenn er Geist geworden ist, so weiß er nichts anderes, als daß er in dem Körper steckt, den er auf der Welt hatte. Folglich weiß er auch nicht, daß er tot ist. Der Geistmensch besitzt auch jeden äußeren und inneren Sinn, den er auf Erden hatte. Er sieht, hört und spricht wie früher, riecht und schmeckt ebenfalls, und wenn er berührt wird, fühlt er auch wie früher. Er begehrt auch, wünscht, verlangt, denkt, überlegt, läßt sich beeinflussen, liebt und hat einen Willen wie früher, und wer seine Freude an wissenschaftlicher Beschäftigung findet, liest und schreibt wie früher.«

Auf den Tod selbst folgt eine zweite Phase. Der Mensch wird zu dem, was er eigentlich ist. Er strebt zum Himmel oder in die Hölle.

Bei Swedenborg sind es nicht göttliche Mächte, die Gericht über den Menschen halten. Keine überirdische Institution verdammt ihn zur Höllenfahrt, kein Gott genehmigt den Aufstieg in himmlische Sphären. »Der Mensch selbst wirft sich in die Hölle, nicht der Herr.«

In der Hölle regiert die Selbstsucht. »Jeder will der Größte sein und verzehrt sich in Haß gegen die anderen. Die Geister sind in ständige Streitereien, Feindseligkeiten, Schlägereien und Kämpfe verwickelt. Es gibt dort dichte Wälder, in denen die Geister der Hölle wie wilde Bestien umherstreifen, und es gibt unterirdische Höhlen, in denen diejenigen Zuflucht suchen, die von den anderen verfolgt werden.«

Der Himmel ist in drei Ebenen aufgeteilt. »Sie sind nach dem geistigen Niveau ihrer Bewohner unterteilt, denn nachdem sie ihren Körper verlassen haben, können sich nur diejenigen miteinander verständigen, die eine Gemeinschaft bilden.« Glückseligkeit wartet auf die Seelen im Himmel. Je nach Qualität ihres irdischen Daseins sind sie dazu in der Lage, sich noch weiter zu läutern und im Himmel selbst dem Zustand der Vollkommenheit immer näher zu kommen. Je höher sie aufsteigen, desto näher kommen sie dem Göttlichen, desto inniger ist die Verständigung mit dem Himmlischen.

Swedenborgs Visionen erregten bereits zu seinen Lebzeiten enormes Aufsehen. Zahlreiche Berichte kursierten, in denen hochangesehene Persönlichkeiten aus dem Königshaus seine magisch erlangten Erkenntnisse bezeugen. Der große schwedische Seher nahm wiederholt Kontakt mit erlauchten Geistern Verstorbener auf, die ihm Geheimnisse enthüllten, darunter Details, die die Echtheit seiner Kontakte eindeutig belegten.

Kant berichtete von der Witwe Marteville, die von einem Goldschmied eine Rechnung über 25 000 Kronen erhalten hatte. Die Frau war zwar davon überzeugt, daß ihr Mann die Schuld bereits beglichen hatte, konnte aber keine Quittung vorweisen. Würde sie die große Summe nochmals begleichen müssen? Verzweifelt bat sie Swedenborg um Hilfe. Drei Tage später konnte er ihr vermelden, er habe Kontakt mit dem Geist ihres verstorbenen Mannes aufgenommen. Der lasse nun mitteilen, daß die gesuchte Quittung im Arbeitszimmerschrank zu finden sei, und zwar in einem Geheimfach. Die präzise Beschreibung, angeblich vom Totengeist in Erfahrung gebracht, führte dann auch tatsächlich zum Versteck, wo der Beleg gefunden wurde.

»Der schwedische Magier der Neuzeit nutzte seine übersinnlichen Fähigkeiten, um Zeitgenossen auf ganz profane Weise zu helfen«, urteilt John Fisch. »Dabei war es wohl seine Absicht, klare Beweise für seine Behauptungen zu liefern. Er wollte die Menschen von der Richtigkeit seines magischen Weltbildes überzeugen. Es ging ihm dabei nicht darum, übersinnliche Phänomene nachzuweisen. Er wollte vielmehr glaubhaft sein. Die Menschen sollten seine Reisen in andere Welten akzeptieren, seine Visionen vom Jenseits als real erkennen. Und in der Tat: Er galt bei vielen Zeitgenossen als ein echter Prophet, der Wissen über das Leben nach dem Tode offenbarte.«

Swedenborg unterschied einerseits zwischen einer rein naturwissenschaftlichen Erkenntnis der Dinge, die auf rein sinnlicher Wahrnehmung beruhte. Die wissenschaftliche Erkenntnis erfaßte seiner Ansicht nach aber keineswegs die Wirklichkeit in ihrer Gesamtheit.

Dazu bedurfte es magischer Kräfte, über die seiner Ansicht nach jeder Mensch verfügte.

Die zweite Seite des menschlichen Potentials neben der des logischen Denkens sei die Fähigkeit, Einblick zu nehmen in höhere Welten. Für Swedenborg war diese Fähigkeit göttlich. Bedauernd stellte er fest, Adam habe über die Kraft in weit stärkerem Maße verfügt als der Mensch der Neuzeit. So sei es dem biblischen Stammvater aller Menschen möglich gewesen, direkt mit dem höchsten Gott zu reden. Adam konnte ihm von Angesicht zu Angesicht begegnen. Durch den Sündenfall im Paradies sei der Mensch schuldig geworden. Das habe seine Seelenkräfte geschwächt. Sie sind aber nach Swedenborg keineswegs gänzlich verschwunden. Jeder Mensch, der das wirklich wolle, könne sie wiederbeleben. Wichtigste Voraussetzung dafür sei es, daß er soweit wie möglich asketisch lebe und auf profane irdische Genüsse verzichte.

Vom Zauber der Magie

Vor mindestens sechs Jahrtausenden malten die Ureinwohner Australiens magische Symbole wie monströse Schlangen und andere Fabeltiere an Felswände. Sie sind, wie Dr. Paul Tacon vom Australian Museum in Sydney nach kürzlich durchgeführten Datierungen feststellte, die ältesten religiös-kultischen Kunstwerke der Erde überhaupt. Magie bestimmte das Leben auf der Erde.

Der Begriff von Magie hat sich aber in unserer Zeit entscheidend verändert. Für die Menschen vergangener Kulturen standen Zauberei und Wissenschaft nicht im Widerspruch zueinander. Wer gründlich genug die Naturgesetze erforschte, davon war man von Australien bis Simbabwe überzeugt, würde zwangsläufig auf Magie stoßen. Im 20. Jahrhundert herrscht ein radikal anderes Verständnis von Magie vor: Zauberei wird weitestgehend nur noch als Veränderung oder gar Aufhebung der Naturgesetze verstanden. Und dennoch sind auch heute noch zahllose Menschen davon überzeugt, daß Magie als reale Kraft existiert.

So gingen im November 1996 sensationelle Meldungen durch die

Weltpresse. Im Land der Pharaonen habe ein magischer Fluch eine Gruppe von Archäologen in die Flucht geschlagen. Sie sollen bei Ausgrabungsarbeiten in Abydos die Totenruhe des Gottes Osiris gestört haben. Der mächtige Gott wurde hier nach uralten Überlieferungen vor Jahrtausenden bestattet.

Für die Jahreszeit völlig untypische Überschwemmungen zerstörten etwa dreißig Häuser. Die Archäologen mußten von den Behörden evakuiert, die Ausgrabungen abgebrochen werden. Regenfälle seien für die Wassermassen verantwortlich, versuchten die Behörden zu beschwichtigen. Reisende, die zufällig vor Ort waren, bestreiten das. »Kein Tropfen fiel vom Himmel!«

Geheimnisvolle Vorkommnisse wurden auch vom nahen Shargiya-See gemeldet. Alle zwei Minuten traten seltsame Gas- und Lichtblitze auf. So mancher Einheimische war davon überzeugt, daß die Vorkommnisse auf einen Fluch der Pharaonen zurückgingen. »Die Götter sind ergrimmt, weil man versuchte, Osiris aus seiner Gruft zu zerren! Das lassen die Götter nicht zu! Sie lassen uns letzte Warnungen zukommen! Wer weiß, was geschieht, wenn wir nicht darauf hören! Das kann tödliche Folgen haben!«

Sie erinnern an Howard Carter, der 1922 im Tal der Könige das Grab Tutenchamuns fand und öffnete. Es sei durch einen Fluch geschützt gewesen. 21 Menschen sollen dieser Todesmagie zum Opfer gefallen sein. Müssen wir uns an der Schwelle zum dritten Jahrtausend wieder auf Tote gefaßt machen, auf Opfer eines Pharaonenfluchs?

Was man auch von den neuen Meldungen aus Ägypten halten mag, unbestreitbar ist folgendes: Sie beweisen, daß auch heute noch, im Raumfahrt- und Atomzeitalter, viele Menschen Magie für real, zumindest aber für möglich halten.

Wir sind inzwischen längst zum Mond geflogen. Von Menschenhand gefertigte Raumsonden haben das Sonnensystem verlassen. Gentechniker sind dazu in der Lage, Leben künstlich zu schaffen. In Labors stellen sie Tiere her, die es in der Natur nie gegeben hat. Der Mensch hat gelernt, Atome zu zertrümmern. Er hat den Traum der Alchimisten verwirklicht und kann Gold aus Blei herstellen. Der Mensch kann sich rühmen, eine Vielfalt von Erkenntnissen gewonnen zu haben, die noch für Paracelsus ohne Zweifel magisch gewesen wären.

Bei allem Fortschritt auf dem Gebiet der Wissenschaften fasziniert uns an der Schwelle zum dritten Jahrtausend immer noch ein geheimnisvolles Wort. Es übt einen rätselhaften Reiz auf uns aus. Das war vor 6000 Jahren so. Das ist noch heute so. Und das wird vermutlich auch dann noch so sein, wenn irdische Astronauten irgendwann einmal einen Planeten eines fernen Sonnensystems betreten werden.

Dieses Wort heißt Magie.

TEIL 3

Rätsel Traum

Der Kraft der Träume auf der Spur

Jahrtausendelang galt die Welt des Traums als ein magisches Reich, in dem sich nur Propheten und Priester auskannten. Im Schlaf erhielten sie nach ihrer Überzeugung Anweisungen von den Göttern oder erlebten magische Reisen in die Zukunft. Die Welt des Traums war, wie der Religionswissenschaftler Wolfram Buisman meint, für die Menschen früher Kulturen ebenso wirklich wie der Alltag. Es war eine Realität, der man ehrfürchtig und mit Scheu gegenübertrat.

Obwohl sich Psychologen und Philosophen seit vielen Jahren mit dem Traum befassen, erzielten Wissenschaftler die ersten Ergebnisse bei Forschungen im Tierreich. Beim Messen der Gehirnströme von Tieren kamen sie zu der Erkenntnis, daß auch sie träumen.

Delphine zum Beispiel haben eine ganz besondere Strategie entwickelt. Bei ihnen schläft stets nur eine Gehirnhälfte. Zellen in der wachen Gehirnregion achten darauf, daß das Tier regelmäßig Luft holt. Es würde sonst ertrinken.

Gründlich untersucht wurde auch das Schlafverhalten von Ratten. Die possierlichen Nager erwiesen sich als recht intelligent. Sie erlernten so manches Kunststückchen. Was ihnen tagsüber beigebracht worden war, das prägten sie sich im Traum erst richtig ein. Sie verstärkten und speicherten die Informationen im Gehirn. Dabei maßen die Wissenschaftler in ihren grauen Zellen sogenannte Theta-Rhythmen. Der amerikanische Forscher Jonathan Winson, der tagsüber die Gehirne von Ratten mit solchen Rhythmen stimulierte, stellte fest, daß die Tiere dann viel schneller lernten.

Theta-Schwingungen, so schließt der Wissenschaftler, stanzen bei Ratten im Schlaf Informationen in den Gedächtnisspeicher des Gehirns wie in das Streifenlochband eines Computers.

Solche Theta-Rhythmen treten auch bei Katzen auf. Sie wurden immer dann nachgewiesen, wenn die Stubentiger schlafen und träumen. Sie werden aber auch im Wachzustand gemessen, und zwar immer dann, wenn die Tiere Neuland erkunden, wenn sie erstmals neugierig und ängstlich ein unbekanntes Gebiet erforschen. Was bedeutet diese Übereinstimmung? Wissenschaftler sind sich noch nicht einig. Erkunden Katzen im Traum unbekannte Gefilde? Stellen sie sich vor, ihr Revier zu verlassen?

Mitte der achtziger Jahre kamen Wissenschaftler im Labor von Jouvet im französischen Lyon zur Überzeugung, daß sich Katzen im Traum tatsächlich in eine »andere Welt« begeben. Sie reagierten nicht auf Sinneseindrücke ihrer unmittelbaren Umgebung, hielten aber offensichtlich ihre Traumwelt für wirklich. Als auf chemischem Wege einige Gehirnpartien ausgeschaltet wurden, reagierten die Katzen, wie die Traumforscher vorhergesehen hatten: Sie hoben den Kopf, liefen umher und verfolgten imaginäre Beutetiere.

Für Ratten und Mäuse, so ergaben andere Versuche, sind Schlaf und Träume lebenserhaltend. Hindert man sie einige Woche am Träumen, dann sterben sie.

Gegen Ende des 19. Jahrhunderts behauptete der dänische Professor Dr. Alfred Lehmann, die Vorstellung von der Existenz von Geistern sei auf Träume zurückzuführen. Weil der Mensch oft von verstorbenen Menschen träume, seien Angehörige von Naturvölkern zu der Überzeugung gelangt, daß die Geister der Ahnen in einer geheimnisvollen Traumwelt lebten. Nur für eine begrenzte Zeit seien sie von den Träumenden zu sehen, dann würden sie sich in andere und noch geheimnisvollere Gefilde zurückziehen. Dort könne man sie dann nicht mehr erreichen.

Wo sich die Träume selbst im Gehirn ereigneten, das wußten Wissenschaftler lange nicht. Im 19. Jahrhundert vermuteten Mediziner, daß die Großhirnrinde beim Menschen das wichtigste Organ überhaupt sei. Hier sitze auch das Bewußtsein, hier spielten sich die Träume ab. Bald erwies sich diese Annahme als falsch. Hirnchirurgen wie Harvey Cushing und Walter Dandy erkannten, daß der Gehirnstamm eine weit wichtigere Rolle spielt. Aber erst heute wissen wir, daß die Zentralstelle des Gehirns neben dem Stammhirn sitzt.

1996 haben Wissenschaftler der belgischen Universität von Lüttich damit begonnen, das Geheimnis des Träumens zu erkunden. Sie förderten dabei interessante Erkenntnisse zutage. Auf keinem anderen Forschungsgebiet wurden, wie der israelische Schlafforscher Peretz Lavie feststellte, in kurzer Zeit so viele wichtige Entdeckungen gemacht.

Insgesamt 25 Testpersonen wurden zunächst künstlich am Einschlafen gehindert. Als sie dann vollkommen übermüdet waren, begann man mit umständlichen Prozeduren. Ihr Ziel war es, die Wege der Träume im Gehirn zu erforschen.

Bei einem Experiment verpaßte die Assistentin des Neurologen Pierre Maquet einem jungen Mann eine enganliegende Gesichtsmaske. Seine Schädeldecke wurde mit immerhin zehn empfindlichen elektrischen Leitungen verkabelt. Schließlich wurde eine radioaktive Flüssigkeit in seine Adern gespritzt. Die übermüdete Testperson war längst schon eingeschlafen, als sie in die beängstigend enge Röhre eines Computertomographen geschoben wurde.

Hellwach indes war Gehirn- und Traumforscher Maquet. Auf einem Computerbildschirm beobachtete er genau, was sich im Hirn von Testperson A abspielte. Da gab es eine Art Miniaturfeuerwerk der farbenprächtigsten Art. Die mannigfaltigen Lichtblitze ließen den Experten genau erkennen, welche Gehirnpartien des Träumers jeweils aktiv waren. Einerseits wurden in der Traumphase eine Vielzahl von Gehirnregionen benutzt, deren Funktion bereits hinlänglich bekannt war. Die Zellen, die im Wachzustand von der Nase Informationen erhalten, wenn es gilt, Duftstoffe zu überprüfen, agierten dann, wenn der Schlafende von Gerüchen träumte. Andere Regionen wiederum, zuständig für das Erkennen von Tasteindrücken, blitzten auf dem Computerbildschirm auf, wenn der Schläfer davon träumte, etwas anzufassen. Andere Regionen wiederum wurden aktiviert, wenn der Traum optische Eindrücke vermittelte.

Besonders aktiv war aber stets die Amygdala. Im Wachzustand ist dieses etwa mandelgroße Gehirnstück neben dem Hirnstamm im Zentrum des Schädels die Schaltzentrale, die Erinnerungen wahrnimmt und die entsprechenden Daten dem Langzeitgedächtnis einverleibt.

Bildhaft ausgedrückt: Der Mensch ist wie eine große Tageszeitung organisiert. Viele Reporter sind beschäftigt. Ihre Aufgabe besteht darin, Informationen zu sammeln. Telefonisch werden diese den Telefonistinnen einer Zentrale mitgeteilt. Die tüchtigen Damen sorgen dafür, daß alle eingehenden Berichte schriftlich festgehalten und in einem Archiv gespeichert werden. Oder sie tippen sie am Computer und geben die Daten dem elektronischen Gedächtnis des Superhirns weiter. Sie können bei Bedarf jederzeit wieder abgerufen werden: Zum Beispiel wenn es darum geht, einen Artikel über ein bestimmtes Thema zusammenzustellen.

Die Reporter des menschlichen Organismus sind die Nervenzellen. Sie sitzen auf der Haut, in der Nase, im Gehörzentrum der Ohren, in den Augen. Wenn beispielsweise ein Mensch mit dem Finger auf eine heiße Herdplatte faßt, dann melden die Nervenzellen laut und deutlich: Ofenplatte – heiß – Schmerz! Diese Information wird über Nervenbahnen der Amygdala-Zentrale gemeldet. Und die deponiert die Daten im Langzeitgedächtnis, von wo sie jederzeit abgerufen werden können. Wenn der Mensch dann wieder einmal eine heiße, rotglühende Herdplatte sieht, dann meldet sich das Langzeitgedächtnis zu Wort: Achtung! Schmerz! Der Mensch ist gewarnt und vermeidet es, die heiße Herdplatte zu berühren.

Beim Träumen ist nun eben diese Amygdala besonders aktiv. Sie baut ganz offensichtlich die Einzelinformationen »Sehen«, »Riechen«, »Tasten«, »Hören« und »Schmecken« zu Traumbildern zusammen. Ist sie der Regisseur, der einzelne Impressionen zu einem Film zusammenfügt?

Maquet fand noch mehr heraus: Während in der Amygdala eigentlich stets Hektik wie in einer Zeitungsredaktion vor Zusammenstellung einer neuen Ausgabe herrschte, war in anderen Regionen des Gehirns Funkstille.

Ausgerechnet jene Gehirnpassagen, die für das logische Denken, aber auch für das Zeitgefühl des Menschen zuständig sind, mit denen analysiert und gedacht wird, bleiben beim Träumen vollkommen untätig.

Pierre Maquet machte erstmals sichtbar, was sich im Gehirn des Menschen abzeichnet, wenn er träumt. Er fertigte »Landkarten« des Gehirns an, in denen genau vermerkt wurde, welche Gehirnregionen beim Träumen aktiv und welche passiv sind. Wenn der Mensch so etwas wie ein gigantischer Roboter ist, dann besteht sein Hirn aus drei Computern. Einer ist für die Logik, ein anderer für die Gefühlswelt zuständig. Beim Träumen wie im Wachzustand werden

Eindrücke empfangen und an einen dritten Computer weitergeleitet – an das Langzeitgedächtnis. Beim Träumen aber bleibt der Logik-Computer außer Betrieb. Warum das so ist, das konnte auch die Studie des Belgiers Maquet nicht in Erfahrung bringen.

Bereits vor Jahren äußerte der französische Schriftsteller Jacques Bergier die Vermutung, Träume könnten deshalb so bizarr sein, weil sie nicht der logischen Zensur des Denkens unterworfen werden. Der erfolgreiche Autor von Werken wie *Aufbruch ins dritte Jahrtausend* erklärte mir: »Auf den Menschen prasseln unvorstellbar viele Sinneseindrücke ein. Viele sind logisch, viele scheinbar unlogisch. Es sind deren zu viele, als daß der Mensch sie alle wirklich bewußt bearbeiten könnte.« Also gebe es da so etwas wie einen Filter im Gehirn, der aussortiert.

Wie wird man sich einen solchen Filter vorstellen müsse? Wie ein Computerprogramm, das entworfen worden ist, um bestimmte Informationen zu löschen und andere weiterzuleiten. Der Mensch bestimmt selbst, was gelöscht, was weitergegeben wird. Was aber läßt er löschen? Welche Informationen dürfen bleiben?

Bergier glaubt, daß all jene Informationen getilgt werden, die scheinbar mit dem Weltbild des Menschen absolut nicht in Einklang zu bringen sind. Und es bleibt an Wissen erhalten, was eben dieses Weltbild bestätigt und stützt.

Jahrtausendelang herrschte ein magisches Weltbild. Was heute als »übersinnlich« gilt, gehörte zum Alltag. Die Kraft der Träume wurde genutzt. Auf die Botschaften der Seele wurde gehört. Es liegt an uns, die Kraft der Träume erneut zu nutzen.

Prophetische Träume in Religion und Politik

Der Tempel der träumenden Göttin

Einer der geheimnisvollsten und magischsten Orte unserer Erde ist das kleine Inselchen Malta, rund 100 Kilometer südlich von Sizilien gelegen. Vor mindestens 6500 Jahren soll das Eiland von Vertretern einer unbekannten Kultur besiedelt worden sein. Woher die Fremden auch kamen, sie waren wahre Künstler des Tempelbaus. Heute noch mutmaßen Einheimische, ihre Altvorderen müßten über magische Kräfte verfügt haben, um mit spielerischer Leichtigkeit gigantische Steinkolosse über größere Distanzen befördern zu können. Auf Malta selbst, aber auch auf der kleineren Insel Gozo, schufen sie aus zum Teil riesigen Steinen wahrhaft gigantische Tempel. Wie viele es einst waren, wir wissen es nicht mehr. Rund dreißig der imposanten Bauwerke sind noch erhalten.

Der geheimnisvollste Tempel, das sogenannte Hypogäum, entstand südwestlich von Valletta in Saflieni, unweit des Städtchens Paola. Der Name des uralten Kulturdenkmals läßt sich übersetzen. Er stammt aus dem Griechischen. Hypo steht für »unter«, gaia bedeutet »Erde«. Hypogäum heißt also »unter der Erde«. Der Archäologe bezeichnet so »unterirdische Gewölbe wie zum Beispiel Keller im antiken Haus und beim Grabbau, die Kellerräume der römischen Thermen«, aber auch »einen unterirdischen Kultraum, insbesondere dann, wenn es sich um eine nichtchristliche Anlage handelt«. Fast immer dienten diese unheimlich wirkenden Orte auch magischen Zwecken.

So waren beispielsweise dem Gott Mithras, der bereits im zweiten vorchristlichen Jahrtausend von den Hethitern verehrt wurde, im Römischen Reich unheimlich wirkende, unterirdische Kulträume geweiht. Im Zentrum dieser Anlagen stand eine Statue oder ein Bild des Gottes. Jene römischen Stätten religiöser Verehrung sind aber meist sehr jung, stammen aus dem 2. Jahrhundert n. Chr.

Das Zentrum von Maltas steinzeitlicher Religion, von der so gut wie nichts mehr bekannt ist, war eine »schlafende Göttin«. Sie wurde im Hypogäum verehrt, aber auch in anderen maltesischen Tempeln. Statuen von fast drei Meter Größe zeigen sie, aber auch 20 Zentimeter kleine Figürchen aus Ton oder Stein. Das Zentrum des Kults um die »schlafende Göttin« aber war die unterirdische Welt des Hypogäums.

Als 1902 bei Paola Arbeiter beim Hausbau eine der ortsüblichen Zisternen aus dem massiven Fels schlugen, stießen sie auf ein Gewölbe, das sie zunächst für eine Höhle hielten. Sie kletterten hinein und entdeckten mehrere Räume, in denen zahllose Knochen lagen. Zufällig hörte Pater Magri von der Entdeckung. Er wurde offiziell damit beauftragt, die geheimnisvolle Stätte näher zu untersuchen. Wissenschaftlich war sein Vorgehen nicht. Er ließ die »wichtigsten Kammern reinigen«, zerstörte damit wertvolle Hinweise, die von Archäologen hätten ausgewertet werden können, brach dann die Arbeit ab und ging als Missionar nach Fernost. Erst in den Jahren von 1905 bis 1909 erschloß Sir Themistocles Zammit die unterirdischen Kulträume, die vor Jahrtausenden mindestens drei Stockwerke tief in den Stein gemeißelt worden waren. 7000 Skelette sollen gefunden worden sein. Hatte man sie geopfert? Oder waren es die Gebeine vornehmer Menschen, die so nah wie möglich am Allerheiligsten zur letzten Ruhe gebettet werden wollten?

Die »schlafende Göttin« fand sich im untersten Raum des Hypogäums. Es ist eine etwa 10 Zentimeter kleine Terrakottafigur. Sie liegt auf einem steinernen Bett, das auf vier Füßen steht. Ihr Leib wirkt kurz und gedrungen.

Überall in der »Unterwelt« finden sich geheimnisvolle Löcher in den Wänden. Sie wurden einst mit Präzision sauber gebohrt und verbinden die Räume miteinander. Sie stellen so etwas wie ein steinzeitlich-primitives, aber heute noch funktionierendes Kommunikationssystem dar. Was in die eine Öffnung hineingesprochen, ja geflüstert wird, schallt aus den anderen, oft viele Meter entfernten, wieder heraus.

»Leider ist auch heute«, schreibt der Wiener Archäologe Professor Hans Bellamy, »fast einhundert Jahre nach der Entdeckung des Hypogäums, die Anlage keineswegs vollständig erforscht. Wir wissen, daß es eine Art ›Röhrensystem‹ gegeben hat, verborgen im Stein. In der mittleren Etage etwa befindet sich ein Loch in der Steinwand. Aus ihm mögen die Worte erklungen sein, die ein Stockwerk tiefer von den Priestern der schlafenden Göttin gesprochen wurden. Man kann von einem ›Orakeltelefon‹ sprechen! Diente es kultisch-magischen Zwecken?«

Welche Funktion die Göttin selbst hatte, wollte ich von dem Gelehrten wissen. »Darüber können wir nur Vermutungen anstellen. Wahrscheinlich war sie eine Art Medium, ein Orakel, nahm Fragen entgegen und beantwortete sie.« Was sie im Schlaf, im Traum erfuhr, das wurde als Antwort der Götter angesehen. »Ob diese scheinbar sinnlosen Öffnungen wohl Orakellöcher sind«, überlegt Kurt Benesch, »durch die irgendein Priester oder eine maltesische Pythia ihre Weissagungen in den Raum gesprochen haben? Hallend, unwirklich, als kämen sie aus dem Inneren der Erde. Im Hypogäum kann man den Effekt noch heute erzielen.«

Benesch vermutet, daß die »schlafende oder große Göttin« eine Priesterin sein könnte, »vielleicht mit Hilfe von Kräutern oder Räucherwerk in einen hypnotischen Schlaf versetzt, in dem sie nach dem Glauben ihres Volkes mit göttlichen Mächten in Verbindung trat und die Gabe der Weissagung erhielt. Gleich den anderen Tempeln war ja auch das Hypogäum eine Orakelstätte, und das würde auch gut zu den Deutungen dieses unterirdischen Baus als Begräbnisort passen, denn nach altem Glauben waren es ja die Toten, die den Schläfern ihre Träume sandten. Oder sie liegt im Tiefschlaf, Religion und Medizin sind im Morgengrauen der Menschheit eins, man denke nur an Epidauros, wo im Heiligtum des Äskulap die Kranken in einen hypnotischen Schlaf versetzt wurden.« In den vergangenen Jahren war das Hypogäum für die Öffentlichkeit geschlossen. Warum dies so ist, darüber gibt es keine amtliche Verlautbarung. Gerüchte kursieren, werden wieder dementiert. Es heißt, man habe ein weiteres, viertes unterirdisches Stockwerk entdeckt. Versuchen Wissenschaftler, ungestört von Touristen, dem Rätsel der schlafenden Göttin auf den Grund zu gehen? Im Zentrum des religiösen Kults von Malta stand offenbar die Vorstellung, daß über das Medium des Traums göttliche Botschaften übermittelt werden. Die riesenhaften Tempel sind gigantische Denkmäler. Sie zeugen von der Kraft der Träume, die wahre Heere von Arbeitskräften dazu veranlaßte, unvorstellbare Steinmassen zu gewaltigen Bauten aufzutürmen, die die Jahrtausende überstanden.

Buddha, Jesus und Mohammed

Buddha, der Stifter des Buddhismus, wurde 560 v. Chr. in Kapilawatthu, im heutigen Nepal geboren, er starb um 480 v. Chr. Der Überlieferung nach hatten seine Mutter, sein Vater, aber auch seine Frau prophetische Träume. Die Mutter des Religionsstifters erzählte ihrem Mann, König Suddhodena, aber auch den Wahrsagern des

Herrschers von einem Traum, den sie »im Unterholz« hatte: »Etwas Weißes wie Schnee oder Silber, heller als der Mond oder die Sonne, der beste der Elefanten, mit feinen Füßen, gut ausgeglichen, mit starken Gelenken, mit sechs Stoßzähnen so hart wie Diamant, das Großmütige, das sehr Schöne ist in meinen Mutterschoß eingetreten.« Sie wolle die Bedeutung ihres Traums begreifen. Ihr Gemahl verstand den Traum nicht, seine Wahrsager konnten ihn aber deuten. Sie werde, das künde der Traum, einen Sohn gebären, er würde zu einem Monarchen ganz besonderer Art heranwachsen, als umherwandernder Mönch werde er durch die Lande ziehen und jeglichen Genuß meiden.

Auch König Suddhodena träumte: Er sah seinen Sohn, wie er in stiller Nacht das Haus verließ, begleitet von einer Schar von Göttern. In rötlichem Gewande zog er als Mönch durch die Lande. Der totale Wandel im Leben Buddhas kündigte sich in einem Traum an, den seine Frau Gopa hatte. Sie sah sich selbst, wie sie sich die wallenden Haare abschnitt, ihr wertvoller Schmuck, ein Diadem, zerbrach in Stücke. In einer anderen nächtlichen, teilweise erschreckenden Vision, waren ihre Hände und Füße abgeschnitten, sie selbst völlig nackt. Die Beine ihres Bettes waren abgehackt und lagen zwischen Perlen und wertlos gewordenem Schmuck neben dem mit Brillanten verzierten Stiel des Sonnenschirms des Prinzen und seinen Kleidungsstücken auf dem Boden. Schließlich tauchte ein Meteor über der Stadt auf und verschwand im Dunkeln. Der Gott der Berge, Meru, erbebte. Sonne, Mond und Sterne fielen auf die Erde, Bäume wurden entwurzelt und emporgeschleudert, die Berge drohten einzustürzen. Wassermassen brachen sintflutartig über den Palast herein und trugen den wertvollen Besitz des Prinzen davon.

»Die verschiedenen Traumbilder«, deutet der Bestsellerautor Jacques Bergier, »besagten zunächst einmal, daß der künftige Buddha sein Leben in Luxus aufgeben und als Mönch durch die Lande ziehen werde. Seine Trennung vom Elternhaus, sein Abschied von der Frau, zeichneten sich in Traumbildern ab. Gopas Traum wirkt auf den ersten Blick negativ, zerstörerisch. Er läßt sich aber im buddhistischen Sinne positiv erklären. Demnach bedeuten Träume das Gegenteil dessen, was sie zunächst auszusagen scheinen. Nicht bittere Armut wurde der Gopa vorhergesagt, sondern Befreiung von Kummer, ihr Eintritt in die vollkommene Seligkeit.«

Besonders positiv sei der Traum von Buddhas Mutter zu verstehen. Er handle davon, daß ein »Herrscher« geboren werde, der aber – anders als andere Regenten – nicht Krieg und Gewalt auf die Welt bringen werde, sondern Frieden. »Damit«, so Bergier, »war der Kern der religiösen Botschaft des Buddhismus umrissen. Höchstes Glück erfährt der Mensch, der erkennt, daß seine Sehnsüchte nach Besitz, daß seine Wünsche nach äußerem Reichtum und Wohlstand Ursache für Kummer und Sorgen sind. Nach Buddha existieren Schmerz und Pein nur auf jener Ebene, die von materiellen Neigungen bestimmt wird. Verläßt der Mensch – etwa durch einen asketischen Lebenswandel – diese Ebene, wartet vollkommenes Glück auf ihn, das keinen materiellen Besitz mehr benötigt.«

Der Alttestamentler Professor Dr. Georg Fohrer wies darauf hin, daß die Geburt Jesu wie die Buddhas in »Traumgesichten« angekündigt wurde. Als Joseph erfuhr, daß seine junge Frau Maria schwanger war, wollte er sie heimlich verlassen, da das Kind nicht von ihm stammen konnte. Das Evangelium nach Matthäus berichtet (Kapitel 1, Verse 20–21): »Indem er aber also gedachte, siehe, da erschien ihm im Traum ein Engel und sprach: Joseph, du Sohn Davids, fürchte dich nicht, Maria zu dir zu nehmen; denn das in ihr geboren ist, das ist vom Heiligen Geist. Und sie wird einen Sohn gebären, den Namen sollst du Jesus heißen, denn er wird sein Volk retten von ihren Sünden.«

Joseph, so wird weiter berichtet, akzeptierte das Traumbild als eine göttliche Botschaft. Er nahm, vom Schlaf erwacht, Maria zu sich (Verse 24 und 25), »und er berührte sie nicht, bis sie einen Sohn gebar; und hieß seinen Namen Jesus«.

Auch Johannes der Täufer sei wohl, so Professor Fohrer im Gespräch mit mir, auf Jesus im Traum hingewiesen worden. So konnte er, wie es im Evangelium nach Markus heißt, predigen (Kapitel 1, Verse 7 und 8), daß da einer nach ihm kommen werde, der stärker sei als er, dessen Schuhriemen zu binden er nicht würdig genug sei, der nicht mit Wasser, sondern mit dem Heiligen Geist taufen werde.

Auch Maria selbst, so Fohrer, habe Traumvisionen gehabt, die sie als so real empfand, daß sie sie von der Wirklichkeit des Alltags nicht unterscheiden konnte. Ähnlich formulierte der Archäologe Professor Hans Bellamy aus Wien, der sich intensiv mit Fragen der biblischen Schriften auseinandersetzte.

Für den Menschen der Gegenwart sei die Welt der Träume unwirklich, »für die Menschen zur Zeit Jesu war sie genauso wirklich wie der Alltag«.

»Engel erschienen im Traum«, sagt Hans Bellamy, »machten Vorhersagen. Die Menschen waren davon überzeugt, daß ihnen jene himmlischen Wesen höchst real begegnet waren, mit ihnen gesprochen hatten.« So sei die Begegnung Marias mit einem Engel aus heutiger Sicht wohl ein Traum, nach damaligem Empfinden aber greifbare Wirklichkeit gewesen. Das Evangelium nach Lukas vermeldet (1. Kapitel, Verse 28–32): »Und der Engel kam zu ihr herein und sprach: Gegrüßet seist du, Hochbegnadete! Der Herr ist mit dir! Sie aber erschrak und dachte bei sich selbst: Welch ein Gruß ist das? Und der Engel sprach zu ihr: Fürchte dich nicht, Maria, du hast Gnade bei Gott gefunden. Siehe, du wirst schwanger werden und einen Sohn gebären, des Namen sollst du Jesus heißen. Er wird groß sein und ein Sohn des Höchsten genannt werden; und Gott der Herr wird ihm den Thron seines Vaters David geben.«

Wie bei Buddha wurde das Bild eines weltlichen Herrschers gewählt, um auf einen religiösen »Regenten« hinzuweisen (Vers 33): »Und er wird ein König sein über das Haus Jakob ewiglich, und seines Reiches wird kein Ende sein.«

Bekannt ist die biblische Überlieferung, wonach »Weise aus dem Morgenland«, vermutlich handelte es sich um Astrologen, aufgebrochen waren, um Jesus zu suchen. Sie hatten bei König Herodes vorgesprochen und von ihm den Auftrag erhalten, sich wieder zu melden, sobald sie das neugeborene Kind gefunden hätten. Im Traum erhielten sie die Botschaft, sie sollten Herodes auf keinen Fall neuerlich aufsuchen (Matthäus, Kapitel 2, Verse 11 und 12). Sie gehorchten und »zogen auf einem anderen Weg wieder in ihr Land«.

Von ganz besonderer Bedeutung sind Träume für den Islam. Mohammed (etwa 570–632 n. Chr.) soll der erste Teil des Korans von Gott im Traum diktiert worden sein. Die Einnahme der heiligen

Stadt Mekka wurde den Anhängern des Islam ebenfalls in einem Traum des Propheten angekündigt. Und der religiöse Brauch des »Adhan«, der Aufforderung der Gläubigen zum Gebet von den Türmen der Moscheen herab, geht auf einen Traum zurück, den einer von Mohammeds Schülern hatte.

Allmorgendlich versammelte Mohammed Schüler um sich, nicht zuletzt, um mit ihnen über die Träume der Nacht zu sprechen und deren Bedeutung zu erörtern. Wie bei Jesus spielten dabei Engel eine wichtige Rolle, so etwa in der »Nachtreise des Propheten«, die detailliert schriftlich überliefert wurde. Mohammed sah sich schlafend bei Mekka zwischen den Hügeln von Safa und Meeva, als ihm der Engel Gabriel erschien. Das himmlische Wesen vertraute Mohammed seine fliegende Stute Elborak an und befahl ihm, aufzusteigen. »Ich gehorchte, und wir machten uns auf den Weg. In einem kurzen Moment waren wir an den Toren Jerusalems. Elborak hielt an. Ich stieg ab und band sie an Ringen fest, an denen die Propheten gewöhnlich ihre Rösser festbanden. Als ich den Tempel betrat, traf ich Abraham, Moses und Jesus. Ich betete mit ihnen. Als wir unser Gebet beendet hatten, bestieg ich Elborak, und wir setzten die Reise fort. Wir durcheilten die Lüfte mit der Geschwindigkeit eines Blitzes.«

Im ersten Himmel angekommen, klopfte der Engel an. Auf die Frage, wer denn da vor der Pforte stehe, antwortete der Engel: »Gabriel.« Sein Begleiter sei Mohammed, dem seine Mission als Prophet Gottes bereits offenbart worden sei. Die Tür wurde geöffnet, Mohammed dem Adam vorgestellt. Und Adam habe ihn, Mohammed, als »größten aller Propheten« gepriesen: »Der Himmel erfüllt deine Wünsche, mein verehrter Sohn, oh größter aller Propheten!«

Mohammeds Traum stellt die göttliche Legitimation des Propheten dar: In allen dreizehn Himmeln wurde Mohammed von den großen Propheten des Altertums willkommen geheißen und beglückwünscht. Schließlich durfte er sogar Gott, dem Allmächtigen, gegenübertreten. Und von ihm erhielt Mohammed, ähnlich wie Moses auf dem Berge Sinai, konkrete Gebote, wie das religiöse Alltagsleben auszusehen hatte. Zunächst waren die Forderungen Gottes recht hoch. Fünfzigmal am Tag seien Gebete vorzutragen. Das erschien dem Propheten doch etwas übertrieben. Er verhandelte, und Gott willigte schließlich ein, sich mit fünf täglichen Gebeten zu begnügen.

Das Alte Testament unterscheidet zwischen Träumen unterschiedlicher Art. Es berücksichtigt die Tatsache, daß der Mensch auch nächtliche Visionen hat, die nur schwer als Mitteilungen Gottes gedeutet werden könnten. Einerseits verkündete Jahwe, der Gott der Israeliten, selbst (4. Buch Mose, Kapitel 12, Vers 6): »Hört meine Worte: Ist jemand unter euch ein Prophet des Herrn, dem will ich mich kundtun in Gesichten oder will mit ihm reden in Träumen.« Andererseits wird auch von den Träumen des Alltags gesprochen, denen anscheinend keine Bedeutung beigemessen wurde. So heißt es im Buch Hiob (Kapitel 20, Verse 8 und 9): »Wie ein Traum wird er verfliegen und nicht mehr zu finden sein und wie ein Nachtgesicht verschwinden. Das Auge, das ihn gesehen hat, wird ihn nicht mehr sehen.«

Jahwe warnte aber auch vor falschen Träumen. Offensichtlich war es im alten Israel Brauch, daß die Priester und Propheten auch anderer Gottheiten Träume enthüllten. Sie seien falsch, stammten von Betrügern und dürften nicht befolgt werden. Jeremia (Kapitel 29, Vers 9): »Denn sie weissagen euch Lüge in meinem Namen. Ich habe sie nicht gesandt, spricht der Herr.« Ähnlich heißt es beim Propheten Sacharja (Kapitel 10, Vers 2): »Denn die Götzen reden Lüge, und die Wahrsager schauen Trug und erzählen nichtige Träume, und ihr Trösten ist nichts. Darum geht das Volk in die Irre wie eine Herde und ist verschmachtet, weil kein Hirte da ist.«

Jahwe wählte seine Propheten, indem er sich ihnen durch Träume offenbarte. Die Botschaften Jahwes waren von unterschiedlicher Qualität. Manchmal waren es Vorhersagen über die fernere Zukunft wie im Fall von Abraham (1. Buch Mose, Kapitel 14, Verse 12–14), der damals noch Abram hieß: »Als nun die Sonne am Untergehen war, fiel ein tiefer Schlaf auf Abram, und siehe, Schrecken und große Finsternis überfiel ihn. Da sprach der Herr zu Abram: Das sollst du wissen, daß deine Nachkommen werden Fremdlinge sein in einem Lande, das nicht das ihre ist; und da wird man sie zu dienen zwingen und plagen vierhundert Jahre. Aber ich werde das Volk richten, dem sie dienen müssen. Danach sollen sie ausziehen mit großem Gut.« In dieser Vision nahm Jahwe die Knechtschaft der Israeliten in Ägypten, die Plagen, die den Pharao zwingen sollten, das fremde Volk ziehen zu lassen, und die Flucht durch die Wüste ins Gelobte Land vorweg.

Jahwe übermittelte aber auch konkrete Anweisungen, die sich auf die augenblickliche Situation, nicht auf eine ferne Zukunft bezogen. So erteilte er Abimelech, dem König von Gerar, den Befehl, Sara nicht zu berühren. Der Regent gehorchte.

In Traumbildern zeigte sich Gott als Beherrscher der Welt, der über Zeit und Raum regiert, die Geschicke aller Menschen – ob sie an ihn glauben oder nicht – lenkt.

So träumte Joseph, dem Sohn Jakobs, wie seine Brüder sich vor ihm verneigten. Die Botschaft Jahwes bewahrheitete sich: Joseph, durch das Verschulden seiner Brüder als Sklave nach Ägypten verkauft, kam dort zu hohem Ansehen und bekleidete bald eines der wichtigsten Ämter im Lande. Er deutete die Träume des Pharao richtig, dem ebenfalls Zukunftsbilder im Schlaf – verschlüsselt – vermittelt worden waren. Auch der Pharao glaubte an die Prophetie der Träume und lagerte reichlich Vorräte ein, als die Ernten üppig ausfielen. So stand in den folgenden Jahren der Not ausreichend Getreide zur Verfügung. Josephs Brüder erschienen als Bittsteller und verneigten sich ehrerbietig vor ihrem verstoßenen Bruder, just, wie dieser es als Jüngling im Traum gesehen hatte (1. Buch Mose, Kapitel 42, Verse 1–3, 5–9).

Glaubens- oder Weltbilder wurden ebenfalls im Traum bestätigt. Das gilt für die Vision Jakobs, die ihm im Traum geschickt wurde (1. Buch Mose, Kapitel 28, Verse 10–19). Er sah die Welt in ihrer Gesamtheit, bestehend aus dem Irdischen und dem Himmlischen. Im Himmel saß Jahwe umringt von Engeln. Sie stiegen im Traum auf einer Leiter zur Erde hinab und zum Himmel hinauf. Über allem aber thronte Gott. Theologen verstehen den Text als Darstellung der »Kommunikation zwischen Himmel und Erde«.

Die Träume des Nebukadnezar – Visionen vom Ersten Weltkrieg?

Nebukadnezar (etwa 605–562 v. Chr.), König der Babylonier, beschäftigte an seinem Hof beamtete Magier. Sie hatten unterschiedliche Aufgaben, unter anderem die Traumdeutung. Zwei prophetische Träume des Herrschers sind überliefert. In einem Traumgesicht (Daniel, Kapitel 2, Verse 29–45) sah er ein metallenes Standbild. Sein Haupt war aus Gold gefertigt, seine Brust und seine Arme bestanden aus Silber, sein Bauch und seine Oberschenkel aus Kupfer, seine Beine aus Eisen und seine Füße aus Eisen und Ton. Schließlich kam »ein Stein ohne Zutun von Menschenhand vom Berg« herunter, die Statue wurde »zermalmt«. So habe Gott den König wissen lassen, »was dereinst geschehen wird. Der Traum ist zuverlässig und die Deutung ist richtig.« (Vers 45)

Der Herrscher ließ sich die Bedeutung von Daniel erklären. Demnach stand das »Haupt von Gold« für Nebukadnezars eigene Ära. Sein Reich werde aber von aufeinanderfolgenden Imperien abgelöst, die nur von kurzer Dauer seien. In seinem zweiten Traum sah Nebukadnezar (Daniel, Kapitel 4, Verse 1–34) einen gewaltigen Baum, der gefällt am Boden lag. Sein mächtiger Wurzelstock sollte für »sieben Zeiten« von einem »Band aus Eisen und Kupfer« umschlossen bleiben. Daniel sah in der Vision einen Hinweis auf den Geisteszustand des Königs. Sieben Jahre lang werde der Herrscher verwirrt sein, dann werde er Jahwe als Weltherrscher und obersten Gott anerkennen, seine getrübten Sinne würden wieder klar werden.

Der Prophet Daniel selbst hatte auch einen Traum, der im Zusammenhang mit den beiden Visionen Nebukadnezars gesehen werden muß (Daniel, Kapitel 7, Vers 1 und Kapitel 3, Vers 19). Vier furchteinflößende Tiere entstiegen den Fluten des Meeres. Versinnbildlichten sie vier Regierungen, vier Reiche?

Die Interpretation der Träume ist umstritten. Es ist aber durchaus möglich, sie konkret in Zahlen auszudrücken. Die Dauer des biblischen Jahres entsprach 360 Tagen. Nach dem Text der Offenbarung (Kapitel 12, Verse 6 und 14) wurden dreieinhalb Zeiten oder Jahre tausendzweihundertundsechzig Tagen gleichgesetzt. Sieben Zeiten oder Jahre entsprachen somit nach dem Verständnis der Bibel 2520 Tagen.

Im 4. Buch Mose (Kapitel 14, Vers 34) findet sich nun ein seltsamer Hinweis, der zur Entschlüsselung des Nebukadnezar-Traums herangezogen werden kann: »Je ein Tag soll ein Jahr gelten.« Diese Gleichsetzung taucht ein weiteres Mal im Alten Testament auf. Beim Propheten Hesekiel (Kapitel 4, Vers 6) heißt es: »Denn ich gebe dir hier auch je einen Tag für ein Jahr.« Sollte das bedeuten, daß die 2520 Tage 2520 Jahre bedeuten?

Rechnet man nun vom vermutlichen Geburtsjahr Nebukadnezars, also dem Beginn der »goldenen Ära«, 2520 Jahre weiter, so ergibt sich ein Jahr, das von großer historischer Bedeutung sein sollte: 1914. In diesem Jahr brach der Erste Weltkrieg aus. Sollte tatsächlich der prophetische Traum des babylonischen Imperators auf eben diesen Krieg der Nationen hinweisen?

Bereits im Jahre 1880 ging der Begründer der »Zeugen Jehovas«, Charles T. Russel, in der Zeitschrift *The Watch Tower* von eben dieser Interpretation aus und behauptete, im Jahre 1914 werde Gott »alle diese Königreiche zermalmen und zerstören«. Bestätigte sich diese Interpretation von Nebukadnezars Traum nicht mit dem Ausbruch des Ersten Weltkrieges in geradezu tragischer Weise? Am 30. August 1914 jedenfalls schrieb die New Yorker Zeitung *The World* in einem ausführlichen Artikel einer Sonderbeilage zum Blatt: »Durch den entsetzlichen Kriegsausbruch in Europa ist eine außergewöhnliche Prophezeiung in Erfüllung gegangen.«

Xerxes, Hannibal und Caesar – Träume entscheiden die Politik

Man mag einwenden, daß Menschen, die ihr Tun und Handeln nach magisch-religiösen Wertvorstellungen ausrichten, die sich dazu berufen fühlen, die Zeitgenossen auf den wahren Tugendpfad der Frömmigkeit zurückzuführen, eher dazu neigen, Träume als Mitteilungen Gottes anzunehmen und zu befolgen. Es gibt aber zahlreiche Hinweise auf mächtige Herrscher der Weltgeschichte, die – dem Abergläubischen alles andere als verfallen – ebenfalls bedeutsame Traumvisionen hatten, nach denen sie ihre Entscheidungen trafen.

So wissen wir, daß Xerxes um 480 v. Chr. einen Feldzug gegen Griechenland begann. Weniger bekannt ist freilich, daß Traumvisionen dafür verantwortlich waren, daß es tatsächlich zum Kriege kam. Der junge Herrscher lag seit Wochen im Streit mit seinen Beratern, drängte darauf, daß eine Invasion eingeleitet werden müsse. Die Berater rieten dringend ab. Zunächst hörte der Herr-

Der Traum ist eine Begegnung mit geheimnisvollen Kräften und Wesen.

Das Unmögliche wird im Traum Wirklichkeit. Alice trifft im Wunderland der Träume sogar eine philosophierende Raupe.

Gehirnforscher haben herausgefunden, daß Katzen Träume wie Endek-kungsreisen verarbeiten.

Im Hypogäum, einem unterirdischer Tempel auf der Mittelmeerinsel Malta, wurde in der Steinzeit eine „schlafende Göttin" verehrt.

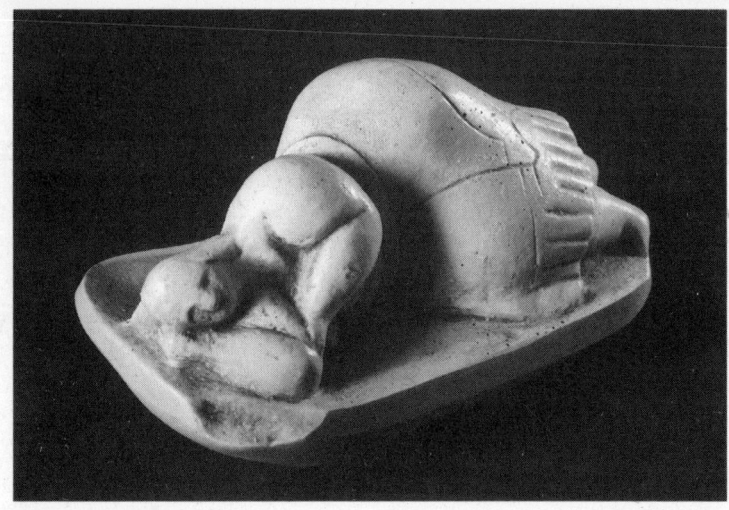

Die „schlafende Göttin" von Malta war vielleicht eine Priesterin, die im Traum die Zukunft vorhersagte.

Der biblische Prophet Daniel träumte von furchtbaren Wesen, die dem Meer entstiegen. War das eine Vorausschau künftiger Kriege?

scher auf sie, beendete bereits begonnene Vorbereitungen. Dann aber hatte er einen Traum. Er sah einen »großen Mann, von vornehmer Gestalt« an seiner Bettstatt stehen. Der machte ihm Vorwürfe, kritisierte ihn, weil er sich leichtfertig habe davon abbringen lassen, Griechenland einzunehmen. »Du mußt den Weg gehen, den du gewählt hast!« ermahnte ihn die Traumgestalt.

Xerxes war zwar stark beeindruckt, aber am folgenden Tag beim Treffen mit seinen Beratern und Ministern verkündete er, daß er trotz des Traums von einem Angriffskrieg absehen wolle. Der Entschluß hatte wieder einen Traum zur Folge. Die ehrfurchteinflößende Gestalt, die schon in der Nacht zuvor zu ihm gesprochen hatte, tauchte wieder auf. »Wenn du diesen Krieg nicht unternimmst, dann wirst du ebenso schnell wieder erniedrigt, wie du erhöht worden bist!«

Hatte Xerxes eine falsche Entscheidung getroffen? Er war noch unschlüssig. Schließlich ließ er einen seiner wichtigsten Berater, Artabanus, kommen. Er unterbreitete ihm folgenden Vorschlag. Artabanus sollte Xerxes' Stelle einnehmen, auf seinem Thron sitzen, in seinem Bett schlafen. Würde auch der Berater den Traum haben? Würde auch ihm die »Gestalt« raten, in den Krieg zu ziehen? Artabanus brachte Einwände vor. Wenn der Traum tatsächlich eine Botschaft göttlichen Ursprungs sei, dann würde sich der Himmlische wohl nicht hinters Licht führen lassen, nie und nimmer den Berater im Bett des Imperators für den Herrscher selbst halten. Xerxes aber ließ sich nicht beirren, der Berater mußte gehorchen. Er legte also die kostbaren Gewänder des Königs an, saß auf seinem prachtvollen Thron, nahm die Insignien der Herrscherwürde an sich, schlief im Bett des Xerxes.

Kaum war er eingeschlafen, erschien die Traumgestalt. Sie machte dem Berater Vorwürfe. Auf keinen Fall dürfe er Xerxes davon abhalten, endlich Griechenland anzugreifen. Um seinen Worten Nachdruck zu verleihen, zückte der Mann ein glühendes Eisen, schickte sich an, Artabanus die Augen auszubrennen. Entsetzt wachte dieser auf. Sofort begab er sich zum König und erklärte reuevoll, sich geirrt zu haben, ab sofort werde er die Angriffspläne unterstützen.

Griechenland wurde angegriffen, die Hauptstadt Athen im Sturm genommen und geplündert. Damit endeten aber die visionären Träume des Xerxes keineswegs. In einer weiteren nächtlichen Vision sah er sich selbst. Er trug eine kurios anmutende Krone: einen prachtvollen Olivenbaum mit gewaltigen grünen Ästen, die die gesamte bekannte Erde bedeckten. Urplötzlich löste sich dann die Krone auf. Vermutlich deuteten die Berater den Traum falsch oder nicht vollständig. Sie sagten ihm weitere kriegerische Erfolge vorher, die sich tatsächlich einstellten. Das Verschwinden der grünen Krone aber deutete doch ganz klar auf ein Verblassen seiner Macht, ja auf ein Ende seiner Königswürde hin. Tatsächlich endete der Feldzug gegen Griechenland für Persien in einer Katastrophe.

Hannibal, karthagischer Feldherr und Staatsmann (247–183 v. Chr.), wurde anno 221 v. Chr. von seinem Vater Hamilkar in Spanien zum Oberbefehlshaber des Heeres ausgerufen. 219 v. Chr. eroberte er die Stadt Sagunt, die mit Rom verbündet war. Daraufhin erklärte Rom Karthago den Krieg. Hannibal überlegte, ob er es denn wagen dürfe, das mächtige Imperium Romanum anzugreifen. Ein Traum gab ihm Gewißheit.

Der römische Geschichtsschreiber Valerius Maximus berichtet, Hannibal habe einen rasenden Haß gegen alles Römische empfunden. Im Traum sei ihm eine engelartige Gestalt erschienen. Der jugendlich wirkende Mann erklärte mit fester Stimme, er sei von höchster Stelle autorisiert, sei direkt vom Himmel gesandt worden, wo man darüber informiert sei, wie zögerlich der Truppenführer seine Kriegspläne betreibe. Der Traumbote machte ihm Mut, er solle nur so rasch wie möglich mit seinen Truppen Italien überfallen, der Sieg sei gewiß.

Kaum hatte der Engel seine Rede beendet, nahm Hannibal hinter sich eine Bewegung wahr. Er drehte sich um und sah eine furchteinflößende Schlange, die im Zorn wütete und jedes Hindernis, das sich ihr in den Weg stellte, vernichtete. Schließlich zuckten Blitze herab und zerfetzten das Ungeheuer.

Hannibal wollte nun von seinem Traumbesucher wissen, was denn diese seltsame, ja angsteinflößende Szene zu bedeuten habe. Die Antwort lautete: »Hannibal, du sahest den Niedergang Italiens, du sahest die Schrecken, die auf jenes Land zukommen. Geh hin, vollende das Schicksal!«

Hannibal wähnte sich nun als von den Göttern bestimmter Zerstörer Roms. Mit seinen Truppen überquerte er die Pyrenäen und die Alpen. Bereits 218 v. Chr. stand er in Italiens Norden, die römischen Heere, die sich ihm entgegenstellten, besiegte er 218 v. Chr. am Fluß Trebia und 217 v. Chr. am Trasimenischen See. Total war sein Sieg von Cannae im Jahre 216 v. Chr. Hannibal wähnte sich schon als Sieger, schlug Rom Verhandlungen vor, meinte, der Feind müsse jetzt kapitulieren. Es gelang dem römischen Feldherrn Q. Fabius Maximus Cunctator, Hannibal in kleinere Gefechte zu verwickeln, eine entscheidende Großschlacht, bei der Rom verloren hätte, zu vermeiden.

Hannibals Politik änderte sich. Er setzte auf Bündnisse mit Makedonien (215 v. Chr. mit Philipp V.) und Syrakus (214 v. Chr.). Ein karthagisches Heer eilte ihm zu Hilfe, doch große Erfolge stellten sich nicht mehr ein. Dabei stand der Sieg eigentlich unmittelbar bevor, als 211 v. Chr. Hannibal vor Rom stand. Die Bürger der belagerten Stadt sahen sich bereits besiegt. »Hannibal ante portas!« – »Hannibal vor den Toren!« ging als Schreckensruf durch die Straßen. Doch Hannibal sah davon ab, die Stadt einzunehmen. 203 v. Chr. mußte er nach Afrika zurück, weil Karthago von P. Cornelius Scipio bedroht wurde. Er plante zwar weitere Angriffe auf das Römische Imperium, konnte sie aber nicht mehr verwirklichen.

Im nachhinein beurteilt, scheint sich Hannibals Traum bewahrheitet zu haben. Freilich scheint die Erklärung der alles zerstörenden Schlange, die das militärische Genie von der Traumgestalt erhielt, falsch gewesen zu sein. Stellte die Schlange nicht den Untergang Roms, sondern Hannibals eigenes Ende dar?

Nach einer längeren Phase der Triumphe begann Hannibals Niedergang. 202 v. Chr. wurde er bei Zama von Scipio geschlagen. Politische Gegner vertrieben ihn schließlich aus der Heimat, er mußte fliehen. 195 v. Chr. bemühte er sich um die Gunst von Antiochos III., konnte aber seine ehrgeizigen Pläne nicht verwirklichen. Als die Römer 190 v. Chr. Antiochos bei Magnesia besiegten, sah er wieder nur in der Flucht einen Ausweg. Vorübergehend fand er Schutz bei Prusias I., König des kleinasiatischen Bithynien. Rom blieb ihm aber auf den Fersen, schickte Gesandte und forderte seine Auslieferung. 183 v. Chr. beging Hannibal Selbstmord. Damit erfüllte sich die Traumvision: Die wütende Schlange Hannibal war tot.

Auch Gaius Julius Caesar (100–44 v. Chr.) hatte einen Wahrtraum der symbolischen Art, den er selbst deutete.

68 v. Chr. wurde Caesar Questor in Spanien, 65 v. Chr. veranstaltete er in Rom prachtvolle Spiele, 63 v. Chr. wurde er zum Pontifex Maximus ernannt. 59 v. Chr. wurde er Konsul, 58 v. Chr. ging er als Prokonsul nach Gallien, setzte die Verlängerung seiner abgelaufenen Amtszeit bis 51 v. Chr. durch. Seine militärischen Erfolge waren immens. Er unterwarf das Gebiet des heutigen Frankreich, von Belgien und den Niederlanden bis zum Rhein. 55 v. Chr. überschritt er den Rhein, drang in germanisches Gebiet vor.

Der römische Senat beobachtete seinen Aufstieg zu immer größerer Machtfülle mit Besorgnis. Als er sich, nachdem er den Gallier Vercingetorix besiegt hatte, 48. v. Chr. neuerlich und in Abwesenheit um das Amt eines Konsuls bewarb, entschied sich der Senat gegen den »Emporkömmling«. Er müsse in Gallien bleiben, dürfe nicht nach Rom zurückkehren und solle sein starkes Heer entlassen. Pompeius und einige andere Männer bekamen diktatorische Vollmachten.

Jetzt stand Caesar vor einer der wichtigsten Entscheidungen seines Lebens. Sollte er sich fügen oder in Rom einmarschieren? Noch war er unschlüssig, doch da hatte er einen merkwürdigen Traum. Er sah sich beim Intimverkehr mit der eigenen Mutter. Was Sigmund Freud gewiß als einen Ödipuskomplex gedeutet hätte, als die Sehnsucht des Mannes nach dem Besitz der eigenen Mutter, sah Caesar als symbolhaftes Bild. Die Gestalt seiner Mutter im Traum setzte er mit Rom gleich. Er verstand seine nächtliche Vision als Auftrag, Rom zu überfallen und zu schänden. So überschritt er den Rubicon-Fluß, die damalige Grenze zwischen Italien und der Provinz Gallia Cisalpina, unterwarf in nur zwei Monaten Italien und nahm Rom ein. 48 v. Chr. setzte er, Pompeius herausfordernd, nach Epirus über, besiegte den nach Griechenland Geflohenen bei Pharsalos in Thessalien. Pompeius entkam nach Ägypten und wurde dort ermordet. Caesar ließ Alexandria besetzen und griff in die Machtpolitik Ägyptens ein. 47 v. Chr. setzte er Kleopatra als Königin von Ägypten ein.

Weitere militärische Siege machten Caesar zum mächtigsten Mann Roms, sehr zum Verdruß der Republikaner. Sie befürchteten, Caesar werde das Römische Reich bald als persönlichen Besitz ansehen, wie ein Gutsherr seine Ländereien verwalten. So tat sich schließlich eine Verschwörergruppe zusammen. Caesar wurde unter der Führung von Marcus Brutus »an den Iden des März«, also am 15. März 44 v. Chr., in Rom erstochen.

Die Kraft der Träume mag auch für die Mächtigen der Weltgeschichte wie Xerxes, Hannibal und Caesar eine magische gewesen sein. Sie standen aber dem Geheimnisvollen unvoreingenommen gegenüber. Botschaften der Seele nahmen sie nicht nur unbewußt wahr. Sie hörten auf sie, wenn Entscheidungen von fundamentaler Bedeutung anstanden. Bilder von den Folgen ihrer Handlungen wurden ihnen vermittelt. Manchmal wurden sie mißverstanden, zu positiv gesehen. Xerxes und Hannibal sahen ihr eigenes Ende vorher, wollten es aber nicht wahrhaben.

Träume von Tod und Verderben

Prophetische Träume können symbolhaft verschlüsselt sein, sie können aber auch die Zukunft in allen Details vorwegnehmen. Symbolhaft war Napoleon Bonapartes Traum in der Nacht vor der Schlacht bei Waterloo: Am 17. Juni 1815 sah der berühmte Korse in einer bedrückenden Traumvision eine pechschwarze Katze, die ziellos zwischen den verschiedenen Truppenverbänden hin- und herrannte. Einen Tag später war das Schicksal des berühmten Kaisers endgültig besiegelt. Seine Truppen erlitten eine totale Niederlage. Symbolhaft war auch der Traum von Königin Marie-Antoinette, der Frau Ludwigs XVI.: Eine blutrote Sonne ging über einer imposant wirkenden Säule auf, die unter den gleißenden Strahlen in sich zusammenbrach. War der Dame aus dem Hochadel so ihre Hinrichtung vom 16. Oktober 1793 vorab »mitgeteilt« worden?

Konkreter waren schon die Traumbilder Richards des III. (1452–1485). Der Bruder König Eduards des IV. und Herzog von Gloucester ließ sich zum König ernennen, wahrscheinlich seine thronberechtigten Neffen Eduard (1470–1483) und Richard (1472–1483) ermorden. In einem Traum, der den Monarchen sehr beunruhigte, sah er »entsetzliche, furchtbare Bilder wie von bösen Geistern« tanzen. 1485 fiel er in der Schlacht von Bosworth.

Am 8. Juni 1886 war das Schicksal des bayerischen Königs Ludwig II. besiegelt. Er wurde für »verrückt« erklärt. Ein Monarch, der lieber prächtige Schlösser errichten ließ als für ein Vielfaches der Gelder blutige Kriege zu führen, konnte in den Augen seiner Feinde nicht ganz bei Sinnen sein. Am 10. Juni 1886 übernahm Prinz Luitpold die Königswürde. Ludwig II. wurde an den Starnberger See geschafft, als Gefangener in Schloß Berg untergebracht. Begleitet wurde er vom Psychiater Dr. Bernhard Alois von Gudden aus München.

Fünf Tage später, am frühen Morgen des 13. Juni 1886, enthüllte von Gudden seiner Frau und einem Freund, dem Fürsten Philipp zu Eulenburg-Hertefeld, einen gespenstischen Traum: »Ich sah mich im Wasser, in einem See. Ich rang mit einem hünenhaften Mann. Es war ein entsetzlicher Kampf. Ich habe eine Höllenangst ausgestanden.« Stunden später sollte sich diese Traumvision erfüllen. Ludwig II. ging, begleitet von seinem Psychiater, am See spazieren. Er muß in die Fluten des Sees gelaufen, vom Arzt verfolgt worden sein. Im Wasser kämpften die Männer, beide ertranken.

Höchst plastisch war auch der Traum des Bischofs Josef Lanyi, des Lehrers von Erzherzog Franz Ferdinand, der 1914 in Sarajewo ermordet wurde. In seinem Traum öffnete der Kirchenmann einen Brief. Er entnahm einen beschriebenen Bogen und erschrak. Im Briefkopf sah er lebende Bilder von einem Automobil. Die Insassen waren zu erkennen: der Erzherzog, seine Gemahlin, zwei hohe Offiziere. Am Straßenrand standen dichtgedrängt viele Menschen. Aus ihren Reihen sprangen zwei Männer, schossen auf das Thronfolgerpaar.

Bischof Josef Lanyi las, noch im Traum, den Text des Briefes. Er war in der ihm wohlvertrauten Handschrift des Erzherzogs verfaßt. Da stand: »Euer Bischöfliche Gnaden! Lieber Dr. Lanyi! Teile Ihnen hierdurch mit, daß ich heute mit meiner Frau in Sarajewo als Opfer eines politischen Meuchelmordes falle. Wir empfehlen uns Ihren frommen Gebeten und heiligen Meßopfern und bitten Sie, unseren armen Kindern auch fernerhin in Liebe und Treue so ergeben zu bleiben wie bisher. Herzlich grüßt Sie Ihr Erzherzog Franz.«

Lincolns Traum vom eigenen Tod

Erschreckend konkret indes war ein Alptraum des Präsidenten der Vereinigten Staaten von Amerika, Abraham Lincoln. Ein ehemaliger Mitarbeiter aus Lincolns Anwaltszeit, der Jurist Ward Hill Lamon, berichtete darüber in seinem Buch *Recollections of Abraham Lincoln* (Chicago 1895).

Ward Hill Lamon bekleidete während des Bürgerkrieges den verantwortungsvollen Posten des Polizeidirektors von Columbia. Nachdem ihm der Präsident, sichtlich beunruhigt, von seinem Traum berichtet hatte, machte sich Lamon Notizen, die er später in seinem Buch *Erinnerungen an Abraham Lincoln* verarbeitete: »Das bestürzendste Ereignis im Leben Mr. Lincolns war ein Traum, den er nur wenige Tage vor seiner Ermordung hatte. Er war für ihn von ungeheuerlicher Tragweite, und ganz sicher hat selten eine Vision eine schreckliche Realität so widergespiegelt wie diese.«

Mehrere Tage hatte der Präsident seinen Alptraum für sich behalten, schließlich seine Frau dann doch – erst recht zögerlich – eingeweiht: »Es scheint merkwürdig, daß in der Bibel so viel von Träumen die Rede ist. Es gibt, glaube ich, im Alten Testament ungefähr sechzehn Kapitel und vier im Neuen Testament, in denen Träume erwähnt werden. Außerdem finden sich überall in dem Buch verstreut Visionen. Wenn wir der Bibel glauben, müssen wir die Tatsache als gegeben hinnehmen, daß in frühen Zeiten Gott und seine Engel den Menschen im Schlaf erschienen und sich ihnen in Träumen offenbarten. Heutzutage hält man Träume für überaus albern, und außer alten Frauen und jungen Liebhabern erzählt kaum noch jemand einen Traum.«

Der Präsidentengattin fiel auf, wie »schrecklich ernst« ihr Mann wirkte. Besorgt fragte sie ihn, ob er denn an Träume glaube. Nach den Aufzeichnungen von Ward Hill Lamon antwortete Lincoln: »Ich weiß es nicht genau, aber ich hatte vor ein paar Nächten einen, der mich seither ständig verfolgt. Als ich danach zum ersten Mal wieder die Bibel aufschlug, traf ich dabei ganz zufällig – so merkwürdig dies auch erscheinen mag – auf das 28. Kapitel der Genesis, in dem der wunderbare Traum Jakobs erzählt wird. Ich blätterte weiter und schien – wohin ich auch nur blickte – stets auf einen Traum oder eine Vision zu stoßen. Ich blätterte immer weiter, und überall fiel mein Blick auf Stellen, in denen von Dingen die Rede war, die auf merkwürdige Weise mit meinen eigenen Gedanken übereinstimmten – Heimsuchungen durch übernatürliche Mächte, Träume, Visionen und so weiter.«

Endlich enthüllte er seine eigene Traumvision, die ihn wiederholt heimgesucht hatte: »Vor ungefähr zehn Tagen ging ich sehr spät zu Bett. Schon nach kurzer Zeit schlief ich ein, denn ich war müde. Ich begann bald zu träumen. Um mich herum schien totenähnliche Stille. Dann hörte ich plötzlich gedämpftes Schluchzen, so, als weinten viele Menschen. Ich glaubte, mein Bett zu verlassen und nach unten zu gehen. Dort wurde die Stille von dem gleichen mitleiderregenden Geschluchze unterbrochen, doch waren die Trauernden unsichtbar. Ich ging von Zimmer zu Zimmer. Nirgends eine Menschenseele, doch verfolgten mich die gleichen traurigen Schmerzenslaute auf meinem Rundgang. Jeder Gegenstand schien mir vertraut, doch wo waren nur die Menschen, die so bekümmert waren, als bräche ihnen das Herz? Ich war ratlos und beunruhigt. Was mochte dies alles bedeuten? Entschlossen, den Grund für dieses so geheimnisvolle und so unheimliche Geschehen herauszufinden, ging ich weiter, bis ich zum Ostzimmer kam und es betrat. Dort wurde ich mit einer schrecklichen Überraschung konfrontiert. Vor mir stand ein Katafalk, und darauf lag eine in Begräbniskleidung gehüllte Leiche. Darum herum standen Soldaten, die Wache hielten. Es waren viele Menschen da, von denen einige trauervoll auf die Leiche blickten, deren Gesicht bedeckt war, andere weinten vor Mitleid.«

Im Traum fragte Lincoln einen der Soldaten, wer denn gestorben sei. Die Antwort lautete: »Der Präsident!«, ein politischer Mörder habe ihn getötet. Die Menge sei in lautes Wehklagen ausgebrochen. Der Präsident erwachte aus seinem Traum.

Die Todesvision, so Lamon, ließ Abraham Lincoln nicht mehr los und verwirrte ihn zutiefst. Als der Präsident am 15. April 1865 von John W. Booth erschossen worden war, bahrte man den Leichnam des Staatsoberhaupts tatsächlich im Ostzimmer des Weißen Hauses auf. Sein Gesicht wurde zeitweise mit einem Tuch bedeckt – um die tödliche Schußverletzung zu verbergen. Trauernde Soldaten umstanden den Katafalk als Ehrenwache für den Ermordeten. Mary Lincolns erste Worte, nachdem sie vom Tod ihres Gatten erfuhr, waren: »So hat sich sein prophetischer Traum also doch erfüllt!«

Die konkrete Todesvision Lincolns war in Erfüllung gegangen. Verständlich wird die Beunruhigung, die der Präsident angesichts seines Traums verspürte, wenn man erfährt, daß ihn während seines gesamten Lebens Träume begleitet hatten, die alle in Erfüllung gegangen waren. So berichtete er einmal, daß er sich schon als Junge, in einer primitiven Hütte von Siedlern im ländlichen Kentucky aufgewachsen, als ersten Mann im Lande gesehen habe. »Mein Traum wurde wahr, wo aber ist der Ruhm? Asche und Blut. Ich habe alles mit schmerzendem Herzen durchgestanden und die Toten um ihre Ruhe auf den Schlachtfeldern beneidet.« Als Staatsmann – darüber gibt es viele Berichte – glaubte er an Traumoffenbarungen, die ihm, immer wenn er vor wichtigen Entscheidungen stand, enthüllten, was die Zukunft bringen werde. Als Christ verstand er solche Visionen nicht als heidnische Magie. Er sah sich wohl eher in der Position eines biblischen Propheten, dem Künftiges offenbart wurde.

Professor Lehmanns Thesen und Präsident Lincolns Traum

Professor Dr. Alfred Lehmann (1858–1921), Direktor des »Psychophysischen Laboratoriums an der Universität Kopenhagen«, beschäftigte sich fast fünfzig Jahre mit den magischen Praktiken der frühen Kulturvölker. 1910 wurde er zum außerordentlichen, 1919 zum ordentlichen Professor ernannt, 1916 konnte er sich seinen Lebenstraum erfüllen und in ein eigenes, als Laboratorium eingerichtetes, großes Gebäude einziehen. »Übersinnliche Phänomene« wie etwa Hellsehen hielt der Gelehrte für Aberglauben. Zeit seines Lebens versuchte er, das scheinbar Unerklärbare plausibel zu machen. Für seine Arbeit *Kritische Untersuchung über die Natur und das Auftreten der Gefühle* erhielt er bereits 1889 die goldene Medaille der »Gesellschaft der Wissenschaften«.

1890 erschien in deutscher Übersetzung die Arbeit *Die Hypnose und die damit verwandten Zustände.* Als Hauptwerk Professor Lehmanns muß aber *Aberglaube und Zauberei von den ältesten Zeiten bis in die Gegenwart* angesehen werden. Das dänische Original erschien 1896, eine deutsche Übersetzung 1925. Erst posthum wurde *Der Spiritismus und seine sogenannten Beweise* veröffentlicht.

Professor Lehmann war der Ansicht, daß es so etwas wie prophetische Wahrträume nicht geben könne. Wenn Menschen zu der Überzeugung kämen, daß im Traum Vorhergesagtes tatsächlich eingetroffen sei, dann hätten sie unbewußt selbst dazu beigetragen. In *Aberglaube und Zauberei* (Stuttgart 1925, S. 546) führt er ein Beispiel an:

»Eine junge Dame, Frl. L., träumt, daß das Haus brennt; jedoch entsteht kein Schaden durchs Feuer; sie erwacht aber aus Schrekken über eine Stimme, die ihr zuruft, sie solle sich vor einem bestimmten Tag einige Monate später hüten. Sie erzählt den Traum ihrer Umgebung; in derselben befindet sich eine andere jüngere, sehr abergläubische Dame, M., die sich nun in beständiger Furcht vor dem bestimmten Tag befindet. Dieser kommt, ohne daß jemand außer M. an den Tag denkt. Abends werden tatsächlich alle Personen, die sich im Wohnzimmer aufgehalten haben – unter diesen auch L. und M. – krank, und zwar infolge einer Kohlenoxydvergiftung, da die Ofenklappe zur unrichtigen Zeit geschlossen worden war.«

Nach Professor Lehmann ging die Traumvision deshalb – und nur deshalb – in Erfüllung, weil M. aus Furcht vor dem »im Traume angekündigten Feuer« die Erfüllung der Prophezeiung verhindern wollte, deshalb die Ofenklappe schloß und so erst die scheinbare Erfüllung des Traums herbeiführte. Professor Dr. Lehmann: »Dadurch ist sie dann unfreiwillig die Ursache der Kohlenoxydvergiftung geworden. Obwohl diese aber nichts mit dem im Traume geweissagten Feuer zu tun hat, heißt es doch, daß derselbe in Erfüllung gegangen sei. Eine solche unter dem Einfluß einer bestimmten Suggestion stehende Handlung wird oft ausgeführt, ohne daß das Individuum sich derselben und der Motive dazu bewußt ist; es ist deshalb nicht zu verwundern, wenn die betreffende Person nachher jeden Zusammenhang mit dem Vorfalle aufs bestimmteste bestreitet.«

Ist es denkbar, daß Präsident Abraham Lincoln selbst – unbewußt – die Erfüllung seiner eigenen Prophezeiung, also seine eigene Ermordung, verschuldet hat? Kann es sein, daß er, so paradox das scheinen mag, an seinem eigenen gewaltsamen Tod zumindest eine Teilschuld hatte?

Dr. George W. Wilson aus Chicago veröffentlichte im Juni 1940 in der psychoanalytischen Vierteljahresschrift *Imago* eben diese Vermutung: Lincoln habe die Umstände, die zu seiner Ermordung führten, selbst herbeigeführt. So sei der Präsident wiederholt von persönlichen wie politischen Freunden wegen der Sorglosigkeit kritisiert worden, die er an den Tag legte, wenn es um seinen persönlichen Schutz ging. Der Kriegsminister Edwin M. Stanton rügte noch wenige Tage vor der Ermordung Lincolns den Präsidenten scharf. Wenn er nicht dazu in der Lage sei, sich vor möglichen Attentätern zu schützen, dann werde er, Stanton, eine ganze Kompanie von Infanteristen abkommandieren, die mit einer einzigen Aufgabe betraut werden würde: Die Soldaten sollten den Präsidenten schützen.

Lincoln lehnte das Ansinnen in einem Gespräch am 13. oder 14. April 1865 energisch ab, also nur Stunden vor seiner Ermordung. Um aber seinen Kriegsminister nicht vollkommen zu brüskieren, willigte der Präsident schließlich ein, sich beim Besuch des Ford-Theaters von einem einzigen Mann beschützen zu lassen. Umstritten ist, wer den »Sicherheitsposten« auswählte. War es Lincoln selbst? Es ist wohl eine zu kühne Behauptung, wenn man unterstellen wollte, daß der führende Mann Amerikas bewußt einen unzuverlässigen, unerfahrenen Ex-Polizeibeamten zu seiner Bewachung bestimmte, um es seinem Attentäter so leicht wie möglich zu machen, ihn zu ermorden! Tatsächlich konnte John W. Booth ungehindert in die Präsidentenloge eindringen: Der Wachmann war nicht auf seinem Posten.

Ward Hill Lamon, der in seinen Erinnerungen an Lincoln des Präsidenten Traum so penibel festhielt, schrieb: »So überzeugt er zweifellos von Vorzeichen war, die er für schlüssig hielt, daß er nämlich Macht und Größe gewinnen würde, so war er auch eben wegen dieser Zeichen der festen Überzeugung, daß auf dem Höhepunkt seiner Karriere und seines Ruhms plötzlich alles zu Ende sein würde. Er hat immer geglaubt, daß er durch ein politisches Attentat getötet werden würde, und hat dennoch, trotz dieses entsetzlichen Schicksals, das sein Leben überschattete, nie auch nur für einen kurzen Augenblick den Mut verloren.«

Auch Dr. Ira Progoff vermutete, daß Lincoln unbewußt sein Schicksal heraufbeschwor. Er habe es hingenommen, daß sein Tod vorherbestimmt sei, genauso wie es sein Schicksal gewesen sei, als Präsident der Vereinigten Staaten von Amerika gegen die Versklavung der schwarzen Bevölkerung des Landes einzutreten.

Hoimar von Ditfurth war ein Nachfolger im Geiste von Professor Dr. Alfred Lehmann. In zahlreichen Fernsehsendungen versuchte er, vermeintlich übersinnliche Phänomene als Schwindel und Humbug darzustellen. In seinen letzten Lebensjahren aber kam der Gelehrte immer mehr zu der Überzeugung, daß es vielleicht doch so etwas wie ein Schicksal gebe, das dem einzelnen Menschen vorherbestimmt sei. Am Rande der Frankfurter Buchmesse fand ich Gelegenheit, mit Hoimar von Ditfurth über den Todestraum von Abraham Lincoln zu sprechen. Von Ditfurth hielt es für eine »nicht zu akzeptierende Vorstellung«, daß der Präsident seinen eigenen Tod »herbeiführte«. »Vielleicht war er in gewissem Umfang ›abergläubisch‹. Vielleicht sah er das Künftige als unabwendbar an, meinte, es hinnehmen zu müssen. Mag sein, daß er so etwas wie eine magische Vorstellung von der Zukunft hatte. Daß er an so etwas wie einen ›magischen Spruch‹ glaubte, der sein Ende bereits festgelegt hatte. Aber sein Traum muß nach wie vor als eine prophetische Vorwegnahme von Ereignissen angesehen werden, die auch tatsächlich eingetroffen sind.«

Der Untergang der Insel Krakatau

Professor Dr. Alfred Lehmann hielt prophetische Träume für ausgeschlossen und unmöglich. In *Aberglaube und Zauberei* schrieb er: »Der Traum und die späteren Ereignisse sind im allgemeinen ganz unabhängig voneinander; erst der Mensch bringt sie unwillkürlich miteinander in Verbindung und findet eine Ähnlichkeit oder Unähnlichkeit heraus, je nachdem er seine Aufmerksamkeit auf die

Übereinstimmung beziehungsweise Nichtübereinstimmung des Traumes mit den Ereignissen richtet.«

Prophetische Träume paßten nicht in sein materielles Weltbild. So läßt sich ein Großteil des Lebenswerks dieses Wissenschaftlers in einem Satz zusammenfassen: Alle vermeintlichen Vorhersagen sind in Wirklichkeit keine echten Prophezeiungen. Eine Grundsatzaussage aber muß – so lautet das wissenschaftliche Prinzip – als widerlegt angesehen werden, wenn sich nur ein einziges Gegenbeispiel anführen läßt.

Wird behauptet, alle Raben seien schwarz, dann gilt diese Regel nur so lange, bis sich ein einziger weißer Rabe findet. »Es gibt keine Prophezeiung im Traum!« muß dann als falsche Behauptung, als ungültige Verallgemeinerung angesehen werden, sobald sich ein einziges Gegenbeispiel anführen läßt. Solche Beispiele gibt es.

In der Nacht vom 28. auf den 29. August 1883 hatte der amerikanische Journalist Byron Some einen entsetzlichen Traum. Schweißgebadet wachte er, nachdem er bei Recherchen im Leseraum der Zeitschrift *Boston Globe* eingenickt war, auf. Es war bereits drei Uhr morgens. Some wischte sich den Schlaf aus den Augen, wollte hastig nach Hause gehen, da entschloß er sich, noch einige Minuten zu bleiben und seine Traumvision zu Papier zu bringen. Vielleicht würde er einmal einen Artikel daraus machen. So schrieb er auf, was er geträumt hatte, entwarf ein packendes Bild einer wahren Horrorvision.

Die Wellen des Ozeans peitschten gegen das Land, schienen von rasender Wut beseelt zu sein, kochten förmlich. Die Erde tat sich auf und spie enorme Massen glühender Lava aus, ein Vulkan brach aus, flüssiger Stein ergoß sich über Dörfer und Siedlungen. Menschen flohen, schrien in panischer Furcht. Sie konnten ihrem Schicksal nicht entgehen, sie waren dem Tod geweiht, der sie in Minutenbruchteilen ereilen würde.

Heiße Lava und kaltes Wasser trafen aufeinander, Rauchschwaden stiegen zum Himmel, alles war in Aufruhr. Tosender Lärm kündete schreckliches Unheil – und wurde abgelöst von unheimlicher Totenstille. Wo auf einer friedlichen Insel Stunden zuvor Menschen nichtsahnend in den Tag hineingelebt hatten, war nur noch Wasser zu sehen. Ein Vulkanausbruch hatte das Eiland zerstört, die Wogen des Meeres deckten es zu.

285

Byron Some hatte keineswegs nur einen allgemeinen, wenn auch plastischen Alptraum gehabt. Er wußte, jetzt hellwach, daß er eine ganz bestimmte Insel, ein ganz konkretes Eiland hatte untergehen sehen. Es war die Insel Pralape bei Java, die durch einen enormen Vulkanausbruch vom Erdboden getilgt worden war.

Die Todesschreie der Menschen hallten noch in seinen Ohren nach, verursachten geradezu körperlich spürbare Schmerzen, als der Journalist alle Details hastig zu Papier brachte. Er beschrieb, wie das kleine Fleckchen Erde zerfetzt wurde, wie die Menschen den Lavamassen hilflos ausgeliefert waren, wie die Wassermassen sich gnadenlos über das Eiland ergossen, wie die Insel unter dem Meer versank.

Der klare Traum hatte Byron Somes Gefühle aufs heftigste aufgewühlt. Jetzt, nachdem er alles zu Papier gebracht hatte, fühlte er sich wie ausgelaugt und matt. Er stand auf, schrieb noch das Wort »Wichtig« in großen Lettern über seinen hastig zu Papier gebrachten Text, legte das Manuskript auf seinen Schreibtisch und ging nach Hause.

Er lag zu Hause schlafend in seinem Bett, als die Kollegen der Morgenschicht in die Redaktion des *Boston Globe* kamen. Sie fanden das Manuskript auf Byron Somes Schreibtisch – und hektische Aktivität setzte ein. »Wo ist denn Some?« schrie der Redaktionschef. Niemand wußte es. »Egal!« entschied der leitende Journalist. »Wir bringen die Meldung auf der Titelseite!« So geschah es dann auch. Der Boston Globe brachte die Meldung von der Naturkatastrophe von Pralape bei Java auf Seite 1. Man schätzte sich glücklich, als erstes Blatt die schlimme Neuigkeit verkünden zu können. Stolz gab man den Bericht – denn für einen solchen hielt man die Traumvision von Byron Some – an die Presseagentur Associated Press weiter. Und die ließ ihn landesweit verbreiten.

Bald aber kehrte Ernüchterung ein. Beim *Boston Globe* ebenso wie bei Associated Press. Nichts war über einen Vulkanausbruch bekannt. Ja, eine Insel Pralape war auf keinem Atlas zu finden. Associated Press beschwerte sich beim *Boston Globe*. »Wie konntet ihr so einen Unsinn an uns weitergeben? Die Story ist doch frei erfunden, entbehrt jeder Grundlage!« Der Redaktionsleiter des *Boston Globe* wäre am liebsten vor Scham im Boden versunken. »Wir werden in der nächsten Ausgabe die Sache richtigstellen«, gab er kleinlaut zu. Byron Some wurde fristlos entlassen, obwohl er in keiner Weise dazu beigetragen hatte, daß sein Traumbericht als Titelstory auf Seite 1 erschienen war.

Während mehrere Journalisten des *Boston Globe* damit beschäftigt waren, eine Entschuldigung für die sensationelle »Falschmeldung« zu formulieren, trafen merkwürdige Nachrichten ein. Aus Australien wurde vermeldet, in der Nacht habe sich Geheimnisvolles abgespielt. So etwas wie lautes Geschützfeuer sei zu vernehmen gewesen. Man konnte sich das Phänomen zunächst nicht erklären. In den Küstenregionen von Zentral- und Südamerika, hieß es, hatte es gewaltige Sturmfluten gegeben. Irgend etwas mußte irgendwo geschehen sein – was, das stand erst Tage später fest.

Eine der größten Naturkatastrophen der Menschheitsgeschichte hatte die Insel Krakatau in der Sundastraße, zwischen Sumatra und Java, heimgesucht. Zwei Drittel des Eilandes waren durch einen Vulkanausbruch von der Landkarte getilgt worden, 40 000 Menschen auf Sumatra und Java gestorben. Die Erdrinde war aufgebrochen, Meerwasser eingedrungen, hatte eine Explosion ausgelöst, die auf der ganzen Erde zu spuren war. Die ausgeloste Schockwelle raste dreimal um den Globus. Weltweit wurde über die entsetzliche Katastrophe berichtet – und das Tage nachdem die Traumvision von Byron Some im *Boston Globe* erschienen war.

Der Journalist hatte die entsetzliche Katastrophe bis ins letzte Detail richtig vorhergeträumt. Nur ein Punkt, so schien es, stimmte nicht. Pralape hatte der Reporter das heimgesuchte Eiland genannt. Die zu zwei Dritteln zerstörte Insel aber hieß Krakatau. Experten der »Holländischen Historischen Gesellschaft« fanden aber heraus, daß ihr ursprünglicher Name anders gelautet hatte: Pralape!

Byron Some hatte, dank der visionären Kraft der Träume, die gewaltige Naturkatastrophe detailgenau vorausgesehen. Er hatte seine Vision beim Erwachen sofort aufgeschrieben. Sein Text war so präzise, daß ihn seine Kollegen für eine Reportage hielten und als Artikel auf Seite 1 des *Boston Globe* veröffentlichten. Sein Traum war prophetisch, bis ins kleinste Detail zutreffend. Ausgeschlossen ist, daß der Träumer, so wie Professor Dr. Lehmann behauptete, die Erfüllung des Traums erst unbewußt herbeiführte.

Wie sollte der Journalist Byron Some einen der schlimmsten Vulkanausbrüche der Menschheit ausgelöst haben?

Mark Twains prophetischer Traum
vom Tod seines Bruders

Mark Twain hieß eigentlich Samuel Langhorne Clemens (1835–1910). Seine Erzählungen über die Erlebnisse von *Tom Sawyer* (1876) und *Huckleberry Finn* (1884) machten ihn weltberühmt. Anno 1858 freilich arbeitete der spätere Erfolgsautor als Lotse auf dem Mississippi-Dampfer »Pennsylvania«. Sein drei Jahre jüngerer Bruder Henry arbeitete als Schreiber auf demselben Boot.

Im Traum sah Samuel Clemens erschreckende Bilder, die ihn sehr beunruhigten. Da war ein schwerer Metallsarg. Zwei Stühle schienen ihn kaum tragen zu können. Im Sarg ruhte der tote Körper von Henry Langhorne. Jemand hatte ihm einen Blumenstrauß auf die Brust gelegt. Auffällig war eine einzelne rote zwischen den übrigen weißen Blüten.

Kurz darauf stritt sich Samuel mit seinem Vorgesetzten, dem Cheflotsen der »Pennsylvania«. Weil er sich nicht entschuldigen wollte, wurde er auf die »Lacey« versetzt. Bruder Henry fuhr auf der »Pennsylvania« weiter. Kurze Zeit später erreichte Samuel eine Schreckensbotschaft: Die »Pennsylvania« war explodiert, 150 Menschen waren bei dem Unglück ums Leben gekommen. Hatte er den Tod seines eigenen Bruders vorhergeträumt? Zunächst sah es nicht so aus. Henry befinde sich nicht unter den Toten, hieß es. Allerdings sei er schwer verletzt, liege mit entsetzlichen Verbrennungen im Lazarett von Memphis.

Samuel Clemens machte sich sofort zum Lazarett auf, wachte sechs Nächte am Krankenlager seines Bruders. Schließlich starb Henry. Erschöpft von den langen Nächten sank Samuel in einen ohnmachtähnlichen Schlaf. Als er wieder zu sich kam, hatten Sanitäter den toten Körper seines Bruders in einen Sarg gelegt. Er war metallen, stand auf zwei Stühlen. Während Samuel erschüttert seinen toten Bruder betrachtete, trat eine Frau hinzu. Sie legte dem Toten einen Strauß Nelken auf die Brust. Es waren weiße Blumen, mit einer roten in der Mitte. Samuel Clemens erkannte, daß sein Traum prophetisch gewesen und bis in alle Einzelheiten eingetroffen war.

Auch im Falle des prophetischen Traums von Samuel Clemens

alias Mark Twain kann nicht die Rede davon sein, daß der Träu-
mende einen eigentlich sinnlosen Traum hatte, den er dann selbst
unbewußt nachträglich zum Wahrtraum machte. Als geradezu ab-
surd muß die »Erklärung« angesehen werden, wenn es um den
Untergang der Titanic geht, der von zahllosen Menschen vorhergeträumt wurde.

Die Titanic wird untergehen

Am 14. April 1912 sank die Titanic auf ihrer Jungfernfahrt, nachdem sie mit einem Eisberg kollidiert war, 1517 Menschen fanden
dabei den Tod. Kurioserweise hatte der englische Journalist William T. Stead (1849–1912) das Unglück Jahre zuvor erstaunlich
präzise vorhergesehen. Im Magazin *Pall Mall Gazette* veröffentlichte
er eine Kurzgeschichte, deren Held, ein reicher Geschäftsmann,
durch eine glückliche Schicksalsfügung den Untergang eines
Ozeandampfers überlebt. Als Herausgeber des Blatts kommentier-
te Stead: »Solch ein Unglück kann sehr wohl geschehen, und es wird
auch geschehen, und dann werden zu wenig Rettungsboote an Bord
sein.« 1893 schrieb Stead selbst eine fiktive »Reportage« mit dem
Titel *Von der Alten Welt in die Neue.* Inhalt: Ein tragisches Schiffsunglück, bei dem ein Ozeandampfer einen Eisberg rammt und
versinkt.

1911 wandte sich Graf Harmon, ein Medium, das für hellsichtige
Träume bekannt war, an William T. Stead. »Ich muß Sie dringend
warnen! Ihr Leben ist vom Wasser her bedroht!« Der Journalist gab
nichts auf »solchen Unfug«. Vor dem Meer hatte er keine Angst. In
seiner Jugend war er zur See gefahren. Später war er Juwelier
geworden. Als seine Augen immer schlechter wurden, wandte er
sich der Schriftstellerei zu.

Am 11. Juni 1911 präzisierte Graf Harmon: »Treten Sie auf
keinen Fall im April 1912 eine Reise an! Fahren Sie nicht über den
Ozean!« Jetzt war Stead neugierig geworden, befragte ein weiteres
Medium, W. de Kerlor. Auch der erlebte schreckliche Visionen. Er
träumte von einem »sinkenden schwarzen Schiff«, von »hilflos im
Meer treibenden Passagieren«, von der »eisigen Kälte des Was-

sers«, die die Menschen erstarren ließ, von ihren »verzweifelten Hilferufen«. William Stead buchte trotzdem einen Platz auf der Titanic. Er gehörte zu den zahlreichen Opfern des Schiffsuntergangs.

1898, fünf Jahre nach Stead, veröffentlichte Morgan Robertson einen Roman mit dem Titel *The Wreck of the Titan (Das Wrack des Titan)*. Thema des Buches ist ein als unsinkbar geltender Ozeanriese namens Titan. Als Termin für das Unglück wird der Monat April genannt. 14 Jahre später sank die Titanic – im April. Und wie in der Romanvorlage gab es zu wenig Rettungsboote an Bord. Im Roman verließ sich die Reederei auf 20, in der Realität begnügte sich die White Star Linie mit 24 Rettungsbooten. 3000 Passagiere überquerten auf der Titan den Ozean, 2207 waren es auf der Titanic. Beide Schiffe waren erstaunlich schnell: 25 Knoten schaffte der Roman-Ozeanriese, 22 die reale Titanic. 75 000 Bruttoregistertonnen hatte der fiktive Titan, 66 000 in der Wirklichkeit die Titanic. Beide Schiffe waren mit drei gewaltigen Schrauben ausgestattet, beide Schiffe waren ähnlich groß. 251 Meter lang war die Titanic, der Titan hatte nach den Angaben des Romans eine Länge von 270 Metern.

Je näher der Termin für die Jungfernfahrt der Titanic heranrückte, um so mehr Menschen erlebten um so drastischere Visionen von ihrem entsetzlichen Ende. Jack Marshall beobachtete am 10. April 1912 vom Dach seines Hauses auf der Insel Wright die auslaufende Titanic. Plötzlich schrie seine Frau, die neben ihm stand, entsetzt auf. »Da treiben Hunderte von Menschen im eiskalten Wasser! Ich sehe sie zappeln! Seid ihr denn blind, wollt ihr sie alle ertrinken lassen? Die Titanic wird untergehen!«

Joan Marshall, die Tochter der Familie, berichtete später in einem Buch (*Far Memory*, New York 1956), wie gereizt von jenem Tag an die Stimmung in der Familie war. Niemand wagte mehr, das Gespräch auf die Titanic zu lenken, die in jenen Tagen doch in aller Munde war: »Mutter war freilich sehr nervös, Vater recht beunruhigt. Fast kam es uns allen wie eine Erlösung vor, als jedermann wußte, daß die Titanic auf einen Eisberg gelaufen war.«

Schon in früher Kindheit wurde Vincent Newton Turvey, der später weit über die Grenzen Englands als übersinnlich veranlagtes

Medium bekannt werden sollte, von furchteinflößenden Visionen und erschreckenden Alpträumen heimgesucht. Die »liebe Verwandtschaft« tuschelte, das Kind verfüge über unheimliche »magische Kräfte«. Als die Titanic in See stach, peinigten ihn Horrorbilder von einem sinkenden Schiff. Grauenhafte Schreckensbilder konnte ein anderer Mann nicht aus seinen Gedanken verdrängen. Es war Charles M. Hays, Präsident der »Grand Trunk Eisenbahngesellschaft«, der mit Magie in welcher Form auch immer nichts zu tun haben wollte.

Auch Major Archibald Butt, ebenfalls ein höchst angesehener Geschäftsmann, wurde von Todesahnungen gequält. Sie waren so deutlich, daß er seiner Schwägerin für den Fall seines Todes letzte Anweisungen gab. Dann trat er, wie geplant, seine Geschäftsreise an. Er fuhr mit dem Ozeandampfer über den Atlantik, von Amerika nach Deutschland. Als die SS Berlin ohne jegliche Zwischenfälle in Europa angekommen war, vergaß Butt seine Befürchtungen. Er hätte auf seine Ahnungen hören sollen. So kam der Geschäftsmann auf der Rückreise von Europa nach Amerika ums Leben. Er gehörte zu den Opfern der Titanic-Katastrophe.

J. Connon Middleton hatte sich einen Platz auf der Titanic reservieren lassen, wollte zu wichtigen Gesprächen in die USA reisen. Er freute sich schon auf die luxuriöse Reise, da suchten ihn peinigende Angstträume heim, die wiederholt auftraten. Zehn Tage vor der geplanten Abreise sah er das als unsinkbar geltende Schiff im Traum kieloben im Meer driften. Passagiere und Besatzungsmitglieder kämpften in den eisigen Fluten ums Überleben. Sollte er die »Warnung« ernst nehmen? Mr. Middleton war unsicher, entschloß sich dann aber wenige Tage vor der Abfahrt dazu, auf die Seereise zu verzichten. So rettete eine Reihe von Träumen wahrscheinlich sein Leben.

Colin Macdonald war vor dem ersten Weltkrieg ein geachteter Seemann, dessen berufliche Qualifikation nicht nur in Schiffahrtskreisen gerühmt wurde. Er sollte unbedingt zur Mannschaft der Titanic gehören, bekam wiederholt lukrative Angebote. So verlockend ihm auch die Möglichkeit schien, als zweiter Ingenieur auf dem Riesendampfer anzuheuern, er lehnte konsequent alle Offerten ab. Daß man über seine »schlimmen Ahnungen« nur lachte, machte ihm nichts aus. J. Jesketh bekam die eigentlich Macdonald zugedachte Position. Er kam beim Untergang der Titanic ums Leben.

Vierter Ingenieur war Leonard Hodginson. Die Titanic-Passage sollte der Höhepunkt seiner beruflichen Laufbahn werden. Danach wollte er sich mit 65 pensionieren lassen. Den erhofften friedlichen Lebensabend konnte der alte Seebär leider nicht mehr genießen. Etwa einen Tag bevor er im eisigen Meer ertrank, hatte seine damals 14jährige Nichte, die gar nicht wußte, daß ihr Onkel auf der Titanic Dienst tat, einen beängstigenden Traum. Ihre Vision hatte zugleich auch geradezu surrealistische Züge.

Sie sah sich im Heimatstädtchen Hanford, England, spazierengehen. Plötzlich tauchte mitten im grünen Trentham Park ein mächtiges Schiff auf. Deutlich erkannte sie eine Vielzahl von Menschen, die an Bord kreuz und quer umherliefen. Etwas machte ihnen unglaubliche Angst. Sie schienen von Panik ergriffen, kaum noch zu logischem Denken imstande zu sein. Dann versank der Schiffsriese im Park. Der Traum riß das Mädchen aus dem Schlaf. Er kehrte wieder, als sie nach längerer Zeit wieder eingenickt war.

Sie hatte im Traum eine Zukunftsvision vom Untergang der Titanic.

Fragen über Fragen ergeben sich: Wäre die Katastrophe zu vermeiden gewesen, wenn man auf die warnenden Stimmen der Propheten gehört hätte? Können künftige Unglücke vermieden werden, wenn prophetische Stimmen beachtet werden? Ohne Zweifel bietet sich hier der Parapsychologie ein weites Forschungsfeld.

Reisen in der Zeit

Biblische Propheten, aber auch weltliche Herrscher wie Caesar, Hannibal und Xerxes hatten also Traumvisionen von der Zukunft. Abraham Lincoln sah im Traum seinen eigenen Tod vorher, ein Journalist einen entsetzlichen Vulkanausbruch, zahlreiche Menschen den Untergang der Titanic.

Angesichts der Häufung von Traumreisen in die Zukunft stellt sich die entscheidende Frage: Ist ein solches Phänomen überhaupt für einen seriösen Wissenschaftler akzeptabel?

Sind Traumreisen in der Zeit möglich?
Ja – meinen Wissenschaftler.

Sigmund Freud (1856–1939) sah Träume als »Tagesreste« an. Der Mensch, so Freud, verarbeitet im Traum Erinnerungen an tatsächliche Begebenheiten aus seiner Vergangenheit. John William Dunne (1875–1949), irischer Luftfahrtingenieur, war da ganz anderer Ansicht. Der Wissenschaftler, der selbst äußerst konkrete Visionen von künftigen Ereignissen im Traum hatte, ging davon aus, daß im Traum die Zeit »umgekehrt« werde, daß der Mensch nicht Erinnerungsfetzen aus der Vergangenheit, sondern aus der Zukunft verarbeitet.

Zu diesem Ergebnis kam auch nach Jahrzehnten der wissenschaftlichen parapsychologischen Forschung Professor Wilhelm Heinrich Carl Tenhaeff, Inhaber des ersten Lehrstuhls für Parapsychologie. Nach Prof. Tenhaeff ist Zeit kein unaufhaltsam vom Gestern ins Morgen fließender Strom. Vielmehr ist es möglich, im Traum Informationen aus der Zukunft zu erhalten.

Carl Gustav Jung (1875–1961), der berühmte Tiefenpsychologe, setzte sich zeit seines Lebens auch mit übersinnlichen Phänomenen auseinander. Er warnte davor, die »sogenannten okkulten Phänomene« zu belächeln. Außersinnliche Wahrnehmungen waren für Jung Realität. Dabei dachte er sehr konkret auch an Informationen, die auf übersinnlichem Wege aus der Zukunft bezogen werden können. So schrieb Jung 1934: »Eine objektive Sichtung und Kritik läßt feststellen, daß sich Wahrnehmungen ereignen, die teils so vor sich gehen, als ob es keinen Raum gäbe, teils so, als ob es keine Zeit gäbe.« Besonders fasziniert war er von Träumen, die heute Dinge enthüllen, die erst morgen oder übermorgen geschehen werden. Er sprach davon, daß »ein Prinzip akausaler Zusammenhänge, das Raum und Zeit auf Null reduziert« existiert.

Albert Einstein (1879–1955), der das wissenschaftliche Weltbild des 20. Jahrhunderts ganz entscheidend prägte, erklärte, daß »die Teilung zwischen Vergangenheit, Gegenwart und Zukunft als Illusion betrachtet werden muß«.

1974 hielt der amerikanische Physiker Gerald Feinberg auf dem »Internationalen Kongreß für Quantenphysik und Parapsychologie« einen Vortrag. Hauptaussage: Informationsübertragung aus der Zukunft in die Vergangenheit ist möglich.

Der Wissenschaftspublizist Viktor Farkas hält fest, daß es nicht unwissenschaftliche Phantasten sind, die »Erinnerungen an die Zukunft« für möglich halten. Vielmehr gehen viele der fortschrittlichen Denker unseres 20. Jahrhunderts – Einstein, Rosen, Podolsky, Bohm, Bell – davon aus, daß Prophetie wirklich möglich ist. »Natürlich wäre es reizvoll, ins Detail zu gehen«, stellt Farkas in seinem Buch *Unerklärliche Phänomene jenseits des Begreifens* fest, »und spezifische Theorien unter die Lupe zu nehmen. Im Grunde ist es auch von geringer Bedeutung, ob Propheten Tachyonenwellen aus der Zukunft empfangen oder aus möglichen Paralleluniversen, die sich bei jedem Quantensprung von unserem Kosmos abspalten. Vielmehr wollen wir uns mit der Aussage begnügen: Man kann in die Zukunft schauen, es gibt Beweise dafür – und die Wissenschaft hat nichts dagegen.«

Nach Professor Dr. Lehmann wird beim Einschlafen das Ich-Bewußtsein des Menschen ausgeschaltet. Im Wachzustand strömt eine Vielzahl von äußeren Eindrücken auf den Menschen ein. Er kann nur einen kleinen Teil davon verarbeiten, verdrängt die meisten und vergißt sie rasch.

»Im Schlaf entfällt diese Zensur«, fügt Jacques Bergier hinzu, »der Intellekt des Menschen ist ausgeschaltet. Alle Eindrücke werden in ihrer Vielfalt wahrgenommen und können zu Traumbildern führen. So werden auch Bilder aus der Zukunft zu Träumen. Im Wachzustand würden sie verdrängt, weil der ›denkende Mensch‹ Bilder aus der Zukunft für unmöglich hält. Im Schlaf haben solche Bilder aus der Zukunft zumindest die Chance, gesehen zu werden.«

So kann, meint Jacques Bergier, jeder Mensch Zukünftiges vorherträumen. Voraussetzung dafür sei aber, daß er sich seiner Träume erinnert.

Das Traumtagebuch

»Träume sind Schäume«, sagt der Volksmund und meint damit wohl nicht zuletzt auch die Flüchtigkeit von Träumen. Eben ist man erwacht, hatte einen Traum plastisch und mit allen Details vor

Caesar und Kleopratra, hier auf einem ägyptischen Relief dargestellt, folgten den Weisungen der Träume, wenn sie Entscheidungen treffen mußten.

Gott offenbart sich nach Ansicht vieler Religionen im Traum – wie hier bei Jakob und der Himmelsleiter.

Ohne Deutung versteht der Träumer seinen Traum nicht. Hier erklärt
Joseph dem Pharao, welchen Sinn sein Traum von den sieben fetten und
den sieben mageren Jahre hatte.

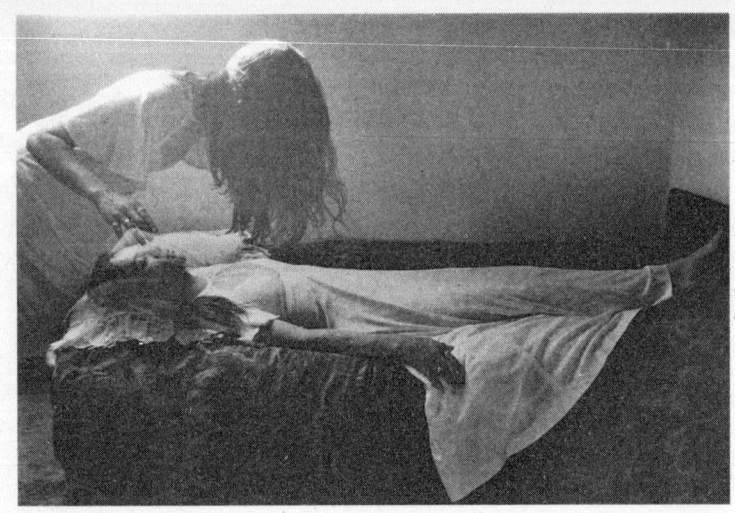

Bei außerkörperlichen Erfahrungen verläßt der Geist den Körper.

In parapsychologischen Labors werden Astralreisen mit modernster Technik untersucht.

Augen – und schon ist er wie ausgelöscht. Wenn aber Träume so schnell vergessen werden können, wie soll es dann möglich sein zu überprüfen, ob sie prophetische Botschaften enthielten?

Das ist mit Hilfe eines Traumtagebuchs möglich. Ein solches Tagebuch kann jeder führen. Voraussetzungen sind allerdings etwas Geduld und die Bereitschaft zu lernen.

Nach Jacques Bergier empfiehlt es sich, beim Einschlafen in greifbare Nähe einen Schreibstift und ein Blatt Papier zu legen. Beide Utensilien müssen leicht und ohne jegliche Mühe erreichbar sein.

Es ist wichtig, beim Erwachen möglichst jede Körperbewegung zu vermeiden. Auf keinen Fall darf Licht gemacht werden. Dadurch können schon wichtige Teile des Traums vergessen werden. Die Erfahrung zeigt, daß auch der Klang der eigenen Stimme dazu führt, daß Teile des eben noch frischen Traums vergessen werden. Es empfiehlt sich also nicht, nach dem Erwachen das Geträumte auf ein Diktiergerät zu sprechen. Die einzig empfehlenswerte Methode ist das Traumtagebuch.

Zunächst kann, ja wird es Mißerfolge geben. Der Traum ist auch ein Hüter des Schlafs. Er gaukelt zuweilen falsche Bilder vor, um den Schlaf zu sichern. Hat das Traumbewußtsein das Gefühl, daß eine Aktion erfolgt, die den Schlaf stören könnte, wird oft ein beruhigender Traum produziert. Beispiel: Der Schlafende ist fest entschlossen, beim nächtlichen Erwachen Träume sorgfältig zu notieren. Am Morgen erwacht er und will nachlesen, was er in der Nacht zuvor aufgeschrieben hat. Deutlich erinnert er sich daran, wie frisch beim Aufwachen der Traum noch in der Erinnerung war. Er fühlt förmlich immer noch, wie er Papier und Stift zur Hand nahm und schrieb. Es stellt sich aber heraus, daß in Wirklichkeit gar kein Traum notiert wurde. Vielmehr erfüllte das Traumbewußtsein einen Wunsch des Wachbewußtseins: Es schenkte einen Traum, in dem ein Traum aufgeschrieben wurde. So konnte der Schlaf ohne Unterbrechung fortgesetzt werden.

Derlei »Mißerfolge« sind durchaus normal und sollten nicht abschrecken. Bald stellt das Führen eines Traumtagebuchs keinerlei Probleme mehr dar.

Bald ist es schon Routine: Aufwachen, im Dunkeln Stift und

Papier ergreifen, Traum aufnotieren, wieder einschlafen. Jeder Traumforscher sollte Mut zum Experiment mitbringen – und eine gehörige Portion Geduld. Es ist wichtig, zunächst die idealen Voraussetzungen zu schaffen.

Der eine legt ein Blatt neben sich aufs Bettlaken, dazu einen Stift, der andere zieht es vor, wenn auf der Bettdecke ein kleines Blöckchen wartet, mit einem an einem Bändchen befestigten Kugelschreiber.

Es zeigt sich auch, daß es gar nicht erforderlich ist, nach dem Aufwachen in der Nacht den gesamten Traum Wort für Wort zu protokollieren. Stichworte genügen meist. Beim Aufwachen am Morgen genügt es, diese Worte zu lesen, um den gesamten Traum lebhaft in Erinnerung zu rufen. Er wird freilich im Laufe der nächsten Minuten und Stunden deutlich verblassen.

Der Traumforscher sollte also nach dem Erwachen am Morgen den Traum so ausführlich und detailreich wie möglich zu Papier bringen. Schließlich wird das Protokoll noch mit dem genauen Datum versehen. Nur so ist es möglich zu überprüfen, ob tatsächlich prophetische Träume auftreten. Andernfalls besteht nämlich tatsächlich die Gefahr, daß im Nachhinein Erinnerungen an einen Traum geändert werden, damit die Traumvision nachträglich zu einer Traumprophezeiung wird.

Eigene Experimente

Selbstkritik ist zwingend erforderlich. Stets muß hinterfragt werden: Wurde wirklich ein Ereignis vorhergeträumt? Oder wurde nur ein Traum im »wirklichen Leben« in die Tat umgesetzt? Machte man also aus einem Traum bewußt einen Wahrtraum, indem man ihn ausführte, weil man wollte, daß es sich um einen Wahrtraum handelt?

»Es gibt grundsätzlich zwei Möglichkeiten«, erklärt Jacques Bergier. »Erstens: Man kann ein Traumtagebuch führen und abwarten. Vielleicht zeigt sich dann, ob man prophetische Träume hatte. Zweitens: Man kann ganz bewußt und gezielt experimentieren, sprich prophetische Träume nicht nur abwarten, sondern mit Absicht herbeiführen.« Im Gespräch mit mir schlug der berühmte Autor und Experte auf dem Gebiet des Übersinnlichen einfache Versuche vor, die ohne größeren Aufwand nachvollzogen werden können.

Beispiel: Zeitungsschlagzeilen vorherträumen. Der Traumforscher macht es sich zur Gewohnheit, zu einer bestimmten Tagesstunde die Zeitung zu lesen. Er konzentriert sich dabei auf die Schlagzeilen. Beim Einschlafen visualisiert er nun die Zeitung, stellt sich möglichst plastisch vor, wie die Zeitung zur Hand genommen wird, wie sich das Papier dabei anfühlt. Er stellt sich das leise Knistern des Papiers, den dezenten Geruch der Druckerschwärze vor. Je plastischer alle Begleitumstände des Zeitungslesens beim Einschlafen heraufbeschworen werden, desto besser sind die Ergebnisse beim gezielten Vorherträumen von Schlagzeilen oder gar ganzen Artikeln.

Jacques Bergier wies mich in diesem Zusammenhang darauf hin, daß es unterschiedliche Typen von Traumpropheten gibt. Jeder, der selbst eigene Experimente durchführen möchte, sollte zunächst feststellen, welchem Typus er zuzurechnen ist. Die zwei Haupttypen sind optisch oder akustisch ausgerichtet. Die Träume des einen sind hauptsächlich von Bildern und Visionen bestimmt, die des anderen in erster Linie von Geräuschen und gesprochenen Worten.

Experimente kann sich jeder letztlich selbst ausdenken. Ein akustisch orientierter Träumer etwa vereinbart mit einem Helfer einen Telefonanruf. Zu einer vereinbarten Zeit ruft der Helfer an und liest laut und deutlich einen Artikel vor, etwa den »Aufmacher« einer bestimmten Zeitung. Der potentielle Traumprophet stellt sich beim Einschlafen die Stimme dieses Helfers vor. Wird es ihm gelingen, im Traum »vorherzuhören«, was der Helfer aus der Zeitung vortragen wird? Oder – als Alternative – der akustische Träumer malt sich beim Einschlafen aus, wie er am nächsten Morgen den Radioapparat einschaltet. Wird es ihm gelingen, heute vorherzuträumen, was morgen der Nachrichtensprecher verlesen wird?

Voraussetzung für eine brauchbare Auswertung der Experimente ist freilich ein penibel geführtes Traumtagebuch. Nur dann kann überprüft werden, ob heute wirklich vorhergeträumt wurde, was morgen oder übermorgen in der Zeitung steht.

John William Dunne experimentierte viel mit bewußt herbeigeführten Traumvisionen von Zeitungsmeldungen von morgen und übermorgen. In Kreisen parapsychologischer Experten wurde häufig darüber diskutiert, ob denn Dunne bestimmte Ereignisse von großer Bedeutung vorhergeträumt habe, oder ob er Zeitungsmeldungen darüber im Traum vorhersah. Dunne hatte um 1901 einen Traum vom Ausbruch des Mont Pelée auf Martinique. 1902 kam es tatsächlich auf der Insel zu der vorhergesagten Katastrophe. Dunnes Vorherschau deckte sich aber wesentlich mit Zeitungsmeldungen über die Katastrophe. Es scheint also erwiesen zu sein, daß der experimentierende Seher oft Jahre vorher Zeitungsmeldungen »erträumte«.

Nach Jacques Bergier ist es die rechte Gehirnhälfte, die Informationen sammelt. Das geschieht, so der Wissenschaftspublizist und Buchautor, mit den bekannten fünf Sinnen (Sehen, Hören, Riechen, Schmecken, Tasten). Aber auch Informationen, die durch »hellsehendes Träumen« erlangt werden, würden nach Bergier von der rechten Gehirnhälfte aufgenommen. Eine Ordnung der Informationen erfolgt dann erst in der linken Gehirnhälfte.

Wichtig ist nicht nur das Führen eines Traumtagebuchs, wenn man herausfinden will, ob tatsächlich eine Veranlagung zu prophetischen Träumen besteht. Genauso wichtig ist, so Bergier, eine »positive Grundeinstellung gegenüber dem Thema Kraft der Träume. Wer es für vollkommen ausgeschlossen hält, daß Träume die Zukunft enthüllen, wird vermutlich prophetische Träume vergessen. Wenn das Wachbewußtsein absolut davon überzeugt ist, daß es Weissagen im Traum nicht gibt, dann handelt es entsprechend. Sollten echte Traumprophezeiungen auftauchen, dann wird es alles tun, damit diese Träume wieder vergessen werden.«

Wer erfolgreich in Sachen Traumprophetie experimentieren will, der muß sich bewußt damit auseinandersetzen, daß es einer Vielzahl von Menschen bereits gelungen ist, mit Hilfe der Kraft der Träume die Grenze zwischen Heute und Morgen aufzuheben.

Professor Hans Bender, Gründer des Instituts für Grenzgebiete der Psychologie und Psychohygiene, überprüfte die seherischen Gaben einer Vielzahl von Menschen. Bei nicht wenigen stellte sich heraus, daß sie tatsächlich im Traum konkrete Zukunftsvisionen hatten. Oft erfüllten sie sich freilich erst Jahrzehnte später: Wenige Wochen nach Geburt ihres Sohnes im Jahre 1919 hatte Amalie N. aus Nürnberg einen eindrucksvollen Traum. Sie sah sich selbst, wie sie an einem ihr völlig unbekannten Sandstrand entlangging und nach ihrem Kind suchte. Schließlich fing sie an, im Sand nach ihrem Kind zu graben. Sie wußte, daß ihr Sohn da zu finden sei.

Amalie N. hatte diesen Traum immer wieder. Zunächst behielt sie ihn für sich, schließlich erzählte sie ihn ihrem Mann. Der versuchte seine Frau zu beruhigen. Der Traum bedeute nur, daß sie als liebevolle Mutter Angst davor habe, ihr Kind zu verlieren. Dazu bestehe aber kein Anlaß, schließlich wachse ihr Sohn ja wohlbehütet auf. Leider halfen diese Traumanalysen wenig. Die Schreckensbilder kehrten immer wieder. Immer wieder sah sich die Mutter am Strand nach ihrem Sohn suchen, im Sand nach ihm graben. »Du mußt mir helfen, nach unserem Sohn zu suchen!« forderte sie ihren Mann immer wieder auf.

Nachdem der Traum sie wiederholt heimgesucht hatte, wußte sie schließlich, um welchen Strand es sich handelte, an dem sie entlangeilte und verzweifelt nach dem vermißten Sohn suchte: Es war die sandige Küste von Mahon.

Jahre vergingen. Der Traum geriet langsam in Vergessenheit. Der Zweite Weltkrieg brach aus. Der Sohn wurde Soldat. Er geriet in französische Kriegsgefangenschaft und starb. Schließlich erhielt die Mutter einen Brief von zwei Kameraden ihres Sohnes, die ihr mitteilen mußten, daß der junge Mann in den Sanddünen bei Fort Mahon begraben lag, etwa achthundert Meter vom Strand entfernt. Es hatte 27 Jahre gedauert, bis sich der Traum einer Mutter bewahrheitete. Während ihr neugeborenes Baby als Säugling in den Windeln lag, sah sie im Traum schon sein trauriges Ende auf einem Soldatenfriedhof.

Traumvisionen haben, so scheint es, meist tragische Ereignisse zum Inhalt. Freilich haben derlei vorhergesehene Ereignisse nicht immer ein tragisches Ende. Es gibt auch Episoden mit glücklichem Ausgang.

Am 29. Januar 1898 hatte der Frachter »Atacamba« im australischen Sydney eine große Ladung Kohlen an Bord genommen. Kapitän Spruit rechnete damit, daß die Fahrt nur drei Tage dauern würde. Auf hoher See entdeckte man, daß das Schiff untergehen würde. Ein gewaltiges Leck klaffte im Rumpf. Es war zu groß, als daß es hätte auf See ausgebessert werden können. Die Atacamba war nicht zu retten. Der Kapitän sah nur einen Ausweg: Zusammen mit seinen Matrosen kletterte er in ein Rettungsboot. Die Männer gerieten in einen schlimmen Sturm, hielten aber wacker aus. Schließlich wurden sie von der Besatzung des Dampfers »Industry« gerettet.

Als Kapitän Spruit wieder zu Hause bei seinen Lieben eintraf, stellte er fest, daß seine dramatische letzte Reise bis ins letzte Detail längst bekannt war. Seine kleine Tochter hatte alle Ereignisse in ihrer vollen Dramatik im Traum vorhergesehen – das Leck im Rumpf der »Atacamba«, die Aufgabe des Schiffs, die stürmische Zeit im Rettungsboot, die Rettung durch die »Industry«, die Heimkehr des Kapitäns.

Jacques Bergier vermutet, daß »dramatische Ereignisse besonders scharfe Schatten voraus werfen. Menschen, die unbeabsichtigt Traumvisionen haben, sehen in erster Linie Dramatisches – Unglücke, Katastrophen, Mord und Totschlag«. Die Bilder von brutalen Ereignissen seien es, an die sich Menschen, denen dank der Kraft der Träume ein Blick in die Zukunft gestattet wird, besonders gut erinnern. »Wer aber bewußt experimentiert, kann versuchen, gezielt Künftiges vorherzuträumen. Er mag dabei heute im Traum kleine und alltägliche Dinge sehen, die sich morgen in der Wirklichkeit ereignen.«

Jeder Experimentator kann eigene Versuche erarbeiten. Interessant ist der Versuch, das Wetter vorherzuträumen. Je nach Gusto des Experimentators kann der Versuch einfacher oder komplizierter gestaltet werden.

Träume vom Wetter

Der Experimentator stellt sich beim Einschlafen am Sonntag abend vor, welche Wettervorhersage die Zeitung vom Dienstag für den Mittwoch bringt. Der geschickte Träumer kann mit einiger Übung gezielt bestimmte Träume herbeiführen. In der folgenden Nacht notiert dann der Experimentator seinen Traum. Am Morgen fertigt er möglichst bald nach dem Erwachen ein ausführliches Traumprotokoll an. Sobald die Zeitung vorliegt, wird verglichen: Inwieweit stimmen Traum und Wettervorhersage überein? Der Zeitungsbericht wird ausgeschnitten, zusammen mit dem Traumprotokoll aufbewahrt. Gibt es Übereinstimmungen? In wie vielen Punkten sind Traumvision und gedruckter Wetterbericht miteinander identisch?

Schließlich stellt der Experimentator am Mittwoch fest, wie das Wetter tatsächlich ausfällt. Entspricht es den Vorhersagen der Zeitung? Welche Prophezeiung traf exakter zu: die eigene, geträumte? Oder die gedruckte der Zeitung?

Träume vom Lottoglück

Wer mit Prophezeiungen im Traum experimentiert, kann ruhig lukrative Ziele anstreben. Warum soll man nicht versuchen, mit der Kraft des Traums zu Geld, etwa zu einem Lottogewinn, zu kommen?

Die ideale Methode gibt es nicht. Und so wie Spitzensportler gelegentlich Weltrekorde erzielen, der Hobbysportler in der Regel aber nur mit bescheideneren Erfolgen aufwarten kann, sieht es wohl auch bei der Kraft der Träume aus. Sie fällt bei unterschiedlichen Menschen ganz unterschiedlich aus. Jeder Experimentator kann seine eigene Methode entwickeln. Der eine visualisiert beim Einschlafen, wie er am Montag der folgenden Wochen die Zeitung aufschlägt und die ausgedruckten Lottozahlen vom Wochenende studiert. Der andere stellt sich vor, wie er die Ziehung der Lottozahlen am Bildschirm mitverfolgt, hört förmlich die dezente Musik, die das Klappern der Kugeln in der Trommel untermalt. Ein dritter Experimentator sieht sich beim Einschlafen im Bett liegen, hört den Radioapparat aus dem Wohnzimmer. Er vernimmt die Stimme des Nachrichtensprechers: »Und nun die Lottozahlen vom Wochenende.«

Mit welcher Methode auch immer der Experimentator arbeitet: Wichtig ist, daß die geträumten Lottozahlen sofort im Traumtagebuch notiert werden.

Fliegen mit der Kraft der Träume

Vor Jahrtausenden geschah in der Südsee Dramatisches. Ein großes Inselreich, Maori Nui Nui, drohte von gewaltigen Fluten verschlungen zu werden. König Hotu Matua hatte Kundschafter ausgeschickt, die eine neue Heimat ausfindig machen sollten. Vergeblich. Der Mächtige hörte auf Botschaften der Seele aus dem magischen Reich der Visionen.

Priester Hau Maka hatte einen Traum. Gott Make Make trug ihn durch die Lüfte und zeigte ihm die Osterinsel. Er brachte ihn schließlich zurück in die alte Heimat. Bald darauf wurde das gesamte Volk von Maori Nui Nui auf die Osterinsel evakuiert.

Parapsychologen und Prä-Astronautiker sind sich uneins über die Deutung dieser uralten Überlieferung aus dem reichen Schatz der Osterinsel-Überlieferungen. Wie ist sie zu verstehen? Muß man davon ausgehen, daß der Priester körperlich durch die Lüfte getragen wurde? Etwa von einem Außerirdischen, der in grauer Vorzeit die Erde besuchte? Oder sollte die Reise nur »im Geiste« stattgefunden haben? Wenn ja: Kann so eine »körperlose« Reise als »wirklich« bezeichnet werden? Oder nur als eingebildet?

Die uralte Osterinsel-Überlieferung verdeutlicht eine der vielleicht ältesten Vorstellungen der Menschheit: Der Mensch wurde nicht nur als physischer Körper gesehen. Der Leib des Menschen galt zwar als ein wichtiger Bestandteil, zum Leib gehörte aber auch noch etwas Unsichtbares – die Seele. Bereits in der Antike, aber auch in vielen außereuropäischen Kulturen herrschte die Vorstellung, daß sich Körper und Geist vorübergehend voneinander lösen und unabhängig voneinander existieren können. Die Parapsychologie, die die Welt des Übersinnlichen zu erkunden sucht, scheint diese uralte Glaubensvorstellung zu bestätigen. Sie spricht von Seelenexkursionen.

Vielen Menschen erscheint die Vorstellung von einer Seele des Menschen, die sich vom Leib lösen und wieder in ihn zurückkehren kann, als überholter Aberglauben, als ein unglaubwürdiges Märchen. Gerade im Zusammenhang mit der Erforschung der Kraft des Traumes aber erscheint eben diese Vorstellung als durchaus realistisch. Zumindest erklärt sie eine Reihe von Phänomenen und Begebenheiten, die anders nicht plausibel gemacht werden können.

Blinder Passagier an Bord?

Im Jahre 1828 war Robert Bruce als Erster Maat auf einem Handelsschiff zwischen Europa und Kanada unterwegs. Man hatte Liverpool weit hinter sich gelassen. Als Bruce die Kabine des Kapitäns betrat, um ihn wegen des weiteren Kursverlaufs zu befragen, sah er dort einen Fremden sitzen. Der Mann kritzelte etwas auf eine Schreibtafel. Bruce war alles andere als ein abergläubischer Mensch. Als ihn aber der Unbekannte anstarrte, bekam er es mit der Angst zu tun und rannte an Deck. Der Kapitän vernahm den Bericht des Ersten Maats mit Befremden. »Wir haben England vor sechs Wochen verlassen. Es kann sich kein Fremder an Bord befinden! Sie müssen sich täuschen!« Schließlich ließ er sich doch dazu überreden, mit Bruce in die Kapitänskabine zu gehen. Tatsächlich: Da lag die Schiefertafel. Jemand hatte darauf geschrieben: »Steuern Sie nach Nordwest!«

Wer mochte diese Worte geschrieben haben? Der Kapitän bat zunächst sämtliche Offiziere, schließlich jedes einzelne Mitglied seiner Mannschaft um eine Schriftprobe. Nach Beendigung der mühsamen Prozedur stand fest, daß kein Mann von der Besatzung den Befehl auf die Tafel gekritzelt hatte. Sollte sich also doch ein blinder Passagier an Bord befinden? Der Kapitän befahl eine gründliche Suche. Das Ergebnis verlief negativ.

»Dann wollen wir es mal auf einen Versuch ankommen lassen«, meinte schließlich der Kapitän. »Wir haben einen günstigen Wind. Wenn wir den Kurs nach Nordwesten ändern, verlieren wie allenfalls ein paar Stunden!« Alles harrte voller Spannung der Dinge, die da kommen sollten. Nach einigen Stunden meldete der Mann vom Ausguck: »Eisberg nordwestlich voraus! Schiff nahebei!« Minuten später erkannte der Kapitän, daß es sich bei dem Schiff um ein Wrack handelte. Allem Anschein nach war es mit dem Eisberg kollidiert und schließlich daran festgefroren. Ein Ruderboot wurde zu Wasser gelassen und zum Eisberg geschickt. Es brachte mehrere Überlebende. Einen der Männer erkannte der Erste Maat Robert Bruce sofort: Es war eben jener Mann, den er in der Kabine des Kapitäns gesehen hatte.

Der Kapitän ließ den Mann die Worte nochmals schreiben – und siehe da: Beide Schriftzüge waren miteinander identisch. Der fremde Matrose vom Wrack am Eisberg mußte irgendwie an Bord gekommen sein. Aber wie?

Nachdem der Mann, wie auch die übrigen Schiffbrüchigen, mit Speise und Trank und neuer, warmer Kleidung versehen worden war, bat ihn der Kapitän um seinen Bericht. Er erzählte vom Schiffsunglück, von der Kollision mit dem Eisberg. Er erzählte in bewegten Worten, wie langsam die Hoffnungen der Männer schwanden, nachdem die Nahrungsmittelvorräte verbraucht worden waren. Irgendwann sei er dann vor Erschöpfung eingeschlafen. Im Traum habe er sich an Bord eines fremden Schiffs wiedergefunden, habe er die Bitte um Kurswechsel auf die Schiefertafel geschrieben. Dann sei er auf dem Schiffswrack wieder aufgewacht. Voller Zuversicht habe er an seinen eigenen Traum geglaubt, daß er irgendwie seinen Körper habe verlassen und um Hilfe bitten können.

Was war geschehen? In der Parapsychologie bezeichnet man das geheimnisvolle Phänomen als Astralreise oder als Geistreise. Darunter versteht man, daß sich der Geistkörper vom physischen Leib löst und auf Reisen geht. Derlei Exkursionen werden besonders häufig während des Schlafes vorgenommen.

Flug durch Raum und Zeit

Im Jahre 1954 hatte die Gründerin der schwedischen Gesellschaft für Parapsychologische Forschung einen seltsam realistischen Traum. Sie sah sich zusammen mit ihrem Mann Bo über Stockholm dahinfliegen. Sie fühlte sich herrlich beschwingt, genoß die Leichtigkeit des Flugs. Als sie nach unten sah, erkannte sie die Straßen der ihr so vertrauten Stadt. Sie erschrak. Da sausten ein Zug und eine Straßenbahn aufeinander zu, prallten zusammen. Schweißgebadet wachte sie auf. Sofort notierte sie die Traumvision in allen Einzelheiten. Als sie zusammen mit ihrem Mann den gründlichen Report las, waren beide beruhigt. Offensichtlich hatte die Vision nichts zu bedeuten. Denn wichtige Details waren einfach falsch. So hatten die Züge in Stockholm anno 1954 in der Realität braunen Außenanstrich. Der Zug im Traum aber war grün gewesen.

Trotzdem ließ die Erforscherin des Übersinnlichen ihr Traumprotokoll von mehreren unabhängigen Zeugen bestätigen. So kann es an der Realität der beschriebenen Ereignisse keinen Zweifel geben. Ein Jahr nach dem Traum gab es eine Änderung bei den Verkehrsbetrieben. Die Züge der Bahn bekamen einen neuen Anstrich: grün statt braun. Und kurz nach dieser Umstellung ereignete sich ein Unfall. Eine Straßenbahn stieß mit der Eisenbahn zusammen. Alle Details des mehr als ein Jahr zuvor sorgsam protokollierten Traumberichts waren eingetroffen. Die Skizze, die Eva Hellström angefertigt hatte, stimmte. Sie hatte alle Einzelheiten vollkommen richtig vorhergesehen oder vorhergeträumt. Sie war Zeuge eines Unfalls geworden, indem sie ihren physischen Körper verlassen und mit dem Geistkörper durch die Lüfte in die Zukunft geflogen war.

Der Mann, der durch Wände schweben konnte

1971 starb, 68jährig, in den USA eines der bekanntesten Medien der Vereinigten Staaten von Amerika: Sylvan Muldoon. Wie kaum ein zweiter Mensch des 20. Jahrhunderts hatte er das rätselhafte Phänomen der Astralreise am eigenen Leibe verspürt – und geradezu pedantisch erforscht.

Angefangen hatte es, als Sylvan Muldoon gerade zwölf Jahre jung gewesen war. Seine Mutter, von allem Übersinnlichen fasziniert, nahm den Buben und seinen Bruder zu spiritistischen Sitzungen mit. Waren es die geheimnisvollen Riten der Erwachsenen, die die Totengeister zu beschwören versuchten, die den Zwölfjährigen beeinflußten?

Später beschrieb Muldoon die erschreckenden Vorkommnisse, die ihn wie ein Horrortrip befielen. Er war eingeschlafen, in schweren Traum gesunken. Plötzlich war er wieder aufgewacht. Oder träumte er noch? Die Welt um ihn herum war totenstill. Eine geheimnisvolle Starre hatte sich seines Körpers bemächtigt. Lebte er überhaupt noch? Oder war er bereits tot? Würden ihm gleich die restlichen Sinne schwinden?

Das Gegenteil war der Fall. Unsichtbare Hände schienen ihn zu packen, vom Bett emporzuheben. Sie spielten mit ihm wie mit einem Ball, der von Kinderhänden umhergeworfen wird. Das alles geschah in erschreckender Stille. Verzweifelt versuchte Sylvan Muldoon sich später an alles zu erinnern, um irgendeine Erklärung finden zu können. Er war aufgewacht, hatte sich eisig starr und taub und blind gefühlt. Kein Geräusch drang an sein Ohr. Er konnte nichts sehen. Irgendwelche Kräfte hatten ihn im Zimmer umhergewirbelt.

Zunächst hatte er das Herumgeschleudertwerden, ohne daß er dabei sehen oder hören konnte, als besonders schrecklich empfunden. Dann aber waren Seh- und Hörvermögen wieder zurückgekehrt. Er sah eine gewohnte Umgebung: sein Zimmer, die Wände, das Mobiliar, die vielen Bilder. Alles befand sich an seinem Platz. Nur Sylvan Muldoon sah alles aus vollkommen ungewohnter Perspektive: nicht als 12jähriger, der in seinem Zimmer umherging, sondern als gewichtloses Wesen, das in teilweise rasendem Flug im Zimmer umhersauste.

Was ihm da widerfahren war, das mußte ohne Zweifel ein Traum sein. Und den mußte er seiner Mutter erzählen. Vielleicht würde sie ihm das unerklärbare Geheimnis enthüllen können? Als er ins Zimmer seiner Mutter rennen wollte, bemerkte er, daß er noch immer nicht wirklich wach war, wie er zunächst angenommen hatte. Er befand sich nach wie vor in jenem geheimnisvollen Zustand des Fliegenkönnens und des Durch-die-Luft-Brausens.

Hindernisse gab es keine für ihn. Die schwere, sonst so knarrende Tür mußte er erst gar nicht öffnen. Er konnte einfach durch das Holz hindurchfliegen. So schnell wie nie zuvor gelangte er in das Schlafzimmer seiner Mutter. Er sah sie im Bett liegen, ein, zwei Meter unter sich. Er driftete tiefer, versuchte seine Mutter zu wecken, schrie sie an, packte sie an den Händen und zerrte daran. Seine Mutter aber schlief ruhig weiter. Sie nahm ihn ganz offensichtlich nicht wahr.

Panik befiel den Jungen. Immer schneller sauste er durch alle Zimmer des riesigen Hauses. Je größer seine Angst wurde, desto schneller raste er von einem Raum zum anderen, durch Türen und Wände hindurch. So groß seine Angst auch war, so genau waren seine Beobachtungen. Sylvan Muldoon hatte sich selbst, seinen

Körper, in seinem eigenen Bett wie eine leblose Puppe unter sich liegen gesehen. Und je weiter er sich von diesem seinem Körper entfernte, desto deutlicher wurde etwas. Erst konnte er diese Kraft gar nicht näher beschreiben, so fremdartig war sie. Je mehr er über sie nachdachte, um so plastischer konnte er sie sich vorstellen. Es mußte so etwas wie eine durchsichtige Schnur sein. Sie war irgendwo an seinem Kopf befestigt, wuchs aus seinem Hals heraus. Sie verband seinen Körper, der nach wie vor auf seinem Bett lag, mit seinem anderen Ich. Mit diesem zweiten Ich konnte er mühelos im ganzen Haus umherfliegen, problemlos Türen und Wände durchdringen.

Diese seltsame Schnur, die seine beiden Körper miteinander verband, schien sein zweites, sein fliegendes Ich wieder in sein erstes, sein im Bett liegendes Ich, zurückziehen zu wollen. Schließlich fand er sich wieder schwebend über seinem ersten Ich. Sein zweiter Körper nahm eine horizontale Position ein, senkte sich dann langsam nach unten. Er fiel schließlich immer schneller. Als sich beide Körper ruckartig miteinander vereinigten, durchfuhr seinen Körper ein quälender Schmerz. Als die beiden Körper wieder zu einem Leib verschmolzen, hatte er paradoxerweise das Empfinden, als würden sie auseinandergerissen.

Sylvan Muldoon fing langsam an, mit seiner Traumkraft zu experimentieren. Zunächst beobachtete er nur bewußter, was denn bei seinen Reisen ohne Körper geschah. Ihm wurde klar, daß sein Ich aus zwei verschiedenen Körpern bestand. Da war zum einen der physische Körper. Da war zum anderen der Geistkörper. Was auch immer dieser zweite Körper war, er konnte damit umherfliegen. Dann versuchte er bewußt und willentlich nur mit dem Geist zu reisen. Er schwebte durch Wände und Türen. Schließlich sah er sein Zuhause unter sich liegen. Er genoß den Anblick, wurde aber plötzlich von einer rätselhaften Kraft erfaßt. Sie wirbelte ihn herum wie ein Sturmwind das Blatt eines Baumes. Er war völlig hilflos unheimlichen und fremdartigen Kräften ausgeliefert und versuchte erst gar nicht, sich ihnen zu widersetzen.

Sylvan Muldoon konnte nicht wirklich sagen, wie lang der Flug gedauert hatte. Irgendwann hatte die Raserei ein Ende. Irgendwann kam er zur Ruhe. Neugierig blickte er um sich, spähte nach unten.

Tief unter sich beobachtete er eine geradezu idyllische Szene. Eine Schar weißgekleideter Kinder spielte munter in einem Park. Ein Picknick wurde zwischen üppigen grünen Bäumen gereicht.

Dann setzte Sylvan Muldoon seinen Flug fort. Ein Haus, das er noch nie zuvor gesehen hatte, machte ihn neugierig. Er ging hinein. Das heißt: Er flog hinein. Wieder boten Wände keinerlei Widerstand. Er durchdrang sie mühelos, ohne auch nur so etwas wie einen Widerstand zu spüren. Was ihm fast ständig bewußt, ja körperlich spürbar war, das war so etwas wie ein Faden, der seinen Geistkörper mit seinem physischen Körper verband, der zu Hause im Bett lag und schlief.

Er schwebte von Zimmer zu Zimmer, hielt inne, als er eine junge Frau sah. Sie kämmte ihr Haar. Sylvan Muldoon wurde klar, daß er die junge Dame genau beobachten konnte. Sie hingegen wußte von seiner Präsenz nichts. Würde es möglich sein, der jungen Lady ein Zeichen zu geben? Konnte er sie berühren? Und würde sie das spüren? Langsam driftete Muldoon näher. Deutlich sah er das Gesicht der jungen Frau im Spiegel. Vorsichtig berührte er mit der Hand ihre Schulter. Deutlich registrierte er das weiche Gefühl des Stoffs. Hatte sie etwas gespürt? Fast schien es so zu sein. Die Fremde zuckte, Sylvan Muldoon erschrak. Hastig zog er sich aus der ihm ungewohnten Umgebung zurück.

Immer noch hegte er Zweifel an der Realität des Erlebten. Vielleicht waren es ja in Wirklichkeit doch nur besonders realistische Träume. Etwa sechs Wochen nach dem Besuch im Gemach der jungen Lady traf er sie zufällig auf der Straße. Er sprach sie an und konnte der ihm vollkommen fremden Frau genau erklären, wo sie wohnte, wie ihr Haus aussah. Er war dazu in der Lage, die Inneneinrichtung verschiedener Zimmer zu beschreiben, die er im Traum nur ein einziges Mal »besucht« hatte.

Robert Allan Monroe, 1915 in Indiana geboren, wuchs in einer ganz anderen Umgebung auf als Sylvan Muldoon. Muldoon war schon als kleines Kind mit der Welt des Spiritismus, Skeptiker würden von Aberglauben sprechen, vertraut. Monroes Elternhaus sah ganz anders aus. Wissenschaftlichkeit prägte sein Leben. Sein Vater war Universitätsprofessor, stets bemüht, seinem Sohn die Methodik des klaren, logischen Denkens beizubringen. Seine Mutter war Ärztin. Sie sprach viel von der harten physischen Realität. Als Robert Allan an der »Ohio State University« Maschinenbau studierte, freute das seine Eltern. Schließlich hatte er einen seriösen, weil wissenschaftlichen Weg eingeschlagen.

Nach seinem erfolgreich bestandenen Examen wandte sich Monroe dem Journalismus zu. Er bekam einen Job beim Rundfunk, machte schnell Karriere, war bald Programmdirektor. Gleichzeitig arbeitete er aber auch als vielbeschäftigter Autor für seinen Sender. Wenn eine Reportage mit passender Musik unterlegt werden sollte, half Monroe gern aus. Er textete, schrieb Kommentare, komponierte Orchesterstücke als Begleitmusik für zahlreiche Sendungen. Und noch eine Fähigkeit zeichnete Monroe aus: Er konnte seit seiner Kinderzeit im Traum seinen physischen Leib verlassen und im Geist auf Exkursionen gehen. Er war dazu in der Lage, Geistreisen zu unternehmen in Gegenden, die er nie zuvor gesehen hatte. Er konnte sie exakt beschreiben. Irgendwie mußte er, oder etwas von ihm, diese fremden Orte aufgesucht haben.

Jahrzehntelang betrieb Robert A. Monroe seine geheimnisvollen Geistreisen. Er kam zur Überzeugung, daß es mehr als nur eine Wirklichkeit gibt. Vielmehr gebe es ein komplexes Geflecht aus verschiedenen Ebenen. Die Alltagswelt, in der wir Menschen unserer Lebensroutine nachgehen, bezeichnete er als »Welt I« oder »Ort I«. Sie ist körperlich, physisch. »Welt II« oder »Ort II« besteht aus Gedanken. Monroe bezeichnete sie als »natürliche Umgebung« von »Welt I«. Die »Welt III« oder »Ort III« können wir uns kaum vorstellen, sie ist aus unseren innigsten Wünschen zusammengesetzt und überlappt die beiden anderen Welten.

Auch unter den Erforschern des Übersinnlichen sind Monroes theoretische Überlegungen über die Zusammensetzung der verschiedenen Wirklichkeiten umstritten. Keinen Zweifel aber kann es an der Realität der Traumreisen geben, bei denen sich so etwas wie ein Geistkörper vom physischen Leib trennt und sich unabhängig vom biologischen Körper entfernen kann. Beide Körper bleiben dabei stets durch so etwas wie eine dehnbare »Nabelschnur« miteinander verbunden.

Reisen mit der Kraft des Traumes sind allem Anschein nach ein weitverbreitetes Phänomen, wie etwa bereits in den fünfziger Jahren von der Duke University in den USA durchgeführte Studien eindeutig bewiesen haben. Demnach hatten 27 von 100 Menschen mindestens einmal im Leben eine Trennung von Geist- und Alltagskörper erlebt. 1967 führte die Oxford University ähnliche Untersuchungen durch, kam freilich zu leicht abweichenden Ergebnissen. Demnach haben sogar 34 von 100 Menschen bereits das Phänomen der körperlosen Geistreise am eigenen Leibe erlebt. Präziser waren die Resultate der University of New England. Demnach verließen rund 30% der Durchschnittsbevölkerung den physischen Leib, 16% begnügten sich mit einer Geistreise, 14% probierten es mehr als einmal.

Die erstaunlichsten Resultate wurden 1968 in England vorgelegt. Über 60% der Befragten haben demnach Geistreisen praktiziert, etwa ein Drittel davon verfügte über Erinnerungen an bis zu fünf solcher Ausflüge. Ein weiteres Drittel muß von der grenzenlosen Fortbewegungsart geradezu begeistert gewesen sein. Von diesem doch erheblichen Teil der Bevölkerung wurden »mindestens sechs oder mehr« Geistreisen erlebt.

Robert A. Monroe gründete 1971 auf seiner Farm in Virginia das »Institut der Erforschung des Geistes«. Er erkannte, daß das Phänomen der Geistreisen weitaus verbreiteter ist, als weithin bekannt. Er vermutete, daß sehr viele Menschen die Erinnerungen daran aber verdrängen. Oder sie tun sie als bedeutungslose Träume ohne jeglichen realen Hintergrund ab, versuchen erst gar nicht herauszufinden, ob sie nicht wirklich den schlafenden, im Bett liegenden Leib verlassen und andere Orte und Wirklichkeiten aufgesucht haben.

1953 begann Professor Hornell Hart von der Abteilung für Soziologie und Anthropologie der Duke University, systematisch Traumreisen zu untersuchen. Er trug eine Vielzahl von Berichten zusammen, die ihn zu einer klaren Aussage veranlaßten: Das Phänomen ist real und weit verbreitet. Etwa zehn Jahre später führte der englische Wissenschaftler Dr. Dr. Robert Crookall ähnliche systematische Studien durch. Er konzentrierte sich auf gut belegte Fälle und systematisierte etwa 1000 Astralreise-Erlebnisse. Er stellte fest, daß sie alle nach einem bestimmten Schema verlaufen.

Die Trennung von Geist und Körper erfolgt demnach entweder während des Traums, also während des Schlafs, oder in einem ähnlichen Bewußtseinszustand, etwa unter Hypnose oder in einer Phase starker Erschöpfung. Die Trennung der beiden Körper wird in den meisten Fällen ebensowenig bewußt erlebt wie ihre Wiedervereinigung. Für einen vermutlich sehr kurzen Zeitausschnitt schwindet das Bewußtsein. Es kehrt unmittelbar darauf wieder, nach erfolgter Trennung und nach der abgeschlossenen Wiedervereinigung. Alle Betroffenen sagten aus, sie hätten das Gefühl gehabt, den Leib durch den Kopf verlassen und auf gleichem Wege wieder »betreten« zu haben. In der Anfangs- wie in der Schlußphase sahen sie sich selbst schlafend liegen, fühlten, wie sie über dem eigenen Körper schwebten.

Dr. Charles T. Tart von der Universität von Virginia war sehr beeindruckt von den Ergebnissen seines Kollegen. Der Wissenschaftler wollte aber herausfinden, ob die beschriebenen Phänomene nicht nur mengenmäßig erfaßbar seien. Sollten sie, wenn sie wirklich real waren, nicht auch unter Laborbedingungen wiederholt werden können? In Kreisen der Parapsychologie gilt er als der erste anerkannte Wissenschaftler, der die Kraft der Träume im Labor nachwies. Seine Untersuchungen, die er 1965 und 1966 zunächst an der Universität von Virginia, später an der Universität von Davis, Kalifornien, durchführte, sind anerkannt, über jeden Zweifel erhaben.

Seine zahllosen Tests liefen alle nach dem gleichen Schema ab. Testpersonen sollten sich unter Laborbedingungen per Geistreise an einen bestimmten Ort begeben und dort genaue Beobachtungen machen. Dann wurde überprüft, ob die Beschreibungen den Tatsachen entsprachen.

Eine Testperson lag im Forschungslabor auf einem Sofa. Sie war an verschiedene Meßgeräte angeschlossen, die etwa den Puls oder die Augenbewegungen registrierten. Mehrere Meter über der Testperson befand sich ein Gestell. Darauf lag ein Blatt mit einer Zahl oder einem komplizierten Symbol. Die Testperson mußte nun versuchen, im Schlaf den physischen Leib zu verlassen, emporzuschweben und feststellen, welche Zahl notiert, welches Symbol zu erkennen war. Tatsächlich wurde so bestätigt, daß körperlose Astralreisen im Schlaf willentlich herbeigeführt werden können. Als real muß angesehen werden, daß auf diese Weise Informationen erlangt wurden, die auf anderem Wege nicht zu beschaffen gewesen wären. Eindeutig blieb der physische Leib auf der Liege, während sich der Geistkörper löste und frei umherschwebte.

Mit Ingo Swann führte Dr. Karlis vom Institut der »American Society for Psychical Research« zahlreiche Testreihen durch. Mr. Swann war als Versuchsperson geradezu ideal geeignet. Schon als Bub hatte er festgestellt, daß er beim Spielen seinen Körper verlassen, emporschweben und sich selbst beobachten konnte. Er konnte »auf Kommando« im Schlaf, aber auch bei vollem wachem Bewußtsein seinen Körper verlassen und Gegenstände, die sich außerhalb seiner Sichtweite befanden, identifizieren und eindeutig beschreiben.

Die Physiker Professor Russel Targ und Professor Dr. Harold Puthoff, beide vom Stanford Research Institute, sind der festen Überzeugung, daß jede noch so kühne These aufgestellt werden darf, wenn man entsprechende Experimente vorschlagen kann, um diese Hypothese auch unter Laborbedingungen zu testen. So haben sich beide auch der Untersuchung der außerkörperlichen Reisen gewidmet und sind zu dem Schluß gekommen, daß es dieses Phänomen wirklich gibt. Wiederholt experimentierten auch sie mit Ingo Swann. In einer der kontrollierten Versuchsanordnungen lag Ingo Swann schlafend oder in Trance in einem Raum des Instituts und erhielt den Auftrag, sich per Astralreise durch bestimmte Räume der Universität zu bewegen, sich dort genau umzusehen und dann zurückzukehren. Schließlich mußte er in Wort und Bild darlegen, was er im Geist gesehen hatte.

Die Ergebnisse waren eindeutig, ja überwältigend. Es konnte keinen Zweifel daran geben, daß Swann tatsächlich im Geist seinen Körper verlassen hatte. Dabei wußte die Person, die den Geistreisenden Swann überwachte, nie, was er bei seinen Geistexkursionen sehen würde.

Swann fertigte dann stets präzise Bilder von Objekten an, die er in den Räumen gesehen hatte, die er körperlich nie betreten hatte. Er zeichnete und versah seine Skizzen zusätzlich mit Kommentaren.

Zu solchen Geistreisen ist anscheinend auch Maria Struwe in der Lage. Dr. Johannes Fiebag, der die junge Berlinerin im Zusammenhang mit geheimnisvollen Begegnungen mit fremdartigen Besuchern aus dem All besuchte, schildert sie (*Kontakt,* München 1994,

S. 52) als eine »fröhliche, lebensbejahende Frau«. Die Mutter dreier Kinder hatte verschiedene Erlebnisse, die als »Geistreisen« bezeichnet werden müssen. Wiederholt machte sich ihr Geist anscheinend selbständig. Als ihr damals 19jähriger Sohn erstmals auf Klassenfahrt war, dachte sie intensiv und wohl auch etwas besorgt an ihn. Plötzlich fand sie sich, ihr physischer Körper blieb zu Hause, im Zimmer jener Jugendherberge, in der die Klasse untergebracht war. Minutenlang beobachtete sie das Geschehen, belauschte Gespräche der jungen Leute. Als sie am folgenden Tag mit ihrem Sprößling telefonierte, zeigte sich, daß ihre Beobachtungen korrekt waren. Sie muß im Geist in jene Jugendherberge »geflogen« sein.

»Bei einer anderen Gelegenheit«, berichtet Dr. Johannes Fiebag, »fand sie sich ebenfalls nachts plötzlich in Höhe der Decke an ihrer Schlafzimmerwand wieder und sah ihren Körper friedlich schlafend unter sich. Dieses Erlebnis dauerte nur etwa eine halbe Minute an, dann ›schnellte‹ sie förmlich wieder zurück. Sie schlug überrascht die Augen auf.«

Neben Jacques Bergier war auch Carl-Ludwig Freiherr von Reichenbach (1788–1869), ein führender Chemiker seiner Zeit, davon überzeugt, daß es einen Astralleib gibt. Er umgebe den physischen Körper wie eine unsichtbare Hülle, bestehe aus einer wirklichen, real vorhandenen Kraft, die er Od nannte.

Besonders im Schlaf ist es möglich, beide Körper voneinander zu trennen. Vergleichbar mit der Schlafphase ist nach Jacques Bergier aber die religiöse Verzückung. Seit Jahrhunderten sei es auserwählten Menschen möglich, im Zustand der Abwendung von den irdischen Sorgen schwerelos zu werden.

Die Gabe der Heiligen

Thomas von Aquin (1225–1274) gilt als einer der bedeutendsten Philosophen und Theologen des Mittelalters. Der Dominikanermönch verfaßte verschiedene fromme Traktate, aber auch Abhandlungen wissenschaftlicher Art. Er soll sich mit der Frage auseinandergesetzt haben, ob die bekannten Stoffe und Substanzen in edlere Metalle verwandelt werden können.

Zahlreiche Zeugen haben schriftlich festgehalten, daß sie beobachteten, wie Thomas von Aquin die Schwerkraft besiegte. Dabei wurde stets eine Ursache genannt: Wenn er sich in Gedanken auf fromme Bilder konzentrierte, gelang es ihm, seinen Körper in die Lüfte zu erheben.

Hat sich wirklich der physische Leib der Heiligen in die Lüfte emporgeschwungen oder war es nur der Geistkörper, der sich vom physischen Leib löste und für alle Zeugen sichtbar in die Lüfte erhob? Was geschah mit Ignatius von Loyola (1491–1556)? Der Offizier, im Kampf schwer verwundet, hatte sich der Verehrung Gottes verschrieben, war Priester geworden. Wichtiger als alles irdische Streben sei die Hinwendung zu Gott. So früh wie möglich müsse man daran denken, daß das irdische Leben des Menschen begrenzt sei. Wenn er sich gedanklich auf jenseitige Dinge konzentrierte, schien die irdische Schwerkraft für ihn bedeutungslos zu werden. Als sei er gewichtslos, schwebte er dann über dem Boden. Auch hier stellt sich die Frage, ob es sein wirklicher, physischer Leib oder nur sein sichtbarer Geistkörper war.

Joseph von Copertino (1603–1663) war wohl einer der ersten der Heiligen, die ganz bewußt ihre wundersame Fähigkeit des Schwebens einsetzen konnten.

Joseph von Copertino empfand seine geheimnisvolle Gabe zunächst als lästig. Er wußte auch, daß sie ihm gefährlich werden konnte. Stets bestand die Gefahr, daß mißgünstige Kirchenmänner Anklage wegen angeblicher Hexerei erhoben. Der Hexenwahn begann bereits im 13. Jahrhundert. Gerade zu Lebzeiten Joseph von Copertinos loderten in ganz Europa die Scheiterhaufen auf. Angeblich besaßen die Hexen eine »Salbe«, mit der sie sich eincremten, um zu den teuflischen Versammlungsorten zu fliegen. Eine Anzeige wegen Hexerei, verbunden mit dem Hinweis, von Copertino beherrsche die böse Kunst, sich frei wie ein Vogel durch die Lüfte zu bewegen, hätte mit Sicherheit für Folter und Feuertod ausgereicht. Der fromme Kirchenmann sah diese latente Gefahr ohne Zweifel. Er war aber davon überzeugt, daß Gott ihm seine geheimnisvolle Gabe verliehen habe. Er dürfe sie nicht verkümmern lassen, sondern müsse sie einsetzen, um viele Menschen zum Glauben zu bekehren.

Tatsächlich kamen zahlreiche Schaulustige nach Copertino, um das Wunder des fliegenden Frommen zu bestaunen. Angelockt wurden durch seine wahrhaft erstaunlichen Leistungen auch Vertreter der heiligen Inquisition. Sie warfen ihm »betrügerische Machenschaften« vor. In Neapel kam es zum Prozeß. Vermutlich hatte man es erst gar nicht gewagt, angesichts der Beliebtheit des schon zu Lebzeiten zur Legende gewordenen Kirchenmanns von »Hexerei« zu sprechen. Oder war geplant, den harmloseren Vorwurf des Betrugs in eine Anklage zu verwandeln, die automatisch zum Tod auf dem Scheiterhaufen führte? Es gab kein Entrinnen, wenn man erst einmal der Hexerei bezichtigt wurde. Wer sich einmal in den Klauen der Inquisition befand, sollte bald die Toten um ihre Ruhe beneiden.

Joseph von Copertino mußte freigesprochen werden. Kein Geringerer als Papst Urban VII. hatte zu seinen Gunsten ausgesagt und bekundet, höchstpersönlich gesehen zu haben, wie der Angeklagte in frommer Verzückung hoch über den Häuptern frommer Gotteshausbesucher dahinschwebte.

Es waren freilich keineswegs nur Menschen aus dem Umfeld der Kirche, die bekundeten, daß Joseph von Copertino fliegen konnte. Es gab auch Skeptiker, die alles andere als anfällig waren für fromme Darbietungen zweifelhafter Art. Herzog Friedrich von Braunschweig etwa hatte von den angeblich wundersamen Fähigkeiten Copertinos gehört. Er traute den phantastisch anmutenden Schilderungen nicht und entschloß sich, persönlich anzureisen. 1650 besuchte er in Assisi einen Gottesdienst. Gelesen wurde die Heilige Messe von Joseph von Copertino. Dabei schwebte er mehrere »Handspannen hoch« über dem Boden. Der Herzog, bislang praktizierender Protestant, wechselte zum katholischen Glauben über.

Für den italienischen Visionär und Heiligen waren die ekstatischen »Erhebungen« in die Luft alles andere als angenehm. Oft kündigten sie sich durch körperliches Unwohlsein an. Sein Herzschlag raste schmerzhaft. Die Ekstase selbst war dann stets von vollkommener Schmerzunempfindlichkeit begleitet. Zahlreiche Besucher, die die Berichte überprüfen wollten, fügten dem Kirchenmann Schmerzen zu, quälten ihn mit Nadeln oder glühendem Eisen. Er nahm die Peinigungen nicht wahr.

Auch diese Gefühllosigkeit gegenüber Schmerz hätte von der Inquisition als Beweis für teuflische Besessenheit gewertet werden können. Hexen, so lautete die Lehrmeinung, stehen mit dem Teufel im Bunde, der ihnen hilft, Pein zu ertragen. Wenn die armen gemarterten Frauen unter der Folter ihren Schmerz hinausschrien, galt das ebenfalls als Hinweis auf Besessenheit. Der Teufel ließ seine Knechte eben auch manchmal im Stich.

Joseph von Copertino führte seine Wunder weiter vor. Manchmal flog er in der Kirche von Grotella bis zum Hochaltar. Er legte Strecken von bis zu »80 Schritt« in der Luft zurück. Gelegentlich nahm er Besucher bei der Hand und ließ sie mitfliegen.

Weniger bekannt ist, daß der Heilige auch ganz offensichtlich in der Zeit reisen konnte. So sandte ihm Kardinal Rapaccioli einen Brief mit einer Reihe von Fragen. Joseph beantwortete sie, noch bevor der Brief bei ihm eintraf.

Zwei englische Erforscher des Übersinnlichen, die Buchautoren und Herausgeber des weltweit vertriebenen Magazins *Fortean Times*, John Michell und Robert J. M. Rickard, haben zu diesem Thema ausgiebige Recherchen durchgeführt. Sie haben dabei festgestellt, daß die Gabe des Fliegens zahllosen Menschen über Jahrhunderte hinweg zuteil wurde. Besonders häufig trat sie bei Heiligen auf, die in religiöser Verzückung ihre allzu irdische Umgebung vollkommen vergessen, sich nur dem Jenseitigen zuwenden konnten. Oliver Leroy listete in seinem Werk über »Levitation« gleich mehr als 230 katholische Heilige auf, denen die geheimnisvolle Gabe zugebilligt wurde. Und die von zahllosen Zeugen im ekstatischen Flug beobachtet wurden.

Derlei Wunder ereigneten sich freilich keineswegs nur im fernen Mittelalter. Alfonso Maria di Liguori (1696–1787) beispielsweise driftete noch anno 1777 durch die Johanniskirche von Foggia. Für die betende Kirchengemeinde soll der Anblick keineswegs ungewohnt gewesen sein.

Zauberer und Fakire

In Indien versuchen seit Jahrtausenden Menschen den weltlichen Genüssen zu entsagen, um so schon zu Lebzeiten eine Vergeistigung zu erreichen. Diese Yogis scheinen durch Kasteiung des Leibes die Kräfte des Geistes in für den Europäer unvorstellbarer Weise stärken zu können. Die Kunst der körperlosen Geistreise beherrschen sie ebenso wie das Schweben.

Bereits Ende des vergangenen Jahrhunderts bereiste R. N. Elliot aus Nutley, Sussex, der im Dienste der Marine Ihrer Majestät der englischen Königin in Malaya stationiert war, das Land. Stets suchte er dabei nach Menschen mit ungewöhnlichen Fähigkeiten. So beobachtete er wiederholt, und zwar stets kritisch, fliegende Menschen. Er kannte die Tricks der Jahrmarktskünstler, die für ein paar Rupien die staunenden Zuschauer in Verblüffung versetzten, und ließ sich nicht hinters Licht führen. Gadahar Chatterji (1834–1886) hielt er für einen echten Wundermann. Er sprach über die Kunststücke seiner Kollegen mit Verachtung. »Sie sind Erbarmungswürdige! Sie müssen auf dem Wege der Erkenntnis noch weit zurückstehen!« Gäben sie doch vor, nach Vergeistigung zu trachten, und wären durch schwereloses Fliegen doch dem Körperlichen verhaftet.

R. N. Elliot bezeugte wiederholt, wie Fakire sich etwa im Schneidersitz niederließen, sich konzentrierten und ihre Umgebung zu vergessen schienen. Plötzlich schwebten sie, zunächst nur einige Handbreit, dann mehrere Meter über dem Boden. Schließlich ließen sie sich wieder auf die Erde niedergleiten.

»Es wird Fakiren manchmal unterstellt«, erklärt der als Erforscher des Übersinnlichen bekannt gewordene Professor Hans Bellamy, »sie könnten durch eine Form von Gedankenkonzentration Hunderte Zuschauer glauben machen, sie würden vor ihren Augen durch die Lüfte fliegen. Damit geben sich skeptische Kritiker zufrieden. Sie sprechen von einem ›Schwindel‹ und vergessen dabei völlig, daß auch ein derartiger ›Betrug‹ als Meisterleistung bezeichnet werden muß. Diese Menschen müssen über die Fähigkeit verfügen, mit Gedankenkraft die Gedanken anderer Menschen so massiv zu beeinflussen, daß sie Dinge sehen, die sich gar nicht ereignen.«

Professor Hans Bellamy war überzeugt, daß indische Fakire wie auch südamerikanische Nachfahren der Inkas dazu in der Lage seien, Geistreisen zu bewerkstelligen. Sie würden dabei Körper und Geist trennen, mit dem Geistkörper aus dem Leib schweben und nach einiger Zeit wieder in den physischen Körper zurückkehren. »Dabei gelingt es den wahren Meistern ihres Fachs, auch ihren

Geistkörper sichtbar werden zu lassen. Er erscheint dann sozusagen als ›Doppel‹. Bei ›Zauberdarbietungen‹ bleibt der physische Leib zurück, nur das Geistdoppel fliegt und wird gesehen.« Die wahren Yogis aber würden, so Bellamy, ihre Fähigkeiten nicht öffentlich zur Schau stellen. »Sie wenden der Welt ihren Rücken zu, betteln nicht um Bewunderung. In der Abgeschiedenheit einsamer Landstriche meditieren sie. Dabei kommt es zu wundersamen Erscheinungen, etwa zur Trennung von Leib und Geist in der Ekstase. Die Yogis bemerken dabei oft gar nicht, was geschieht. Sie sind völlig nach innen orientiert, auf den Geist, der Körper interessiert sie nicht. Ja sie verachten sogar das Leibliche, das sie als Fessel des Geistigen, als Ballast, ansehen.«

Mirabellis Magie

Um Carlos Carmine Mirabelli (1889–1951) aus Brasilien ranken sich viele Legenden. Ihm werden unzählige Wundertaten nachgesagt. Als Kind schon habe er festgestellt, daß er seinen Geist wandern lassen konnte, während sein Körper schlafend im Bett lag. Er sei aber auch dazu in der Lage gewesen, beliebige Gegenstände des Alltags schwerelos zu machen und durch die Luft driften zu lassen. Ihm selbst erschienen derlei Fähigkeiten allem Anschein nach als ganz natürlich. Sie brachten ihm zunächst auch keine Anerkennung.

Weil er in einem Lagerraum eines Schuhgeschäfts, wo er als Handlanger arbeitete, einfach flog, anstatt mit einer Leiter Regale emporzuklettern, wurde er fristlos entlassen. Den Menschen seiner nächsten Umgebung war derlei Kunstfertigkeit unheimlich. »Früher hätte man so einen Kerl auf dem Scheiterhaufen verbrannt«, bekam sein Chef zu hören. Andere Kunden blieben dem Geschäft fern. »Wer weiß, vielleicht kann dieser unheimliche Bursche wirklich zaubern. Er belegt Schuhe mit einem Fluch. Nichtsahnend kauft man sie und wird plötzlich wie aus heiterem Himmel krank! Nein, in solch einem Geschäft wollen wir keine Kunden sein!«

Anfang des 20. Jahrhunderts waren die Scheiterhaufen der Inquisition längst verloschen, ein qualvoller Tod blieb dem jungen Mirabelli erspart. Er wurde aber in eine Anstalt für Geisteskranke

Dr. Russell Targ, der die Geistreisen des Ingo Swann wissenschaftlich er-
forschte.

Auch Hella Hammid verließ bei Experimenten ihren Körper, um weit entfernte Orte zu besuchen und sie genau beschreiben.

Ein Felsensarg von den Externsteinen – meditierten hier Mönche, um im Traum Kontakt mit Gott aufzunehmen?

Die Externsteine – hier begegnete Yvonne Schneider bei ihrer Astralreise seltsamen Wesen.

Traumwesen oder Außerirdische? So sahen die Männchen aus, die Yvonne Schneider entführten.

Im letzten Jahrhundert wurde die Hypnose eingesetzt, um zu heilen oder mit Geistern zu sprechen. Heute hypnotisiert man Menschen, die mit Außerirdischen zusammengetroffen sein wollen.

eingewiesen. Dort war er freilich nach Ansicht der Ärzte völlig fehl am Platze. »Der Mann ist geistig völlig gesund. Er verfügt aber über ungewöhnliche Fähigkeiten«, wurde konstatiert.

Irgendwann wurde das »Brasilianische Institut für parapsychologische Forschung« auf den Fall Mirabelli aufmerksam. Guy Lyon Playfair, Hernani Guimaranes Andreade und Suzuko Hashizume reisten vor Ort, überprüften Zeugenaussagen und wurden selbst wiederholt in Erstaunen versetzt. Sie verglichen Mirabelli mit den großen Heiligen der Kirchengeschichte, was seine Fähigkeit zu fliegen anbelangte. Wie jene frommen Kirchenmänner werde auch der Ex-Schuhverkäufer manchmal anfallartig heimgesucht. Und dann schwebe er plötzlich, ohne daß es ihm möglich sei, etwas dagegen zu unternehmen. Das bekundete auch Cesar Augusto Mirabelli, Sohn des medial veranlagten Brasilianers. »Es konnte jederzeit an jedem Ort geschehen, ohne daß mein Vater es vorher merkte oder gar etwas dazu beitrug. Es geschah, als er allein zu Hause war, es passierte, wenn er an der Bushaltestelle wartete.«

Das Geheimnis der Bilokation – von Heiligen und Schamanen

Im Jahre 1774 wurde der Moraltheologe und Gründer der Redemptoristen-Kongregation di Liguori unter jenen kummervollen Menschen gesehen, die sich um das Totenlager von Papst Clemens XIV. in Rom versammelt hatten. Seine Präsenz in Italiens Metropole freilich war eigentlich unmöglich. Denn zum gleichen Zeitpunkt lag sein physischer, durch Krankheit stark geschwächter Leib in seiner Klosterzelle in Arezzo.

Die Klosterbrüder hatten schon befürchtet, ihr Mitbruder Liguori werde bald dahinscheiden. Er erholte sich aber wieder und berichtete, er sei im Vatikan gewesen. Zunächst glaubte man seinen Worten nicht, lächelte milde ob der vermeintlichen Fieberträume. Die Realität des beschriebenen Erlebnisses wurde dann aber von zahlreichen Zeugen unabhängig voneinander bestätigt, die ebenfalls in Rom beim Papst gewesen waren. Sie hatten keinerlei Zweifel daran, daß ihnen der leibhaftige Liguori begegnet war, physisch und real. Nach Bergier können sie aber nur den Geistkörper des Kirchenmanns gesehen haben.

Die Fähigkeit, an zwei Orten zur gleichen Zeit zu sein, wird zahlreichen Heiligen der katholischen Kirche nachgesagt, etwa auch Francesco Forgione (1887–1968). Bekannt wurde er als »Padre Pio«. Tausende bezeugten Wundersames, das sich in seiner Gegenwart ereignet haben soll. Verschiedene Wundertaten des Mannes, der fast fünfzig Jahre lang die Wundmale Christi trug, weisen daraufhin, daß auch er die Gabe besaß, seinen Geistkörper auszusenden.

Gut belegt ist folgender Vorfall: 1940 hatte der 24jährige Mario aus Viareggio einen schweren Arbeitsunfall. Er schien zunächst zu genesen und konnte, allerdings im Stützkorsett, noch zehn Jahre arbeiten. 1950 brach er zusammen. Aus einem erträglichen Schaden an der Wirbelsäule war eine Lähmung geworden. Am 17. März 1951 sollte er nach einjähriger Krankheit endgültig seinen Arbeitsplatz verlieren. Mario war alles andere als kirchenfromm. Nachdem er aber ein Buch über Padre Pio gelesen hatte, bat er den Heiligen um Hilfe. Padre Pio, der sich zu dieser Zeit in Foggia aufhielt, erschien gleichzeitig in Viareggio. Sein Doppel ging auf den Schwerstkranken zu, führte eine Spontanheilung durch.

Das Phänomen der Bilokation ist freilich kein ausschließlich christliches, sondern weitaus älter. Schon Apollonius von Tyana, ein Denker und Magier aus dem Kappadokien des ersten Jahrhunderts nach Christus, soll über diese Gabe verfügt haben. Gleiches gilt für Aristeas von Prokonnesos. Er lebte im 6. Jahrhundert vor Christus, soll ein Vertreter des Apollonkults gewesen sein. Große Bewunderung löste eine häufig beschriebene Gabe des antiken Dichters aus: Er schickte seine Seele aus, während sein physischer Körper zurückblieb. Das *Lexikon der Parapsychologie* (Herrsching 1984, S. 35) verweist in diesem Zusammenhang auf weitaus ältere Traditionen: »Die Forschung nimmt an, daß in den Vorstellungen um Aristeas zentralasiatische Gedanken von der schamanistischen Seelenreise in den Hellenismus gelangten.«

Weiter hält das *Lexikon der Parapsychologie* (S. 81) fest: »Von Bedeutung könnte sein, daß wiederholt berichtet wird, zu der Zeit, als man den Doppelgänger sah, hätte der Betreffende ›in tiefem

Schlaf‹ oder ›totenstarr‹ dagelegen und nach dem Erwachen die Erlebnisse des Phantoms als Traum geschildert.« Der Leib schlief, der Geistkörper trat eine Reise an, konnte hinterher genau berichten, was er erlebt, gesehen oder erfahren hatte.

Was der Prophet im alten Israel war, das war in Asien der Schamane. Er wurde wie der biblische Prophet in sein Amt berufen. Mittels besonderer magischer Praktiken, etwa des Schlagens eines besonderen Rhythmus auf einer heiligen Trommel, versetzte sich der Schamane oder die Schamanin in Trance. Dann trat er eine Geist- oder Seelenreise an, suchte ferne Regionen oder Zeiten auf. Vom »magischen Flug« zurückgekehrt, kam es zunächst zur Wiedervereinigung zwischen Geist und Körper. War der Leib während der Geistreise erstarrt, so kehrte das Leben in ihn zurück. Er konnte Informationen weitergeben, die sein Geistkörper für ihn in Erfahrung gebracht hatte. Auch der im ganzen germanischen Gebiet verbreitete Glaube an einen »Doppelgänger« beruht, wie das *Handwörterbuch des deutschen Aberglaubens* (Berlin, New York 1987, Band 2, Spalte 348) betont, »auf der Vorstellung von der Sonderexistenz der Seele, die den Körper zeitweise (Traum, Ekstase) verlassen kann.«

Die Kraft der Träume läßt seit uralten Zeiten Menschen geheimnisvolle Geistreisen antreten: Magier und Medien, Schamanen und Menschen »wie du und ich«.

Im Traum kann jeder fliegen

Robert A. Monroe untersuchte ab 1971 auf seiner Farm in Virginia in dem »Institut zur Erforschung des Geistes«, ob es nur einzelne Menschen mit besonderen Begabungen waren, die mit der Kraft der Träume reisen können. Es zeigte sich, daß das keineswegs der Fall ist.

Nach Robert A. Monroe kann jeder Mensch mit einiger Übung gezielt Traumreisen antreten, bei denen sich vorübergehend der Geistkörper vom physischen Leib trennt. Vermutlich unternehmen sehr viele Menschen an der Schwelle zum dritten nachchristlichen Jahrtausend Geistreisen. Nur wissen sie es nicht und halten sie für bedeutungslose Träume.

Im Zwischenreich

Wer bewußt außerkörperliche Reisen unternehmen möchte, muß sich zunächst einer wichtigen Tatsache bewußt sein: Ausgangspunkt für die beabsichtigte Reise ist jene Phase des Einschlafens zwischen Nicht-mehr-ganz-wach-Sein und Noch-nicht-ganz-Schlafen. Wie kann man es nun erreichen, daß man diesen meist kurzen Zeitraum nicht verpaßt?

Experte Sylvan Muldoon rät, man solle zunächst einmal bestimmte Voraussetzungen schaffen. Der Experimentator begibt sich bei angenehmer Temperatur zu Bett. Das Schlafzimmer sollte nicht überheizt, aber auch nicht zu kühl sein. Mehrere Stunden vor Beginn der Versuche darf keine größere Mahlzeit eingenommen werden. Genußgifte wie Alkohol und Nikotin sind bestenfalls wenig hilfreich.

Die geistige Verfassung sollte möglichst entspannt sein. Wer von drückenden Sorgen gepeinigt wird, bringt alles andere als ideale Voraussetzungen für das geplante Experiment mit. Andererseits bestätigen aber viele Geistreisende, daß ihnen das befreiende Erlebnis sehr geholfen habe. Sie hätten sich unbeschwert und grenzenlos gefühlt, die scheinbar überwältigenden Probleme in den richtigen Relationen gesehen.

Es gibt einen einfachen Trick, der es möglich macht, mit dem Versuch zum genau richtigen Zeitpunkt zu beginnen. Man legt sich entspannt ins Bett, hebt dabei einen Arm. Man hält den Arm in die Luft. Das mag zunächst unbequem erscheinen, doch man gewöhnt sich bald daran. Wenn nun die Phase des Übergangs zwischen Wachsein und Schlafen beginnt, sinkt der Arm nieder. Gewöhnlich wird man dadurch wieder wach. Nun gilt es, geduldig zu probieren, den Versuch immer wieder zu wiederholen. Es empfiehlt sich, an mehreren aufeinanderfolgenden Abenden zu üben. Nach einiger Zeit wird es mühelos gelingen, in jenem Zwischenreich zu verharren. Dann erst kann Phase zwei der Versuche beginnen.

Wichtig für diese zweite Phase ist es, sich einen einfachen »Traum« zurechtzulegen. In diesem Traum sollten Auf- und Abwärtsbewegungen eine wichtige Rolle spielen. Man kann sich bei Tage einen ganz persönlichen Traum ausdenken. Er sollte nicht zu kompliziert sein, auf keinen Fall unangenehme Assoziationen auslösen.

Mit einem Traumkamel unterwegs

Ich arbeite beispielsweise gerne mit folgender Vorstellung: Ausgangspunkt ist eine friedliche Oase. Palmen spenden Schatten, exotische Vögel zwitschern leise Melodien. Es ist früher Abend, die Sonne geht langsam unter. Wir wollen nun eine kleine Exkursion unternehmen. Zu diesem Zweck besteigen wir ein braves, friedliches Kamel. Gemächlichen Schritts marschiert es in eine hügelige Landschaft. Das Kamel geht langsam einen sanften Hügel hinauf, dann wieder hinab. Wir genießen das monotone Gefühl des Auf und Ab.

Wir wissen, daß wir uns in einer Traumwelt befinden: Da ist alles möglich. Da gelten die Gesetze der Schwerkraft nicht mehr. Was wir uns wünschen, geht in Erfüllung. Die Realität der Welt paßt sich unseren Visionen an. So konzentrieren wir uns auf das Kamel. Eben hat es wieder einen der Hügel erklommen, beginnt mit dem Abstieg. Wir konzentrieren uns auf die Vorstellung, daß wir immer leichter und leichter, ja schwerelos werden. Wir lösen uns von unserem Reittier und schweben sanft über seinem Rücken. Das Kamel marschiert gemächlich nach unten, während wir schwebend in der Luft verharren. Jederzeit können wir wieder auf den weichen Rücken des braven Tieres zurücksinken.

Es ist wichtig, daß wir uns zunächst, wenn wir uns vorbereiten, ein möglichst angenehmes Traumbild zurechtlegen. Wir malen es uns im Wachzustand aus, holen es dann, wenn wir langsam in den Schlaf sinken, hervor. Der Phantasie sind dabei keine Grenzen gesetzt. Jeder kann sich ein ganz persönliches Bild ausdenken.

Sylvan Muldoon empfahl das Bild von einer Fahrt im Aufzug. Wie wir es gestalten, ist uns selbst überlassen. Die Vorstellung sollte angenehm sein und so gewählt werden, daß sie dem Wesen des Experimentators entspricht.

Wollen wir den Vorschlag von Sylvan Muldoon aufgreifen? Die Ausgestaltung ist uns selbst überlassen.

Eine praktische Anleitung für Astralreisen

Wir begeben uns in einen Aufzug, drücken die Taste für den obersten Stock. Gemächlich setzt sich der Aufzug in Bewegung. Er fährt nach oben. Vielleicht lassen wir ihn zunächst in jedem Stockwerk anhalten. Dann fahren wir ohne Aufenthalt vom Erdgeschoß in die oberste Etage. Schließlich malen wir uns aus, wozu wir den Lift benützen könnten. Wir stellen uns wieder vor, daß wir schwerelos sind, leichter als eine Feder. Wieder starten wir im Erdgeschoß, fahren nach oben. Und während der Lift im obersten Stock anhält, genießen wir die Bewegung weiter. Wir setzen sie fort, driften weiter nach oben. Wir fliegen, ohne daß uns ein Hindernis aufhalten könnte. So durchdringen wir ohne Schwierigkeiten die Decke der Kabine, fliegen höher und höher – so hoch, so weit, wie wir wollen.

Zahllose Neugierige haben weltweit auf diese Weise spielerisch und leicht unter direkter Anleitung von Sylvan Muldoon, aber auch auf eigene Faust mit Astralreisen experimentiert. Voraussetzung ist vor allen Dingen Geduld. Unsere Versuche führen sicher anfänglich nicht immer zum Erfolg. Der Schlaf mag immer wieder über uns kommen. Aber es gelingt uns bald, unsere Lieblingsvorstellung mit in den Schlaf zu nehmen.

Auch Robert A. Monroe empfahl stets, mit Geduld ans Werk zu gehen. Zunächst sei es wichtig, bewußt die Phase vor dem eigentlichen Schlafen auszudehnen, ohne dabei in Schlummer zu versinken. Sein Rat: »Lenken Sie die Aufmerksamkeit vor dem Einschlafen auf einen konkreten Gegenstand.« Durch diese Konzentration dehnen wir, wie gewünscht, die Verweildauer im Reich des Noch-wach-Seins aus, bevor wir uns der Kraft der Träume anvertrauen. Nach Robert A. Monroe kann dabei eine gewisse Nervosität auftreten. Der Körper ist müde, der Geist sehnt sich nach Schlaf. In der Tat sei es ganz normal, wenn man einschlummert. »Das darf nicht beunruhigen«, weiß Monroe. »Morgen bieten sich am Abend wieder Übungsmöglichkeiten, übermorgen auch.«

Ein Versuch besteht darin, daß man im Bett liegt und den Arm hebt. Irgendwann sinkt er nieder. Jetzt konzentrieren wir uns auf ein Bild – eine Wolke. Wir stellen uns vor, wie sich diese Wolke auflöst. Monroe: »Denken Sie gar nichts, aber bleiben Sie schwebend zwischen Wachsein und Schlaf. Schauen Sie auf die Schwärze vor Ihren Augen.«

Verbinden wir die bisher besprochenen Übungen: Wir fangen wieder mit dem Armhochheben an. Er sinkt. In Gedanken besteigen wir ein Kamel. Es trägt uns auf und ab. Wir fühlen uns schwerelos, lösen uns von dem Reittier und driften in der Luft, friedlich und entspannt. Wir blicken nach unten. Wir sehen die harmonische Hügellandschaft. Wir schließen die Augen. Alles um uns herum löst sich auf.

»In dieser Phase«, so Robert A. Monroe, »verblassen alle Eindrücke.« Wir spüren nicht mehr das Bett, auf dem wir liegen. Wir hören nicht mehr das Ticken der Wanduhr oder das Bellen des Hundes vom fernen Bauernhof. Wir sind nur noch freies Bewußtsein. Wir nehmen keine Geruchseindrücke mehr wahr, wir registrieren keine Signale mehr von den Geschmacksnerven.

Jetzt beginnt die entscheidende Phase des Experiments Astral- oder Geistreise. Stellen wir uns vor, zwischen unseren Augen liege eine weiche, schwarze Kugel. Wir lenken unsere Aufmerksamkeit auf sie. Wir sehen sie plastisch, können sie nach einiger Zeit förmlich fühlen. Schließlich gibt es nur noch unser Bewußtsein, das frei von störenden Eindrücken ist, und diese Kugel. Wir stellen uns vor, daß sie zu schweben beginnt. Sie bewegt sich von unserer Stirn weg, verharrt schließlich in kurzem Abstand schwebend, spielerisch und leicht.

Wir lassen die Augen geschlossen und denken uns zwei Strahlen. Zunächst verlaufen sie parallel. Dann neigen sie sich und treffen sich – im Zentrum der Kugel. Wir konzentrieren uns auf die Strahlen, spüren förmlich, wie sie in die Kugel eindringen. Einige Zeit lang konzentrieren wir uns auf dieses Gefühl. Wir haben das Empfinden, daß wir in der Kugel stecken. Wir lassen sie höher fliegen, denken sie uns stets als einen Spielball der Strahlen aus den Augen. Sie tänzelt, folgt aber mit jeder noch so kleinen Bewegung unseren Gedanken.

Wir bewegen die Kugel mit unseren Gedanken. Wir lassen sie in alle Richtungen kreisen und drehen, dann wieder zum Stillstand kommen. Wir lassen sie weiter vom Kopf wegwandern und wieder zurückkehren. Es wird einige Zeit dauern, bis wir unser Empfinden in die Kugel hineinversetzen können. Wir lassen sie wie ein ferngesteuertes Flugzeugmodell wegfliegen, im Schlafzimmer kreisen, sanft an Decke oder Wände stoßen. Geübte Experimentatoren verspüren so etwas wie ein Kribbeln, wenn die Kugel auf ein Hindernis trifft.

Wenn wir uns immer mehr dem Reich des Traums nähern, schließlich einschlafen, können wir in der Kugel auf Reisen gehen. Wir können mit ihr Hindernisse durchdringen. Wir können die Umgebung unseres Hauses erkunden. Mit einiger Praxis wird es vielen von uns möglich sein, nicht nur mit der Kugel Geistreisen zu unternehmen, die durchwanderten Regionen zu spüren. Sie können – wobei der Körper friedlich im Bett schläft – mit dem Geist reisen und sehen, riechen und hören, was am »Zielort« geschieht.

Mancher Zeitgenosse kann sein Bewußtsein mit spielerischer Leichtigkeit in die gedachte Kugel, die in der Welt des Traums allerdings höchst real ist, versetzen. Andere haben da Schwierigkeiten. Sie werden ungeduldig, fallen aus dem Zwischenreich Wachsein/Schlafen heraus. Wenn es mit der Kugel nicht klappt, sollte man nicht frustriert sein, sondern andere Methoden ausprobieren.

Wir stellen uns ein bunt bemaltes Kettenkarussell vor, wie es sie früher auf Jahrmärkten gab. Noch befindet es sich im Ruhezustand. Wir nehmen Platz. Wir wissen, daß wir uns in einer Traumwelt befinden. Das Karussell hat keinen eigenen Motor. Wir treiben es mit unseren Gedanken an. Das funktioniert tatsächlich. Schon die Vorstellung von Bewegung genügt, um das Karussell in Betrieb zu nehmen. Angst ist nicht am Platz: Es dreht sich nur so schnell oder so langsam, wie wir das wollen. Unsere Gedanken steuern es nicht nur, sie treiben es auch an.

Spielerisch lassen wir es beschleunigen und wieder abbremsen. Irgendwann haben wir ein Tempo erreicht, das ganz genau unseren Vorstellungen entspricht. Wir drehen uns im Kreis. Jetzt konzentrieren wir uns auf den Punkt zwischen den Augen. All unsere Empfindungen lenken wir in diesen Punkt. Wir sind letztlich nur noch dieser Punkt. Und wir kreisen mit gleichbleibender, angenehmer Geschwindigkeit. Wenn wir es wollen, lösen wir uns vom Karussell. Wir – der Punkt auf unserer Stirn – nutzen die Schwungkraft und lassen uns treiben. Wir lösen uns, fliegen leicht und beschwingt.

Oder: Wir klettern in ein kreisrundes Bassin. Die Wassertemperatur ist äußerst angenehm. Wir schwimmen in das Zentrum des Beckens. Das Wasser trägt uns. Wir treiben an der Oberfläche, ohne daß wir Schwimmbewegungen ausführen müssen. Wir wissen, daß unser Nabel der Mittelpunkt des Bassins ist.

Wir konzentrieren uns auf unseren Nabel. Wir lenken unser gesamtes Empfinden in diesen Punkt. Das erzeugt Wohlbefinden. Wir fühlen uns wohl, ausgewogen und kraftvoll. Stellen wir uns vor: Das Zentrum unserer Aufmerksamkeit sitzt in einer kleinen Kugel, die auf unserem Nabel liegt.

Wir wissen, daß wir mit unseren Gedanken etwas bewirken können. Sie bringen Bewegung ins Wasser. Sie lassen einen Wirbel entstehen, kreisende Wellenbewegungen setzen ein. Wir bewegen uns mit ihnen im Kreis – und zwar so schnell oder so langsam, wie wir das selbst wollen. Wir nutzen die Kraft des kreisenden Wassers, um uns emportragen zu lassen. Wir schweben über dem Wasser – in einer Kugel, die nach unseren Wünschen frei umherfliegen kann. Wohin wir wollen.

Gibt es Gefahren? Nein!

Wichtig ist eine fundamental bedeutsame Tatsache: Es gibt nicht den einzig wahren und allein gültigen Weg zu Geistreisen mit der Kraft der Träume, sondern viele. Vermutlich gibt es für jeden individuellen Menschen auch einen ganz persönlichen Weg. So gibt es auch keine verbindliche Gebrauchsanweisung, wie man vorzugehen hat. Es sind lediglich Anregungen möglich, die dazu animieren können, den eigenen Weg selbst zu finden. Gerade der besondere Reiz der vielfältigen Möglichkeiten macht die Beschäftigung mit der Kraft der Träume so anziehend.

Robert A. Monroe wurde oft gefragt, ob denn das Herumexperimentieren nicht gefährlich sein könne. Er hat das stets verneint. An welchem Punkt das Experiment auch abgebrochen wird: Man findet sich stets unmittelbar am Ausgangspunkt der Versuche wieder.

Befürchtungen anderer Art beziehen sich auf mögliche Alpträume. Besteht die Möglichkeit, daß dem Traumreisenden unterwegs alptraumartige Wesen erscheinen? Nach Monroe und anderen Forschern sind die schlimmsten Träume harmlose Seifenblasen, die lautlos zerplatzen, ohne auch nur die geringste Spur zu hinterlassen. Man muß sich nur vergegenwärtigen: Es gibt Traumhelfer. Sie sind in der Welt des Traums allgegenwärtig und sofort zur Stelle, wenn man sie in Gedanken herbeiruft. Mühelos vertreiben sie jeden auch noch so schlimmen Schrecken der Nacht.

Traumwesen – Begegnungen mit fremden Welten?

Wie schon Professor Dr. Alfred Lehmann, halten viele Vertreter der Wissenschaft Träume für reine Halluzinationen. Jahrtausendelang hatte der Mensch anders gedacht. Er hielt, wie Wolfram Buismann (*Geheimnis der Religionen,* Augsburg 1994, S. 69) betont, »für wirklich, was nach unserer Auffassung nicht wirklich ist. Das sind seine Erlebnisse im Traum. Sie sind für ihn ebenso real wie das, was er bei hellem Bewußtsein erlebt. Wir könnten sagen, der Traum ist Wirklichkeit. Kehren wir den Satz um, so hieße das, die Wirklichkeit ist für ihn nichts als ein Traum.«

So war für Jakob, Sohn des Isaak und Stammvater Israels, die Vision von der Himmelsleiter (1. Buch Mose, Kapitel 28) echte Wirklichkeit, auch wenn sie ihm im Traum offenbart wurde.

Kurioserweise haben Menschen des ausgehenden 20. Jahrhunderts wieder Begegnungen, die in teilweise verblüffender Weise dem Traum Jakobs von der Himmelsleiter gleichen. Zahllose Beschreibungen seltsamer Traumvisionen liegen vor, die häufig an uralte religiöse Symbole erinnern. Beschreiben sie Realitäten? Begegnen Menschen des 20. Jahrhunderts in ihren Träumen tatsächlich geheimnisvollen Wesen? Erleben sie einen Teil der Wirklichkeit, der den meisten Menschen unserer Tage unsichtbar bleibt? Enthüllt die Kraft der Träume manchen Menschen Botschaften der Seele, die die meisten von uns nicht hören können?

Der Diplomingenieur und Testpsychologe Gerd Wolfgang Höchsmann hat sich intensiv mit einer Vielzahl solcher mysteriösen Traumbegegnungen beschäftigt. Er befragte zahllose Zeugen, wertete ihre Aussagen qualitativ und quantitativ aus. Dabei kam er zu der Überzeugung, daß jene seltsamen Wesen, die so manchem verängstigten Zeitgenossen gegenübertreten, nicht Ausgeburten verquerer Phantasie oder absurder Wunschvorstellungen sind. Sie sind vielmehr Teil einer Realität, die viel umfassender ist, als wir es uns vorstellen können.

Sind Traumbesucher reine Phantasie? Entstehen sie in einer Zeit des Materialismus aus der Sehnsucht heraus, Religiös-Mystisches zu erleben? Oder spiegeln sie tatsächlich eine Realität wider, die wir nicht verstehen?

Die Externsteine sind ein beliebtes Ausflugsziel. Im frühen Mittelalter schlugen Mönche aus den Felsen eine Nachbildung der christlichen Wallfahrtsorte in Jerusalem. In einer der Felskammern befindet sich eine sargartige Kuhle. Professor Hans Bellamy denkt, daß sich die Mönche hier in Trance begaben: »Zum Alltagsleben der abgeschieden lebenden Mönche gehörte wahrscheinlich auch die rituelle Kontaktaufnahme mit himmlischen Sphären. Man versuchte im Traum – wie einst die biblischen Propheten – Botschaften von Gott zu erhalten.« Legten sich Mönche in die sarkophagähnliche Vertiefung, um ungestört Traumbotschaften zu empfangen?

Ein seltsames Erlebnis bei den Externsteinen

Hier, an diesem mystischen Ort, erlebte die damals 18jährige Yvonne Schneider (Pseudonym) aus Bad Salzuflen eine Geistreise der besonderen Art. Die junge Frau hatte am späten Abend des 15. August 1994 mit ihrem damaligen Freund geschlafen. Der junge Mann war eingedöst, Yvonne lag nackt neben ihm im Gras. Sie döste vor sich hin und starrte in den nächtlichen Himmel, als eine Erscheinung ihre Aufmerksamkeit auf sich zog. »Mir fiel ein besonders heller Stern auf, der sich aber bewegte und rasch näher und näher, tiefer und tiefer kam. Plötzlich stand er als große, helle Scheibe über mir. Ich wollte schon meinen Freund wecken, da ging von der Unterseite dieses runden Dings ein heller Lichtstrahl aus.«

Ihrer Schätzung nach schwebte das Flugobjekt etwa dreihundert Meter über dem Erdboden, hatte einen Durchmesser von »etwa fünfzig Metern«. Die junge Frau wurde von dem Lichtstrahl erfaßt, den sie als ein »seltsames Kribbeln auf der nackten Haut« zu verspüren meinte. Plötzlich habe sie sich wie schwerelos gefühlt und sei förmlich »abgehoben«. Mir berichtete sie später: »Ich schwebte in einem Winkel von fünfundvierzig Grad nach oben, zum Himmel. Dabei hatte ich keine Angst, obwohl mir sonst schon bei kleinen Höhen schwindelig wird.«

An das »Flugerlebnis« selbst vermag sie sich nicht mehr so recht zu erinnern. Eine Erinnerung verdrängte sie zunächst, sie kam erst langsam in Träumen wieder zurück. »Während ich so, wie von einer unsichtbaren Kraft hochgesogen, nach oben driftete«, erklärte mir Yvonne Schneider im Oktober 1996, »sah ich nach unten. Da lag mein Freund im Gras. Er schlief. Und neben ihm sah ich mich selbst liegen, lang ausgestreckt, in den Himmel starrend. Ich flog höher und höher, sah mich selbst am Boden. Dabei dachte ich, ich müsse mich doch auch selbst in die Lüfte aufsteigen sehen. An solche Bilder kann ich mich aber nicht erinnern.«

Auch heute noch kann sie sich nicht daran erinnern, wie sie in das Innere der leuchtenden Scheibe gelangte. »Plötzlich war ich in dieser Scheibe und dachte: So sieht also ein UFO von innen aus!« Sie habe sich in einem kreisrunden Saal befunden, dessen Wände aus Metall zu bestehen schienen. Sie war nicht allein. »Kleine Männchen, höchstens einen Meter zwanzig groß, umstanden mich. Eines legte mich auf einen metallenen Tisch, beschmierte mich mit einer dünnflüssigen, leicht öligen Substanz, die ganz angenehm duftete.«

Die Begleitumstände ihres seltsamen Erlebnisses waren der jungen Frau fast peinlich. Sie gesteht: »Bei den Berührungen durch das fremde Wesen kamen bei mir sexuelle Regungen auf, die aber angesichts der Fremdartigkeit des Kleinwüchsigen rasch wieder abklangen. Einen Augenblick fuhr mir der Gedanke durch den Kopf: Nicht mit solch einem Knirps.«

Mehrfach befragte ich Yvonne Schneider zu ihrem Erlebnis. Sie reagierte empört auf die Frage, ob es sich denn nicht doch »nur« um einen Traum gehandelt haben könne. Sie weist eine solche Vermutung stets vehement von sich: »Ich war hellwach, bei vollstem Bewußtsein, nicht einmal müde. Ich kann sehr wohl zwischen Traum,

Phantasie und Wirklichkeit unterscheiden. Sexuelle Träume habe ich keine. Ich habe es nicht nötig, davon zu träumen!«

Eines der kleinwüchsigen Wesen habe begonnen, sie zu untersuchen. Dabei habe es von einem »Kollegen« Geräte gereicht bekommen, die es mit routiniertem Geschick einsetzte. »Da war so ein Kasten, aus dem führten sieben dünne, durchsichtige Schläuche heraus. An den Enden befanden sich kleine Saugnäpfe. Diese etwas klebrigen Dinger wurden an meinem Körper angebracht, an den Brüsten, um den Nabel, am Unterleib.«

Nach Yvonne Schneiders Schätzung dauerte die gesamte Prozedur »etwa fünf Minuten«. Es falle ihr aber, je länger das Erlebnis zurückliege, immer schwerer, das Geschehen zeitlich einzuordnen. Während der untersuchungsartigen Vorgänge habe der Kasten surrende Geräusche von sich gegeben, mal waren sie lauter, mal leiser. Ein Wesen habe etwas am Kasten abgelesen. »Vielleicht waren da irgendwelche Skalen angebracht. Die konnte ich aber nicht sehen.« In seltsam gurrenden Lauten habe das Wesen Mitteilungen gemacht, vielleicht irgendwelche Meßwerte übermittelt.

Während der gesamten Prozedur sei sie nackt gewesen, habe aber »zu keinem Zeitpunkt« so etwas wie Scham verspürt. »Es war viel weniger peinlich als bei meinem Gynäkologen«, der sei schließlich ein »erwachsener Mann mit sexuellen Regungen«, die »seltsamen kleinen Wesen« hingegen seien ihr wie »spielende Kinder« vorgekommen. Die Zeugin beteuerte immer wieder: »Was mir da geschah, entsprach in keiner Weise meinen intimen Wünschen. Ich bevorzuge große, muskulöse Männer, keine Zwerge!«

Während der Untersuchung habe sie »einen großen Kasten wahrgenommen«, den sie wie folgt beschreibt: »Es war so etwas wie ein riesiger Schneewittchensarg, irgendwie in die Wand eingelassen, eingebaut. Er bestand aus durchsichtigem Material wie Glas, erinnerte mich sehr an ein Aquarium. Er war von hinten angestrahlt. Eine Lichtquelle konnte ich aber nicht erkennen, ich nahm nur den Schein wahr.«

Im Inneren des Kastens habe sich »ein sehr großes Wesen, vielleicht drei Meter lang«, befunden. »Es war kein Mensch, sah aber sehr menschenähnlich aus. Es hatte Haare am ganzen Leib wie ein riesiger Affe, war komisch dünn angesichts der Größe, wirkte irgendwie unpassend von den Proportionen her. Das Ding schwamm in einer trüben, aber durchsichtigen Flüssigkeit. Es war anscheinend nackt, ich konnte aber keine Geschlechtsmerkmale erkennen.« Jenes seltsam riesenhafte Wesen habe sie sich mehrfach angeschaut. Vielleicht konzentrierte sie sich darauf, um sich von den Prozeduren abzulenken, die an ihr vollzogen wurden. Yvonne Schneider: »Ich habe, so gut das aus meiner Position heraus überhaupt möglich war, immer wieder hingesehen.«

Je aufmerksamer sie das Wesen im »Aquarium« betrachtet habe, um so lauter habe das »kastenähnliche Ding« gesummt und gesurrt. Das monotone, auf- und abschwellende Geräusch sei eindeutig von dem Kasten ausgegangen, aus dem die durchsichtigen Schläuche herausführten, die mittels Näpfen an Yvonne Schneiders Haut klebten. »Anscheinend hat das Gerät auf meine Emotionen reagiert. Mir wurde schon etwas bang angesichts dieses Monsters, das leichte Atembewegungen auszuführen schien. Aber das kann auch eine optische Täuschung gewesen sein.«

Ihr Interesse an dem fremdartigen »Riesenaffen« sei auch den kleinwüchsigen Experimentatoren aufgefallen. Das behandelnde Männchen habe ihr, ohne daß sie akustisch Worte wahrnahm, mitgeteilt: »Das ist so etwas, womit wir experimentieren. Du brauchst keine Angst davor zu haben! Es sieht zwar fremdartig aus, hat aber auch viel von dir.« Diese Erklärung habe sie zunächst überhaupt nicht verstanden. Auf telepathischem Wege sei ihr dann mitgeteilt worden, daß das Riesenwesen eine Art »Züchtung« der Kleinen sei, es sei einerseits Tier, habe aber auch Teile vom Menschen und solche von den kleinwüchsigen Wesen.

Schließlich war die Prozedur beendet. Man habe die Saugnäpfe von ihrer Haut entfernt, die Schläuche seien »irgendwie in den Kasten zurückgeflutscht«. Er habe abrupt aufgehört zu surren und summen.

In den ersten Monaten nach dem seltsamen Ereignis war Yvonne Schneider nicht dazu in der Lage, sich daran zu erinnern, wie sie aus dem Inneren der Scheibe wieder zurück neben ihren immer noch schlafenden Freund gelangte. Inzwischen hat sich das aber geändert.

»Eines der Männchen half mir von dem metallenen Untersuchungstisch«, berichtet Yvonne Schneider. »Es führte mich in die Mitte des kreisrunden Raums. Schließlich gab es mir zu verstehen, daß ich mich auf den Boden legen müsse, was ich auch tat. Ich spürte die fast etwas unangenehme Kälte des Bodens an meinem Rücken. Plötzlich war es für Sekunden pechschwarz um mich herum. Mir wurde dabei schwindelig. Wahrscheinlich nur Sekunden später war da so etwas wie ein Ruck. Ich schwebte nach unten. Über mir sah ich wieder die Scheibe dieses UFOs. Ich sank tiefer und tiefer. Das UFO über mir wurde kleiner und kleiner. Einen Augenblick hatte ich Angst vor dem Fallen. Aber dieses Gefühl hielt nur kurz an.«

Gemächlich sei sie gen Boden geschwebt. Sie habe dabei seitlich nach unten geblickt, sich gar nicht mehr darüber gewundert, daß sie sich, obwohl sie doch noch in der Luft geflogen sei, selbst am Boden im Gras liegen sah.

»Ich schwebte, mit dem Rücken nach unten, die Beine leicht angewinkelt, die Arme seitlich am Körper angelegt, nach unten. Irgendwann einmal dachte ich, daß ich doch den Erdboden erreicht haben müsse. Dann spürte ich einen seltsamen Schmerz. Mir war, als wurde ich von oben bis unten auseinandergerissen. Der Schmerz war kurz, aber am ganzen Körper, überall auf meiner Haut zu spüren.«

Es fiel Yvonne Schneider schwer, im Oktober 1996 genauer zu beschreiben, was sie da empfand. »Am ehesten läßt es sich wohl so beschreiben: Für Sekundenbruchteile hatte ich das Gefühl, als hätte ich am ganzen Körper einen entsetzlichen Sonnenbrand. Der Schmerz war plötzlich da. Mir war, als würde meine Haut verbrennen. Er schien wahnsinnig schnell so intensiv zu werden, wie ich noch nie etwas empfunden habe. Dann war er weg. Und ich spürte das Gras an meinem Rücken. Mir war jetzt fast etwas kalt.«

Sie habe ihren Freund neben sich leise schnarchen gehört. »Irgendwie war ich innerlich aufgewühlt. Ich war hellwach. Meine Sinne waren klar. Ich überlegte, ob ich aus einem Traum aufgewacht sei.« Dann habe sie, fast ängstlich, zum Himmel geblickt. »Ich hoffte, daß alles nur geträumt war! Wenn das alles geschehen sein sollte, ich würde an meinem Verstand zweifeln.«

So habe sie gehofft, nichts als den sternklaren Himmel zu sehen. Aber da hob sich deutlich die Scheibe des UFOs ab. »Wie, um mich zu verspotten, um mir zu zeigen, daß eben doch alles wirklich geschehen war, glühte das Ding am Himmel auf. Es wurde unheimlich hell – für Sekundenbruchteile. Es blitzte regelrecht auf. Dann war es urplötzlich weg, vom Himmel verschwunden. Es kam mir so vor, als habe jemand ein Licht ausgeschaltet.«

Yvonne Schneiders Erlebnis weist viele Merkmale auf, die von außerkörperlichen Traumreisen bekannt sind. Verschiedene Details sind identisch mit jenen, die von Wissenschaftlern wie Charles T. Tart von der Universität von Virginia und Dr. Karlis vom Institut der »American Society for Psychical Research« als typisch angesehen werden.

Sie hatte ihr Flugerlebnis während der Nacht, vielleicht sogar während des Schlafs. Ihr Geistkörper löste sich von ihrem physischen Leib, sie schwebte ohne Angst nach oben, sah sich selbst unter sich liegen. Sie hatte beim eigentlichen Vorgang der Trennung einen Blackout. Bei der Wiedervereinigung trat kurzzeitig starker, vorübergehender Schmerz auf. Ihr Erlebnis ist freilich keineswegs einzigartig. Ähnliche Berichte liegen zu Tausenden vor.

Der Fall Travis Walton

1975 schrieb die amerikanische Regierung einen umfangreichen Auftrag aus. Im Sitgraves-Nationalpark in Arizona sollten Holzfällerarbeiten durchgeführt werden. Verschiedene Firmen bewarben sich, erteilt wurde der Auftrag schließlich einer Gruppe von sieben Männern, zu denen auch die Gebrüder Travis und Duane Walton gehörten. Am 5. November 1975 waren die Holzfäller nach einem anstrengenden, arbeitsreichen Tag gegen sechs Uhr abends auf dem Rückweg in ihr Quartier. Vom Lkw aus beobachteten sie ein »goldenes UFO«. Es schwebte niedrig über den Baumwipfeln. Ihren Berichten zufolge hatte es die Form eines Diamanten, an der Oberseite war so etwas wie eine Kuppel auszumachen. Alle sieben Zeugen sagten später übereinstimmend aus, sie hätten deutlich »Fenster« wahrgenommen.

Die Holzfäller, alles gestandene Männer, waren sich nicht einig, ob sie so rasch wie möglich weiterfahren oder das seltsame fliegende

Objekt beobachten sollten. Travis Walton wollte sich nicht damit begnügen, aus der sicheren Distanz zu beobachten. Er verließ den Lkw und rannte in Richtung UFO. Seine Kollegen schrien ihm nach. Er solle doch den Unfug lassen, zu ihnen zurückkehren. Travis Walton aber hörte nicht auf sie.

Als er sich unter dem Flugobjekt befand, schoß ein blauer Licht-strahl aus dem »Diamant« am Himmel. Er traf Travis Walton und schleuderte ihn zu Boden. Entsetzt fuhren seine Kollegen davon. Würde sie das UFO verfolgen? Das war nicht der Fall. Eilig kehrten sie an die Stelle zurück, an der Travis ausgestiegen war. Ihr Freund und Kollege war verschwunden. »Wir müssen die Polizei um Hilfe bitten«, schlug einer der Männer vor.

Der Chef der nächsten Polizeistation, Sheriff Ellison, hörte sich ihren Bericht ruhig an. Er nahm die Aussagen der Männer ernst und organisierte umgehend einen Suchtrupp. Sheriff Ellison erinnerte sich später, daß drei der Holzfäller auf keinen Fall wieder in den Wald zurückkehren wollten. »Einer der Männer weinte. Wenn sie logen, dann waren sie verdammt gute Schauspieler.«

Der Suchtrupp mußte unverrichteter Dinge zurückkehren. Von Travis Walton fehlte jede Spur. Schon wurden Zweifel an der Geschichte artikuliert. Gab es eine natürliche Erklärung? Lag viel-leicht gar ein Verbrechen vor? War Travis Walton einem Verbre-chen zum Opfer gefallen? Hatten ihn seine Kollegen ermordet? Behaupteten sie jetzt einfach, er sei von einem UFO attackiert worden, um ihre Bluttat zu vertuschen?

Sheriff Ellison hielt das für möglich, aber für unwahrscheinlich. In den ausgedehnten Wäldern des Sitgraves-Nationalparks wäre es ein leichtes gewesen, einen Mann zu ermorden und verschwinden zu lassen. Man hätte von einem Streit sprechen, behaupten können, Travis habe sich abgesetzt. Vermutlich hätte man nie seine Leiche gefunden, wenn tatsächlich ein Mord geschehen sein sollte. Würde eine fiktive Geschichte von einem UFO nicht erst recht die Behör-den aufmerksam machen?

120 Stunden blieb Travis Walton verschwunden. Dann tauchte er plötzlich wieder auf – rund fünfzig Kilometer vom Ort seines Ver-schwindens entfernt. Seine Erinnerungen an die 120 Stunden waren ausgelöscht. Anders als Yvonne Schneider konnte er sich nicht

daran erinnern, was ihm widerfahren war. Erst nachdem der Holzfäller hypnotisiert wurde, kehrten seine Erinnerungen an die fehlende Zeit wieder.

Er war offenbar an Bord des UFOs geschwebt – so wie auch
Yvonne Schneider. Auch er war von seltsamen Kreaturen untersucht worden, bevor sie ihn wieder im Wald aussetzten.

Dr. Gene Rosenbaum aus Durango, Colorado, kam nach einem
Lügendetektortest zum Ergebnis, daß Travis Walton die Wahrheit
ausgesagt habe. Das trifft auch auf zahllose ähnlich gelagerte Fälle
zu, die Professor Dr. John Mack, Psychologieprofessor, Gründer
und Direktor des »Center for Psychological and Social Change«,
untersuchte. Der mit dem Pulitzer-Preis geehrte Wissenschaftler
untersuchte weit über 100 ganz ähnliche Fälle. Er veröffentlichte die
Ergebnisse seiner umfangreichen wissenschaftlichen Arbeit 1994 in
dem Buch Abduction – *Human Encounters with Aliens*.

Viele der Menschen, die sich Professor Mack anvertrauten, konnten sich erst unter Hypnose an ihre Erlebnisse erinnern. Beim
Studium der Berichte fallen Parallelen zu den Geistreisen auf. Auch
viele jener Menschen, die im Traum erlebten, wie sich ihr Geistkörper von ihrem physischen Leib trennte, sind davon überzeugt, daß
sie derlei »Trennungen« bereits im Kindesalter hatten. Genauso
geht es nicht wenigen der »Entführungsopfer«.

Professor Mack (*Entführt von Außerirdischen,* Essen 1995, S. 21)
weist darauf hin, daß ihre Erlebnisse anderen Begebenheiten ähneln: »Hinsichtlich ihrer mystischen Bedeutung ähneln UFO-Ent-
führungen, obwohl sie in gewisser Beziehung einzigartig sind, anderen entscheidenden und dramatischen Erfahrungen, wie sie von
Schamanen, Mystikern und auch gewöhnlichen Menschen durch-
lebt worden sind, die Begegnungen mit dem Übernatürlichen hatten. Bei all diesen Erfahrungen macht das normale Bewußtsein des
einzelnen eine radikale Veränderung durch. Er oder sie wird in eine
ungewohnte Form des Seins eingeweiht, was letztlich zu einer Re-
integration des Selbst führt – zu einem völligen Eintauchen in
Zustände und/oder Kenntnisse, die einem früher nicht zugänglich
waren.«

Für Dave begannen die Erlebnisse, die vor einigen Jahrtausenden
gewiß als Begegnungen mit der göttlichen Allmacht gewertet wor-

den wären, bereits in frühester Kindheit. Er wandte sich im Juni 1992 an Professor Mack. Seine früheste Erinnerung geht in das Jahr 1957 zurück. Dave, damals drei Jahre alt, marschierte unweit des elterlichen Hauses im südlichen Pennsylvania im Susquehanna-Tal eine Straße entlang. Drei Lichter brausten auf ihn zu, der Bub verspürte eine Art von Vibration, ein Kribbeln. Jahre später sollte diese eigentümliche Empfindung wiederkehren. Was dann geschah, daran kann er sich nicht erinnern. In den folgenden Jahren hatte er immer wieder unheimliche Begegnungen mit Lichtern oder UFOs.

So hatte er sich, 19 Jahre alt, mit seinem Bruder Ralph und einem Freund namens Jerry zum Plausch auf eine Wiese zurückgezogen. Es war später Abend, die Luft war klar, die Sterne funkelten am Himmel. Über einem nahe gelegenen Hügel stieg ein unbekanntes Flugobjekt auf, schlug einen Haken, flog direkt auf Dave und seine Freunde zu. Über ihnen schien es zu verharren. Die jungen Männer konnten deutlich die Unterseite des Objekts sehen. Dave hatte das Empfinden, daß ihn eine Art Gesicht aus dem Inneren des Flugvehikels anstarrte.

Sein wahrscheinlich eindrucksvollstes Erlebnis hatte er in der Nacht vom 8. auf den 9. Juli 1992. Den Abend hatte er im Hause der Eltern am Computer verbracht. Gegen 0.45 Uhr verließ er das Haus und fuhr die etwa 72 Kilometer heim. Gegen 1.30 Uhr kam er an. Seine Frau schlief bereits. Behutsam krabbelte er ins Bett, sorgsam darauf bedacht, seine Frau nicht zu wecken. Es war ja mitten in der Nacht. Eine Stunde später, also gegen 2.30 Uhr, meint Dave eingeschlafen zu sein. Dabei wurde er von jenem seltsamen Gefühl heimgesucht, daß er als Knirps beim Anblick eines UFOs verspürt hatte. Er beschrieb es später als eine Art von Vibration, die unterhalb des Nabels zu spüren war und sich bis in den Brustbereich fortsetzte, wie ein Kribbeln.

Im Traum begegneten ihm seltsame Wesen. Eine weibliche Gestalt zerrte ihn aus dem Bett, ein Gesicht starrte ihn durch die Fensterscheibe an. Als er erwachte, war es vier Uhr morgens. Erst unter der Hypnose erinnerte er sich an die fehlende Zeit. Da tauchten wieder das Gesicht und die fremdartige Frau auf, die ihn aus dem Bett holte und zu Boden drückte. Er wurde aus dem Haus geführt, zu einer Waldlichtung, etwa fünfzig Meter entfernt. Dort stand ein großes rundes Raumschiff, eine Untertasse mit Kuppel an der Oberseite, etwa zwanzig Meter im Durchmesser. Dave wurde durch eine Art Eingang an Bord des Vehikels gebracht, auf einer Art Tisch untersucht. Dabei kamen seltsame Gerätschaften zum Einsatz – wie im Fall der Yvonne Schneider. Nach der zum Teil peinlich-unangenehmen Prozedur wurde er zurück ins Schlafzimmer gebracht. Seine Frau hatte nichts bemerkt.

Debbie Tomey, Catherine X. und Begegnungen mit dem Unheimlichen

Auch Debbie Tomey, 1959 in Indianapolis, USA, geboren, hatte von frühester Kindheit an Begegnungen mit dem Unheimlichen. Von ihrem 7. Lebensjahr an sichtete sie immer wieder UFOs. So sah sie 1975 »spiralförmige Lichter«. Zwei Jahre später, im Dezember 1977, war sie mit einer Freundin im Auto unterwegs. Aus sicherer Entfernung beobachteten die jungen Frauen die Landung eines UFOs. Kathy wurde schließlich an Bord genommen – und unangenehmen Untersuchungen unterzogen. 1979 wurde sie – diesmal aus der Wohnung – erneut in ein UFO verschleppt. Ähnliches geschah am 30. Juni 1983. Vor dem Haus landete ein UFO. Sie erinnerte sich deutlich daran, daß das fliegende Objekt niedergefahren war. Dann fehlte ein Stück Erinnerung. Nach einer Befragung unter Hypnose sieht es so aus, als ob damals Debbie Tomey radioaktiver Strahlung ausgesetzt war.

Der himmlische Besucher hinterließ Brandspuren im Garten der Familie Tomey. Der Rasen muß kurzzeitig sehr hohen Temperaturen ausgesetzt gewesen sein.

Catherine X. studierte Musik und verdiente nebenbei Geld als »Dame von der Rezeption« in einem Stadtclub. 1991 bat sie Professor Dr. John E. Mack um Hilfe. Sie wurde nämlich von Erinnerungen an unheimliche Begegnungen heimgesucht. Einerseits versuchte sie zu verdrängen, zu vergessen, was da geschehen war. Andererseits aber war sie davon überzeugt, daß die schlimmen Alpträume aufhören würden, sobald sie erst einmal genau wußte, was sie erlebt hatte.

Auch Catherine X. hatte als Kleinkind Begegnungen mit rätselhaften kleinwüchsigen Wesen. Sie hat noch heute das Bild plastisch vor Augen: ein Wesen mit schwarzen Augen, einem spitz zulaufenden Kinn und einem Kopf in der Form eines umgekehrten, mit der Spitze nach unten gedrehten Tannenzapfens. Die Gestalt tauchte in Catherines Zimmer auf. Die fühlte sich wie gelähmt, konnte nicht schreien. Weitere Wesen erschienen, zerrten sie aus dem Haus ins Freie, wo sie ein tellerförmiges Vehikel sah. Im Inneren begegneten ihr fünf oder sechs weitere Kinder. Sie durfte mit einem futuristischen Spielzeug hantieren. Es scheint sich dabei um eine »fliegende Metallkugel« gehandelt zu haben, die mit einer Fernsteuerung dirigiert werden konnte.

Als etwa Siebenjährige wurde, glaubt man ihren Erinnerungen unter Hypnose, Catherine X. neuerlich entführt. Ein kleinwüchsiges, gefährlich aussehendes Wesen entnahm eine »Gewebeprobe« aus ihrer Hand. »Das benötigen wir für die Forschung«, erklärte ihr der Gnom.

Als Catherine X. 21 war, ereignete sich Dramatisches. Sie hatte die Weihnachtstage in harmonischer Stimmung bei ihrer Mutter verbracht. Ein, zwei Tage danach erwachte sie mitten in der Nacht. Oder träumte sie nur, daß sie wach wurde? Sie ging in der Wohnung der Mutter umher. Irgendwann einmal sah sie aus dem Fenster. Da war ein UFO. Es stand auf einem hart gefrorenen Sumpfgelände. Das Ding glänzte silbrig-metallen. Zahlreiche Lichter blinkten. Catherine X. fühlte sich wie magisch von dem Ding angezogen. Obwohl sie nur ein dünnes T-Shirt anhatte, schlüpfte sie hastig in ein Paar Gummistiefel ihrer Mutter und ging nach draußen. Es fiel ihr einerseits gar nicht so leicht, sich dem UFO zu nähern. Angst breitete sich in ihr aus. Gleichzeitig hatte sie gar keine andere Möglichkeit. Es war, als habe sie keinen eigenen Willen mehr. Befolgte sie fremde Befehle?

Taubheit breitete sich in ihrem Körper aus, eine Art Gefühllosigkeit. Catherine X. ging zielstrebig auf das UFO zu. Sie war nicht allein. Fünf fremdartige Kreaturen fielen ihr auf. Die Wesen warteten auf sie und geleiteten sie zum Schiff. Über eine metallene Rampe ging sie mit den fremdartigen Wesen an Bord des grauen UFOs. Im Inneren des Objekts war so etwas wie ein wissenschaftliches Labor. Catherine wurde zu einem blockartigen Tisch geführt, auf den sie sich legen mußte. Fünf kleinwüchsige, ja geradezu gebrechlich wirkende Wesen mit dünnen, dürren Hälsen umstanden sie. Auch sie wurde, wie so viele andere Entführungsopfer, gegen ihren Willen medizinisch untersucht. Sie hatte das schmerzliche Gefühl, daß ihr – wohl aus der Gebärmutter, dem Gebärmutterhals oder dem Eileiter – eine Probe entnommen wurde.

Ein weiteres Instrument wurde gereicht. Es sah gefährlich aus: metallisch, dünn, etwa dreißig Zentimeter lang. Der fremdartige »Arzt« schob es in Catherines Nase, immer tiefer. Dann stieß es auf einen Widerstand, etwas Hartes, das mit einem kräftigen Ruck durchstoßen wurde. Sie hatte das Gefühl, daß das Ding in ihr Gehirn eindrang, daß ihr eine Probe aus dem Gehirn entnommen wurde. Schließlich wurde das blutverschmierte Instrument wieder aus Catherines Nase gezogen. Noch Jahre nach dem Ereignis wurde sie von heftigen Weinkrämpfen geschüttelt, wenn sie daran dachte.

Das Erlebnis war für Catherine so alptraumhaft, daß es Professor Mack nur mit Hilfe eines Tricks gelang, das Erlebte wieder an die Oberfläche der Erinnerung zurückzurufen.

Catherine kam – immer noch an Bord des UFOs – in einen weiteren Raum. Auf der linken Seite war so etwas wie ein Regal in die Wand eingelassen. Es mochte 2,40 Meter hoch gewesen sein, reichte vom Boden bis zur Decke. Es bestand aus vier oder fünf Reihen übereinander. Und in jeder Reihe standen von links nach rechts acht oder zehn gläserne Behältnisse. In jedem dieser Gläser wiederum schwamm ein seltsam deformiert wirkendes Wesen. Auf einem spindeldürren, kleinen Körper saß ein unförmig großer Kopf.

Es grauste Catherine X. Sie kam sich vor wie in einem Horrorkabinett des schlechten Geschmacks, das Menschen mit krankhaften Phantasien anlockt. Catherine sollte erfahren, daß diese Kreaturen Produkte der zwergwüchsigen Wesen waren. Sollte es sich um Kunstprodukte außerirdischer Besucher handeln? Catherine X.' Beschreibung von dem Regal mit den entsetzlichen Schauobjekten erinnert an das, was Yvonne Schneider an Bord »ihres« UFOs sah: ein monströses Wesen in einem »gläsernen Aquarium«.

Judy Doratys »Himmelsflug«

Catherine X.' Erlebnis findet eine Entsprechung in den Erlebnissen von Judy Doraty aus dem texanischen Houston. Im Mai 1973 hatte sie zusammen mit der Familie einen harmonischen Abend beim Bingospiel verbracht. Alle waren gut gelaunt, als man gemeinsam im Auto nach einem lustigen Bingoabend nach Hause fuhr. Unterwegs flog etwas Gleißendes über ihrem Auto und schien sie zu verfolgen. Schließlich hielt man an, wollte herausfinden, was da am Himmel flog. Nur Judy Doraty hatte freilich den Mut, auch auszusteigen.

Was sie sah, erlebte, das wußte sie zunächst gar nicht mehr. Jedenfalls fand sie sich wieder im Auto sitzend vor. Ein Stück ihrer Erinnerungen war gelöscht. Es war, als hätte irgendwer oder irgendwas einige Stunden ihres Gedächtnisses getilgt, als sei mitten im Film ein Stück eines Videobandes herausgeschnitten worden.

Die Fahrt wurde fortgesetzt. Kaum war die Familie zu Hause angekommen, spielte sich eine seltsame Szene ab. Auf einem Feld, ganz in der Nähe des Hauses gelegen, kam ein hell strahlendes Ding vom Himmel. Es war rund und hatte eine Reihe von Fenstern und Lichtern. Judy Doraty, die sonst die Ausgeglichenheit in Person war, rastete förmlich aus. Sie brüllte ihre Kinder an, schrie, so laut sie konnte. Sie verbot ihnen, sich dem »verfluchten Ding« zu nähern. Warum reagierte sie nur so vehement? Warum wurde sie in den folgenden Wochen und Monaten von Alpträumen gequält? Um eine Antwort auf diese Fragen zu bekommen, suchte Judy Doraty Dr. Leo Sprinkle auf. Der langjährige Mitarbeiter der University of Wyoming in Laramie fand Antworten, die Judy Doraty insgeheim befürchtet hatte. Unter Hypnose kehrten die Erinnerungen an den Mai 1973 wieder.

Da war dieses Licht am Himmel – ein UFO. Da war dieses Kälbchen von der Weide, das in einem Lichtstrahl nach oben gesogen wurde. Auch Tochter Cindy hatte damals den parkenden Wagen verlassen. Grelles Licht blendete sie. Sie versuchte, ihre Augen mit den Händen gegen das Gleißen abzuschirmen. »Es ist so hell und fühlt sich warm an auf meiner Haut«, lautete später die Aussage der Tochter.

Beide Frauen bewegten sich vom Auto weg, marschierten in

Richtung UFO. Dann nahmen sie die beiden kleinwüchsigen Wesen wahr, die aus einiger Entfernung das Geschehen beobachteten. Sie waren etwa 150, vielleicht 155 Zentimeter klein. Ihre Augen glichen denen von Insekten, waren unheimlich, schwarz wie die Nacht. Münder wie Menschen hatten sie nicht, diese seltsamen Wesen, sondern schmale Schlitze, wie Striche im Gesicht. Oder sollte man besser sagen: wie schmale Schnitte, ausgeführt mit einem Skalpell?

»Sie gingen irgendwie komisch, wie Roboter«, erinnerte sich Cindy. Und sie geleiteten die Frauen zum Lichtstrahl. »Er kam aus der Unterseite des UFOs.« Der Lichtstrahl erfaßte die junge Frau. Sie spürte ihn körperlich. »Er fühlte sich seltsam an, irgendwie feucht.« Er sog das Kälbchen hoch in die Luft. Das Tier »bewegte sich. Es schien zu schreien. Aber ich hörte nichts.« Cindy wähnte sich in einem realen Alptraum. Sie wurde traurig vor Mitleid und wütend, weil sie dem armen Tier nicht helfen konnte. »Das Kälbchen bewegte sich und schwebte dabei in den Himmel, zum UFO. Verzweifelt trat es mit den Beinen. Sein Maul bewegte sich. Ich vernahm aber keinen Laut. Es stieg höher und höher, bis es im UFO verschwunden war.«

Cindy wurde schwarz vor Augen. Sie fand sich unvermutet im UFO wieder. Irgendwie war sie an Bord geflogen. Wie das geschehen war, daran erinnerte sie sich auch unter dem Einfluß der Hypnose nicht. Nach Robert A. Monroe müßte sie eine Art Geistreise unternommen haben, wobei sie sich nicht an die Phase der Trennung zwischen Geistkörper und physischem Leib erinnern konnte.

An Bord des Flugobjekts machte sie Beobachtungen, die sich mit denen ihrer Mutter deckten. Auch sie beschrieb später einen runden »Operationsraum«. Auch sie sprach von dem fremdartigen Wesen mit der unmenschlichen Kopfform und den Insektenaugen. Auch Cindy wurde auf einen Operationstisch gelegt. Die Fremden musterten sie kalt, untersuchten sie mit merkwürdigen Geräten. Da war zum Beispiel ein L-förmiges Instrument, etwa zwölf bis fünfzehn Zentimeter lang. Es wurde in Cindys Hals geschoben, verursachte bei dem extrem verängstigten Teenager ein Würgen im Hals. Cindy fühlte sich zutiefst erniedrigt, wie ein Versuchstier behandelt. Sie sah, wie das von der Weide entführte Kalb traktiert wurde. Dem Mädchen wurde übel, als die Wesen Stücke aus dem Körper des Tieres herausschnitten. Stück für Stück wurde sorgsam abgelegt. Stück für Stück wurde näher untersucht. Flüssigkeit wurde aus den Fleischbatzen gesaugt, andere Substanzen wurden hineingespritzt.

Schließlich wanderten die Fleischstücke in Röhren, die im Boden eingelassen waren. Überall im Raum schienen Teile von Tieren zu liegen, zu wissenschaftlichen Präparaten verarbeitet. Da war eine abgeschnittene Hundeschnauze, die Knochen waren von den Experimentatoren penibel von Haut und Fleisch befreit worden. Besonders furchteinflößend wirkte ein Schweinefötus auf Cindy. Er schwamm wie schwerelos in einer gallertartigen Masse. Reglos, wohl tot, lagen zwei Vögel auf einem Tisch, vermutlich ein Eichelhäher und ein Spatz.

Dr. Johannes Fiebag, geboren 1956, beschäftigt sich als ausgebildeter Naturwissenschaftler schon seit vielen Jahren mit der Problematik außerirdischer Zivilisationen und möglichen Eingriffen der Fremden in unsere Welt. Am 7. Februar 1996 wurde ihm in der Universität Bern der Dr.-A.-Hedri-Preis verliehen. Damit wurde seine umfassende Beschreibung des Phänomens der außerirdischen Besucher ausgezeichnet.

Was die wissenschaftliche Arbeitsweise von Dr. Johannes Fiebag von der der meisten seiner schriftstellernden Kollegen unterscheidet: Er sieht nie nur einzelne Teilaspekte der Thematik. So ist ihm durchaus bewußt, daß zahllose Entführungsfälle Ähnlichkeiten mit sogenannten Geistreisen aufweisen. Er schreibt (*Kontakt,* München 1994, S. 272): »Sehr häufig treten bei Entführungen sogenannte Out-of-Body-Experiences (kurz OOBEs: außerkörperliche Erfahrungen) auf. Das menschliche Bewußtsein scheint für Minuten, zeitweise auch für Stunden, den Körper zu verlassen und vollkommen unabhängig von diesem agieren zu können.«

In der Tat werden von zahlreichen Betroffenen, die über Entführungen durch Außerirdische berichten, Begleiterscheinungen beschrieben, die nur einen einzigen Schluß zulassen: Zumindest bei einem Teil der Erlebnisse handelte es sich nicht um körperliche Begegnungen. Manche der irdischen Zeugen machten außerkörperliche Erfahrungen.

Regina Köhler (Pseudonym) etwa, eine 38jährige Unternehmer-
frau in einer kleinen Stadt bei Karlsruhe, hatte so ein Erlebnis im
Jahr 1993, das Dr. Johannes Fiebag in seinem Buch *Kontakt* schildert. Erst unter der Hypnose konnte sie sich an die geheimnisvollen
Vorgänge erinnern.

Regina Köhler war nächtens mit dem Auto unterwegs nach Hau-
se. Plötzlich kam eine Rechtskurve, sie konnte nicht weiterfahren.
Das Auto blieb stehen. Ein »komisches Gefühl« kam über sie. Sie
war »angespannt im Körper«. Dann geschah Seltsames: Sie saß
zugleich hinter dem Steuer ihres Wagens und schwebte aus dem
Pkw. Sie war noch im Auto, zugleich aber auch nicht. Wie in einem
»Fahrstuhl« driftete sie nach oben, in Richtung »Licht«, das da am
Himmel stand. Im Licht war eine Luke, vor der sie Angst hatte.

Ihren Beschreibungen zufolge muß es sich bei dem »Licht« mit
der »Luke« um eine Art Raumstation gehandelt haben. Im Inneren
des Vehikels sah sie geschäftiges Treiben. Sie erkundete das Innere
des UFOs, eher schwebend als gehend. In einem großen, kahlen
Raum wurden ihr viele Kinder gezeigt. Schließlich durfte sie wieder
umkehren. Sie durchquerte wieder eine Schleuse, sank zurück zur
Erde in Richtung Pkw. Dabei glaubte Regina, wie Dr. Johannes
Fiebag schreibt, »bei ihrer Rückkehr aus dem Objekt ihren Körper
im Auto sitzen gesehen zu haben«.

Traum oder Wirklichkeit?

Zu den meistdiskutierten Entführungsfällen gehören ohne Zweifel
die Begegnungen von Betty Andreasson-Luca. Wie so viele Entführte hatte sie ihre ersten Kontakte in frühester Kindheit.

Am 25. Januar 1967 befand sie sich in der Küche der elterlichen
Wohnung im Städtchen Ashburnham im amerikanischen Bundesstaat Massachusetts. Seltsame Wesen, die an Halloween-Monster
erinnerten, glotzten durch die Fenster und drangen ins Haus ein. Sie
gingen einfach durch Wände oder Türen hindurch, als bestünden sie
nicht aus fester Materie. Die unheimlichen Besucher verhielten sich
dabei wie Geistwesen. Oder wie Menschen, die im Traum auf
Astralreise sind. Betty wurde entführt und von den furchteinflößen-

den Wesen medizinisch untersucht. Wie so viele Betroffene konnte sie sich zunächst nicht an die Geschehnisse erinnern. Wie Hilary Evans und John Spencer (*Ufos 1947–1987,* London 1987, S. 133) berichten, erinnerte sie sich erst »1977, zehn Jahre nach den Ereignissen, unter Hypnose, daß sie an Bord des Flugvehikels genommen und einer medizinischen Untersuchung unterzogen wurde«.

Für Menschen des Mittelalters paßte es in das Weltbild, wenn Heilige Wundersames tun konnten. Wenn sie dazu in der Lage waren, in religiöser Ekstase zu fliegen oder mit ihrem Geistkörper Wände durchdringen konnten, dann dachte dabei niemand an die Kraft der Träume. Man glaubte an Gott. Man war von der Existenz eines allmächtigen Schöpfers überzeugt. Aus der Bibel wußte man, daß es Wunder gab. Sie galten als natürlicher Beweis für die Allmacht des Schöpfers.

Ulrich Magin weist nun darauf hin (*Von Ufos entführt,* München 1991, S. 142–145), daß gerade die oft unerklärlich wirkenden Begleiterscheinung von Entführungen auch einen religiösen Aspekt haben. Er schreibt: »Wir leben in einer säkularisierten, entmythologisierten Gesellschaft. Sakrale und magische Handlungen sind bis zur Unkenntlichkeit trivialisiert worden. In der modernen Gesellschaft ist das erlebbare Heilige so weit vom Alltäglichen entfernt, daß sowohl das Opfer der Entführung wie auch seine Umwelt offenbar nur eine technologische Interpretation des Erlebten verstehen können.«

Tatsächlich gibt es Beschreibungen von Entführungsopfern, die stark an religiös-mystische Erlebnisse von Heiligen des Mittelalters erinnern. Dr. Johannes Fiebag weist in seinem Buch *Kontakt* auf diesen Sachverhalt als fast einziger Fachautor der »Ufo-Forscher-Szene« hin: »Betty Andreasson-Luca wurde bei einer ihrer OOBE-›Entführungen‹ Zeuge einer merkwürdigen Szenerie: Eine Gruppe lichtvoller Gestalten ohne Gesichtszüge befand sich in einer Art Spiel. Sie bewegten Lichtstangen, Kugeln, Pyramiden durch die Luft, ließen sie in verschiedenen Farben aufsprühen: ›Es ist einfach so ungewöhnlich! Sie wirken so glücklich! Sie, es erscheint, als ob sie glücklich sind, weil – sie sehen einfach so frei-i-i aus!‹«

Wie aber ist der eindeutig religiöse Aspekt zu deuten? Darf man unterstellen, daß das Phänomen der Entführungen letztlich gar

353

nicht existiert? Ist es legitim, wenn man unterstellt, daß es eine Ausgeburt der menschlichen Phantasie ist, die sich nach Kontakten mit in religiösem Sinne Überirdischem sehnt?

Schaffen sich die Entführten Phantasiebilder, weil sie sich alleingelassen fühlen in einer Welt, aus der die konkrete religiöse Erfahrung verschwunden ist? Dr. Johannes Fiebag verneint diese Hypothese. Seiner Ansicht nach steht der Mensch seit Beginn seiner Existenz (*Sternentore,* München 1996, S.8) »in Verbindung zu anderen Formen des Bewußtseins«. Dr. Fiebag weiter: »All diese Formen – mögen sie in unserem Universum angesiedelt sein oder dort ihren Ursprung haben, mögen sie aus parallelen Welten, anderen Zeiten und Zeitströmen, anderen Dimensionen oder anderen, noch völlig unbekannten ›Zustandsformen‹ des bewußten Seins stammen – sind, sobald sie eine bestimmte Stufe der Entwicklung erreicht haben, miteinander vernetzt, bilden ein umfassendes Ganzes.«

Nach Dr. Fiebag passen sich die – wie auch immer gearteten – Anderen unseren Erwartungen an. Weil in unserer Zeit an der Schwelle zum dritten nachchristlichen Jahrtausend Hunger nach religiös-mystischem Erleben besteht, begegnen sie in der erhofften, erwünschten Form.

Edgar Cayce – der schlafende Prophet

Jahrtausendelang waren es die Priesterinnen, Propheten und Schamanen, die an heiligen kultischen Orten wie etwa Malta mit der Kraft der Träume wirkten. Das Phänomen des »schlafenden Propheten« ist freilich keineswegs ein Relikt aus uralten Zeiten. Es tritt auch heute noch auf. Sind wir Kinder des Atomzeitalters aber überhaupt dazu in der Lage, Erscheinungen, denen der Geruch des Magischen anhaftet, zu erkennen?

Edgar Cayce (1877–1945) war so ein Mann, der wenige Jahrhunderte früher zweifelsohne als »Magier« verbrannt worden wäre. Er wuchs bei einfachen Bauersleuten in einem Vorort von Hopkinsville in Kentucky auf. Zunächst machten sich seine Eltern keine größeren Sorgen, als ihr Bub von »unsichtbaren Spielgefährten« sprach.

»Das geht sicher bald vorüber«, trösteten sie sich. Edgar behauptete aber schließlich gar, er könne mit den Geistern verstorbener Verwandter sprechen. Der Junge entwickelte sich ansonsten normal. In der Schule kam er gut zurecht. Allerdings lernte er nicht wie seine Kameraden. Er konnte sich in eine Art von Dämmerzustand versetzen, Wissen in diesem seltsamen Zustand in großen Mengen in kürzester Zeit speichern. Diese Gabe verlor sich wieder. Edgar mußte die Schule schon nach der siebten Klasse verlassen. Der Weg zu einer höheren Bildung war ihm verschlossen. Und doch verfügte der einfache Farmerssohn, der nie auch nur den Hauch einer medizinischen Ausbildung genossen hatte, über unglaubliches Wissen. Damit half er sich selbst. Seine Gesundheit war nicht die beste. Manchmal befürchteten seine Eltern und die hinzugezogenen Ärzte das Schlimmste. Edgar wurde ohnmächtig. Er sank in tiefes Koma. Sein Leben war bedroht. Würde er überhaupt wieder gesund werden? War zu befürchten, daß der Junge bis an sein Ende ein Pflegefall sein würde?

Analphabet und Traumheiler

Die Ärzte waren ratlos. Sie meinten, man könne nur abwarten. Da geschah Seltsames: Edgar sprach, während er sich in einem traumähnlichen Trancezustand befand, klar und deutlich. Er benutzte Begriffe, die er nie zuvor im Leben gehört haben konnte. Er beschrieb sachkundig seine eigene Krankheit. Er nannte die Ursache für seine Fieberanfälle und krampfartigen Zuckungen. Und er nannte eine Reihe von Substanzen. Daraus sei eine Salbe anzufertigen. Und die müsse auf seine Wirbelsäule geschmiert werden. Natürlich waren die Ärzte skeptisch: »Das grenzt doch an Magie!« Sie befolgten aber die Anweisungen des Buben. Er wurde gesund.

Wenige Jahre später trat bei Edgar neuerlich eine Krisensituation ein. Während er, inzwischen 21 Jahre alt, als einfacher Verkäufer in einer Schreibwarengroßhandlung arbeitete, erkrankte er erneut. Die Ärzte konnten nicht feststellen, woran er nun genau litt. Sie konstatierten nur eine »Lähmung der Stimmbänder«. Wieder war er es selbst, der Abhilfe schaffte.

Professor Alfred Lehmann sah in Träumen, die den Menschen Ursachen von Krankheiten enthüllen, nichts Ungewöhnliches. In seinem tiefsten Inneren kenne der Mensch den eigenen Körper eben genauer, als ihm das bewußt sei. So könnten dann Träume konkrete Hinweise auf Erkrankungen enthalten. Fälschlicherweise werde oft angenommen, daß diese Hinweise prophetisch seien. Es gebe aber eine natürliche Erklärung: In seinem Innersten spüre der Mensch, daß er bald erkranken wird, auch wenn äußerlich noch gar keine Symptome einer Krankheit wahrgenommen werden können.

Derlei »Erklärungen« gehen am Phänomen Edgar Cayce vorbei: Er war ganz offensichtlich krank. Das sahen auch die Ärzte. Aber der Farmersjunge, der von Medizin keine Ahnung hatte, konnte präzise angeben, welche Arzneien aus welchen Rohstoffen in welchem Verhältnis angerührt werden mußten. Seinen Traummitteilungen wurde Folge geleistet. Die Arzneien wurden hergestellt. Sie halfen.

Edgar Cayce beschränkte sich auch nicht darauf, sich selbst Arznei gegen seine Leiden zu verschreiben. Er half auch anderen. Das konnte er, weil die Ärzte, die von seinen erstaunlichen Fähigkeiten erfuhren, keinen falschen Stolz besaßen. Sie konsultierten den »ungebildeten jungen Mann«. Am 9. Oktober 1910 erschien in der angesehenen *New York Times* ein umfangreicher Bericht. Der Titel klang sensationell: »Analphabet spielt in Hypnose Doktor«.

Sachlich legte der Bericht dar, daß Dr. Wesley Ketchum in Boston vor einem erlauchten Kreis von Wissenschaftlern die »zweifelsohne echten übersinnlichen Fähigkeiten« von Edgar Cayce geschildert hatte.

Der Bericht aus der *Times* machte Edgar Cayce weltweit zu einer Berühmtheit. Hilfesuchende aus ganz Amerika, aber auch aus Übersee, die das Vertrauen in die Ärzteschaft verloren hatten, reisten an. Andere schickten umfangreiche Briefe, in denen sie die Krankheiten beschrieben, an denen sie litten. Ärzte aus aller Welt reisten an. Sie wollten das Phänomen des schlafenden Propheten ergründen. Es gelang ihnen nicht. Sie konnten nur die Fakten bestätigen: Edgar Cayce verfügte nur im traumähnlichen Trancezustand über scheinbar unbegrenztes medizinisches Wissen.

Edgar Cayce stand seinen eigenen Fähigkeiten zunächst skeptisch gegenüber. Dr. med. Harmon H. Bro stellt in seinem grundlegenden Werk *Traumdeutungen* über den schlafenden Propheten fest (Genf 1982, S. 102): »Medizinische Hilfe, das war die Form, in der sich seine hypnotischen Fähigkeiten zum erstenmal gezeigt hatten: Ein Arzt seiner Heimatstadt hatte ihn gebeten, für Patienten Diagnosen zu stellen und Arzneien zu verschreiben – wie es angeblich einige hypnotische Medien in Europa machten. Die Idee war dem jungen Edgar Cayce regelrecht lächerlich vorgekommen. Er hatte keinerlei Bildung außer der Volksschule, und seine berufliche Erfahrung beschränkte sich auf das Verkaufen von Büchern in mehreren Buchhandlungen sowie auf Assistentenarbeiten bei einem Photographen. Doch in bewußtlosem Zustand besaß er die Fähigkeit, den Körper eines Menschen zu untersuchen wie ein geistiger Röntgenstrahl; er gebrauchte medizinische Ausdrücke, die er nie gehört hatte, und beschrieb komplizierte Behandlungen oder empfahl die Überweisung von Patienten an Spezialisten.«

»Man muß wohl sagen«, führt Fachautor Jacques Bergier aus, »daß Edgar Cayce im traumähnlichen Trancezustand Zugriff auf unbegrenztes Wissen hatte. Er konnte in Amerika die Zusammensetzung eines Arzneimittels beschreiben, das es zu diesem Zeitpunkt noch gar nicht auf dem Markt gab. Es kam immer wieder vor, daß wohlhabende Kunden weltweit in Zeitungen inserierten. Sie nannten Arzneimittel, die ihnen von Cayce im Traum verschrieben worden waren. Und siehe da: Manche Mittel gab es schon seit Jahren nicht mehr, andere befanden sich noch in der Entwicklungsphase.« Wie soll man erklären, daß Cayce aus aller Welt Wissen bezog? Man kann nur spekulieren. Er scheint mit seinen Gedanken die Gehirne anderer Menschen angezapft zu haben. Dabei spielte es keine Rolle, wie weit weg diese Menschen waren. Es war ohne Bedeutung, ob sie in einem Nachbarort lebten oder auf der anderen Seite des Globus.

Viele Fragen sind bis heute nicht beantwortet worden. So erscheint vieles von dem, was Cayce tat, den magischen Praktiken von Schamanen zu ähneln. Oft genügte es ihm, wie Ärzte immer wieder erstaunt feststellten, daß Cayce den Namen oder die Anschrift eines Patienten erfuhr. Und schon konnte er genauestens darlegen, an welcher Krankheit der entsprechende Patient litt. Mehr noch: Cayce nannte präzise, welche Arzneimittel halfen. Sehr oft »verschrieb« er dabei Mittel aus der Chemieabteilung der Apotheke. Oft riet er aber zu alten Hausmitteln, deren Anwendung er dann stets sorgsam und nachvollziehbar beschrieb.

Edgar Cayce war freilich kein weltfremder Mensch. Er nutzte seine geheimnisvollen Fähigkeiten auch, um zu Geld zu kommen. So gehörten ihm zeitweise Ölfelder im Wert von einer Million Dollar. Er hatte seine magisch anmutende prophetischen Gabe des Sehens genutzt, um mit großem Erfolg an der Börse zu spekulieren. So schnell er zu Reichtum gekommen war, so schnell verlor er wieder seinen gesamten Besitz.

Reicher Nachlaß

Als Edgar Cayce am 3. Januar 1945 in Virginia Beach starb, hatte er ein Leben mit schwindelerregenden Höhen und Tiefen hinter sich. Er hatte Millionen verdient. Er hatte ein Krankenhaus aufgebaut, wo Menschen nach seinen Traumvisionen behandelt wurden. Er war als Berater von reichen Geschäftsleuten zu großen Ehren gekommen. Er hatte aber auch als eine Art Wundermann des 20. Jahrhunderts die Bewunderung einer riesigen Anhängerschaft genossen. Mißerfolge waren ihm ebensowenig erspart geblieben. So hatte er seine Aktienmillionen verloren, so mußte er ansehen, wie seine Universität und sein Krankenhaus geschlossen wurden.

Edgar Cayce hinterließ eine gewaltige Bibliothek. Sie besteht aus mehr als 14 000 Mitschriften seiner Trance-Mitteilungen, die von Mitarbeitern aufnotiert worden waren. Vermutlich ist dieser unglaubliche Wissensschatz auch heute noch nicht gänzlich ausgewertet worden.

Der »schlafende Prophet« ist heute hauptsächlich als Heiler bekannt. Dabei war das Verschreiben von Arznei nur ein Teil des Wirkens von Edgar Cayce. Er nutzte seine geheimnisvollen Fähigkeiten auch für ganz profane Prophetie. Und was er vorhersah, das traf in den allermeisten Fällen auch ein. So hat Edgar Cayce den schlimmsten Börsenkrach der Geschichte weltweiten Handels von 1929 vorhergesehen. Er hatte konkrete Visionen von schlimmen

Naturkatastrophen, die 1926 Japan, Kalifornien und die Philippinen heimsuchten. Im Gegensatz zu vielen heutigen Hellsehern schwadronierte er nie von irgendwelchen nebulösen Unglücken. Er sah in seiner traumartigen Trance Bilder von der Präzision einer Fernsehnachrichtensendung. Er nannte geographisch fest umrissene Orte. Er sagte genau, zu welchem Zeitpunkt sich welche Naturkatastrophe ereignen würde.

Die Steine von Bimini

1957 waren Wissenschaftler der Columbia-Universität in der Region des Bahama-Archipels unterwegs. In der Nähe der Insel Bimini führten sie Probebohrungen durch. Sie holten Material vom Meeresgrund, um es zu datieren. Es war etwa 4370 Jahre alt. Tiefere Erdschichten müßten entsprechend älteres Material enthalten. In einer Tiefe von vier bis fünf Metern unterhalb des Meeresbodens, so nahmen sie an, dürfte das Material etwa 12 000 Jahre alt sein.

Ende der sechziger Jahre unseres Jahrhunderts machten Taucher vor Bimini eine phantastische Entdeckung: Da lag so etwas wie eine monströse Mauer, zusammengefügt aus riesenhaften, behauenen Steinquadern. Sie ist von Menschen geschaffen worden. Wann? Etwa im sechsten Jahrtausend vor Christus, wenn nicht gar wesentlich früher. Damals lag der Wasserspiegel des Atlantiks mindestens sechs Meter tiefer. Die Bimini-Insel war also einst wesentlich größer. Weite Teile versanken vor Jahrtausenden in den Fluten.

Die Entdeckung der Bimini-Mauern war von Edgar Cayce schon Jahrzehnte zuvor genau vorhergesagt worden. Seinen Worten zufolge gehörte Bimini einst zu Atlantis. »Jene Bewohner von Atlantis hatten das Geheimnis entdeckt«, schrieb Cayce, »wie man die Sonnenenergie einfangen konnte. Sie konzentrierten sie in einem Stein mit magnetischen Eigenschaften, der mehr Energie abgab, als er erhielt.«

Was Edgar Cayce da in einer seiner Trance-Sitzungen zu Protokoll gab, erinnert an eine verblüffend moderne Technologie. Sollte es sie tatsächlich gegeben haben? Dann muß sie den uneingeweihten Kreisen der Bevölkerung, die vor Jahrtausenden lebten, als pure Magie erschienen sein.

Edgar Cayces Prophezeiungen in Sachen Bimini haben sich nachprüfbar erfüllt. Alles, was von Tauchern entdeckt worden ist, bestätigte die Ausführungen Cayces. Ist es dann nicht nur legitim, wenn man annimmt, daß auch seine anderen Vorhersagen in Erfüllung gehen werden?

Nach Cayce soll sich der Boden südlich und westlich von Bimini gegen Ende des 20. Jahrhunderts heben. Uralte Bauwerke im schlammigen Morast werden auftauchen und von Archäologen rekonstruiert. Dann sprudeln heilige Quellen, die vor Jahrtausenden versiegten, erneut. Das Wasser dieser Quellen wird sich als von unglaublicher Reinheit erweisen, ja als medizinisch wirksames Heilmittel.

Die Pyramiden von Gizeh

In seinen Trancevorlesungen behauptete Cayce auch, die ägyptischen Pyramiden seien uralt und stammten von den Atlantern. Seit vielen Jahren beschäftige ich mich mit den großen Kulturen unseres Planeten. Dabei zeigt es sich immer wieder, daß sie weitaus älter zu sein scheinen, als die konservative Wissenschaft annimmt.

Das trifft in besonderem Maße auf Ägypten zu. Cayce könnte auch hier recht behalten. Nach John Anthony West entstand die sogenannte Cheopspyramide etwa zwischen 10 000 und 15 000 v. Chr. und wurde nicht von Pharao Cheops, sondern viele Jahrtausende zuvor erbaut.

Der gleichen Ansicht ist Zecharia Sitchin. Er glaubt, daß die Inschrift der Pyramide, die Cheops als Erbauer nennt, 1837 gefälscht wurde. Howard Vyse soll damals in einer der »Entlastungskammern« über der vermeintlichen Grabkammer nachträglich den Namenszug »Cheops« angebracht haben, um als »Entdecker« berühmt zu werden. Ist die Welt der Wissenschaft einem Betrüger aufgesessen? Geschickt war er dabei allem Anschein nicht, denn es unterlief ihm ein dummer Fehler.

Vyse hat allem Anschein nach den Pharaonen-Namen aus dem Werk *Materia hieroglpyhica* von John Gardener Wilkinson abgeschrieben. Dabei übernahm er einen Druckfehler dieses Standardwerks des 19. Jahrhunderts über Hieroglyphen. Es ist aber kaum anzunehmen, daß Cheops seinen eigenen Namen falsch schreiben ließ. Noch unwahrscheinlicher ist es, daß dabei auch noch der gleiche Fehler unterlaufen sein soll, der auch John Gardener Wilkinson passierte!

Auch der arabische Geschichtsschreiber al Makrizi bekundete in seinen Werken, die Große Pyramide sei nicht von Cheops, sondern von einem Saurid vor der Sintflut in Auftrag gegeben worden.

Just das behauptete Edgar Cayce bereits vor Jahrzehnten in einer seiner Traumtrancen. Und wie es aussieht, bestätigt sich seine kühne Vision. Aus dem Lager der Wissenschaft melden sich Gelehrte, die die bisherigen Annahmen der ägyptischen Altertumsforschung für schlichtweg falsch halten. So kam unlängst Dr. Mark Lehner, ein Geologe und Ägyptenexperte von Rang, zu folgendem Resultat: »Die ›Cheopspyramide‹ könnte sehr wohl älter als die Flut sein!« Ihm stimmen Gelehrte wie Dr. Robert Schoch, Universität Boston, und Professor Dr. Joseph Davidovits, Direktor des »Institute for Applied Archeological Sciences«, zu.

Wird sich die seherische Aussage von Edgar Cayce bestätigen? Wird es dazu kommen, daß rings um die Sphinx unterirdische Grüfte archäologisch erforscht werden, in denen uralte Artefakte lagern? Angeblich ruhen in ihnen noch mehrere Mumien hochangesehener Herrscher ältester ägyptischer Dynastien. Nach Cayce werden sie gefunden werden. Man wird sie untersuchen und auswerten. Dann werde ganz eindeutig feststehen, daß die Cheopspyramide weit älter ist als bisher angenommen. Gefunden werden, so Cayce, »kostbare Steine, Votivtafeln, Gedenktafeln, Musikinstrumente, Wand- und Altarteppiche, Namenssiegel, chirurgische Instrumente, Arzneimittel«.

Fakt ist, daß sich immer mehr Hinweise ergeben, daß die »Große Pyramide« weitaus älter ist. Fakt ist auch, daß sie weitere Hohlräume und Kammern enthält, die bis heute nicht – zumindest nicht offiziell – geöffnet wurden. Und Fakt ist, daß Ende des Jahres 1996 bekannt wurde, daß es einen unterirdischen Gang zwischen Sphinx und Pyramide gibt. Ist es der Gang zu den unterirdischen Grabkammern mit gut erhaltenen Mumien, die Cayce vor Jahrzehnten in Trance-Sitzungen sah?

Edgar Cayce in der Tradition biblischer Propheten

Existentielle Fragen wie »Leben nach dem Tode« und »Apokalypse am Ende der Tage« wurden von Edgar Cayce in einer Weise behandelt, die ihn als einen Nachfolger biblischer Propheten erscheinen lassen.

Edgar Cayce überwand bei seinen Geistreisen die Grenzen von Raum und Zeit. 1936 erlebte er eine prophetische Voraussicht, die in ihrer bedrückenden Klarheit an die Johannes-Apokalypse der Bibel erinnert. Sie offenbarte sich aber in einer zeitgemäßen Form. Edgar Cayce sah sich in einem Raumschiff über das Amerika des Jahres 2100 n. Chr. dahinfliegen. Eine Katastrophe wirklich unvorstellbaren Ausmaßes hatte den Erdteil fast bis zur Unkenntlichkeit verändert. Die einstige Metropole New York war fast vollkommen verschwunden, Nebraska zu einem Küstenstaat geworden. Weite Teile des amerikanischen Westens lagen unter dem Meeresspiegel. Städte wie Los Angeles und San Francisco gab es nicht mehr. Alabama war von schlimmen Fluten heimgesucht worden. Weite Teile des Bundesstaates lagen auf dem Meeresgrund.

Geologische Veränderungen, die sonst Jahrmilliarden dauern, hatten sich in Stunden abgespielt. Gleichzeitig mit dieser Katastrophe waren Gefilde, die bis vor kurzem den Meeresboden des Atlantischen wie des Pazifischen Ozeans gebildet hatten, von den inneren Kräften der Erde emporgehoben worden. Regionen, auf denen sich kürzlich noch unvorstellbare Wassermassen aufgetürmt hatten, waren nun festes Land. Das alte Europa war ebenfalls fast bis zur Unkenntlichkeit verändert worden. Weite Teile Japans waren überflutet. Der Meeresboden andererseits war emporgestiegen, neue Länder waren entstanden.

So erschreckend manche Zukunftsvisionen des schlafenden Propheten auch waren, andere Botschaften waren geradezu trostreich – etwa, was unsere Vorstellung vom Tod angeht. So kam Edgar Cayce durch verschiedene Traumvisionen zur Ansicht, daß der Tod anders war, als er dachte. Er erschien ihm nicht als bizarre Schreckensgestalt. Kurz nachdem Cayce einmal Vorbereitungen für eine Trancesitzung getroffen hatte, erkannte er »den Tod als eine Persönlichkeit, als Individuum oder als Wesen«. Später schrieb er zu seiner ungewöhnlichen Erfahrung: »Ich bemerkte zum Tod: ›Du bist nicht so, wie du gewöhnlich dargestellt wirst, mit einer schwarzen Maske oder Kapuze oder als Gerippe mit Stundenglas und Sense. Statt dessen bist du hell, rotbäckig, kräftig, hast eine Schere.‹« Er habe zweimal »auf seine Füße oder Gliedmaßen oder auf den Körper« schauen müssen, »um ihn Gestalt annehmen zu sehen«.

In seiner Vision antwortete der Tod: »Ja, ich bin nicht, was viele zu glauben scheinen. Ich bin nicht das Schreckliche, das so oft dargestellt wird. Ich bin einfach eine Veränderung, einfach ein Besuch. Die Schere ist in der Tat das charakteristische Werkzeug des Menschen für Leben und Tod. Sie vereinigt sich tatsächlich, indem sie trennt. Und sie trennt, indem sie sich vereinigt.«

Den Tod als das Ende alles Seins gab es nicht in der Welt der Visionen von Edgar Cayce. Der Tod war kein Ende, sondern nur der Übergang von unserer Welt in eine andere. Und die war alles andere als dumpf und häßlich. Sie hatte nichts zu tun mit den Vorstellungen der alten Ägypter oder Babylonier, die ihre Toten in einem Reich der Finsternis dahindämmern sahen. In Edgar Cayces Visionen ist das Reich der Toten nicht gespenstisch. Die Verstorbenen leben auf einer andern Ebene weiter. Sie »sitzen beisammen, amüsieren sich und versuchen etwas zu vollbringen«. Schöne Musik erklingt. Für die Seelen, die ins Jenseits gekommen sind, ist das Leben nach dem Tod die eigentliche Existenz.

Dr. med. Harmon H. Bro (*Traumdeutungen,* Genf 1982, S. 231): »Eine verblüffende Tatsache, die alle diese Traumerlebnisse den Träumern klarmachten, war laut Cayce, daß der Todeszustand für die Seele weit eher ein Normalzustand ist als die irdische Existenz.«

Für Cayce ist die Seele des Menschen unsterblich. Das sei die Quintessenz vieler seiner Traumvisionen. Im Trancezustand betrat er seiner Überzeugung nach das Land des Traums. Er erreichte einen Zustand, der am ehesten mit der Existenz nach dem körperlichen Tod zu vergleichen sei. Vorübergehend sei er in die Lage versetzt worden, jene geheimnisvollen Kräfte auszunützen, die den lebenden Jenseitigen nach dem Tode zur Verfügung stünden. Er erkannte – so Cayce – während seiner Trancezustände die Botschaften der Seele: »Nun erlangt der Körper seine normalen Kräfte.«

Literaturverzeichnis

Algermassen, Konrad (et al): *Lexikon der Marienkunde,* Regensburg 1957

Allgeier, Kurt: *Das Ende der Unsterblichkeit,* München 1984

Ariés, Philippe: *Geschichte des Todes,* München 1980

Beltz, Walter: *Die Mythen der Ägypter,* Düsseldorf 1982

Bender, Hans: *Parapsychologie,* Bremen 1970

Betz, Werner: *Malta – Spuren in die Vergangenheit,* Frankfurt 1994

Biesinger, Albert und Strack, Hans-Bernd: *Gott, der Urknall und das Leben,* München 1996

Bonnet, Hans: *Reallexikon der ägyptischen Religionsgeschichte,* Berlin 1952

Braun, Hans-Jürgen: *Das Jenseits,* Zürich 1996

Brier, Robert: *Zauber und Magie im alten Ägypten,* Bern, München 1981

Bro, Dr. med. Harmon: *Traumdeutungen,* Genf 1982

Budge, E. A. Wallis: *Amulets and Talismans,* Toronto 1970

Budge, E. A. Wallis: *Egyptian Magic,* London 1979

Bushnell, Geoffrey H. S.: *Peru,* Köln 1957

Carr, Donald: *Geheimnisvolle Signale – Das Rätsel der vergessenen Sinne,* Hamburg 1973

Carrington, Hubert: *The American Seances with E. Palladino,* New York 1954

Casti, John L.: *Verlust der Wahrheit,* München 1990

Clarke, Arthur C. (Hrsg.): *Arthur C. Clarke's Chronicle of the Strange and Mysterious,* New York 1987

Crowley, Aleister: *Magick,* London 1973

Crowley, Aleister: *The Book of Thot,* New York 1969

Curie, Jan: *Niemand stirbt für alle Zeit,* München 1978

Däniken, Erich von: *Der Jüngste Tag hat längst begonnen,* München 1995

Disselhoff, Hans Dietrich: *Geschichte der altamerikanischen Kulturen,* München 1953

Ditfurth, Hoimar von: *Wir sind nicht von dieser Welt,* Hamburg 1981

Domandl, Sepp: *Eschatologie und Ideologie bei Paracelsus,* München 1970

Drury, Nevill: *Lexikon esoterischen Wissens,* München 1988

Ebon, Martin: *Können wir in die Zukunft sehen?,* München 1984

Ebon, Martin: *Können wir in die Zukunft sehen?,* München 1984

Evans, John D.: *Malta,* Köln 1963

Eysenck, Hans und Michael: *Der durchsichtige Mensch,* München 1983

Fair, Charles: *Das fehlprogrammierte Gehirn,* München 1971

Farkas, Viktor: *Jenseits des Vorstellbaren,* Wien, München, Zürich 1996

Ferguson, Marilyn: *Die Revolution der Gehirnforschung,* Olten 1981

Fiebag, Dr. Johannes (Hrsg.): *Das Ufo-Syndrom,* München 1996

Fiebag, Dr. Johannes: *Die Anderen,* München 1993

Fiebag, Dr. Johannes: *Kontakt,* München 1994

Ford, Arthur: *Bericht vom Leben nach dem Tode,* Bern 1973

Gallup, George: *Begegnungen mit der Unsterblichkeit,* München 1982

Gierer, Alfred: *Die Physik, das Leben und die Seele,* München 1985

Gray, Randal (Hrsg.): *Lost Worlds,* London 1981

Gutbrod, Karl: *Du Monts Geschichte der frühen Kulturen,* Köln 1975

Haggard, Howard: *Devils, Drugs and Doctors,* New York 1929

Home, Douglas D.: *Lights and Shadows of Spiritualism,* London 1877

Hopkins, Budd: *Eindringlinge,* Hamburg 1991

Hope, Murry: *Essential Woman, Her Majesty, Her Power,* Wellingborough 1991

Hope, Murry: *The Psychology of Ritual,* Shaftesbury 1988

Jacobson, Nils-Olof: *Leben nach dem Tod?,* Düsseldorf und Wien ohne Jahresangabe

Jung, Ernst F.: *Der Weg ins Jenseits,* Düsseldorf und Wien 1983

Kanitscheider, Bernulf: *Kosmologie,* Stuttgart 1984

Karitene, Ahron de: *Kabbalistischer Kommentar des Simon Ostropodi,* Amsterdam 1765

Karweina, Günter: *Der sechste Sinn der Tiere,* Hamburg 1982

Keller, Werner: *Was gestern noch als Wunder galt,* Zürich 1973

Krassa, Peter und Habeck, Reinhard: *Das Licht der Pharaonen,* Berlin 1996

Krickeberg, Walter: *Altmexikanische Kulturen,* Berlin 1979

Küng, Hans: *Ewiges Leben,* München 1982

Küppers, Bernd: *Der Ursprung biologischer Informationen,* München 1986

Lamon, Ward Hill: *Recollections of Abraham Lincoln,* Chicago 1895

Lamy, Lucie: *Egyptian Mysteries,* London 1981

Langbein, Walter-Jörg (Hrsg.): *Im Gespräch mit dem Jenseits,* Göttingen 1984

Langbein, Walter-Jörg: *Bevor die Sintflut kam,* München 1996

Langbein, Walter-Jörg: *Das Sphinx-Syndrom,* Berlin 1997

Laszlo, Ervin: *Wissenschaft und Wirklichkeit,* Frankfurt am Main 1994

LeShan, Lawrence: *Von Newton zu PSI,* Reinbek 1986

Magin, Ulrich: *Von Ufos entführt,* München 1991

Meschkowski, Herbert: *Was wir wirklich wissen,* München 1984

Michell, John und Rickard, Robert: *Das rechnende Pferd von Elberfeld,* Düsseldorf 1983

Michell, John und Rickard, Robert: *Die Welt steckt voller Wunder,* Düsseldorf und Wien 1979

Miers, Horst: *Lexikon des Geheimwissens,* München 1986

Moine, Françoise und Michel: *Spiele mit verborgenen Kräften,* München 1984

Muldoon, Sylvan und Carrington, H. Hubert Lavington: *The Projection of the Astral Body,* London 1929

Oberth, Hermann: *Katechismus der Uraniden,* Wiesbaden 1966

Paaillar, Raimundo: *Religionen und die Religion,* München 1965

Papus: *Die Kabbala,* übersetzt von Julius Nestler, 10. Auflage, Wiesbaden 1993

Pastrovichi, Pater Angelo: *Vita des Joseph von Copertino. Phänomene – Die Welt des Unerklärlichen,* Erlangen 1993

Petschar, Hans und Rom, Brigitte: *Magie und Wissenschaft im 16. Jahrhundert,* Wien 1987

Plichta, Dr. Peter: *Gottes geheime Formel,* München 1995

Raudive, Konstantin: *Der Fall Wellensittich,* Remagen 1975

Raudive, Konstantin: *Unhörbares wird hörbar,* Remagen 1968

Rochas, Eugene Auguste Albert de: *Die Grenzen der Wissenschaft,* Leipzig 1911

Rundle, Clark: *Myth and Symbol in Ancient Egypt,* London 1959

Schäfer, Hildegard: *Stimmen aus einer anderen Welt,* Freiburg 1978

Schäfer, Hildegard: *Was bedeutet der Tod für Sie?,* Genf 1983

Schramm, Petra: *Die Alchemisten,* Wiesbaden 1984

Schrenck-Notzing, Albert Freiherr von: *Grundlagen der Parapsychologie,* Stuttgart 1962

Seidl, Franz: *Phänomen Transzendentalstimmen,* Stuttgart 1971

Sheldrake, Rupert: *Das schöpferische Universum,* München 1983

Siegel, Ronald: *Halluzinationen,* Frankfurt 1995

Strieber, Whitley: Vorwort in Fowler, R.: *Die Wächter,* Bergisch-Gladbach 1991

Strunz, Josef: *Theophrastus Paracelsus,* Leipzig 1937

Sudhoff, Karl: *Paracelsus,* Leipzig 1936

Synge, Patrick: *Plants with Personality,* London 1939

Thun-Hohenstein, Eleonore: *Herr ist dumm,* Wien und Hamburg 1983

Tomkins, Peter und Bird, Christopher: *Das geheime Leben der Pflanzen,* Stuttgart 1973

Vogt, Alfred: *Theophrastus Paracelsus als Arzt und Philosoph,* Stuttgart 1956

Waite, A. E.: *The Occult Sciences,* London 1891

Watson, Lyall: *Beyond Supernature,* London 1986

Watson, Lyall: *Geheimes Wissen,* Frankfurt 1976

Watson, Lyall: *Supernature,* London 1973

Weber, Felix: *Der Kosmos tanzt,* Basel 1983

West, John Anthony: *Serpent in the Sky,* New York 1987

Wilson, Robert Anton: *The Science of the Impossible,* New York 1969

Winowska, Maria: *Das wahre Gesicht des Pater Pio,* Aschaffenburg 1973

Wunderli, Erich: »Beweise für die Unsterblichkeit«, in: *Esotera,* Heft 5/1974

Zahn, Joachim: *Nichts Neues mehr seit Babylon,* Hamburg 1979

Zammit, Sir Themistocles: *Neolithic Hypogeum at Halsaflieni,* Malta 1935

Zammit, Sir Themistocles: *Prehistoric Malta,* Oxford 1930

Zweig, Stefan: *Heilung durch den Geist,* Frankfurt 1966.

Walter-Jörg Langbein

GEHEIMNISVOLLES WISSEN

- Biblische Propheten • Die mysteriöse Bundeslade
- Das unerklärliche Wissen der Antike
- Das Geheimnis der geschmolzenen Steine
- Das Rätsel der Geheimbünde • Unheimliche Rituale

MOEWIG

Walter-Jörg Langbein
Geheimnisvolles Wissen

368 Seiten, Hardcover
DM 10,-/öS 73,-/sfr 10,-
ISBN 3-8118-1425-7

Vergangene Kulturen verfügten über ein geheimnisvolles Wissen, das jeder vernünftigen Erklärung zu trotzen scheint. Woher kannten die biblischen Propheten so detailgenau die Zukunft? Wer baute Flugzeuge im alten Ägypten? Über welche mysteriösen Fähigkeiten verfügte der Graf von Saint Germain, der Hunderte von Jahren alt ist?

Unsere Vergangenheit war anders – spannend wie ein Krimi schildert der bekannte Sachbuchautor und Forscher Walter-Jörg Langbein die aufregenden neuen Entdeckungen der Prä-Astronautik.

„Götter aus dem Kosmos" folgt den Spuren außerirdischer Besucher – von der Vergangenheit bis zum modernen UFO-Phänomen.

Walter-Jörg Langbein
Götter aus dem Kosmos

288 Seiten, Hardcover
Format: 13 x 21 cm
DM 19,80/öS 145,-/sfr 19,-
ISBN 3-8118-1392-7

UFOs – sind sie tatsächlich Besucher aus dem All, Einbildung oder schlichtweg Betrug?

Seit 25 Jahren untersucht die „Gesellschaft zur Erforschung des UFO-Phänomens", die größte deutsche Vereinigung von Wissenschaftlern und UFO-Experten, das Geheimnis der fliegenden Untertassen. In diesem Buch hat Hans-Werner Peiniger die wichtigsten Forschungsergebnisse zusammengetragen.

Hans-Werner Peiniger
**Das Rätsel:
Unbekannte Flugobjekte**

288 Seiten, Hardcover
Format: 13 x 21 cm
DM 19,80/öS 145,-/sfr 19,-
ISBN 3-8118-1393-5